청춘, 고전에 길을 묻다 4

청춘, 고전에 길을 묻다 4

초판1쇄 인쇄 2024년 5월 16일
초판1쇄 발행 2024년 5월 30일

기획   단국대학교 교양기초교육연구소
지은이   김영재 박홍준 배상희 서문석 신호재 이유찬 이형주 임선숙 장수철 정연재 주재형
           최예정 한수영 현영빈
펴낸이   이대현
편집   이태곤 권분옥 임애정 강윤경
디자인   안혜진 최선주 이경진
마케팅   박태훈 한주영

펴낸곳   도서출판 역락
출판등록 1999년 4월 19일 제303-2002-000014호
주소   서울시 서초구 동광로 46길 6-6 문창빌딩 2층 (우-06589)
전화   02-3409-2060
팩스   02-3409-2059
홈페이지 www.youkrackbooks.com
이메일   youkrack@hanmail.net

ISBN 979-11-6742-729-8 04080
     979-11-6742-331-3 04080(세트)

이 책은 2022년 대한민국 교육부와 한국연구재단의 지원을 받아 수행된 연구임.
(NRF-2022S1A5C2A04092622)

청춘,

고전에 길을 묻다

4

단국대학교 교양기초교육연구소

역락

『미국 정신의 종말』(1987)이라는 책을 쓴 앨런 블룸(Allan D. Bloom, 1930~1992)은 '이 학생에게 우리가 무엇을 가르칠 것인가?'라는 질문에 대답해 보려는 것 자체가 이미 철학적 사색이고 교육을 시작하는 것이라고 한 바 있습니다. 그리고 그는 이 물음에 대한 유일하면서도 진지한 해결책은 훌륭한 고전 작품을 읽게 하는 것이라고도 하였습니다. 고전 작품을 읽고 토론하게 하는 수업을 진행하면 학생들은 자신들이 독립적이고 충족할 만한 그 무엇을 하고 있다고 느끼며, 다른 곳에서는 도저히 얻을 수 없는 것을 얻고 있다고 느낀다는 것입니다. 읽고 생각하는 과정에서 학생들은 새로운 것을 발견하고 동료 학생들과 토론하며 이야기를 나누는 과정에서 자신이 미처 생각하지 못했던 것을 깨닫게 되고 자신을 확장해 가는 경험을 하게 되기 때문입니다. 이와 비슷한 맥락에서 『교양교육의 개혁』(1966)이라는 책을 썼던 다니엘 벨(Daniel Bell, 1919~2011) 또한 고전이 담고 있는 위대성의 긴장된 충격을 직접 경험할 수 있게 하는 것이야말로 최고의 교육이라고 한 바 있습니다.

우리의 교육 현장을 돌아봅니다. 우리는 문학 작품을 왜 읽게 하고 가르칠까요? 작가가 누구이고 작품의 주제가 무엇이며, 특정 부분에 사용된 수사법이 무엇인지를 찾아내 답을 맞힐 수 있도록 하기 위해 읽게 하고 가르치는 것인가요? 다들 아니라고 하겠지요. 그렇습니다. 문학은 우리가 살아가면서 별다른 관심을 기울이지 않았던 사물이나 현상, 문제에 대해 관심과 애정을 갖게 하고, 미처 깨닫지 못하고 있던 사실이나 사실 이면의 진실에 눈뜨게 해준다는 데 더 큰 의의가 있습니다. 그래서 인간을 이해하는 폭을 넓혀주고 좀 더 깊이 있게 이해할 수 있게 해주는 것이 문학인 것입니다. 문학은 우리가 사는 사회와 세상을 새로운 관점에서 다시 들여다보게 해주기도 합니다. 그럼으로써 인간과 세계를 바라보는 여러 개의 렌즈를 갖출 수 있게 해주는 것이 문학인 것이지요. 때로는 말로는 이루 다 표현할 수 없는 섬세하면서도 조심스러운 감정의 호흡, 어휘 하나에 담겨 있는 엄청난 배려와 무게에 놀라게 되고 깊이를 알 수 없는 감동에 젖어 들게 하기도 하는 것이 문학입니다. 그런 기쁨과 희열을 함께 하고 고뇌와 고통을 함께 나누면서 작가와 함께 웃고 시인과 함께 눈물 흘리며 작품 속 인물과 사랑에 빠지기도 하고 함께 분노하기도 하는 것이 문학 작품을 읽으면서 경험하게 되는 자연스러운 마음의 움직임 아니겠습니까? 나아가 그러한 작품을 창조해 낸 시인과 작가의 문제의식과 상상력, 마음 씀씀이 하나하나에 자신도 모르게 젖어 들면서 닮아가기도 하지요. 어쩌면 그것이 문학 작품이 가지고 있는 보이지 않는 힘이라고도 할 수 있습니다. 우리가 문학을 읽고 배우는 목적이 있다면, 그런 과정을 직접 경험하면서 우리 자신의 마음을 새롭게 하고 인간과 세상을 이해하는 안목을 고양하도록 하는 데 있지 않을까요? 어찌 문학 작품을 읽는 것이 문제 하나 더 맞히고 점수 몇 점 더 받기 위한 것이겠습니까?

이처럼 책을 읽고 생각하고 토론함으로써 인간과 사회를 더 넓고 깊게 이해할 수 있게 하는 교육은 소크라테스가 말한 '성찰하는 삶'을 살게 하는 데에도 기여할 것입니다. 2018년에 우리나라를 방문했던 미국의 세인트존스칼리지 파나이오티스 카넬로스(Panayiotis Kanelos) 총장은 전공과 시험도 없이 4년 동안 고전 200권을 읽게 하는 것이 교육의 전

부인 세인트존스칼라지가 미국의 수많은 대학 가운데 가장 미래지향적이며, 가장 미래에 잘 대비된 교육을 하는 대학으로 선정되었다고 하면서, 이를 일러 '리버럴 아츠의 역설(liberal arts paradox)'이라고 한 바 있습니다. 검색을 통한 파편적 지식의 획득 대신 고전 작품을 처음부터 끝까지 읽고 생각하고 토론하게 하면서 스스로 발견하고 깨닫도록 하는 교육은 학생의 내적 성숙에 기여하고 자신의 삶을 평생 이끌어갈 에너지의 원천을 축적하게 하는 것이 될 것입니다.

우리나라에서도 이와 같은 고전명저 읽기 교육을 하는 대학들이 늘어나고 있습니다. 50년 넘게 고전읽기 교육을 해오고 있는 덕성여자대학교와 같은 대학이 있는가 하면, 뒤늦게 그 가치를 깨닫고 열심히 하고자 하는 대학들도 늘어나고 있습니다. 저희 연구소는 책을 읽고 이야기를 나누며 스스로를 성장시키고 성숙시켜 나가는 길에 많은 분들이 함께 하기를 기원하면서 『청춘, 고전에 길을 묻다』 시리즈를 간행하고 있습니다. 이번 책은 그 네 번째 책으로, 교내외 많은 분들이 동참해 주신 덕분에 더욱 알찬 내용으로 선보일 수 있게 되었습니다. 귀한 원고를 보내주신 교수님들께 감사드리며, 앞으로도 더 많은 분들이 관심과 애정을 가지고 동참해 주시기를 부탁드립니다. 이 뜻깊은 길에 손잡고 함께 나서 주신 연구소 식구들과 도서출판 역락에도 깊은 감사의 마음을 전합니다. 감사합니다.

2024년 2월
단국대학교 교양기초교육연구소
소장 윤승준

제2부 ： 권력, 인간, 사회에 대하여

제3부 ∶ 인간의 가능성

제1부

—

어둠 속에서 피어나는 인류

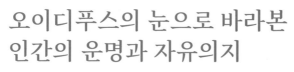

오이디푸스의 눈으로 바라본
인간의 운명과 자유의지

—소포클레스,『오이디푸스 왕』

배상희

> "왜 두려워해야 하오?
> 인간의 삶은 우연에 의해 다스려지고
> 예정된 운명이란 미신에 지나지 않는데 말이오.
> 아니오, 삶은 자신의 뜻대로 최선을 다해 살아가는 것이오."[1] (109쪽)

『오이디푸스 왕』과 소포클레스

단비   소포클레스의 『오이디푸스 왕』에 대해 먼저 간략한 설명을 듣
고 싶습니다.

배 교수 먼저 작품의 전체 내용에 대해 알고 난 후 구체적으로 살펴

---

1 『오이디푸스 왕』의 인용내용은 강태경(2018)의 번역을 사용하였습니다.

소포클레스
출처:https://www.poetryintranslation.com

보는 것이 작품의 전반적 이해에 도움을 줄 수 있을 것입니다. 소포클레스(Sophocles 497/496 BC‐406/405 BC)의 작품 『오이디푸스 왕(Oedipus the King)』은 『콜로노스의 오이디푸스(Oedipus at Colonus)』, 『안티고네(Antigone)』와 함께 그가 쓴 테베의 세 연극(Sophocles' Three Theban Plays) 중 현재까지 가장 많이 읽히고, 공연되는 작품 중 하나입니다.

『오이디푸스 왕』의 첫 장면은 테베(Thebes)의 왕궁 앞 광장에서 시작됩니다. 테베의 왕, 오이디푸스는 전염병에 시달리는 테베 백성들의 탄원을 듣고, 크레온(Creon)에게 아폴로(Apollo)의 신탁을 받아오도록 명령합니다. 신탁은 선왕인 라이우스(Laius)를 살해한 범인을 처벌하지 않으면 불행이 끝나지 않을 것이라는 내용이었습니다. 오이디푸스 왕은 테베의 현자인 티레시아스(Tiresias)에게도 도움을 청하지만 거절당합니다.[2] 오히려 그로부터 "아비의 살인자요, 저를 낳은 어미의 남편이라 알려질 것이오"(강태경, 2018, 69쪽)라는 저주의 말을 듣게 됩니다. 이러한 신탁의 저주는 이미 오이디푸스에게 실현되고 있었습니다. 오이디푸스는 테베로 오는 길에 이미 선왕인 라이우스를 살해했으며 어머니 요카스타(Jocasta)와

---

2 아폴로신의 신탁을 전하는 테베의 장님 예언자로, 테베의 카드모스(Cadmus)로부터 7대에 걸쳐 테베를 위해 조언을 해주었습니다.

결혼한 상태였습니다.[3] 처음 그가 태어났을 때 친부모인 라이우스 왕과 요카스타 왕비는 키타론 산(Mount Cithaeron)에 그를 버렸고, 목자들이 그를 코린트(Corinth) 왕에게 데려다주어 코린트의 왕자로 성장하게 되었습니다. 그러나 결국 오히려 피해야만 하는 자신의 운명에 대한 무지 때문에 테베로 돌아와 역병을 일으킨 범인이 되고 말았습니다. 또한, 그를 구해준 테베와 코린트의 목자들을 통해 자신이 모든 불행의 원인임을 확인하게 됩니다. 이 모든 사실이 드러나면서 아내이자 어머니인 요카스타는 스스로 목을 매고, 오이디푸스는 두눈을 찌르는 형벌을 자신에게 가하게 됩니다. 그 후 오이디푸스 왕은 그의 두 딸과 함께 테베를 떠나 떠돌게 된다는 비극적 결말로 내용이 구성되어 있습니다.

단웅이 고대 그리스 시대에 쓰여진 작품이지만 흥미롭고 생각해볼 부분이 많은 작품이네요. 이처럼 고대로부터 현대에 이르기까지 고전으로 인정받는 『오이디푸스 왕』의 작가 소포클레스는 어떤 인물인가요?

배 교수 소포클레스는 고대 그리스 아테네의 비극 시인이며, 정치인이기도 합니다. 그는 아이스킬로스(Aeschylus), 에우리피데스(Euripides)와 더불어 고대 그리스의 3대 비극 시인으로 알려져 있습니다. 기원전 497년에 아테네 근처의 콜로노스(Colonus)에서 부유한 무기상인 소필로스(Sophillus)의 아들로 태어났으며, 그가 태어난 곳은 그의 작품의

3　호머(Homer)는 요카스타(Jocasta/Locaste)라는 이름을 에피카스테(Epicaste)로 사용하였습니다.

배경이 되기도 하였습니다. 기원전 468년, 29세가 되던 해에 디오니소스 축제(Dionysia)의 비극경연대회에서 우승을 하면서 명성을 얻게 되었습니다. 아리스토텔레스(Aristoteles)는 그의 저서 『시학(Poetics)』에서 소포클레스의 작품을 비극의 모범으로 언급하였으며, 이렇게 그는 당대 비극예술의 완성자로 평가받았습니다. 또한, 많은 작품들을 썼으나 현존하는 것은 7편 정도라고 합니다.[4]

단비   소포클레스가 살던 시대는 아테네와 스파르타라는 강력한 두 도시국가들이 서로 힘겨루기를 하던 시대로 알고 있습니다. 이러한 시대를 살았던 소포클레스는 단순히 비극을 쓰는 작가였는지요?

배 교수   소포클레스는 유력한 정치가이기도 했습니다. 페르시아 전쟁 이후 도시국가 아테네(Athens)의 위상이 강력해졌고, 그리스 전역을 보호하기 위한 대표로 아테네가 그 역할을 수행하게 되었습니다. 많은 도시국가들은 아테네를 중심으로 델로스 동맹(Delian League)을 결성하게 되었고, 이러한 도시국가들의 결집은 아테네를 더욱 강력하게 만들었습니다. 이에 반해 스파르타(Sparta)는 위협을 느끼고 아테네를 견제하기 시작했습니다. 그 결과 아테네와 스파르타간의 긴 싸움인 펠로폰네소스 전쟁(Peloponnesian War 431 BC - 404 BC)이 시작되었고, 이러한 시기에 소포클레스는 정치에 참여하기 시작했다고 합니다. 당시 아테네 민주주의를 이끌었던 페리클레스(Pericles)를 지지하고, 그를 도와 아테네가 주도하는 델로스 동맹의 재무관으로 일했다

─── 4   천병희, 「소포클레스 비극의 이해」, 『서양고전학연구』, 제8권, 1994, 1~10쪽.

고 알려져 있습니다.[5] 이러한 그의 정치 이력은 작품 속에서 세상과 인간을 바라보는 가치 기준으로 반영되어 나타납니다. 천병희에 의하면 소포클레스의 정치적 특성이 『안티고네』에서 잘 나타나고 있으며, 그 작품을 통해 '인간의 모든 규범 기준은 정치적 판단이 필요하다'는 생각을 반영하고 있다고 합니다. 오이디푸스의 딸, 안티고네와 그녀의 외삼촌 크레온의 정치와 도덕관의 갈등을 통해 소포클레스가 지향하고 있는 바를 확인할 수 있을 것입니다.

단웅이 소포클레스가 정치적 역할을 수행했다면 작품 『안티고네』에서와 마찬가지로 그의 다른 작품 속에도 이러한 점이 반영되는 것은 당연한 일로 생각됩니다. 그렇다면 『오이디푸스 왕』의 어느 부분에서 확인할 수 있을까요?

배 교수 물론 소포클레스의 정치 이력은 그의 작품 『오이디푸스 왕』에서도 나타나고 있습니다. 작품 속에 등장하는 지역인 콜로노스, 코린트, 테베에서 오이디푸스는 정치적 역할을 하게 됩니다. 먼저 그가 태어나자 버려진 키타론 산이 있는 콜로노스, 그곳은 실제 소포클레스가 태어난 곳이기도 합니다. 또한, 코린트는 오이디푸스 왕이 산에 버려져 죽을 운명이었을 때, 양치는 목자에 의해 코린트 왕에게 보내져 왕자로서 성장했던 곳입니다. 다음으로 오이디푸스는 '아버지를 죽이고 어머니와 결혼한다는 저주'가 실현될 것에 대한 두려움 때문에 코린트를 떠나 테베로 가게 됩니다. 이곳에서 본인도 알지 못하는

---

5 천병희, 「소포클레스 비극의 이해」, 『서양고전학연구』, 제8권, 1994, 7~8쪽.

사이에 친부 라이우스를 죽이고 테베의 왕이 되어 그곳을 다스리게 됩니다. 이처럼 작품 속 배경이 되는 이 지역들을 중심으로 오이디푸스가 귀족 집안에서 태어나 부유한 귀족으로서 정치를 이끄는 역할에 참여하고 있음을 보여주고 있습니다. 이처럼 소포클레스가 당시 귀족들이 중히 여기는 가족의 명예를 강조하는 이야기의 흐름과 지역 신화를 바탕으로 이야기를 전개하고 있는 점에서 그의 정치 사회적 이력이 작품 속에서 나타나고 있음을 확인할 수 있습니다.

『오이디푸스 왕』은 고전인가?

단비　『오이디푸스 왕』이 지역 신화를 반영하고 있다는 구체적 근거가 있을까요?

오이디푸스와 스핑크스
출처 : shutterstock.com

배 교수　오이디푸스라는 인물은 소포클레스의 『오이디푸스 왕』이전

에도 고대 그리스의 가장 오래된 서사시인 호머(Homer)의 『오디세이
(Odyssey)』에 등장하고 있습니다.[6] 『오디세이』 11권에서 보면 오디세
우스(Odysseus)가 예언자 티레시아스를 찾아 하계(Hades)로 험난한 여
행을 시작합니다. 그 여정에서 이승에서는 영웅이었던 여러 여인들
을 만나게 되는데, 그들 중 오이디푸스의 어머니인 요카스타도 등장
합니다. 소포클레스의 『오이디푸스 왕』과 다른 점이 있다면, 호머의
작품 속에는 스핑크스(Sphinx)나 오이디푸스와 요카스타 사이에서 출
생한 자식들에 대한[7] 이야기는 나오지 않습니다. 또한, 자신의 죄를
자각하고 두 눈을 멀게 하는 형벌을 스스로에게 가하는 일도 없습니
다. 소포클레스 이전에는 오이디푸스의 죄보다 요카스타가 아들을
몰라보고 결혼했다는 그녀의 무지에 대해서만 책임을 묻고 있습니
다. 소포클레스가 이러한 내용들을 완전히 똑같이 사용하지는 않았
지만, 그의 작품에 등장하는 오이디푸스가 아버지 라이우스를 죽이
고 어머니 요카스타와 혼인하는 내용은 기원전 8세기경의 『오디세
이』 작품 속에 이미 등장하고 있음을 확인할 수 있습니다. 이러한 부
분을 보면 소포클레스가 지역에 전해오는 신화적 인물을 『오이디푸
스 왕』의 모티브로 사용했다고 볼 수 있을 것입니다. 또 다른 근거는
스핑크스의 경우에서 볼 수 있습니다. 스핑크스는 헤시오드(Hesiod)의

---

6 『오디세이』의 구체적 내용은 『청춘, 고전에 길을 묻다 3』에 수록된 「오뒷세이
아」편을 참조하기 바랍니다.

7 『오이디푸스 왕』에서는 두 딸 안티고네(Antigone), 이스메네(Ismene)와 두 아들
에테오클레스(Eteocles), 폴리니세스(Polynices)가 있습니다. 그러나 작품속에서 아들
은 언급만 되고 두 딸만 무대에 나옵니다.

『신들의 계보(Theogony)』에서 등장하는데,[8] 이 두 이야기들이 소포클레스의 작품속에서 하나의 이야기로 만들어진 것으로 보입니다. 또한, 김기영은 기원전 467년에 아이스킬로스가 쓴 3부작 『테베』 역시 가문의 저주, 근친상간, 복수 등과 관련된 『오이디푸스 왕』의 상세한 부분들을 구성하는 배경이 되었을 것이라고 합니다.[9] 이처럼 소포클레스는 시대의 모습을 반영하고 있는 신화 속 인물과 사건들을 이야기로 재구성하여 『오이디푸스 왕』을 완성했으며, 지역 신화를 통해 자신의 생각을 말하고 있는 것입니다.

단웅이 이처럼 긴 서사가 있는 지역 신화의 다양한 이야기들을 하나의 이야기로 구성해낸다는 것은 무척 어려운 일인 것 같습니다. 그렇기 때문에 『오이디푸스 왕』이 고전이라고 평가될 수 있는 것인가요?

배 교수 그렇습니다. 김기영의 설명처럼 이러한 부분들이 현대에 이르기까지 사람들의 많은 독서목록에 포함되는 고전으로 높이 평가받는 이유일 것입니다. 사실 고전이 담고 있는 세계관의 본질은 시대와 관계없이 변화하지는 않습니다. 다만 본질을 찾아내고자 하는 우리 인간이 각기 다른 시대를 살아오면서 동일한 본질을 다른 시각으로 바라볼 뿐일 것입니다. 그러므로 『오이디푸스 왕』 역시 시대의 변화와

---

8   헤시오드(750 BC-650 BC?)는 호머와 비슷한 시기에 활동한 고대 그리스 시인입니다. 그의 작품 『신들의 계보』의 327, 328행에서 스핑크스가 카드모스의 후손들에게 위협이 되었다는 부분이 설명되어 있습니다.

9   김기영. 「오이디푸스 신화의 수용과 변형-소포클레스의 〈오이디푸스 왕〉을 중심으로」, 『드라마연구』, 26권, 2007, 152쪽.

더불어 변화해온 인간 사회의 가치관들을 반영하고 있기에 고전으로 평가되는 것으로 볼 수 있겠습니다. 그러나 우리가 어떤 작품을 고전이라고 말할 때는 고전이란 무엇인가에 대한 성찰과 확고한 이해가 필요해 보입니다.

단비 그렇다면 우리가 읽고 있는 작품이 고전인지 아닌지를 어떻게 알 수 있을까요?

배 교수 우리가 읽는 모든 책들을 고전이라고 할 수는 없습니다. 그렇다면 어떤 책이 고전인지 판단할 수 있는 기준이 필요합니다. 김경집은 고전을 "인간과 삶, 그리고 세상의 보편적 가치를 대가의 시선으로 해석하고 표현한 것"이라고 정의하듯,[10] 고전이란 위대한 정신 능력(great minds)을 가진 사람들의 글이라고 정의할 수 있습니다. 그들의 글은 시대를 살아가는 사람들이 자신의 삶을 살아내고, 시간과 공간을 공유하는 세상의 흐름을 해석하여 이해할 수 있는 관점을 제공해줄 수 있습니다. 소크라테스(Socrates) 이전의 철학자인 헤라클레이토스(Heraclitus)는 우리가 하는 말에 로고스(logos)가 없다면 말이 아니고 글을 쓴다 해도 로고스가 없으면 글이 아니라고 했습니다. 그의 말은 종교적 관점에서 보면 로고스란 신을 의미할 수도 있겠지만, 로고스란 부분과 전체가 연결 관계에 있어야 한다는 의미로 볼 수 있습니다. 그들의 글 속에 로고스가 있다면 따로 분리되어 있거나 고립된 주제란 존재할 수 없는 것입니다. 즉, 부분과 부분, 나아가 모든 요

---

10 김경집, 『고전, 어떻게 읽을까?』, 학교도서관저널, 2016, 6쪽.

소들은 서로서로 전체와 연결되어 있어야만 한다는 의미입니다. 이렇게 모든 요소들이 글 속에서 조화롭게 관계지어진 종합된 글을 고전이라고 할 수 있겠습니다. 글 속에 로고스가 존재한다면 우리는 그 글을 고전이라 정의할 수 있으므로, 어떤 작품이 고전인가를 판단하기 위해서는 글 속에 로고스가 존재하는가의 문제가 중요한 기준이 될 것입니다.

단웅이 그러면 『오이디푸스 왕』은 어떤 점에서 고전이라고 평가받을 수 있는 것일까요?

배 교수 먼저 이 작품이 지역 신화를 바탕으로 구성되었고, 이전의 다른 작품 내용들을 확장시켜 사건을 전개했다는 점을 기억할 것입니다. 천병희는 이 작품은 분석극으로 오이디푸스가 어떻게 자신의 행위들이 진행되는 과정과 의미를 깨닫게 되며, 어떻게 이러한 절망적 상황에 대처하는가를 단계적으로 보여주고 있다고 합니다.[11] 김기영도 이러한 단계적 진행 과정을 소포클레스가 삼부작으로 구성되던 기존의 비극 형식과 달리 『오이디푸스 왕』이라는 하나의 작품 속에서 '착오-인식-자기결정'의 긴밀한 연계 패턴을 사용하는 과정으로 작품을 구성하였다고 설명하고 있습니다.[12] 여기서 '착오'란 상황에 대한 잘못된 판단에 따른 행동이며, '인식'은 착오를 깨닫게 되는 변

---

11 천병희, 「소포클레스 비극의 이해」, 『서양고전학연구』, 제8권, 1994, 28쪽.

12 김기영, 「오이디푸스 신화의 수용과 변형-소포클레스의 〈오이디푸스 왕〉을 중심으로」, 『드라마연구』, 26권, 2007, 152쪽.

화를 뜻합니다. '자기결정'이란 인식을 바탕으로 자신의 운명을 결정하는 것입니다. 이러한 패턴으로 분류하여 작품을 살펴보면, 각각의 세부 내용들이 개인의 비극적 운명, 신탁의 절대성, 인간 지혜의 한계성, 나아가 자유의지에 의존한 선택이라는 핵심 내용과 얼마나 긴밀하게 연결되어있는지를 확인할 수 있습니다. 이러한 점에서 소포클레스의 작품 『오이디푸스 왕』이 고전으로 평가될 수 있는 것입니다.

단비　　고전이 될 수 있는 글이 부분과 부분 그리고 부분과 전체가 긴밀하게 연계된 종합체라고 한다면 『오이디푸스 왕』에서 확인할 수 있는 구체적인 예는 어떤 부분일까요?

배 교수　『오이디푸스 왕』의 내용구성은 착오와 이에 대한 무지를 깨닫고 그결과를 자신이 결정하는 사건들로 반복되고 있습니다. 먼저, 착오와 무지에 대한 인식, 그리고 자기결정으로 이어지는 사건의 예를 생각해봅시다. 이 작품의 첫 배경인 궁전 앞에서 재난의 폭풍에 휩쓸려 죽음의 공포를 겪고 있는 테베인들과 제우스 신의 사제가 오이디푸스 왕에게 구원해주길 탄원하는 장면으로부터 극이 시작될 때, 때마침 크레온이 전해준 신탁의 내용을 들은 오이디푸스 왕은 이렇게 말합니다.

　　　"전왕의 죽음에 대한 복수가 아폴로와 그대들의 손에 있으나
　　　나 또한 아폴로와 그대들의 편에 함께 서리라."
　　　"다른 이가 아닌 바로 나 자신을 위함이니
　　　전왕을 살해한 자들이라면 내 목숨까지도 노릴 것이라.

그러니 라이우스의 복수는 곧 나를 보호함이라.”(44~45쪽)

　그는 자신이 재앙을 가져온 당사자임을 알지 못하는 무지의 착오를 범하고 있습니다. 이러한 착오는 여러 곳에서 나타납니다. 오이디푸스 왕은 예언자 티레시아스가 조언하기를 거부한 것은 재상 크레온과 공모하여 왕권을 노리기 때문이라고 의심하는 착오를 범합니다. 아내인 요카스타가 ‘라이우스는 도적들에게 세 갈래 길이 있는 길목에서 죽임을 당했으니 신탁은 맞지 않는다’고 주장할 때, 세 갈래 길이라는 말은 오이디푸스가 자신이 예전에 저지른 일을 떠올리게 합니다. 결국 자신이 라이우스를 죽인 자일 수도 있다고 인식하는 단계로 들어갑니다. 이처럼 착오로부터 인식의 단계로 진행되는 것입니다. 이러한 진행은 첫째, 티레시아스의 예언, 둘째, 라이우스의 죽음 과정에 대한 요카스타의 설명, 셋째, 테베와 코린트 목자들의 증언을 통해 순차적으로 진행되어 완전한 인식의 상태에 이르게 됩니다. 자신이 저지른 죄가 운명이 정해놓은 신탁의 실현임을 분명하게 인식하는 과정을 겪게 되는 것입니다. 자신의 무지를 깨닫고 종국에는 신탁이 정한 운명을 받아들입니다. 하지만 그 결과는 운명이 정해놓은 것이 아니고 오이디푸스 스스로 눈을 찔러 앞을 보지 못하는 자기결정에 의해 결말을 맞습니다. 이처럼 작품의 세부 내용들은 여러 번의 착오와 인식 과정을 겪은 후 눈을 찔러 앞을 보지 못하게 되어 테베를 떠나 방랑하게 되는 자기결정의 패턴을 갖게 됩니다. 이러한 점에서 이 작품은 부분과 전체가 긴밀하게 연계되어 메시지를 전달하고 있다는 점을 알 수 있습니다.

개인의 운명과 신탁의 실현

단웅이 진실에 대한 무지가 오이디푸스의 운명을 비극적으로 만들었군요.

배 교수 오이디푸스는 자신의 무지함에 대한 증거를 찾기까지 눈앞에 펼쳐진 사건들을 인정하지 않았습니다. 오이디푸스는 등장하는 첫 장면부터 인간 중 가장 지혜로운 자임을 자처하는 자세를 취했습니다. 이러한 점들이 그의 운명을 비극적으로 만들게 한 것입니다. 오이디푸스는 그의 백성들에게 다음과 같이 말합니다.

> "내 자녀들이여, 이는 결코 다른 이에게 맡길 수
> 없는 일이라 생각하여 나 오이디푸스,
> 세상에 명성이 드높은 내가 친히 왔노라."(32쪽)

그는 신에게 도움을 청하지 않고 인간 스스로 자신을 돕는다면 구원될 수 있다고 말하고 있습니다. 즉, 그는 타인의 조언이 필요한 개인이 아니라, 독립적 개인으로서 테베라는 국가를 지배하는 왕이었습니다. 이러한 이유로 자신이 속한 집단에 대한 책임감에서 국가의 운명을 개인의 운명과 동일시하여, 개인의 짐이 아닌 사회의 짐을 스스로 짊어진 것입니다. 이것이 오이디푸스의 운명을 더욱 비극적으로 만든 것이라고 볼 수 있겠습니다.

단비 신탁은 인간의 운명을 결정짓는 절대적인 것일까요?

배 교수 소포클레스가 활동하던 시기는 신본주의의 전통적 윤리가 지배하던 사회였습니다. 인간은 개인이 아닌 집단의 구성원일 때 의미를 갖던 시기였지요. 소포클레스는 운명에 맞서는 오이디푸스를 통해 신탁이 운명을 결정짓는 사회 속에 존재하는 개인의 의미를 표현하고자 한 것입니다. 신들에게 테베를 재난에서 구원해주기를 기도하는 시민들에게 오이디푸스가 하는 말에서 소포클레스의 의도를 구체적으로 확인할 수 있을 것입니다.

> "기도의 응답을 얻고자 하느냐? 그렇다면 내 말을 들어라.
> 명심하라, 그대들이 스스로를 도울 때
> 구원을 얻고 이 모든 재난을 끝낼 수 있으리라."(54쪽)

'기도의 응답을 얻고자 한다면 자신의 말을 들으라'고 하는 오이디푸스는 스스로를 신의 위치에 두고 있습니다. 그러나 '구원될 수 있다'는 표현을 판단해 볼때 오이디푸스가 신의 존재나 신에 의해 주어진 운명을 부정하고 있지는 않습니다. 다만, 신이 정해놓은 운명을 인간 스스로 자신을 도움으로써, 주체적으로 주어진 운명을 받아들여 행동해야 한다는 뜻이라고 볼 수 있습니다. 그렇게 본다면 이 작품에서 소포클레스는 운명은 정해질 수 있으나 행동을 결정하는 것은 인간이므로 신탁의 절대성은 신이 아닌 인간의 관점에서 판단해야 한다고 주장하는 것으로 보입니다. 그러나 소포클레스는 인간중심 사고와 신중심 사고 간의 갈등을 최소화하려는 중간 입장을 취하고 있는 것으로 보입니다.

단웅이 인간중심 사고와 신중심 사고 간의 갈등을 최소화한다는 것은
어떤 의미인가요?

배 교수 소포클레스 시대의 아테네는 종교중심의 부족공동체에서 인
간중심의 도시국가로 발전되어가는 과도기에 있었습니다. 당시는 종
교와 정치가 분리되기 시작하여 페리클레스시대에는 정치권력이 종
교의 권위를 약화시키고 있었으며, 일반 대중사회에서조차 종교의
영향력이 절대적이지는 않았습니다. 이러한 사회현상이 『오이디푸
스 왕』에서 표현되고 있는 것입니다.

> "말과 행위가 오만으로 가득한 자
> 정의의 여신을 두려워하지 않고 오만 가운데 생의 행로를 걷는자
> 성소를 경외치 않는 자."(101쪽)

오이디푸스와 요카스타의 끝까지 신탁을 부정하고자 하는 태도
를 보고 합창대가 그들의 오만을 비난하고 있는 부분에서 신과 인간
의 갈등을 엿볼 수 있습니다. 그러나 소포클레스는 작품 속에서 개인
적 인간의 주체성을 강조하면서도 신적인 영역을 넘어서지 않으려는
자세를 취하고 있습니다. 다시 말하면, 운명에 맞서고자 하는 인간과
무지에서 발생한 잘못에 대해 참회하고 형벌을 받는 주체적 인간의
모습을 강조하면서도, 인간의 의지와 노력의 한계를 인정함으로써
신탁의 절대성을 부인하지 않는다는 의미입니다.

단비 그렇다면 『오이디푸스 왕』이 당시의 종교나 정치적 상황을 반

영하고 있다고 볼 수 있겠네요?

배 교수 아테네 민주주의를 이끌었던 페리클레스시대에는 문화진흥에 큰 관심을 두었던 시기로, 인간 사회문화의 반영물, 즉, 종교, 정치, 인간의 문제에 관한 사건들을 다루는 연극들이 큰 발전을 이루게 되었습니다. 이러한 이유에서 당시의 연극은 황금시대를 맞게 되었으며, 페리클레스 시대의 민주 정치이념을 바탕으로 사람들이 신과 인간의 역할에 관해 관심을 갖도록 했습니다. 나아가 인간으로 하여금 능동적으로 신과 인간의 중간 지점에 설 수 있도록 용기를 북돋아 준 것입니다. 김기영은 '비극이 신화를 수용하고 변형시켜가는 과정에서 고대 그리스의 귀족주의적 신화가 민주주의적 신화로 바뀌어 간다'는 점에 주목해야 한다고 합니다.[13] 당시 아테네에 민주제가 나타나기 전에는 귀족과 평민의 권력투쟁, 빈부의 격차가 나타나면서 참주 정치가 이루어지고 있었습니다. 그러나 참주의 지나친 독재로 이에 반대하는 민주제가 싹트는 사회적 변화를 일으키게 되었습니다. 이러한 사회변화가 아테네인들의 세계관에도 변화를 가져오게 된 것입니다. 이러한 점은 『오이디푸스 왕』에서 나타난 '부친 살해'와 '어머니와의 결혼'에 대한 사회적 관점의 변화를 통해 확인해 볼 수 있습니다. 즉, 아이스킬로스의 비극이 '부친 살해'와 '어머니와의 결혼'이라는 근친 간의 죄로 인한 테베 왕가, 참주의 몰락을 반영하듯, 오이디푸스의 신화는 과거의 귀족주의적 신화에서 시민이 존

---

13 김기영, 「오이디푸스 신화의 수용과 변형-소포클레스의 〈오이디푸스 왕〉을 중심으로」, 『드라마연구』, 26권, 2007, 160쪽.

재하는 현재의 민주주의적 신화로 변화되는 사회적 관점을 반영하고 있다고 볼 수 있습니다. 또한, 호머의 서사시와는 달리 '부친 살해'와 '근친 간의 죄'를 강조하는 부분에서 신이 허락한 '재판'이라는 표현을 통해 문명화된 인간의 제도 속에서 죄를 판결하게 된 인간중심의 사회변화를 확인할 수도 있습니다.

단웅이 『오이디푸스 왕』은 당시 사회와 개인들의 변화를 어떻게 표현하고 있나요?

배 교수 이미 살펴본 내용에서 알 수 있듯이 오이디푸스는 테베를 휩쓸고 있는 재난을 해결하기 위해 끊임없이 증거를 찾고자 했습니다. 이 과정에서 오이디푸스는 전적으로 신에 의존하기보다는 인간의 지혜와 인간 자신만의 힘으로 해결하고자 합니다. 그러나 오이디푸스에게 내려진 저주는 이미 아주 오래된 것으로, 아이스킬로스의 3부작 중 『라이오스』에서부터 시작되었습니다. 즉, 오이디푸스 왕의 아버지 라이우스(아이스킬로스의 작품 속의 라이오스)가 저지른 휘브리스 (hybris: 과도한 자신감)[14]가 원인이 된 '그가 자식을 낳게 되면 그 자식이 그를 죽이리라'라는 저주는 소포클레스의 『오이디푸스 왕』까지 이어지게 됩니다. 소포클레스의 『오이디푸스 왕』은 라이우스에게 지워진 저주를 간단하게 기술하면서, 선왕 라이우스의 죽음이 초래한 테베의 재앙으로부터 작품을 시작합니다. 이 저주의 중심에는 오이디푸

---

14 김만수, 「〈오이디푸스 왕〉과 〈오이디푸스, 그것은 인간〉 사이의 거리」, 『한국극 예술연구집』, 14집, 2001, 159쪽.

스가 있고, 아폴로의 신탁은 오이디푸스에게 책임을 묻고 있습니다. 이 과정에서 테베의 재상이며, 어머니 요카스타의 오빠인 크레온은 자신이 정직하게 아폴로 신의 신탁을 전달한 것임을 증명하기 위해 다음과 같이 말합니다.

> "…만약 내가 그예언자와 무슨 결탁을 했다면
> 당신의 표에 내표까지 보태 나를 처형하시오."(81쪽)

소포클레스는 신이 결정한 운명이 단순히 실현되는 차원이 아닌 개인의 운명을 신이 허락한 재판에 회부하고 있음을 언급하고 있습니다. 이는 신의 절대적 윤리도 존재하지만 기원전 5세기경 소포클레스 시대에 아테네에서는 투표에 의한 사법제도가 시행되고 있다는 사회적 변화를 반영한 것입니다. 또 다른 사회적 변화는 시대적 상황 내에서 오이디푸스로 하여금 신이 결정한 운명이 아닌 신의 결정 자체를 인간 스스로 증명하고자 하는 자유의지를 보여주는 대사에서 발견됩니다. 그 예로 신에게 닥쳐온 재난에서 벗어나게 해달라고 기도하기 위해 모인 시민들에게 오이디푸스는 이렇게 말합니다.

> "나를 믿고 내 능력에 기대라."(32쪽)

이러한 오이디푸스의 말에 시민들은 다음과 같이 응답합니다.

> "우리가 당신을 신으로 추앙해서는 아닙니다.

그러나 모든 인간들 위에 뛰어나

인생의 수수께끼와 하늘의 숨은 길까지도 읽어내는

당신의 지혜에 우리는 의지합니다."(34쪽)

　이 부분에서 우리는 당시 사회의 정치적 관점의 변화는 물론 개인의 사고체계가 변화하고 있음을 확인할 수 있습니다. 즉, 당시 도시국가 내의 자유 시민들은 민주적 시민권을 갖고 있었으며, 위에서 보듯 모든 인간 중에서 가장 뛰어난 오이디푸스의 지혜에 의지하겠다고 말하고 있습니다. 이러한 점은 민주적 시민권을 지혜로운 개인인 왕의 통치권에 의존함으로써, 전제군주제가 시작되는 사회의 변화로도 해석할 수 있습니다. 강태경은 이 부분에서 '오이디푸스 이전의 인간들은 집단적 정체성에 의존해왔으며 '개인적 인간'에 대한 개념을 갖고 있지 않았다'고 설명하고 있습니다.[15] 이러한 이유로, 소포클레스가 오이디푸스를 당시의 아테네 시민들이 전통적 윤리관인 집단적 정체성에서 벗어나, 새로운 인식의 방향, 즉, 개인의 독립과 자유의지에 대한 인식으로의 전환을 이끌어줄 새로운 영웅으로 변화시켰다고 해석됩니다.

15　소포클레스, 강태경 옮김, 『오이디푸스 왕 풀어읽기』, 홍문각, 2018, 36쪽.

영웅의 재탄생

단비　소포클레스가 살던 시대는 기존의 관념으로부터 벗어나 새로
운 인식으로의 변화를 이끌어줄 무언가가 필요했던 시기로 보입니
다. 그렇다면 이처럼 시대가 변하는 과도기적 상황에는 늘 그렇듯 변
화를 주도할 새로운 인물이 필요하겠네요.

배 교수　소포클레스는 당시 상황을 대변할 수 있는 인물로서 영웅 오
이디푸스를 선택한 것으로 보입니다. 권력과 욕망의 갈등 관점에서
오이디푸스를 바라보는 연구자들도 있지만, 작품 속의 오이디푸스
가 신화 연구자인 죠셉 캠벨(Joseph Campbell)이 설명하는 대부분의 영
웅들과 비슷한 과정을 거치고 있음을 알 수 있습니다.[16] 먼저 캠벨의
관점에서 영웅 오이디푸스를 생각해봅시다. 캠벨이 설명하는 영웅들
의 특징은 주로 그들의 일상적인 삶인 편안한 세계로부터 벗어나, 초
자연적인 신비의 세계, 즉 모험의 세계로 여행을 떠나게 됩니다. 모
험 과정에서 이들은 평범한 인간이 이겨낼 수 없는 힘과 마주하게 되
지만, 차례차례 위험을 극복하고 그 과정을 거쳐 떠나온 세계로 회
귀하는 과정을 겪게 됩니다. 이들이 돌아갈 때는 모험에서 획득한 이
익을 현실의 세계에서 함께하는 사람들과 나누게 됩니다. 이와 같은
영웅들이 겪어야 하는 신화적 모험 궤도와 오이디푸스의 삶의 궤도
를 비교해보면 소포클레스가 의도한 영웅의 모습을 이해할 수 있을

16　Joseph Campbell. *The Hero with a Thousand Faces*, in the 3rd edition
by New World Library, 2008, p.28.

것입니다. 캠벨이 설명하고 있는 '분리(separation)-입문(initiation)-회귀(return)'의 관점에서 오이디푸스의 삶을 살펴보면, 오이디푸스는 태어나자마자, 신탁에서 벗어나려는 아버지 라이우스에 의해 키타론 산에 버려지게 됩니다. 이는 기존의 현실로부터 분리된다는 의미입니다. 그러나 초자연적인 조력은 아니지만, 오이디푸스의 처지를 안타깝게 생각한 조력자들인 양치는 목자들 덕분에 고난의 관문을 통과하여 코린트 왕의 아들이 되어 평온한 삶을 살아갑니다. 그러나 영웅의 삶은 평탄할 수 없다는 특성 때문에, 신탁을 거부하고자, 오이디푸스는 코린트를 떠나 새로운 여행을 시작합니다. 두 번째 여행에서 아버지 라이우스를 살해하는 위기를 맞게 됩니다. 그 이후 여정에서 스핑크스로부터 테베인들을 구하는 공을 세움으로써, 태어나자마자 떠나온 세계로 귀환하게 됩니다. 그 이후 오이디푸스는 테베시민들로부터 모든 인간 중에 가장 지혜로운 인간으로 신격화되어 테베의 왕이라는 권력을 얻게 됩니다. 그가 테베에 큰 이익을 가져다주기는 했지만, 이는 그가 지닌 힘, 즉 신과 견줄 수 있는 '인간의 지혜'와 신탁에 의한 운명이 충돌하는 갈등을 일으키게 됩니다. 결국, 어머니 요카스타와 혼인함으로써 거부하고자 했던 신탁에 굴복하게 되는데, 이러한 고난은 영웅의 자유의지와 신이 부여한 운명의 충돌로 발생하게 된 비극이라고 할 수 있습니다. 그 결과 영웅 오이디푸스는 자신이 속한 사회에서 무시당하고 퇴출됨으로써 그의 영웅으로서의 삶은 무의미한 것이 되고 맙니다. 『오이디푸스 왕』의 마지막 장면에서 합창대는 다음과 같이 노래합니다.

"오, 조국 테베의 시민들이여 - 보라, 그가 오이디푸스다!

스핑크스의 수수께끼를 풀고 권세 당당했으니

누구라서 그의 행운을 선망의 시선으로 바라보지 않았던가,

그러나 보라!

그러한 그가 어떻게 참혹한 고뇌의 풍파에 휩쓸렸는가를!

그러니 우리의 눈이 인생의 마지막 날을 보기까지는

삶의 종말을 지나 고통에서 영원히 해방될 때까지는

필멸의 인간 어느 누구도 행복하다 기리지 말라."(153쪽)

합창대의 노래는 인간 중에 누구도 따라올 수 없는 지혜와 권세를 가졌던 한 영웅의 몰락을 통해, 한 개인의 유한성을 인정하고 수용하는 비극적 영웅의 삶, 즉, 인간의 필멸성에 무릎 꿇은 영웅 오이디푸스를 자유의지를 가진 한 인간의 모습으로 재탄생시키고 있습니다.

단뭉이 영웅 오이디푸스의 삶에 함께한 등장인물들에 대해서도 알고 싶습니다. 그들이 우리에게 보내는 메시지는 무엇일까요?

배 교수 『오이디푸스 왕』에는 오이디푸스, 제우스신을 섬기는 사제, 크레온, 아폴로 신을 섬기는 예언자 티레시아스, 요카스타, 코린트의 목자, 테베의 목자, 궁정에서 온 전령, 합창단원, 오이디푸스의 두 딸인 안티고네와 이스메네, 그 외 시종과 시민들이 등장합니다. 오이디푸스에 대해서는 이미 함께 살펴보았으므로 그를 제외한 등장인물 중 이야기에 영향을 주는 주요 인물들을 살펴봅시다. 먼저 실제 등장하지는 않으나 작품 속에서 언급되는 아버지 라이우스에 대해 생각

해보는 것이 오이디푸스가 마주한 운명의 저주와 그가 파멸되어 가는 과정을 이해하는데 도움이 될 것입니다. 오이디푸스가 짊어진 저주의 시작은 아버지 라이우스로부터 시작되었다는 점은 이미 설명하였습니다. 라이우스는 이 작품 속에서 신탁을 거부한 첫 번째 등장인물로, 아폴로 신의 신탁을 듣고 오이디푸스를 키타론 산에 버려 죽게하려 했으며, 신탁의 거부라는 자기결정을 하고 파멸하게 되는 인물입니다. 곧 자기결정이라는 행동은 신, 즉, 기존 사회의 전통 관념에서 벗어나려는 시도라고 볼 수 있습니다. 다음으로는 어머니이자 아내인 요카스타가 있습니다. 그녀는 오이디푸스에게 가장 큰 영향을 주는 인물로 코린트의 왕이었던 오이디푸스의 양부가 노령과 병환으로 돌아가셨다는 소식을 듣고 신탁 때문에 고뇌하는 오이디푸스에게 다음과 같이 말합니다.

> "신탁 따위에 괘념치 마시라고 이미 말씀드리지 않았소.
> 인간의 삶은 우연에 의해 다스려지고 예정된 운명이란 미신에
> 지나지 않는데 말이요.
> 아니오, 삶은 자신의 뜻대로 최선을 다해 살아가는 것이오."(109쪽)

우리는 강태경의 설명처럼 요카스타의 대사가 '신본주의의 절대적 윤리와 인간 운명의 필연성을 개인적 윤리의 상대성과 인간 존재의 우연성으로 대체하는 대전환'의 의미를 담고 있다는 점을 확인할

안티고네의 도움을 받는
눈먼 오이디푸스
출처 : https://commons.wikimedia.org/

수 있습니다.[17] 즉, 당시 사회를 지배하고 있던 신본주의로부터 인간중심의 인본주의가 싹트기 시작했다는 증거가 될 수 있습니다. 우리가 눈여겨볼 또 다른 등장인물은 테베의 재상이며, 요카스타의 오빠인 크레온입니다. 그는 오이디푸스와 대조되는 인물로 재상 이상의 권력을 탐하지 않는 절제력을 가진 인물입니다. 즉, 도전으로부터 권력을 지키고자 애쓰기보다는 도전받지 않는 안정된 권력의 위치에서 멈출 수 있는 이성적인 인물입니다. 또 다른 관점에서 본다면, 기존의 관념에 도전하지 않는 상식과 보수성향을 유지하여 기존의 사회 윤리와 충돌하지 않고자 하는 인물입니다. 신과 견줄 수 있는 지혜를 추구하며 새로운 시대를 주도하고자 한 오이디푸스와는 대조되는 인물이기도 합니다. 이러한 인물들을 등장시킨 것은 소포클레스가 당시의 신본주의와 인본주의 또는 민주주의와 전제군주주의 이념들이 시작되던 시대적 갈등을 표현하려는 의도로 해석할 수 있을 것입니다.

단비　　『오이디푸스 왕』의 결말 부분에서 오이디푸스는 키타론 산으로 자신을 보내달라고 부탁하게 되는데, 키타론 산은 오이디푸스에

─── 17 소포클레스, 강태경 옮김, 『오이디푸스 왕 풀어읽기』, 홍문각, 2018, 36쪽.

게 어떤 의미이며, 그리로 보내달라고 부탁한 이유는 무엇일까요?

> "내고향은 저 키타론 산중이오 ―
>
> 그 곳은 내 부모님이 나의 무덤으로 정하신곳.
>
> 그분들이 일찍이 나를 죽이기로 작정하셨으니
>
> 이젠 저 곳에서 그리 하실 수 있으리라."(148쪽)

배 교수 키타론 산은 그의 아버지, 어머니가 신탁이 부여한 운명을 거부하고 오이디푸스가 아기였을 때 죽도록, 태어나자마자 그를 버려두었던 산입니다. 다시 말해, 그의 무덤이라고 볼 수 있습니다. 그러므로 그가 그곳으로 가고자 한 이유는 아폴로 신의 신탁, 즉, 운명을 돌이킬 수 없다면 스스로 운명을 선택하겠다는 의미로 해석할 수 있습니다. 살아 있는 인간이라면 수용할 수 없는 무서운 죽음을 의미하는 그곳으로 스스로 걸어 들어가지 않을 것입니다. 그러나 오이디푸스가 키타론 산으로 걸어 들어간다는 것은 운명이라는 강력한 힘에 굴복하기는 했지만, 이를 수용하고 행동할 힘을 갖고 있음을 보여준 것이기도 합니다. 김기영은 오이디푸스, '부어오른 발'이라는 뜻의 이름처럼 '그는 운명이 그의 발에 남긴 상흔을 자신에 대한 진실을 스스로 인지하게 됐다는 흔적으로 인정하고 수용한 것'이라고 해석하고 있습니다.[18] 즉, 알베르 카뮈(Albert Camus)의 표현을 빌어 본다면,

---

18 김기영, 「오이디푸스 신화의 수용과 변형-소포클레스의 〈오이디푸스 왕〉을 중심으로」, 『드라마연구』, 26권, 2007, 175쪽.

'자기 자신에 대한 수수께끼를 푸는 자만이 운명에 맞서는 시지프처럼 자유의지를 가진 위대한 존재'로 평가할 수 있다는 의미로 해석할 수 있습니다.

단비 소포클레스의 『오이디푸스 왕』에서 우리가 기억해야 할 메시지는 무엇일까요?

배 교수 『오이디푸스 왕』이 우리에게 주는 메시지를 세 가지로 정리해 볼 수 있겠습니다. 첫째, 이주향의 주장처럼 우리로 하여금 '인간인 나는 누구인가?'에 대한 근본적 질문을 던지고 있습니다.[19] 이러한 점에서 빠르게 지나가는 시간 속에서 그 속도를 맞추기 급급한 보편적인 인간들에게 자신을 들여다볼 수 있는 기회를 갖도록 권하고 있는 것입니다. 오이디푸스는 인간 중 가장 지혜로운 인간이라는 평판을 가진 왕이었지만 자신에게 일어날 일은 알지 못했습니다. 인간의 인생은 모두 다르므로 그들의 인생을 평가할 수는 있는 기준이 없는 것입니다. 그러므로 모든 인간의 삶은 오이디푸스가 자신의 삶에서 마주한 수수께끼와 같은 것입니다. 우리는 각자 인생의 수수께끼를 마주하면서 문제의 근원은 어디에 있는지, 이를 풀어낼 방법은 무엇인지, 오이디푸스의 눈을 통해 질문하고 숙고하며, 행동하는 인간이어야 한다는 점을 강조하고 있습니다. 둘째, 녹스(Knox)는 오이디푸스의 운명에는 아테네의 흥망성쇠가 투사되고 있다고 합니다.[20] 이렇

---

19 이주향, 「소포클레스, 『오이디푸스 왕』 '나'는 우주가 제기한 하나의 물음이다!」, 『철학과 현실 통권』, 제136호, 2023, 151쪽.

20 Bernard M. W. Knox. The Date of the Oedipus Tyrannus of Sophocles,

듯 오이디푸스 왕의 시대적 배경을 통해 새로운 정치제도가 발생하는 이유에 대해 숙고해보는 것도 의미 있는 일이 될 것입니다. 예를 들어 프로타고라스(Protagoras)의 "인간은 만물의 척도이다."[21]라는 주장이나 "비극은 문명의 진동추가 종교적 사회에서 세속적 사회로 움직일 때 탄생한다"는 까뮈의 말처럼 종교와 인간 관계는 끝없이 움직이는 진동추와 같아, 우리가 그 관계를 끊임없이 성찰할 필요가 있다는 점을 강조하고 있습니다.[22] 마지막으로, 기억해야 할 메세지는 인간의 자유 의지 측면에서 인간 삶의 의미는 개인 스스로가 답을 찾아갈 수 있다는 것입니다. 카뮈는 '시지프 신화'를 통해 신들은 "무용하고 희망 없는 노동보다 더 끔찍한 형벌은 없다"[23]고 하지만 "이 세계와 나의 정신의 갈등과 마찰의 근본을 이루는 것은 바로 그에 대한 나의 의식자체가 아니고 무엇이겠는가? … 항상 새로워지고 항상 긴장을 유지하는 항구적이 의식에 의해서만 가능하다 … 고뇌를 향하여 다시 걸어 내려오는 … 시지프는 자신의 운명보다 더 우월하다"고 설명합니다.[24] 그러므로 『오이디푸스 왕』은 '인간의 자유 의지란 무엇인가?'에 대한 답을 찾아가는 방향을 이끌어주고 있는 것입니다.

—— *The American Journal of Philology*, Vol. 77, No. 2 (1956), p.138. https://www.jstor.org/stable/292475.

21 Plato. *Theatetus in the Dialogues of Plato*, Vol. IV, translated by B. Joette (1871), London: Oxford University Press, p.205.

22 소포클레스, 강태경 옮김, 『오이디푸스 왕 풀어읽기』, 홍문각, 2018, 143쪽.

23 알베르 카뮈, 김화영 옮김, 『시지프의 신화』, (주)민음사, 2022, 114쪽, www.minumsa.com.

24 알베르 카뮈, 김화영 옮김, 『시지프의 신화』, (주)민음사, 2022, 151쪽, www.minumsa.com.

참고문헌

김경집, 『고전, 어떻게 읽을까?』, 학교도서관저널, 2016.

김기영, 「오이디푸스 신화의 수용과 변형-소포클레스의 〈오이디푸스 왕〉을 중심으로」, 『드라마연구』, 26권, 2007, 151~188쪽.

김만수, 「〈오이디푸스 왕〉과 〈오이디푸스, 그것은 인간〉 사이의 거리」, 『한국극예술연구집』, 14집, 2001, 157~182쪽.

소포클레스, 강태경 옮김, 『오이디푸스 왕 풀어읽기』, 홍문각, 2018.

알베르 카뮈, 김화영 옮김, 『시지프의 신화』, (주)민음사, 2022, www.minumsa.com.

이주향, 「소포클레스, 『오이디푸스 왕』 '나'는 우주가 제기한 하나의 물음이다!」, 『철학과 현실 통권』, 제136호, 2023, 144~152쪽.

천병희, 「소포클레스 비극의 이해」, 『서양고전학연구』, 제8권, 1994, 1~62쪽.

Bernard M. W. Knox. The Date of the Oedipus Tyrannus of Sophocles, *The American Journal of Philology*, Vol. 77, No. 2 (1956), pp.133-147.

Homer. *The Iliad and Odyssey*, translated into English blank verse, Vol. 2, Forgotten Books(1st Edition), 2018.

Joseph Campbell. *The Hero with a Thousand Faces*, in the 3rd edition by New World Library, 2008.

Plato. *Theatetus in the Dialogues of Plato*, Vol. Ⅳ, translated by B. Joette (1871), pp.107-280, London: Oxford University Press.

https://www.jstor.org/stable/292475.

지옥에서 별을 노래하다

—단테 알리기에리, 『신곡-지옥 편』

현영빈

"나를 거쳐서 길은 황량의 도시로
나를 거쳐서 길은 영원한 슬픔으로
나를 거쳐서 길은 버림받은 자들 사이로.

나의 창조주는 정의로 움직이시어
전능과 힘과 한량없는 지혜,
태초의 사랑으로 나를 만드셨다.

나 이전에 창조된 것은 영원한 것 뿐이니,
나도 영원히 남으리라.
여기 들어오는 너희는 모든 희망을 버려라."

단테 알리기에리, 그는 누구인가?

단비   단테라는 이름은 게임이나 드라마 캐릭터 등으로도 많이 사용
되어서 들어본 적이 있는 것 같습니다. 항상 외모는 번듯하지만 속은
사악한 악역의 이미지로 많이 사용되는 이름인 듯한데요, 이러한 이
미지는『신곡』의 작가, "단테 알리기에리"와 연관이 있는 건가요?

현 교수   아주 피상적으로만 연관이 있다고 할 수 있을 것 같군요. 단테
알리기에리(Dante Alighieri, 1265-1321)는 그의 대표작,『신곡』에서 스스
로 지옥과 연옥, 천국을 모두 순례하는 인물로 등장합니다. 당시 최
고의 인텔리 계층이었던 작가가 직접 지옥의 밑바닥까지 보고 돌아
왔다는 설정이 당시에도 굉장히 센세이셔널 했는데, 그런 이미지가
아마 현대까지도 이어지고 있는 것 같네요. 최근의 드라마 중에『펜
트하우스』라고 있었는데, 거기에 엄기준 배우가 "주단태"라는 인물
로 나왔었죠? 겉으로는 멀끔하게 잘생긴 젊은 재벌이지만, 속으로는
끝을 알 수 없을 정도로 타락한 인물이었죠. 실제 단테에게서 "지옥",
"인텔리", 이 두 이미지만 따온 것으로 보입니다. 재미있는 설정이지
만, 실제 단테와는 거리가 멀어요. 단테가『펜트하우스』를 봤다면 아
마 많이 당황했을 겁니다.

드라마 『펜트하우스』의 주단태   작가 단테 알리기에리

단비　그렇다면 실제 단테는 어떤 인물이었나요?

현 교수　단테는 꽤 굴곡진 삶을 살았던 인물이에요. 이탈리아 피렌체
　　에서 몰락 귀족 집안의 아들로 태어났지만 뛰어난 학문적 역량과 타
　　고난 머리로 어릴 적부터 두각을 나타냈고, 30대에 접어들 무렵에는
　　피렌체를 다스리는 6명의 행정장관 중 한 명으로 올라섰습니다. 아주
　　젊은 나이에 피렌체 정치계의 정점에 올라서며 집안을 일으킨 극히
　　유능한 정치인이었던 것이죠. 하지만 정치인으로서의 단테의 전성기
　　는 오래가지 못합니다. 단테는 당시의 교황에 반대하는 파벌이었는
　　데, 교황 찬성파가 쿠데타를 일으키는 바람에 35세 무렵 피렌체에서
　　추방되어 죽을 때까지 망명 생활을 유지하게 됩니다. 그리고 이 "추
　　방"이라는 게 우리가 생각하는 개념과 조금 달라요. 이 당시에 유럽
　　의 한 국가에서 추방된다는 것은 해당 인물 집안의 모든 재산이 몰수

당하고, 그 인물은 국경 내로 들어오면 붙잡혀서 사형된다는 뜻입니다. 완전히 사회, 경제적으로 말살당하는 거죠. 단테는 감당하기 힘들 정도의 급격한 신분 상승과 극단적인 몰락을 아주 젊은 나이에 다 겪은 셈입니다. 이후 라벤나라는 도시에서 망명 생활을 하면서 그가 겪은 아픔을 문학작품으로 승화시키기 시작해요. 바로『지옥』,『연옥』,『천국』3부작으로 이루어져 있는 대작,『신곡』을 완성한 거죠. 약 12년간 작품을 집필했고, 여기에 너무 많은 에너지를 쏟아냈는지 작품 완성 1년 뒤에 사망합니다.

단비 정말 혼신의 힘을 쏟아부었나 보네요. 완성 1년 뒤에 사망이라니. 그러면 단테는 정치계에서 축출당한 한을『신곡』이라는 소설을 통해 종교적으로 승화했다고 보면 되는거겠군요?

현 교수 일단 하나만 지적하죠.『신곡』은 소설이 아닙니다. 서양 문학에서 소설이라는 장르는 16세기에 산업혁명이 발생하고 난 뒤 유럽에 경제적 여유가 생기고, 인쇄술이 발달하면서 독자층이 넓어지자 자연스럽게 발생한 문학 장르입니다. 반면『신곡』은 14세기 초반에 나온 작품이고, 장르는 시예요. 정확히 말하면 서사시(epic)죠. 서사시라는 것은 고대 영웅들의 뛰어난 행적을 다룬 장편 이야기 시라고 정의할 수 있겠는데, 이 장르는 굉장히 폭이 넓어서 성경의『창세기』,『출애굽기』, 호메로스의『일리아스』,『오디세이아』, 밀턴의『실낙원』, 심지어는 허먼 멜빌의 대하소설『모비딕』도 포함됩니다. 주어진 운명이나 상황을 거스르고자 자연을 대상으로 투쟁하는 영웅이 주인공인 이야기 시이니, 여기에 단테의 신곡도 포함되는 거죠.

자, 질문으로 돌아가자면, 그렇게 볼 수 있습니다. 『신곡』은 굉장히 종교적인 텍스트예요. 계속해서 신의 영광을 찬미하며 인간의 죄를 반성하는 내용이 나오는 것은 물론이고, 작품 전체의 구조를 보면 작가이자 작품의 주인공인 단테는 지옥에서 3일, 연옥에서 3일, 마지막으로 천국에서 하루를 보내며 인간이 짓는 죄에 대해 살피고 반성하여 마침내는 신의 은총을 입어 인간 세상으로 돌아옵니다. 여기서 지옥과 연옥에서 총 6일을 보내고, 천국에서는 하루를 보냈다는 점이 중요합니다. 성경을 보면 신은 6일 동안 세상을 만들고 하루를 쉬었다고 하죠? 이처럼 단테 또한 이전에 갖고 있던 모든 번뇌와 죄를 벗고 새 사람으로 태어나는 데에 6일, 천국에서의 휴식 하루를 거쳐 원래의 세상으로 돌아오게 됩니다. 마치 신이 세상을 창조하듯, 단테도 본인을 괴롭히던 고민과 깊은 한, 괴로움을 이 문학적, 종교적 여정을 통해 다 정화하고자 했다고 볼 수 있을 거예요. 하지만 사실 작품을 깊숙이 들여다보면 『신곡』, 특히 그중에서도 『지옥』편이 완전히 종교적이지만은 않다는 걸 알 수 있습니다. 정치인으로서의 단테가 순간순간 계속 드러나거든요. 예를 들자면 단테를 피렌체에서 추방했던 정적들, 그리고 단테의 반대편에 서 있었던 교황들은 『지옥』편에 보면 전부 죄인으로서 지옥의 형벌을 받고 있는 것으로 그려지고, 단테는 그들을 맹렬히 비판합니다. 어떻게 보면 단테가 이 작품을 통해 개인적인 원한을 풀면서도 전체적인 틀은 종교적인 이야기로 가져감으로써 은밀하게 복수를 달성했다고 볼 수도 있겠죠.

단비　　교수님의 말씀을 들으니 단테는 작가라는 공적인 입장보다 개인 단테 알리기에리로서의 사적인 입장을 작품에서 더 드러낸 것 같다는 느낌도 드는데요. 혹시 그 외에도 단테의 사적인 태도가 보이는 다른 부분들도 있을까요?

현 교수 우선 단테가 사적인 면모를 보였다고 해서 이게 비난받을 수는 없다는 점을 명확히 해두죠. 모든 글쓰기는 한 개인인 "나"의 주관적 입장에서 시작되는 겁니다. 내가 개인적으로 느끼고 생각한 것을 그저 일차원적으로 표현하는 데에 그치면 그건 내 일기장에 적히고 끝나는 겁니다. 하지만 그 개인적인 나의 표현들이 문학적으로 정제되고, 사회적 맥락과 합쳐지면서 더 큰 의미를 파생시켜 결과적으로 많은 독자들에게 울림을 준다면 이것은 훌륭한 문학작품이 되는 겁니다. 그런 의미에서 단테의 정적들에 대한 이 문학적인 복수는 당시의 타락한 종교계와 정치계에 대한 사회적 비판을 가하면서, 이를 종교적인 의미로까지 승화시켜 많은 독자에게 깨달음을 주었기 때문에, 이 이야기의 출발점이 단테의 개인적 상황이었다 해서 그 가치를 평가절하할 수는 없는 거예요.

자, 그럼 다시 질문으로 돌아가죠. 단테가 『신곡』에서 일종의 사심을 드러내는 부분이요? 아주 많습니다. 대표적인 예가 단테의 수호자이자 인도자로서, 일종의 천사장 같은 위치를 차지하고 있는 여인으로 나오는 베아트리체가 되겠네요.

단비 베아트리체요? 들어본 적이 있는 것 같아요.

현 교수 네, 아마 그럴 거예요. 첫사랑의 상징 같은 이름이죠? 단테의 『신곡』은 들어본 적 없어도 "베아트리체"라는 이름은 들어본 적 있

"Dante and Beatrice" by Henry Holiday. (1883)

는 사람들이 많을 겁니다. 베아트리체는 단테가 평생 원하고 그리워
했던 첫사랑입니다. 단테가 9살 때 우연히 한 연회장에서 만난 8살의
소녀였는데, 그때 단테가 첫눈에 사랑에 빠졌다고 해요. 굉장히 조숙
하죠? 이후 베아트리체를 잊지 못하고 혼자 끙끙 앓다가, 단테가 18
세일 때 우연히 '폰테 베키오'다리에서 다시 한번 마주쳤다고 해요.
그때 단테가 인사를 건네고, 베아트리체가 목례를 한번 한 것이 둘
사이에 있었던 전부라고 전해집니다. 사실 이 정도면 그냥 남남인 건
데, 단테는 이후 둘이 각자 다른 사람과 결혼했음에도 불구하고 짝사
랑을 이어 나갔다고 해요. 이후 베아트리체는 24살에 요절하게 되고,
큰 충격을 받은 단테가 그녀를 자신의 작품 속에 등장시킴으로서 나
름의 추모를 이어가다 마침내는 『신곡』에서 순수함과 고결함의 상
징 같은 신성한 여인으로 등장시키게 됩니다. 베아트리체 입장에서
는…. 조금 무서운 이야기일 수도 있겠죠? 어쨌거나, 정리해보자면

신곡에는 위대한 작가이자 철학자였던 단테 외에도, 절망한 정치가 단테와 순수한 청년 단테 등 단테의 많은 면이 녹아있다고 볼 수 있겠네요.

『신곡』, 그리고 『지옥』은 어떤 작품인가?

단비　그저 대작으로만 막연하게 알고 있었는데, 이런 개인적인 이야기들이 숨겨져 있었다니 흥미롭네요. 그럼 말씀하신 대로 단테의 사적인 복수담이기도 한 『신곡』이 서양 문학사에서 중대한 작품으로 평가받는 이유는 무엇인가요?

현 교수　단테는 중세에서 르네상스로 이행하던 시기의 유럽에서 살았던 인물입니다. 그 말은 곧 신 중심의 종교적 사회에서 인간중심의 인본주의적 사회로 세상이 변화하던 시점을 살았던 인물이라는 말이죠. 단테의 『신곡』은 이런 시대적 변화를 예리하게 포착해 내고 있습니다. 작품의 주제이자 핵심은 죄의 무게와 형벌, 영원한 저주와 신의 구원, 그리고 인간의 자유의지라는 기독교적인 테마들이지만 단테는 그 안에서 어쩔 수 없이 죄를 지어 지옥에 떨어져야만 했던 인물들의 안타까운 사연들 또한 그려내고 있어요. 단테는 작품 속에서 '죄를 지었으니 신의 섭리에 따라 지옥 불에 떨어져야 마땅한 자들이다!'라며 중세적 교리에 따라 죄인들을 비난하고 침을 뱉는 것이 아니라, 이들이 죄를 지어야만 했던 이유를 일일이 발을 멈추고 귀 기울여 들으며, 때로는 같이 눈물을 흘리다 가슴이 아파 기절하기까지

합니다. 지옥을 배경으로 그리고 있으면서도 그 안의 죄인들을 한 명의 동등한 인간으로서 대하고 있는 것이죠. 중세적 세계관과 르네상스적, 인본주의적 인간관이 공존하는 흥미로운 문학적 예라고 할 수 있을 겁니다. 이런 태도의 연장선상에서, 『신곡』은 라틴어가 아니라 당대 대중들이 사용하던 실제 언어, 심지어 토스카나 지역 방언으로 작성된 최초의 대작 서양 문학이라는 점에서도 큰 의의가 있습니다. 당시에 고급 문학을 포함한 모든 지식은 엘리트 계급 혹은 종교적 고위층이 사용하던 라틴어로 기록되고 유통되었어요. 지식이 상류층에 의해서 독점되었던 시기인 것인데, 이때 단테가 서민들의 언어를 통해 문학을 대중들에게 돌려주려 한 것이죠. 유례가 없는 일입니다. 더군다나 대중들에게 단테가 들려주려 한 『신곡』의 이야기 속에는 당시 유럽의 최신 지식이 집대성되어있어요. 예술, 문학, 역사, 종교, 철학, 정치학은 물론이고 천문학과 자연과학까지 다 녹아들어 있죠. 이 모든 걸 작품 속에 자연스럽게 녹여냈다는 것 자체로도 놀라운 일인데, 단테는 이걸 대중들에게 돌려주려 한 것이라는 점에서 더욱 그의 작품이 가치가 있다고 할 수 있는 겁니다.

단비　『신곡』은 여러 가지 면에서 전통과 혁신이 공존하는 작품이었던 셈이군요. 그런데 이 『신곡』도 지금은 고전에서 속하는, 그러니까 스스로 일종의 전통이 된 책이잖아요. 그런 만큼 후대에도 큰 영향을 끼쳤을 것으로 짐작되는데, 어떤가요?

현 교수　아주 좋은 질문입니다. 실제로 『신곡』은 후대에 끼친 영향이 어마어마해요. 그중에서도 가장 큰 영향을 하나 꼽아보자면, 오늘날 우리가 알고 있는 기독교적 지옥이라는 곳의 이미지는 사실상 90% 이상이 『신곡』에 의해 만들어진 것이라는 점을 먼저 말씀드릴 수 있겠군요.

단비 네? 그게 무슨 말씀이시죠? 지옥은 성경에 이미 나오는 공간이잖아요.

현 교수 맞습니다. 하지만 사실 성경에는 지옥에 대한 묘사가 극히 적어요. 구약에서는 "스올"이라는 어두운 사후세계에 대해 언급하기는 하지만 우리가 아는 "지옥"과는 그 개념이 조금 다르고, 사실 "지옥"이라는 단어 자체도 등장하지 않습니다. 신약 성경에 가서야 "지옥"이라는 명칭이 언급되기 시작하는데, 그 묘사는 지극히 추상적인 수준에 머물러요. 파괴, 파멸, 바깥 어둠, 울음소리, 두 번째 죽음, 영원한 불, 이 정도의 단어들로만 묘사되는데 그 묘사가 구체적이거나 체계적이지는 않습니다. 그저 예수를 구세주로 받아들이지 않고 죄의 상태에 머무른 사람들이 사후에 영원히 고통받는 장소 정도로 개념화되어있죠.

하지만 단테의 『신곡』은 이 추상적인 지옥을 구체화해 놓았어요. 단테 본인이 사흘 동안 지옥을 직접 걸어서 순례했다고 말하는 책이니, 그 광경과 묘사가 당연히 구체적이어야 했겠죠. 단테는 지옥의 1층부터 9층까지 전체를 소름 끼칠 정도로 상세하게 묘사합니다. 지옥의 각 층의 형태와 구조, 각 층에서 다루는 죄의 종류와 이에 상응하는 처벌의 형태, 각 층을 지키는 수문장의 모습과 그들에게 고통받는 무수한 죄인들의 모습까지를 전부 직접 보고, 듣고, 냄새 맡고 맛본 것처럼 세밀하게 묘사해요. 이 때문에 당시의 대중들은 단테가 실제로 지옥에 다녀왔다고 믿기까지 했다고 전해지죠. 그리고 단테가 만들어 낸 이 지옥의 이미지들은 르네상스와 근대를 거쳐 현재까지도 이어지고 있어요. 각종 게임과 오컬트 영화, 드라마 등을 통해 재현되는 기독교적 지옥의 이미지들은 대부분 단테의 『신곡』에 알게 모르게 바탕을 두고 있으니까요. 아마 "지옥문"이라는 표현, 혹은 그 이미지를 대표적인 예로 들어볼 수 있겠군요. 학생, 혹시 "지옥문", "헬게이트"라는 표현 자주 쓰나요?

단비　네, 뭔가 실수로 끔찍한 일이 막 벌어지려고 한다거나 그럴 때 쓰는 것 같은데요?

현 교수　맞아요. 그런데 사실 성경에는 지옥문이라는 개념이 없습니다. 그저 지옥과 현세가 있고, 죄를 지은 이들이 사후에 지옥으로 가는 것일 뿐이죠. 지옥이라는 공간에 문이 있고, 그 문을 통해서 지옥과 현세가 연결된다는 개념은 단테가 만들어 낸 것이에요. 『신곡』의 『지옥』편 중에 제3곡을 보면 단테는 대지의 한복판에 나 있는 지옥문을 통해 지옥으로 걸어 내려갑니다. 그리고 그 지옥문에는 "여기 들어오는 너희는 모든 희망을 버려라."라는 유명한 구절이 적혀 있죠. 지옥은 희망이 없는 곳, 즉 들어올 수만 있을 뿐 나갈 희망은 없는 곳임을 뜻하는 문장이에요. 하지만 오늘날 대중문화에서는 이 지옥문을 통해 우리가 지옥으로 들어가는 것이 아니라, 마치 지옥의 군대가 이 지옥문을 통해 현세로 나올 것 같은, 그러한 위기감을 주는 장치로 많이 활용됩니다. 아마 현대인들은 그만큼 지옥과 현세가 분리되어있지 않다고 생각한다는 뜻이겠죠. 우리가 굳이 지옥문을 거쳐 지옥으로 들어갈 필요도 없이, 이미 지옥문이 우리를 향해 그 입을 벌리고 있다는 거예요. 우리는 오늘날 단테의 시대와는 조금 다른 맥락으로 지옥문을 사용하고 있긴 합니다만, 이 지옥문이라는 개념 자체가 단테의 유산이라는 점을 기억해두면 좋겠군요.

단비 정말 신기하네요. 혹시 단테가 후대에 영향을 끼친 또 다른 예가 있을까요?

현 교수 물론이죠. 특히 예술 쪽에는 일일이 열거하기도 힘들 정도로 예가 많습니다. 하지만 딱 하나만 꼽아보자면 오귀스트 로댕(Auguste Rodin, 1840-1917)의 "생각하는 사람"(Le Penseur) 동상을 대표적인 예로 들 수 있겠군요. 혹시 "생각하는 사람"이 로댕의 다른 작품의 일부분이라는 사실을 알고 있나요? 흔히들 "생각하는 사람"이 그 자체로 하나의 작품인 것으로 많이들 알고 있는데, 사실은 "지옥의 문"(La Porte de l'Enfer, 1917)이라는 작품의 일부입니다. 로댕은 단테의 『신곡』에 깊은 감명을 받았었고, 그래서 그중 『지옥』편을 주제로 해서 지옥의 문을 약 30년에 걸친 구상 끝에 만들어냅니다. 높이가 6.35미터에 폭이 0.85미터, 무게만 해도 7톤이 넘는 거대한 청동 조형물이고, 여기에 지옥에서 고통에 몸부림치는 190여 명의 인물들이 조각되어 있죠. 이 지옥의 문의 상단에 "생각하는 사람"이 앉아 있습니다. 지옥의 인간군상들을 내려다보며 인간의 운명과 신의 뜻에 대해 고뇌하는 사람이 바로 "생각하는 사람"인 것이죠. 그리고 사실 "생각하는 사람"의 원제는 "시인"(Le Poete)이었습니다. 즉, "생각하는 사람"은 곧 단테 알리기에리를 뜻하는 거예요. 단테가 후대의 예술가에게 영향을 끼치다 못해, 그 예술가의 주제 자체가 되어버린 예라고 볼 수 있겠군요.

로댕의 "생각하는 사람"
파리 로댕 박물관

로댕의 "지옥의 문"
파리 오르세 미술관

단비 그렇군요. 그럼 이제 작품 자체에 대한 설명을 좀 부탁드리고 싶은데요. 우선 작품의 제목인 "신곡"은 어떤 뜻이 있는 건가요?

현 교수 한자로는 "神曲", 즉 신성한 노래라는 뜻입니다. 하지만 이건 일본 작가 모리 오가이(1862-1922)가 작품의 제목을 일어로 옮기면서 편의에 맞춰 번역한 것이 우리나라에 그대로 전해진 거예요. 제목의 진짜 의미를 알려면 이탈리아어 원제목을 봐야 하죠. 원래 제목은 "La Commedia di Dante Alighieri," 즉 "단테 알리기에리의 코메디(희극)"라는 뜻이에요.

단비　코메디요? 지옥에서 고통받는 사람들에 대한 서사시에 어떻게 그런 제목이 붙을 수 있는 거죠?

현 교수　우리는 오늘날 '코메디'라고 하면 그저 웃음을 추구하는 가벼운 내용의 작품을 뜻하는 것으로 많이들 생각하는데, 원래의 코메디는 그 의미가 조금 달라요. 원래는 해피엔딩으로 끝나는 작품을 모두 총칭해서 'comedy'라고 불렀죠. 모든 서양 희비극의 시작점인 고대 그리스로 거슬러 올라가면 비극, 즉 'tragedy'는 고귀한 신분의 위대한 영웅이 처절하게 몰락하여 사회적으로든 실질적으로든 죽음을 맞이하는 내용을 보여주는 극을 지칭했습니다. 소포클레스의 『오이디푸스 왕』이 대표적인 예가 되겠죠. 희극은 그 반대예요. 낮은 신분의 인물이 행복하고 고결한 상태로 재탄생하여 해피엔딩을 맞이하는 작품이 곧 희극입니다. 바로 이런 맥락에서 단테는 자기 작품을 "Commedia"라고 지칭한 거죠. 작품의 초입부에서의 단테는 인생의 반 고비에 모든 것을 잃고 길마저 잃은 채, 끝없는 어둠 속에서 산짐승에 쫓기며 절망에 휩싸인 모습으로 등장합니다. 30대에 피렌체의 최고 권력을 손에 쥐었다가 하루아침에 모든 것을 잃어버렸던 단테 자신의 실제 모습을 반영한 설정이라고 할 수 있겠죠. 하지만 단테는 이 절망에서 그치지 않고, 절망의 끝을 목격하기 위해 지옥으로 발걸음을 내디뎌 점점 더 아래로 내려갑니다. 그리고는 결국 지옥을 벗어나 연옥으로 올라오고, 마침내는 천국으로 올라가 꿈에도 그리던 베아트리체를 만나서 신의 축복을 받고 새사람이 되어 지상으로 돌아옵니다. 비루한 인물이 고결함을 달성하는 해피엔딩, 'comedy'의 고전적 정의에 정확하게 부합하는 내용인 것이죠. 그리고 이후 작품의 내용적 특성에 맞춰서 16세기 중반쯤에 제목에 "Divina", 즉 "신성한"이란 의미가 붙게 됩니다. 그래서 "La Divina Commedia Di Dante" 가 원래의 제목이 되고, 오늘날에는 흔히 "The Divine Comedy"로 줄여서 부릅니다. 이걸 일본에서 "신곡"(神曲)이라고 번역을 한 거죠.

단비 흔히 쓰는 '코메디'란 말에 그런 의미가 숨어있었군요. 이제 이해가 됩니다. 하지만 'comedy'라고 해서 연극적 양식을 빌린 건 아니고, 그저 내용의 전반적인 방향이 'comedy'에 가깝기에 단테가 이런 제목을 썼다는 말씀이시죠?

현 교수 정확해요. 앞에서도 말했지만 『신곡』은 기본적으로 서사 '시'입니다. 그리고 사실 원문을 살펴보면 경악스러울 정도로 라임(rhyme)이 촘촘하게 짜여 있어요. 어지간한 래퍼는 명함도 못 내밀 정도죠. 예를 들어 볼까요? 『신곡』은 작품 전체가 3행씩으로 구성된 시예요. 시의 첫 2연을 같이 봅시다.

Nel mezzo del cammin di nostra **vita** mi ritrovai per una selva **oscura** ché la diritta via era **smarrita**	우리 인생길 반 고비에 올바른 길을 잃고서 난 어두운 숲에 처했었네
Ahi quanto a dir qual era è cosa **dura** esta selva selvaggia e aspra e **forte** che nel pensier rinnova la **paura!**	아, 이 거친 숲이 얼마나 가혹했는지 얼마나 말하기 힘든 일인가! 생각만 해도 두려움이 새로 솟는다.

내용은 나중에 살펴보고, 원문 각 행의 마지막 단어들을 봅시다. 1연에서는 "vita–oscura–smarrita" 순으로 배치되어 있어요. 라임이 보

이나요? "**ta-ra-ta**"로 끝나죠? 이걸 A-B-A 라임이라고 합시다. 그 다음 연을 보죠. "**dura-forte-paura**" 순으로 배치되어 있어요. "**ra-te-ra**"순이죠. 1연의 두 번째 행에 나왔던 "ra"가 2연의 1, 3행에 다시 사용되고 있죠? 2연은 B-C-B 라임이라고 할 수 있겠네요. 즉 『신곡』의 첫 2연은 A-B-A / B-C-B 구조예요. 라임을 통해서 첫 2연이 자연스럽게 연결되고 있는 거예요. 여기서 놀라운 사실을 하나 알려줄까요? 『신곡』은 14,233행 전체가 거의 이런 식이에요. [ABA]-[BCB]-[CDC]-[DED] 이런 식의 라임이 처음부터 끝까지 유지됩니다.

단비　이렇게 연끼리 맞물리는 라임 구조를 10,000행이 넘게 유지했다고요? 대체 어떻게 그게 가능했을지 감도 안 오네요.

현 교수　더 놀라운 것은, 단테가 지옥-연옥-천국을 순례하는 자신의 여정을 형상화하려고 일부러 이러한 라임 구조를 사용했다는 사실입니다. 단테는 지옥의 입구에서 9층까지 한층 한층 걸어 내려가고, 연옥에 도달하면 그때부터는 한층 한층 걸어 올라가기 시작합니다. 단테의 여정 전체는 계단의 형태를 닮아있는 것인데, 『신곡』의 라임 구조는 바로 이걸 청각적으로 재현하고 있는 거예요. 『신곡』이 역사적으로 갖는 의의를 제외해도 문학작품 그 자체로서 여전히 대단한 걸작으로 칭송받는 것은, 단테가 이러한 구조를 통해 그 누구도 범접하기 힘든 시인으로서의 역량을 보여주었기 때문입니다. 12년 동안 한줄 한줄 라임을 고심하며 뼈를 깎는 심정으로 써 내려 갔을 텐데, 이런 시인으로서의 고집이 작품 속에 나오는 구도자로서의 단테의 모습과도 절묘하게 닮아있죠. 여러 가지 의미에서 작품의 형식과 내용이 완벽한 조화를 이루고 있다고 할 수 있을 거예요.

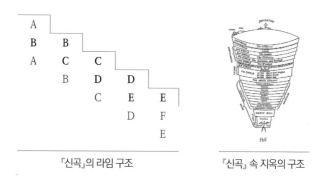

『신곡』의 라임 구조   『신곡』 속 지옥의 구조

지옥은 어떤 공간인가?

단비   시를 읊으며 지옥의 계단을 하나씩 내려가는 단테의 모습을 상상하게 되네요. 으…소름 돋아요. 그럼 단테가 묘사하는 지옥에 대해서 더 자세한 설명을 부탁드립니다. 아까 지옥에는 총 아홉 층이 있다고 하셨는데, 전체적인 구조는 어떤가요?

현 교수   네, 일단 간략하게 정리해보면 지옥은 나선을 그리며 점점 아래로 내려가고, 내려갈수록 점점 좁아지는 형태를 취하고 있어요. 일종의 원뿔형 모양이죠. 1층은 지표면 바로 아래에 있는 것으로 묘사되고, 최 심층인 9층은 지구의 중심부를 통과해 남반구의 표면으로 뚫고 나오게 됩니다. 지옥 전체를 순례하고 나면 지구의 반대편으로 나오게 되는 것이죠. 당시의 지구과학적 지식이 반영된 설정이라고 하겠습니다. 1층부터 5층까지는 상대적으로 가벼운 죄들을 처벌하고 있고, 6층부터는 "디스"라고 하여 지옥에서도 중범죄자들을 처벌하는 진짜 지옥이 펼쳐집니다. 위에서 아래로 내려올수록 점점 그 죄질이 나빠지고 처벌도 강력해지게 되는 것이죠.

단비 그렇군요. 그럼 각 층에서는 어떤 죄를 다루고, 그 죄들은 어떤 방식으로 처벌되나요?

현 교수 네, 너무 길어질 테니 간략하게 정리해보죠. 지옥의 문을 통과한 뒤, 이승과 저승을 가르는 경계인 아케론강을 건너면 본격적으로 지옥이 펼쳐집니다.

1층은 "림보"(Limbo)라는 곳입니다. 이곳에서는 생전에 죄를 지은 적은 없는 훌륭한 인물들이 그저 세례를 받지 않았다는 이유로 영원히 그곳에 기거해야 하는 벌을 받고 있습니다. 예수가 등장하기 전, 즉 기원전의 시대를 살았던 아리스토텔레스 등의 현자들이 여기에 있죠.

2층은 "색욕 지옥"(Lust)입니다. 여기는 당시 사회의 관습에 어긋나는 사랑, 즉 간통 등의 죄를 저지른 사람들이 거대한 폭풍에 휩싸여 영원히 공중에 휘날리는 벌을 받고 있습니다. 클레오파트라와 안토니우스 등의 인물들이 여기에 있죠.

3층은 "탐식 지옥"(Gluttony)입니다. 말 그대로 먹을 것에 탐욕을 부린 자들이 오물의 비를 맞으며, 지옥의 파수견 케르베로스에게 산 채로 몸을 뜯어먹히는 벌을 받고 있죠. 피렌체의 부패한 위정자들이 여기 들어와 있습니다.

4층은 "탐욕 지옥"(Avarice)입니다. 여기는 평생 남을 위해서는 한

푼도 쓰지 않고 자신만을 위해 재산을 사용한 자들이 들어와 있습니다. 자기 재산의 무게만큼의 거대한 바위를 영원토록 굴리는 벌을 받고 있죠. 흥미롭게도, 단테는 여기에 타락한 교황과 사제들이 들어와 있는 것으로 묘사합니다.

5층은 "분노 지옥"(Anger)입니다. 분노를 참지 못해 남을 헐뜯고 해한 자들이 들어와 있고, 이들은 흙탕물에 온몸이 잠긴 채 서로를 물어뜯고 폭행하는 벌을 받고 있습니다. 단테를 증오하여 그의 몰락에 핵심적 역할을 했던 정적이 여기 들어와 있죠.

단비 흥미롭긴 한데 몇몇 층들은 이해가 가지 않는데요? 예수가 태어나기 전에 살았다고 해서 가는 곳인 "림보"도 그렇지만, 탐식을 지옥에 갈 이유로 보았다는 것도 언뜻 이해하기 어려워요.

현 교수 "림보"의 경우는 기독교적 '원죄'에 대한 단테의 생각을 보여주는 공간입니다. 예수 등장 전의 모든 인류는 원죄에서 구원받지 못하였고, 그렇다면 기원전의 모든 인류는 죄인인 셈인데 그중에도 선인은 있었을 것 아니겠습니까? '이 사람들은 사후에 어떻게 되었는가?'에 대한 단테의 대답이죠. 이들은 원죄를 제외하고는 어떤 죄도 짓지 않았기에 실질적인 벌은 받지 않습니다. 하지만 구원에 대한 희망 없이 림보 내에서 그저 영원히 존재하게 돼요. 어떤 희망도 없이 무료하게 영원을 버텨내는 것, 어떤 면에서는 가장 잔인한 벌이라고 볼 수도 있겠죠.

그리고 "탐식"의 경우는 중세의 사회상을 고려해야 합니다. 오늘날 인류는 전례 없이 풍족한 생활을 누리고 있지만, 사실 인류의 역사를 따져보았을 때 사람들이 세끼를 다 제대로 챙겨 먹기 시작한 건 얼마 되지 않아요. 사람들은 항상 제한된 식량자원을 두고 서로 다퉈 왔죠. 그런 상황에서 누군가가 탐식을 한다는 것은, 그 사람을 더 먹이기 위해 다른 누군가는 굶어야 했다는 것을 의미합니다. '네 이웃을 사랑하라'라는 기독교적 원리에 어긋나는 죄인 것이죠. 즉 탐식 지옥은 사실 남을 착취한 자들을 벌하는 것이고, 그런 의미에서 케르베로스가 이들의 몸을 뜯어먹는 것이라 이해하면 됩니다. 뿌린 대로 거두는 것이죠.

단비 그런 의미가 있었군요. 그럼 이어서 설명해 주시겠어요? 6층부터 "디스"라는 심층 지옥이 시작된다고 하셨죠?

현 교수 맞습니다. "디스"는 지옥 내의 작은 성이에요. 이 전까지의 죄들은 1층을 제외하고는 충동이나 욕망을 절제하지 못해서 저지른 죄들입니다. 반면 여기서부터는 악의를 가지고 고의로 저지른 죄들이 심판받고 있죠. 조금 더 악질적인 죄를 저지른 중범죄자들을 특별히 가두고 따로 심판하는 지옥 내의 교도소 같은 곳이라 생각하면 되겠군요. 이 "디스"의 성벽을 악마들이 지키고 있고, 단테는 천사의 도움을 받아 간신히 안쪽으로 들어갑니다.

6층은 "이단 지옥"(Heresy)입니다. 말 그대로 기독교 외의 다른 신앙을 믿었던 사람들이 가는 곳이며, 여기의 죄인들은 뚜껑이 열린 석관에 누운 채 불에 타는 벌을 받고 있습니다. 일종의 화형이라 볼 수 있겠죠?

7층은 "폭력 지옥"(Violence)입니다. 폭력의 죄를 저지른 사람들이

가는 곳인데, 흥미롭게도 이곳은 '남에 대한 폭력,' '나에 대한 폭력', '신에 대한 폭력'으로 폭력의 죄를 나누어 심판합니다. 셋 중 "나에 대한 폭력"의 처벌이 가장 인상적인데, 자살자들의 영혼을 나무의 형태로 바꾸고 악마들이 나뭇가지를 뜯어 먹게 합니다. 평생 한 자리에서 고통스러워하도록 만드는 것이죠.

8층은 "사기 지옥"(Fraud)입니다. 지옥 전체를 통틀어 가장 규모가 큰 곳이며, 단테는 이 8층을 또다시 10개의 층으로 나누어 다양한 형태의 사기를 각각의 특성에 맞게 처벌하고 있습니다. 혼인을 빙자하여 간음한 자, 아첨꾼, 면죄부 판매자, 거짓 예언자, 부패 정치인, 위선자, 도둑, 잘못된 조언을 통해 이득을 취한 자, 분열을 조장한 자, 거짓을 위조한 자들이 각 층에서 자신의 죄에 걸맞은 방식으로 처벌받고 있죠.

단비　"사기 지옥"이 특이한 것 같아요. 지옥 전체가 9층으로 이루어져 있으니 8층이면 최 심층 바로 직전인 건데, '사기'가 그렇게까지 중한 죄인가 하는 생각이 드네요. "폭력 지옥"보다도 더 아래니까, 단테는 이를테면 사기를 살인보다도 나쁜 것으로 봤다는 거잖아요?

현 교수　맞아요. 오늘날의 형법이 죄의 경중을 어떻게 따지는가를 고려해보면 선뜻 이해되는 구성은 아니죠. 하지만 조금 더 시야를 확장해봅시다. 예를 들어 살인과 사기 중에 뭐가 더 큰 피해를 낳고, 결과적으로 죄를 추가로 양산하는가, 하는 점을 생각해 봅시다. A라는 사람이 B를 죽인다면, 이 '살인'의 피해자는 B 한 명이에요. 하지만 만약 A가 B에게 거액의 사기를 쳐서 B가 길거리에 나앉게 됐다면 어떨까요? B는 먹고살기 위해 불법적인 일에 손댈 수도 있습니다. 도둑이 되거나, 스스로 사기범이 되거나, 최악의 경우 강도 살인을 저지를 수도 있겠죠. 사기는 피해자를 여럿 만들어내고, 이 피해자들은 스스로 다른 죄의 가해자가 될 수 있다는 뜻이에요. 실제로 예전에 IMF 때 한국은 최악의 경제적 혼란을 겪었는데, 이때 강력범죄율도 덩달아 기록적인 상승 폭을 보였습니다. 경제적 위기는 도덕적 해이를 초래하는 거죠. 이런 관점에서 단테는 '사기'죄를 무엇보다도 경계해야 할 중죄로 본 것입니다. 한때 정치인이었던 단테가 위정자로서의 시선을 드러내고 있는 부분이라 할 수 있겠죠.

단비　아…그래서 '사기'가 8층에 있는 거군요. 말이 되는 것 같아요. 그럼 이제 마지막 9층만 남았는데, 9층에서는 어떤 죄를 벌하고 있나요? 여기서도 단테가 정치적인 시선을 드러내나요?

현 교수　어느 정도는 그렇죠? 하지만 9층에서의 단테는 궁극적으로는 종교인으로서의 시선을 더 강하게 드러내고 있다고 봐야 합니다. 가장 깊은 지옥, 9층은 "배신 지옥"(Treachery)입니다. 신뢰를 배신하고 사랑하는 이에게 칼을 꽂은 자들을 심판하는 곳이죠. 9층의 가장자리에서 안쪽으로 들어갈수록 더 심각하고 사악한 배신을 심판하고 있는데, '가족에 대한 배신', '나라에 대한 배신', '신에 대한 배신'의 순서로 배치되어 있습니다. 사적인 배신보다도 공적인 배신이 더 추악한 것이나, 그보다 신에 대한 배신이 가장 용서받지 못할 죄라는 것이죠. 그래서 9층의 가장 안쪽에는 신을 배신한 사탄 루시퍼와 예수를 배신한 가룟 유다가 함께 있습니다. 그리고 이들은 차갑게 얼어붙은 호수에 몸이 갇힌 채 고통스러워하는 처벌을 받고 있죠.

단비　와…사탄과 유다라니. 지옥의 최심부에 놓을 만한 인물들이긴 하네요. 그런데 얼음 호수에 갇히는 게 처벌이라고요? 의외네요. 저는 지옥의 최 심층이니만큼 여기의 죄인들은 영원한 지옥 불에 타오르고 있지 않을까 생각했었는데요.

현 교수　흔히들 지옥이라고 하면 불을 제일 먼저 떠올리죠? 하지만 불은 사실 지옥의 6, 7, 8층에서 단테가 이미 많이 썼어요. 9층에서까지 불을 쓰면 너무 단조롭겠죠. 물론 얼음을 쓰는 진짜 이유는 따로 있습니다. 지옥의 최 심층은 온화한 신에게서 가장 멀리 떨어진 곳이기 때문에 그래요. 신의 따스한 사랑을 감히 차가운 배신으로 갚은 배은망덕한 자들이기 때문에, 그에 걸맞게 얼음으로 벌하는 것입니다. 거기다 루시퍼는 이 얼음 호수를 벗어나려고 계속 날갯짓하며 발버둥치고 있는데, 이 차가운 바람이 호수를 더욱더 단단하게 얼리고 있죠. 신에 대한 분노와 저항이 족쇄가 되어 루시퍼를 지하 무저갱에 한층 더 단단히 옭아매고 있는 셈이에요. 거기에 9층은 어떤 소리도 나지 않는 영원한 침묵의 공간으로도 묘사되는데, 이 또한 "태초에 말씀이 계시니라"로 상징되는 신의 공간과 완전한 대비를 이룹니다. 어떠한 소리도 없이 어둠과 혹한 속에 영원히 갇혀 신에게서 격리되는 것이 9층의 처벌인 것이죠.

지옥 그 너머, 별빛을 쫓아서

단비 교수님의 설명만 들었는데도 지옥 전체를 벌써 다 둘러본 것
같아요. 물론 실제로 책을 읽으면 이것보다 훨씬 더 길고 자세하겠지
만, 워낙 으스스한 공간이라 그런지 이야기만 들었는데도 살짝 우울
하고 지치는 느낌이네요. 이 지옥을 다 지나고 나면 단테의 여정이
조금 밝아지나요?

현 교수 그럼요. 『지옥』 다음에 이어지는 『연옥』편에서도 여전히 죄
인들과 그들에 대한 처벌이라는 큰 주제가 이어지긴 합니다만, 그래
도 『연옥』은 죄인들이 회개하고 죄를 뉘우치면 구원의 희망이 있는
공간이라는 점에서 『지옥』편보다는 분위기가 조금 낫습니다. 그리
고 단테의 영원한 첫사랑인 베아트리체가 기다리고 있는 『천국』편으
로 넘어가면 또 분위기가 완전히 달라져요. 어둠과 죽음, 절망과 공
포, 비명과 악취가 가득하던 지옥과 달리 천국은 영원한 즐거움과 아
름다운 노랫소리, 희망찬 약속들과 눈이 멀 듯 환한 빛이 끝없이 이
어지는 아름다운 공간으로 나오죠. 심지어 단테는 여기서 신을 만나
고 새 사람으로 다시 태어나 지상으로 안전히 돌아오기까지 합니다.
앞서 "Comedy"의 개념에 관해 설명하면서 말했듯이, 단테는 이 과정
을 거쳐 비루한 자에서 고결한 자로 거듭나며 행복을 달성하게 되는
거예요. 『지옥』편에서보다 훨씬 내용이 밝죠. 하지만 굉장히 철학적
이고 종교적이며 난해한 편이라 읽기는 어려울 겁니다. 『신곡』 3부작
중 하나만 읽어야 한다면, 저는 무조건 『지옥』편을 추천합니다. 3부
작 중에 가장 대중적으로 재미있기도 하고, 사실 작품 전체에서 핵심

이 되는 내용이나 메시지는 이미 『지옥』편에 다 들어 있거든요. 『지옥』 만 읽어도 『신곡』 전체를 다 읽은 셈이라고까지 말할 수도 있겠네요.

단비   네? 그게 무슨 말씀이시죠? 『신곡』 3부작은 지옥에서 처벌받 고, 연옥에서 회개하고, 천국에서 구원받는 인류의 모습을 순차적으로 보여주는 거잖아요? 그럼 결국 『지옥』편은 "Comedy" 적으로 다 시 태어나기 전의 죄 많은 인간의 모습만을 보여주는 것이니, 단테가 이야기하고자 한 것의 일부에만 해당하는 거 아닌가요? 작품이 궁극 적으로 가는 방향이 "구원"이라고 할 때, 구원과는 반대되는 "타락" 만을 보여주는 곳이 지옥인 것 같은데…

현 교수   굉장히 예리하군요. 하지만 학생이 방금 잘 정리해 준 3부작 전체의 여정은 사실 『지옥』의 서두에서부터 이미 압축적으로 제시되 어 있어요. 아까 『신곡』의 라임에 관해 설명하면서 작품의 첫 부분을 잠깐 봤었죠? 제1연을 다시 봅시다.

"우리 인생길 반 고비에
올바른 길을 잃고서 난
어두운 숲에 처했었네."

단테는 30대 중반의 어느 날, 자신이 이루었던 모든 것을 잃고 방 황하며 절망에 휩싸입니다. 그리고 그 절망을 "어두운 숲"이라고 표 현하고 있어요. 한 치 앞도 보이지 않아 갈 길이 보이지 않는 그 막막 함, 그 어두움이 곧 절망이라는 것이죠. 하지만 얼마 지나지 않아 이 절망을 헤쳐 나갈 방법을 찾아냅니다.

> "그러나 내 마음을 무서움으로 적셨던
>
> 골짜기가 끝나는 어느
>
> 언덕 기슭에 이르렀을 때,
>
> 나는 위를 바라보았고, 벌써 별의 빛줄기에 휘감긴
>
> 산꼭대기를 보았다. 사람들이
>
> 자기 길을 올바로 걷도록 이끄는 별이었다."

단테는 어두운 숲에서 헤매다 언덕 위를 바라보게 되고, 거기서 마치 선원을 인도하는 북극성처럼 사람들을 올바로 이끄는 빛, 밤하늘의 별을 발견합니다. 그러자 좌절감이 찾아들죠. 즉, 별빛은 곧 종교적 구원이고 희망입니다. 그래서 단테는 별을 향해 언덕을 오르기 시작해요. 그런데 단테가 이 별에 금방 도달할까요?

단비　아마 못하지 않을까요? 그렇게 작품이 시작하자마자 종교적 구원인 별에 도착해버리면 『신곡』 3부작이 제대로 시작해보지도 못하고 끝날 거 같은데요?

현 교수　맞아요. 단테가 언덕으로 막 발을 옮기려는 찰나, 사악한 짐승 세 마리가 나타나 길을 막아섭니다. 표범, 사자, 암늑대가 등장하는데 각자 색욕, 교만, 탐욕을 상징하죠. 단테가 인생의 중반에 들어서자 이러한 악덕들이 단테의 마음에 자리 잡았고, 이 때문에 구원으로 가는 길이 순탄치 않았음을 상징합니다. 단테는 이 짐승들 때문에 "산 꼭대기로 오르려는 희망마저 잃고 말았다"라고 말해요. 하지만 단테는 포기하지 않습니다. 이 짐승들이 희망, 별빛으로 가는 길을 막아서자 위로 향하는 여정을 포기하고 밑으로 내려가는 여행을 시작합니다. 지옥문을 통해 점점 더 어두운 지옥의 심연으로 내려가면서 역설적으로 별을 향한 순례를 시작하는 거죠.

단비 　네? 땅속의 지옥으로 들어가는 게 어떻게 하늘에 있는 별을 향한 순례가 된다는 거죠? 말이 안 되는 것 같은데요?

현 교수 　언뜻 듣기에는 그렇죠? 지옥문에 쓰여있는 글귀를 생각하면 더 그럴 겁니다. 지옥문에는 이렇게 쓰여 있어요. "여기 들어오는 너희는 모든 희망을 버려라"(Lasciate ogni speranza, voi ch'entrate). 지옥은 한 번 들어오면 나갈 수 없는 곳인데다가 영원한 어둠과 고통만이 지배하는 곳이에요. 빛이나 희망은 전혀 없는 곳이죠. 희망을 찾기 위해 희망을 버려야 하는 곳으로 가다니, 말이 안 되는 시도처럼 보이지만 여기서 아까 배웠던 걸 떠올려 봅시다. 지옥의 끝까지 내려가면 어디로 연결되죠?

단비 　9층 "배신 지옥"의 끝까지 내려가고 나면 지구의 남반구 표면으로….아.

현 교수 　이해했나요? 맞아요. 단테는 지옥의 심연에서 루시퍼를 보고, 루시퍼보다도 더 아래로 내려가서 비좁고 괴로우며 어두운 통로를 힘겹게 끝까지 내려갑니다. 그러다 어느 순간 갑자기 세상이 뒤집히는 느낌을 받아요. 그리고 『지옥』은 이 문장들로 마무리됩니다.

> "길잡이와 나는 밝은 세상으로
> 돌아가기 위해 그 거친 길로 들어갔다.
> 쉴 겨를도 없었다.
>
> 그가 앞서고 내가 뒤를 따르며 위로 올라갔다.
> 마침내 우리는 둥글게 열린 틈을 통해
> 하늘이 실어 나르는 아름다운 것들을 보았고,
>
> 그렇게 해서 밖으로 나와 별들을 다시 보았다."

길고 긴 고통과 절망의 연속을 보여주던 『지옥』은 "그렇게 해서 밖으로 나와 별들을 다시 보았다."라는 문장으로 끝납니다. 결국 그 무수한 참상과 잔혹함을 견뎌낸 단테는 마침내 어둠을 견뎌내고 지구의 반대편으로 나와 그가 그토록 찾아 헤매던 별을 다시 마주하게 되는 거죠. 즉, 단테는 그가 원래 있던 곳에서 별이라는 희망을 볼 수 없게 되자, 다시금 별을 볼 실낱같은 가능성을 찾아 마치 필사즉생(必死則生)의 마음으로 지옥으로 들어간 것이고, 고통스러운 순례 과정을 거쳐 『지옥』의 마지막에 극적으로 지상에 나와 희망을 되찾는 것입니다. 『지옥』은 별을 다시 보기 위해 지옥으로 들어가는 단테의 이야기예요. 역설적으로 들리지만, 구원을 위해서는 먼저 자신의 죄를 직면해야 하고, 처절한 회개 과정을 거쳐야 하는 것이죠. 『신곡』 3부작의 핵심인 고통(지옥)과 회개(연옥), 구원(천국)의 서사는 『지옥』 한 편에 이미 다 들어가 있다고 볼 수 있습니다.

단비 단테가 남반구 표면으로 다시 나오는 데에 그런 의미가 숨어 있을 거라곤 생각도 못 했습니다. 그저 당시의 과학 수준을 보여주는 부분이고, 재미있는 설정이라고만 생각했는데 작품의 핵심 주제와 닿아있었네요. 그리고 지금도 트라우마등의 심리적 문제를 다룰 때는 문제를 직면하고 인정하는 데에서부터 치료를 시작하잖아요? 그런 의미에서 구원을 위해서는 먼저 지옥에 들어가 자신의 죄를 직면해야 한다는 단테의 생각은 굉장히 시대를 앞서간 것 같아요. 놀랍네요.

현 교수 고전은 시대를 가리지 않는 법이니까요. 어떤 시대, 어떤 문화권의 독자에게도 깨달음과 감동, 의미를 주는 작품이 고전의 반열에 오르는 것이고, 그런 의미에서 단테의 『신곡』은 서양 문학이 자랑할 만한 위대한 고전이라고 할 수 있을 겁니다. 물론 혼자 읽어내기는 어려운 작품이고, 기독교적 색채에 거부감이 강한 독자라면 독파해내기는 쉽지 않으리라 생각합니다. 그럼에도 불구하고 도전해볼 만한 가치가 충분한 작품이니 언제 한번 시간 내서 읽어보길 권해요.

단비 알겠습니다. 교수님의 설명을 들으니 꼭 한번 읽어보고 싶어졌어요. 오랜 시간 열심히 알려주셔서 감사합니다. 마지막으로 오늘날의 젊은 학생들이 『신곡』을 읽어봐야 할 이유에 대해서 한 말씀 부탁드립니다.

현 교수 반드시 읽어야만 하는 이유는 사실 없죠. 하지만 한번 읽어보면 무언가 얻어가는 것이 분명히 있으리라 생각합니다. 개인적으로는 이 책이 인내와 인내의 가치를 가르쳐준다고 생각해요. 물론 조금 어려운 책이니 참고 읽다 보면 자연스럽게 인내력이 길러지기도 하겠죠? 하지만 그 의미가 아니라, 저는 작가 단테의 인생과 작중 단테의 행적이 모두 인내라는 가치를 강조하고 있다고 생각합니다. 재미있는 사실인데, 단테의 본명은 '두란테'(Durante)입니다. 영어단어 'endure'랑 닮았죠? 실제로 '인내하는 자'라는 뜻이에요. 독특한 이름인데, 공교롭게도 단테는 정말 평생 이렇게 참고 견디는 삶을 살았습니다.

아까 처음에 단테의 인생이 파란만장하다고 설명했었죠? 단테는 몰락 귀족 집안의 아들로 태어났으나 젊은 나이에 정치계의 정점에 올랐고, 이후 실각하여 모든 것을 잃고 해외로 추방되어 오랜 망명 생활 끝에 타지에서 목숨을 잃었습니다. 자신이 맨손으로 바닥부터 일구어낸 재산, 사회적 지위, 가족, 그 모든 것이 순식간에 눈앞에서 손안의 모래처럼 빠져나갈 때 단테가 느꼈을 절망감은 감히 상상하기도 어려울 거예요. 그러나 단테는 그 와중에도 절망에 매몰되지 않고 12년간이나 창작에 몰두하여 결국 죽음을 목전에 두고 『신곡』이라는 대작을 완성해 냅니다. 그래서 이제 단테를 궁지에 몰았던 정적들의 이름은 아무도 기억하지 못하지만, 단테는 누구나 기억합니다. 단테 알리기에리라는 불행했던 한 인간은 인내를 통해 다시 태어나 불멸의 작가로 자신을 재창조한 것이죠.

『신곡』에 등장하는 캐릭터로서의 단테 또한 마찬가지입니다. 이 단테는 절망의 구렁텅이에서 짐승들에 의해 별빛마저 가로막히자,

오히려 모든 희망을 버려야 하는 지옥으로 뛰어들어 9층이나 되는 지옥을 걸어 내려가며 인간의 온갖 추악한 악행과, 이에 대한 신의 분노와 끔찍한 처벌을 목격합니다. 모든 것을 포기해버릴 만한 공포스러운 광경들이 이어지지만, 단테는 결국 이 모든 걸 버텨내고 지구 반대편으로 뚫고 나와 다시금 별빛을 마주합니다. 마치 작가 단테가 그러했듯이, 캐릭터 단테도 불굴의 의지와 강인한 인내로 절망을 거부하고 희망을 선택하는 거죠. 절망을, 지옥을 버텨내고 나면 언젠가는 별빛을 다시 마주하는 순간이 오게 된다는 걸 인간 단테도, 캐릭터 단테도 보여줍니다.

저는 이게 『신곡』이 우리에게 보여주는 메시지이자, 여러분이 『신곡』을 한번 읽어볼 만한 이유라고 생각합니다. 여러분은 아직 젊어요. 저보다도 훨씬 젊죠. 앞으로 남아있는 여러분의 긴 인생이 어떻게 흘러갈지는 아무도 모릅니다. 하지만 제가 여러분보다 아주 조금 더 살아본 사람으로서 감히 예언해 보자면, 여러분의 인생에 꽃길만이 펼쳐지진 않을 거예요. 물론 안 그랬으면 좋겠고, 안 그러길 기원하지만, 아마 여러분의 남은 인생에 몇 번은 피할 수 없는 시련이 닥쳐올 겁니다. 내 삶이 곧 지옥같이 느껴지고, 그래서 모든 걸 다 놔 버리고 싶은 좌절감에 내 온몸이 짓눌리는 것 같은 그런 시기가 한 번은 반드시 찾아올 거예요. 저는 그때 여러분이 단테의 이야기를 떠올려봤으면 합니다. 지옥 같은 삶을 죽을 힘을 다해 끝끝내 버텨내면, 누구나 그 절망의 끝에서는 희미할지언정 분명히 빛나고 있는, 잊고 있었던 자신만의 별을 다시금 만나게 됩니다. 저도 그랬고, 단테를 포함한 모든 인생 선배들이 그랬으며, 언젠가 여러분도 그럴 겁니다.

언젠가 삶이 여러분을 배신하고 지옥을 가져다줄 때, 되려 별을 보기 위해 그 지옥에 기꺼이 뛰어들었던 단테를 떠올려 보세요. 마지막으로 여러분에게 단테를 알려준 선생으로서, 단테가 지옥에서 생전의 스승을 마주쳤을 때 그 스승이 지옥 불에 휩싸인 채 단테에게 외쳤던 문장을 인용하며 마무리 짓고 싶군요.

"너의 별을 따라가거라!
행복하게 살아 있는 동안 내가 널 정확히 본 거라면,
넌 영광의 하늘에 닿을 것이다."

참고문헌

1. 저서

김명복, 『왕십리 온 단테: 「신곡」읽기 길잡이』, 평민사, 2021.

단테 알리기에리, 박상진 옮김, 『신곡: 지옥편 – 단테 알리기에리의 코메디아』, 민음사, 2007.

이마미치 도모노부, 이영미 옮김, 『단테 「신곡」강의 – 개정판』, 교유당, 2022.

Bloom, Harold, ed. *Bloom's Literary Criticism: The Epic.* Chelsea House, 2005.

Watt, Ian. *The Rise of the Novel: Studies in Defoe, Richardson and Fielding.* Los Angeles: University of California Press, 1957.

2. 사진 자료

flickr

wikimedia

중세에도 우리같은 사람들이 살았네

—제프리 초서, 『캔터베리 이야기』

최예정

4월의 달콤한 소나기가

3월의 메마른 뿌리까지 뚫고 들어가

줄기마다 물기로 촉촉하게 적셔

그 힘으로 꽃이 피어나던 때였습니다.

(중략)

그러면 사람들은 순례길을 떠나고 싶어합니다.

순례자들은 외국으로,

여러 나라에 알려진 먼 성지를 찾게 되지요.

특히 영국의 방방곡곡에서

사람들은 캔터베리를 향해 길을 나섰습니다.

그들이 아플 때 도와주셨던

거룩하고 복되신 순교자를 찾기 위해서 말입니다.

초서는 누구인가?

단웅이 초서(Geoffrey Chaucer)라는 작가는 어떤 사람인가요? 언제 어느 나라에 살았던 사람인지 간단히 소개해주세요.

최 교수 초서는 흔히 영국 문학의 아버지라고 불리는 시인이랍니다. 14세기 말 영국에 살았던 시인이에요. 한국 역사로 친다면 대략 이성계가 조선을 개국하던 시기 정도의 사람이라고 보면 됩니다.

단웅이 그렇군요 그런데 초서는 어째서 영국 문학의 아버지라고 불린 거지요? 우리 나라 문학에서는 조선 초기라고 생각한다면 조금 늦은 시기가 아닌가 하는 생각이 들어서요. 한국은 고려 시대에도 한국문학의 전통이 있는데 영국은 그렇지 않았던건가요?

최 교수 아주 좋은 질문이에요. 사실 유럽에서 중세시대에 글을 쓸 때 사용했던 언어는 라틴어였어요. 즉 일상생활에서는 각자 자기 나라 말로 이야기했지만, 기록을 남기거나 책을 쓸 때는 라틴어만을 사용했던 것이죠. 그러다가 13세기, 혹은 14세기 정도가 되어서야 라틴어가 아닌 자기 나라말로 문학작품을 쓰기 시작했거든요. 그중에서도 초서는 영어로 문학작품을 쓰기 시작한 거의 최초의 세대에 속한다고 할 수 있습니다. 14세기 영국에서는 초서 이외에도 영어로 시를 쓰는 사람들이 조금씩 등장하기는 했어요. 그런데 그들 중에서도 초서는 특히 걸출한 작품들을 썼을 뿐 아니라, 후대 시인들에게 큰 영향을 끼쳐서 초서 이후 다른 작가들이 영어로 글을 쓸 수 있도록 길을 열어준 사람이라고 할 수 있지요. 그래서 초서는 영문학의 아버지라고 불리게 되었답니다.

초서를 최초로 "영시의 아버지"라고 불렀던 사람은 17세기 말 영국의 시인이자 비평가였던 존 드라이든이었습니다. 그는 초서의 대표작인 『캔터베리 이야기』에 수록된 이야기 중 몇 가지를 번역하고 그에 대한 서문을 썼던 사람인데요. 그는 "초서로부터 영어의 순수성이 시작되었다"고 찬사를 보냈지요. 그는 "그리스인들이 호머를 존경하듯, 로마인들이 버질을 존경하듯 나도 똑같은 정도로 초서를 존경한다"라고 까지 말했으니 정말 대단한 찬사이지요? 드라이든의 이러한 평가는 얼핏 들으면 과장되게 들릴지 모르지만, 초서가 태어나 활동했던 시대적 상황과 문화적 맥락을 이해하면 결국 고개를 끄덕이게 된답니다.

단웅이   그렇다면 초서는 모범으로 삼을만한 선배 작가나 모델이 없었을 것 같은데 어떻게 영어로 그렇게 훌륭한 문학작품을 쓸 수 있었나요?

최 교수   물론 초서 개인의 시인으로서의 천재성이 바탕에 깔려 있겠지요. 하지만 그의 성장 배경이나 활동 경력을 보면 몇 가지 단서를 찾아볼 수 있어요. 우선 초서는 런던의 와인 상인의 아들로 태어났답니다. 그런데 초서가 살던 시대의 와인 상인은 현재 우리가 상상하는 것과는 사회적 위치가 많이 달랐어요. 왜냐하면 와인은 가톨릭 교회에서 성찬에 사용되기 때문에 매우 중요한 물품이었으니까요. 교회에서 사용되는 와인은 교황의 승인을 받아야만 사용할 수 있었어요. 그러니까 와인 상인은 이태리와 교역하는 국제 무역업자였고, 중세 시대에 막강한 힘을 갖고 있던 교회나 궁정과 밀접한 관계를 유지하고 조율하는 능력을 갖고 있어야 했던 것이지요. 초서는 이러한 집안 분위기 속에서 이태리어를 익혔을 것이라고 짐작됩니다. 이태리어를 할 수 있다는 것은 아주 중요한 의미가 있었어요. 초서는 성인이 된 후 외교 사신으로 이태리를 방문해서 중요한 협상 임무를 수행하게 되는데 아마 그의 이태리어 실력이 바탕이 되었을 거예요. 그런데 초서 당대의 이태리는 문화적으로 굉장한 선진 국가였어요. 이태리는 이미 단테와 같은 위대한 작가가 등장하여 라틴어가 아닌 자국의 언어, 즉 이태리어로 문학작품을 써야 한다는 의식이 퍼져 있었고 또 실제로 『신곡』(The Divine Comedy)과 같은 대작이 이태리어로 완성되어 있었어요. 그리고 초서가 이태리를 방문했을 즈음에는 유럽 전체에 르네상스의 새 기운을 불어넣는 선진 학자이자 대 문인이었던 페트라르카(Petrarch)와 보카치오(Boccaccio)가 활발히 활동하면서 훌륭한 작품들이 줄지어 나타나고 있었어요. 초서는 아마 이태리를 방문하면서 이러한 새로운 변화를 실감하고 그들의 작품들을 접할 기회를 가졌을 것입니다. 초서는 새로운 문화의 기풍을 접하고 그들의 성취를 확인하면서 문학에 대한 새로운 시각을 갖게 되면서 자신도 영어로 글을 쓰겠다고 생각하게 되었을 것 같아요.

단웅이 그러면 초서는 주로 이태리 르네상스 문학의 영향을 받았다는 말씀인가요?

최 교수 아, 꼭 그렇게만 말하기는 어려운 측면이 있어요. 14세기의 이태리 르네상스를 주도했던 페트라르카, 보카치오의 영향을 많이 받은 것은 사실이지만 사실 초서는 프랑스 문학의 영향도 많이 받았기 때문이지요. 중세 시대에 영국과 프랑스는 문화적으로 아주 밀접한 관계를 맺고 있었는데 초서가 살던 시대에는 영국과 프랑스가 백년 전쟁을 치르는 중이었어요. 이 전쟁 가운데 초서는 외교관으로서 프랑스로 가게 되었지요. 초서는 아버지 덕분에 왕족들이나 궁정 사람들과 가까이 접할 기회를 어릴 때부터 많이 갖고 있었거든요. 그러면서 궁정의 귀족들이 즐겨 사용하는 언어였던 프랑스어도 잘 구사할 수 있게 되었던 것 같아요. 그래서 초서는 궁정과의 밀접한 관계와 어학 실력 덕분에 이태리뿐 아니라 프랑스로도 가서 새로운 문화를 맛볼 기회가 있었던 거죠. 프랑스에 가서 초서는 그곳에서 당시 유명했던 궁정 시인들의 글을 읽기도 하고 프랑스어로 쓰여진 당대 프랑스의 베스트셀러 『장미의 로맨스』(Le Roman de la Rose)를 접하고 큰 영향을 받게 됩니다. 나중에 초서는 이 책을 영어로 번역까지 했으니 아마 초서 자신이 이 작품을 매우 중요하다고 생각한 것 같아요. 그리고 초서 자신의 작품에도 『장미의 로맨스』의 영향이 분명하게 드러납니다. 이처럼 초서는 당대 가장 최신의 문학, 그리고 최고의 문학작품들을 접하게 되었던 것이지요. 이러한 과정들을 통해 초서는 라틴어가 아닌 자국어, 즉 영어로도 글을 쓸 수 있다는 가능성에 눈을 뜨게 되었을 것입니다. 이태리의 페트라르카, 보카치오, 그리고 프랑스의 작가들이 초서에게는 훌륭한 자극제이자 모델이 된 셈입니다.

　실제로 초서의 작품들에서는 이태리나 프랑스 작가들의 영향력이 확연하게 드러난답니다. 그리고 외국어로 쓰인 문학을 영어로 번역한 것들도 꽤 있어요. 위에서 말했듯이 『장미의 로맨스』를 번역했을 뿐 아니라, 유럽 중세 세계관 형성에 큰 역할을 하던 보에티우스

(Boethius)의 『철학의 위안』(*Consolation of Philosophy*)도 번역했거든요. 이러한 번역 작업을 통해 초서는 유럽 문학의 전통을 영국의 것으로 흡수하고, 영어를 세련된 문학의 언어로 격상시킬 트레이닝을 스스로 했다고 할 수 있습니다.

단웅이 그러면 초서는 영어로 문학작품을 쓴 최초의 작가라서 중요한 작가로 인정받는 건가요?

최 교수 아, 초서가 영어로 문학작품을 썼다는 것을 강조하다 보니 초서가 최초로 영어로 문학작품을 쓴 사람이라고 오해하게 만들었나 보네요. 우선 그 오해부터 풀고 질문에 대한 답을 해줄게요. 사실 초서 이전이나 초서의 동시대에도 가우어(John Gower)나 랭글랜드(William Langland) 그리고 정확한 이름은 알려지지 않았지만 뛰어난 시를 남긴 펄 포잇(Pearl Poet)이라는 불리는 시인 등 영어로 문학작품을 남긴 사람들이 듬성듬성 있었어요. 하지만 초서는 그들을 훌쩍 뛰어넘을만한 업적을 남긴 거죠. 자신이 흡수했던 이태리나 프랑스 문학의 수준을 넘어설 수 있는 다양한 장르의 뛰어난 작품을 많이 썼거든요. 게다가 초서는 두운시(alliterative poetry)와 같은 영국의 토착 문학 전통까지 포용해서 영국 문학의 기반을 단단하게 다져놓았어요. 후대 작가들에게 초서는 따라가고픈 선배였고, 그의 시들은 좋은 모델이 되었어요. 그는 이미 15세기부터 바로 후배 시인들에게 추앙을 받았답니다. 『트로일루스와 크리세이드』(*Troilus and Criseyde*) 그리고 『캔터베리 이야기』는 특히 큰 영향력을 주었던 대작이지요.

『캔터베리 이야기』: 시끌벅적한 중세의 풍경

단웅이 『캔터베리 이야기』는 어떤 이야기인가요?

최 교수 『캔터베리 이야기』는 여러 순례객들이 봄이 되어 캔터베리 성
지로 순례 여행을 가면서 지루함을 달래기 위해 각 순례객이 이야
기하는 구조로 이루어져 있어요. 가장 앞에 있는 「전체 서문」(General
Prologue)에는 함께 떠나는 순례객들에 대한 소개가 나옵니다. 그리
고 그들이 이야기하기 게임을 해서 누구의 이야기가 가장 좋은지 마
지막에 판단해보자고 결의하는 과정이 나와요. 그 다음부터는 각 순
례객들이 차례로 이야기를 시작하지요. 순례객들은 30여 명 정도인
데 직위나 신분이 정말 다양합니다. 기사·수습기사 등 당대 지배계
층, 수사·수도사·수녀·교구신부·수녀원 지도신부 등 성직자의 다양
한 계층, 그리고 상인·의사·법정 변호사·장원관리인 등 흑사병 이후
엄청난 사회경제적 변화의 소용돌이 속에서 새롭게 부상하고 있는
계층, 그 외에도 바쓰에서 온 부인·대학생 등 당대 사회 계층의 범주
에서 애매한 위치에 차지하고 있던 사람들에 이르기까지 각계 각층
의 사람들이 순례자로 등장하거든요. 이 중에는 교구신부나 그의 동
생 농부처럼 어느 한 곳 흠잡을 데 없는 이상적인 인물이 있는가 하
면, 법정 소환인, 면죄부 판매인 등 악당과 사기꾼도 포함되어 있어
요. 「전체 서문」에서는 이러한 다양한 순례객을 아주 위트있게 핵심
을 콕 집어 소개하는데 그 재미가 쏠쏠합니다. 「전체 서문」다음에는
이러한 다양한 신분에 어울릴법한 다양한 내용과 형식의 이야기들이
24개 정도가 줄줄이 등장해요. 그리고 마지막에는 순례 여행이라는

원래의 취지에 알맞게 교구 신부님이 죄에 대해 설교하고 작품이 끝납니다. 애초에 「전체 서문」에서 약속한 것처럼 각 순례객이 캔터베리로 갈 때 2개씩, 그리고 돌아올 때 2개씩 이야기를 하자는 약속을 지키지는 못했으니 그런 의미에서는 미완성작이라고 할 수 있지만, 순례의 모티프에 알맞게 끝맺음을 했으니 미완성작이라고 보기 어렵지요. 전반적인 큰 구조를 다 이룬 셈이니까요.

단웅이 그러면 『캔터베리 이야기』는 이야기 모음집인 것처럼 보이는데요. 『아라비안 나이트』나 현대의 단편소설집과 비슷한 형식이라고 할 수 있나요?

최 교수 『캔터베리 이야기』는 얼핏 보면 이야기 모음집처럼 보일 수도 있습니다. 그런데 단순한 이야기 모음집을 뛰어넘는 새로운 형식을 보여주기 때문에 『캔터베리 이야기』는 더욱 재미있고 뛰어나다는 평가를 받는답니다. 사실 『캔터베리 이야기』는 보카치오의 『데카메론』의 본보기를 따라 격자 문학(frame story)의 형식을 취하고 있어요. 하지만 『아라비안 나이트』나 『데카메론』과는 달리 초서는 화자와 이야기(tale) 사이에 유기적 관계를 설정해서 이야기가 마치 화자의 '대사'(speech)인 듯한 느낌을 주죠. 예를 들면 기사는 그의 신분에 잘 어울려 보이는 고상하고 철학적인 내용이 잔뜩 담긴 로맨스 형식의 이야기를 하고, 다섯 번이나 결혼했다는 바쓰에서 온 부인은 자신의 결혼담을 걸쭉하니 풀어놓으면서 남편과의 관계 속에서 어떻게 하면 여자가 주도권을 잡을 수 있는지 자랑스럽게 떠벌인답니다. 『데카메론』에서는 각 이야기의 화자가 누구라도 전혀 상관없는 반면, 초서는 이야기와 화자를 떼어놓을 수 없는 관계로 만들어 놓은 것이죠.

게다가 이야기와 이야기가 그냥 연결되는 것이 아니라 앞의 순례객의 이야기를 듣고 나서 그에 대한 반응으로 다른 순례객이 이야기를 하는 형식으로 되어 있어요. 즉 마치 연극에서 대사를 주고받듯이 순례객의 이야기는 서로의 이야기에 대한 반응이고 반박이 되는 셈이죠. 이야기와 이야기 사이에 링크를 집어넣어 이야기 사이에 관계성을 불어넣으니 이야기들은 더욱 다이내믹한 관계를 맺게 되면서 이야기를 해석하는 여러 가지 새로운 시각을 갖게 되지요. 이런 점에서 『캔터베리 이야기』는 『데카메론』의 격자 문학의 성과를 확실히 뛰어넘는다고 할 수 있어요.

단웅이 순례객들끼리 이야기를 통해 서로 반박한다는 점이 재미있게 들리네요. 순례객들 사이에 갈등이 있나 보지요?

최 교수 어느 시대나 사회 구성원들 사이에 갈등이 있는 법이지만, 초서가 살던 시대의 영국은 특히 격변의 시기였기 때문에 갈등이 새로운 국면을 맞이하고 더욱 심해지는 측면이 있었어요. 14세기 말의 영국은 전통적인 가치나 세계관으로는 해결할 수 없는 상황을 맞게 되었으니까요.

우선 흑사병을 예로 들어볼까요? 당대 유럽 전체를 흑사병이 휩쓸고 지나가면서 인구가 처참하게 줄어들었어요. 1347년부터 1351년까지 유럽을 휩쓸었던 흑사병이 영국에 발발하기 시작한 것은 1348년 여름이었고 그 후 18개월 동안 인구의 거의 절반 정도가 이 병에 희생되었으니 처참한 상황이었지요. 그런데 흑사병은 1351년에 종식된 것이 아니었고 1361년에도 영국에 크게 유행하는 등 15세기가 될 때까지 흑사병은 거의 매 십년마다 다시 발발했거든요. 이렇게 인구가 급격하게 감소하면 어떤 일이 발생할까요? 중세 시대를 지탱해왔던 사회, 경제 체제인 봉건제도의 기반이 크게 흔들리게 되었답니다. 인구가 급격히 감소하면서 노동력을 구하기 힘들게 되자 노동자의 임금이 급격히 상승했습니다. 그에 비해 토지의 소산물에 의한 수입은 감소하면서 많은 귀족들이 재정적으로 심각한 타격을 입었어요. 농민들은 더 많은 임금을 주는 곳으로 이동하고 싶어하고 귀족들은 이것을 어떻게든 막으려 하니 갈등이 커질 수 밖에 없겠지요. 농민을 더욱 통제하려는 귀족의 욕구와, 이에 반발하며 임금 상승 및 신분 상승을 요구하는 농민과 상공계층의 욕구는 타협하기 어려울 정도로 서로 상반되게 팽팽히 맞섭니다. 결과적으로 농민들 중에는 임금 상승 등을 통해 자본을 축적하면서 상당한 정도의 재력을 가진 사람들도 생기고 귀족들 중에도 크게 타격을 입어 상당한 어려움을 겪는 사람들이 생기게 되었어요. 즉 전통적인 신분 체계가 크게 흔들리게 되었던 것이죠. 그리고 기존의 전통적 가치관에도 회의적인 시각을 갖거나 도전하는 사례들이 생기게 됩니다.

『캔터베리 이야기』의 순례객들이 서로 주고받는 이야기들이나 이야기의 연관 관계는 이러한 사회 계층 간의 충돌과 갈등 양상을 암시한다고 할 수 있답니다. 가령 「기사 이야기」는 지배계층이 가장 사랑하던 로맨스 장르의 이야기에요. 다루는 내용 역시 궁정풍 사랑(courtly love)이라는 전형적인 로맨스의 주제이고 그 저변에는 보에티우스라는 중세의 아주 영향력있던 철학자의 사상이 깊숙이 깔려있거든요. 그런데 여기에 이어지는 「방앗간 주인 이야기」는 이러한 기사 풍의 세계관에 대한 비판으로 제시됩니다. 기사가 표방하는 궁정풍 사랑을 정면으로 비판하는 셈이지요. 「방앗간 주인 이야기」는 음담 패설에 가까운 패블리오(fabliau) 장르인데, 당대 상인들이나 수공업자 등 부르주아 계층도 이 장르를 즐겼지만, 사실 귀족 계급도 패블리오 장르를 매우 즐겼거든요. 그런데도 초서는 이러한 음담패설 풍의 이 야기를 「방앗간 주인 이야기」로 배치합니다. 마치 부르주아들은 귀 족과 확연히 구분되는 세계관을 지니고 있고 상인이나 수공업자들은 귀족들의 세계관을 비판적으로 보고 있는 것처럼 배치하고 있는 것 이지요. 즉 당대에 부상하던 중상계층과 귀족 계층의 갈등의 양상이 이들의 이야기를 통해 드러나는 것처럼 만들고 있는 것입니다.

단웅이 그러면 초서가 살던 시대의 모습들이 『캔터베리 이야기』 속에 담겨있다는 뜻인 것 같네요. 역사적 사실들이 얼마나 구체적으로 『캔 터베리 이야기』 속에 그려져 있나요?

최 교수 재미있는 것은 초서가 당대 역사적 사건의 현장에 직접 서서 여러 중요한 사건들을 몸소 체험했음에도 불구하고 그러한 사실들 을 매우 간접적으로만 드러내고 있다는 점이랍니다. 예를 들어 14세 기 후반기 초서가 살던 무렵 영국과 프랑스는 백년 전쟁을 치르고 있 었어요. 이름처럼 백년 내내 싸운 것은 아니고 싸우다가 잠시 쉬었다 가 하면서 전쟁을 하기는 했지만 아무튼 두 나라는 프랑스 왕위 계승 권 문제를 놓고 끈질기게 전쟁을 계속하면서 영토를 뺏고 빼앗기는 지루한 전쟁을 치르고 있었어요. 초서 역시 전쟁터에 참여했고 이 문제로 프랑스를 오고가야 했을 정도로 이 전쟁과 밀접한 연관을 가진 사람입니다. 그런데 백년 전쟁이 예상보다 오래 지속되면서 전쟁 비용이 자꾸 늘어나게 됩니다. 그러다가 전쟁 비용을 충당하기 위해 국왕 리차드 2세가 인두세를 부과한 것이 화근이 되어 농민들이 반란을 일으키는 사건이 1381년 발생합니다. 농민들은 런던 시내로 진격해서 선왕 에드워드 3세의 둘째 아들이자 당대 가장 강력한 권력자였고, 또 시인 초서와 매우 가깝게 지내던 존 오브 곤트(John of Gaunt)의 집 등 많은 건물을 불태우고 왕을 위협하는 위기가 발생했습니다. 그런데 초서는 백년전쟁이나 농민 반란과 같은 국가적 사건의 현장 한가운데 있었음에도 불구하고 이러한 사건들을 직접 언급하지 않는다는 점은 참으로 특이하지요. 예를 들어 초서와 동시대에 살았던 또 다른 작가인 랭글랜드(William Langland)가 쓴 『피어스 플로우만』(Piers Plowman)은 농민 반란의 이슈를 밀착되게 다루고 있어서 농민반란을 격화시키는데 크게 공헌했다고 할 정도이니 매우 대조적이라고 할 수 있습니다.

하지만 초서는 이에 대해 직접 논평하거나 비판하는 대신, 매우 간접적이고 암시적으로 이러한 사건들이나 상황을 상기시킵니다. 예를 들어 영국 인구의 상당수의 목숨을 앗아간 흑사병을 초서가 본격적으로 다루지는 않지만, 「전체 서문」에서 의사와 장원 관리인을 묘사할 때 흑사병에 대한 언급이 짧게 나옵니다. 비록 언급은 짧지만, 초서는 이들이 흑사병 유행을 이용해 상당한 재산을 모았음을 암시합니다. 또 법정 변호사를 소개하면서 그가 부동산 거래 계약을 얼마나 흠 없이 성사시키는지 언급합니다. 이것 역시 흑사병과 백년 전쟁 이후 사망자가 늘어 상속으로 인한 부동산 거래가 늘면서 누가 상속자가 되어야 하는지, 그리고 그에 대한 법적 분쟁이 얼마나 많았는지 등을 암시합니다. 법정 변호사가 이러한 틈새에 명성을 얻고 돈을 벌었다는 것도 짐작할 수 있지요.

단웅이 중세 말기의 종교적 타락도 『캔터베리 이야기』 속에 그려져 있나요?

최 교수 물론이지요. 하지만 이 문제에 대해서도 초서는 직접 매섭게 공격하는 방식으로 이야기를 하지는 않습니다. 초서가 살던 14세기는 종교적으로도 큰 변화가 있던 시기였습니다. 잘 알다시피 중세 시대에 교회는 거의 절대적인 권위를 갖고 있었지요. 그리고 그러한 권위의 정점에 교황이 있었습니다. 그런데 14세기 말에는 교황이 두 명심지어 세 명까지 등장하는 초유의 사태가 일어납니다. 소위 교황의 아비뇽 유수라고 불리는 사건이지요. 이것은 교회의 권위와 신뢰성을 엄청나게 훼손시키는 사건이었습니다. 이뿐 아니라 14세기는 중세 교회의 타락이 최고조에 달했습니다. 이전에도 수도원의 타락을 비판하면서 베네딕트 교단, 프란시스코 교단 등 여러 교단이 등장했고 13세기의 탁발수사들은 청빈의 삶을 실천하여 사람들에게 큰 호응을 얻었습니다. 그러나 이들 역시 14세기에 들어서면 돈을 탐하는 집단으로 변질되어 타락합니다. 게다가 거듭되는 십자군 전쟁 등 교회의 여러 비용을 마련하기 위해 시작된 면죄부 판매는 영적 구원을 금전 거래로 바꾸어 버렸습니다. 개인은 진지하고 엄중하게 영혼의 구원을 고민하고 삶의 태도를 바꾸는 대신 손쉽게 구원을 사버리려고 하고, 교회는 이러한 심리를 이용해 탐욕을 채웠던 것이지요. 중세 교회는 타락의 밑바닥으로 치닫게 됩니다.

『캔터베리 이야기』에서 종교의 타락상은 앞서 말한 전쟁이나 농민 반란 등 정치적 사건보다는 좀 더 분명하게 표현되기는 합니다. 『캔터베리 이야기』에 등장하는 순례객 중에는 다양한 직위의 성직자들이 등장하는데 이들 대부분은 결코 모범적이라고 할 수 없는 모습으로 묘사되거든요. 가령 「전체 서문」에서 수도사에 대한 소개문을 보면 수도사가 수도원의 규율에는 전혀 관심이 없고 오직 사냥을 즐기며 맛난 음식을 탐하는 것이 묘사되는데 이와 같은 묘사들은 육체적 즐거움에 탐닉한 당대 교회의 타락상을 잘 드러냅니다. 또 수녀원장에 대한 묘사도 미심쩍은 부분들을 많이 포함하고 있습니다. 그녀는 흔히 수녀원장에게 기대할법한 자비, 환자나 약자에 대한 보살핌 등에는 전혀 관심을 보이지 않고 오직 궁정식 테이블 매너를 따라하는 것에 온 관심을 쏟으면서 애완견에게 흰 빵과 구운 고기를 먹이는 사람으로 등장하니까요. 이처럼 초서는 지도층 성직자들의 모습을 그려냄으로써 당대 교회의 타락상을 넌지시 꼬집고 있습니다. 또한 「면죄부 판매인의 이야기」는 면죄부를 팔기 위해 설교자가 어떤 수사법을 동원해서 설교해서 결국 돈벌이를 하고 있는지 적나라하게 보여줍니다. 면죄부 판매가 성직자의 탐욕을 만족시키기 위한 수단이 되어버렸음을 고스란히 보여주는 것이죠. 초서는 『캔터베리 이야기』에서 면죄부 판매라는 당대의 역사적 현상을 소리높여 단죄하거나 비판하지는 않지만 실제로 어떤 일들이 벌어지고 있는지, 내적 동기는 무엇이며 그것이 사람들의 삶을 어떻게 바꾸고 있는지, 또한 사회의 각 계층이 어떤 변동을 겪었는지 예리한 시선으로 관찰하고 기록합니다. 이처럼 초서는 중세가 거의 끝나가던 무렵 사람들의 삶과 사회에 어떠한 변화가 있었는지를 각 계층에 속한 구체적인 인물들의 이야기를 통해 드러내고 있습니다.

단웅이 그러면 『캔터베리 이야기』의 모든 이야기들은 어떤 방식으로든 중세가 저물어가던 시기의 역사적 변화를 그리고 있다고 볼 수 있는 건가요?

최 교수 아, 참 어려운 질문이네요. 그 답은 "맞다"고도 할 수 있고 "아니다"고도 할 수 있을 것 같으니까요. 왜냐하면 『캔터베리 이야기』에 등장하는 이야기들은 완전히 초서의 백 퍼센트 창작물이라기보다는 이전부터 전해져 오거나 당대 사람들에게 이미 잘 알려진 이야기, 혹은 페트라르카나 보카치오와 같은 선배 시인들의 이야기에서 빌려 온 것들이 많으니까요. 중세 시대나 르네상스 시대에는 지금과 같은 저작권 개념이 없었을 뿐 아니라, 선대의 권위있는 저자들의 이야기를 이용하고 그것에 기대는 것이 오히려 바람직스럽다고 여겨졌기 때문에 초서 역시 이처럼 알려진 이야기들을 가져와서 초서 식으로 개작하고 변화를 주었습니다. 그러니 모든 이야기가 반드시 중세가 저물어가던 시기의 역사적 변화를 그린다고 보기는 어렵습니다. 가령 「두 번째 수녀의 이야기」는 성녀 체칠리아에 대한 성녀전입니다. 이것은 중세 시대의 인기있던 성인전 장르에 속하는 이야기로서 이미 잘 알려진 이야기이죠. 그러니 이 성녀전 자체가 중세 말기의 어떤 변화를 드러낸다고 보기는 어렵지요. 다만 초서가 이러한 성녀전의 화자로 두 번째 수녀를 택했다는 점은 재미있다고 할 수 있습니다. 얼핏 보면 수녀가 성녀전을 이야기하는 것은 매우 자연스럽게 보입니다. 하지만 앞서 말한 수녀원장의 묘사와 연관시켜 보면 대비되는 측면이 있습니다. 즉 수녀원장의 신앙은 미심쩍은 측면이 많지만 두 번째 수녀는 온 마음으로 신심을 지키려는 것처럼 보이기 때문입니다. 이것은 한편으로는 지극히 관습적인 묘사라고도 볼 수 있지만, 다르게 생각하면 중세 말기에 신앙이 변색되고 타락하는 풍조에도 불구하고 전통적인 신앙을 지키며 성녀들의 본을 따라가는 사람들이 여전히 존재한다는 증거로 볼 수 있습니다. 또 두 번째 수녀가 이야기의 서문에서 자신이 부지런하게 마음을 다해 성인전을 번역하며 신앙을 지키겠다고 아주 진지하게 말하는 것 역시 그냥 넘어갈 수 없는 대목입니다. 일반적으로 중세 시대에 성인전을 기록하는 것은 남성 수도사의 임무이지 여성인 수녀의 역할은 아니었기 때문입니다. 그러나 중세 말기로 갈수록 학식을 갖춘 수녀의 숫자가 이전보다 많아졌다는 것 역시 부인하기 어려우니 두 번째 수녀의 발언은 그러한 시대적 변화를 암시한다고도 말할 수 있을 것입니다.

이처럼 초서는 당시 중세 독자들에게 잘 알려진 이야기들을 이용하면서도 당대의 현실을 예리하게 짚어냅니다. 「수사의 이야기」와 「법정 소환인의 이야기」를 한 번 예로 들어보겠습니다. 이 두 이야기 모두 초서가 독창적으로 지어낸 이야기는 아닙니다. 중세 시대에는 각 신분에 속한 사람들의 특징을 설명하면서 각 직위에 속한 자들이 주로 저지르는 죄악이나 잘못을 비판하고 풍자하는 문학이 매우 발달해 있었으니까요. 중세에는 교회와 성직자들이 절대적 권위를 갖고 있었으니, 아무도 감히 그들을 비판하지 못했으리라고 생각하기 쉽습니다. 하지만 실상은 그렇지 않았습니다. 성직자들의 타락은 중세 시대 내내 비판의 대상이었고 특히 중세 말기에 이르러서는 이들을 풍자하는 반성직자(antifraternalism) 문학이 특별히 발달했습니다. 초서의 「수사의 이야기」와 「법정 소환인의 이야기」, 그리고 『캔터베리 이야기』 전반에 걸쳐 나타나는 성직자 묘사는 당대 유행하던 이러한 문학 전통에 빚지고 있는 바가 크다고 할 수 있지요. 그런데 초서가 특별한 점은 수사와 법정 소환인이 사람들에게서 돈을 갈취하는데 있어서 서로 경쟁적 관계에 있었고 그래서 서로 적대적이었다는 점을 그들이 하는 이야기의 내용을 통해서도 드러낸다는 점입니다. 즉 이야기 자체는 그다지 새로운 이야기가 아니라 하더라도, 수사와 법정 소환인이 서로 말다툼을 하면서 상대방을 까내리기 위해 서로 비방하는 이야기를 하는 것처럼 각 이야기의 화자를 배치하고 상황을 설정해서, 정말 거리 바닥에서 두 사람이 서로 삿대질을 하고 얼굴을 붉히는 듯한 장면을 연출하고 있다는 것이지요. 이것이야말로 당대 사람들이 정말 목격할만한 그럴듯한 상황이거든요. 이처럼 초서는 이야기의 내용 뿐 아니라 화자와 이야기의 연결 설정, 그리고 이야기와 이야기의 관계 설정 등 다층적인 방식으로 당대 사회의 모습을 보여줍니다. 이것은 현대 독자들에게는 그다지 새롭게 보이지 않을지 모르지만, 중세 시대의 문학작품으로서는 대단한 성과였다고 할 수 있습니다. 익숙하고 오랜 이야기를 통해 당대의 현상을 보여준다는 것은 마치 망원경과 현미경을 동시에 사용하는 것처럼 대단한 솜씨가 필요한 일이었으니까요.

단웅이 순례객과 그들의 이야기가 긴밀히 연결되어 있어 마치 연극의 등장인물의 대사와 같은 측면이 있다고 했는데, 그러면 각 순례객의 이야기는 모두 당시 그러한 직위를 가진 사람들의 세계관을 반영한다고 할 수 있는 걸까요?

최 교수 대부분의 이야기들은 그렇게 해석할 수 있습니다만 등장인물과 이야기의 관계가 좀 이상하게 보이거나 어색하게 보이는 것들도 있기는 합니다. 가령 「선장의 이야기」에서 선장은 '우리'를 언급하는데 아무리 보아도 여성을 지칭하는 것으로 보이거든요. 한편 「요리사의 이야기」는 뜬금없이 중간에서 이야기가 끝나는 바람에 미완성으로 남아 있는데, 남은 부분만 갖고 판단하자면 요리사와 어떤 관계가 있는 이야기인지 알 수 없지요. 이처럼 어떤 이야기들은 화자와의 관계를 파악하기 어려운 것들도 있습니다. 그런데 이것을 초서의 잘못이라고 탓하거나 작품의 일관성의 부족이라고 따지기는 어려운 측면이 있습니다. 「선장의 이야기」의 경우는 아마도 초서가 처음에는 이 이야기를 바쓰에서 온 부인 등 여성 화자에게 배분하려고 했다가 나중에 그 생각을 바꾸어 선장의 이야기로 배정했는데 그런 다음에 '우리' 부분을 제대로 못 고친 것이라고 학자들은 추측하고 있거든요. 이런 경우 「선장의 이야기」나 「요리사의 이야기」가 각각 선장과 요리사 직위를 가진 사람들의 특징을 드러낸다거나 당대의 역사적 현실을 반영하고 있다고 보기는 어렵겠지요.

위의 두 이야기들은 현대 독자들에게 보면 황당한 실수처럼 보일수도 있지만, 글의 일관성과 완결성에 지금처럼 엄격한 잣대를 들이밀지 않았던 시기라는 점, 그리고 컴퓨터로 글을 쓰고 검토하며 재빠르게 수정할 수 있던 시기가 아니라 양피지에 날카로운 펜으로 자국을 내어 글을 쓰는 고된 작업을 하던 중세의 필사본 글쓰기의 관행을 생각하면 이러한 불일치에 대해 매우 너그럽게 되지요. 그러니 화자와 이야기가 불일치하는 것처럼 보이는 부분들에 대해 초서가 무능했다고 비난하는 학자들은 거의 찾기 어렵답니다. 그냥 고칠 시간이 없었나보다 이렇게 생각하고 넘어간답니다. 「요리사의 이야기」 경우도 비슷합니다. 초서가 원래 『캔터베리 이야기』를 계획한 대로 완성시키지 못하고 죽음을 맞아 이 작품이 미완성되었다고 볼 수 있으니, 「요리사의 이야기」도 그래서 미완성 상태로 남아있다고 생각한다는 것이죠. 이 외의 이야기들은 대부분 어떤 식으로든 화자의 사회적 지위를 반영한다고 보이기 때문입니다.

시인으로서의 초서의 자의식

단웅이 그런데 『캔터베리 이야기』의 거의 모든 이야기 제목에는 화자의 신분이 드러나는데 그렇지 않은 이야기가 두 개가 있네요. 「토파스 경 이야기」와 「멜리비 이야기」라는 제목은 화자의 직위나 신분과는 전혀 관계가 없어 보이는데요. 이것은 누구의 어떤 이야기들이죠?

최 교수 재미있게도 그 두 이야기는 초서의 이야기랍니다.

단웅이 아니 초서의 이야기라구요? 초서는 『캔터베리 이야기』 전체를 쓴 저자이잖아요. 그런데 그가 작품 안에서 다시 화자로 등장한다는 뜻인가요?

최 교수 맞아요. 사실 초서는 『캔터베리 이야기』 가장 앞에 나오는 「전체 서문」에서부터 이미 순례객으로 등장한답니다. 「전체 서문」에서 각 순례객을 소개했던 화자가 바로 초서였거든요. 그런데 흥미로운 점은 「전체 서문」에 등장하는 화자 초서를 작품 전체의 저자 초서와 동일시하기는 어려운 측면이 있다는 것입니다. 「전체 서문」의 화자 초서는 매우 나이브한 사람처럼 보일 때가 많거든요. 「전체 서문」에서 화자 초서는 각 순례객을 소개하면서 '훌륭한' '고귀한' 등의 단어를 연발하는데 이 단어가 지나칠 정도로 많이 등장합니다. 독자가 보기에 순례객의 성품이나 행태가 미심쩍게 보이는 부분을 언급하면서도 화자 초서는 '훌륭한' '고귀한'이라는 단어를 반복적으로 사용하거든요. 예리한 비판적 지성의 소유자인 작가 초서가 말한다고 보기에는 어딘가 의심스런 구석이 있다는 말입니다. 그래서 많은 비평가들은 작가 초서와는 확연히 구분되는 나이브한 인물로 화자 초서를 형상화시켰다고 봅니다. 올바른 판단력이 결여된 채 사람의 겉모습만 보고 감탄하는 사람들을 살짝 비꼬기 위해서, 혹은 아이러니를 의도해서 화자 초서를 형상화했다고 보는 것이 옳아 보입니다. 작가 초서는 자신과 어느 정도 거리를 둔 존재로 화자 초서를 유머러스하게, 그리고 때로는 희화화하며 풍자적으로 제시하고 있는 것이죠.

순례길에서 여관 주인이 초서에게 이야기를 좀 해보라고 청하는 장면에서도 초서는 다시 한번 희화화된답니다. 여관 주인은 초서에게 "당신은 도대체 어떤 사람이요?"라고 묻거든요. 이것은 매우 신기한 질문이라고 할 수 있어요. 「전체 서문」에서 화자가 각 순례객을 소개할 때, 화자는 금방 그의 신분이나 직업을 알아보고 우리에게 소개했거든요. 순례객의 신분을 알아볼 수 없는 사람은 단 한 명도 없었어요. 그런데 여관 주인은 초서와 함께 상당한 시간 동안 순례길을 동행했으면서도 초서가 무엇을 하는 사람인지 알지 못하는 것처럼 보이니 정말 이상한 일이지요. 그리고 여관 주인이 덧붙이는 말도 참으로 오묘합니다. "이 사람이 행동하는걸 보면 약간 딴 세상 사람처럼 보여요. 친한 사람도 없는 것 같구요."라고 말합니다. 시인 초서는 왜 화자 초서를 '딴 세상 사람처럼' 보이는 존재라고 묘사했을까요? 자신은 스스로를 시인으로 정의하고 싶은데 당시 기준으로는 시인이라는 신분이 별도로 존재하지 않았기 때문에 뭔가 이 세상 기준에는 알맞지 않은 존재라고 생각했던 것일까요? 사실 역사적 기록 속에 남아 있는 초서는 궁정의 신하, 외교 사절, 세관원 및 관세 담당자, 그리고 켄트 주의 순회사법관의 역할입니다. 그의 생애 내내 시를 썼고 그가 쓴 시를 돌려 읽어보는 시인 친구들이 있기는 했지만, 중세 시대의 시인이란 생계를 유지할 수 있는 직업이나 별도의 신분으로 인식되지는 않았으니까요. 그러니 초서 자신은 스스로를 시인으로 인식하더라도 다른 사람들은 그렇게 알아볼 길이 없었겠지요. 초서가 스스로를 궁정 신하나 관세 담당자로 형상화하지 않는다는 것도 의미심장합니다. 초서는 궁정 신하 혹은 관리로서 생계를 이어가고는 있지만 그것이 자신의 참된 신분이라고 말하고 싶지 않다는 뜻이겠지요. 그러니 여관 주인이 화자 초서에게 "당신은 도대체 어떤 사람이요?"라고 물어본다는 것은 아마도 초서의 신분을 무어라고 규정하기 어렵다는 점을 암시한다고 볼 수 있습니다.

단웅이 그럼 초서는 시인으로서의 자신의 역량을 보여주기 위해 다른 순례객들과는 차별되게 두 개의 이야기를 한 것인가요?

최 교수 아뇨, 그게 그렇게 단순하지가 않아요. 초서는 『캔터베리 이야기』의 순례객들 중 유일하게 두 개의 이야기를 하는 인물로 제시되는데, 그 이유가 아주 어처구니 없거든요. 그가 두 개의 이야기를 하게 된 것은 그의 첫 번째 이야기인 「토파즈 경 이야기」가 너무 재미가 없고 지겹다고 사람들이 중간에 이야기를 그만두게 했기 때문이니까요. 재미없다고 이야기가 중간에 퇴짜를 맞는 이야기는 『캔터베리 이야기』 전체에서 초서 자신의 이야기 단 하나뿐이에요. 그런데 더 웃기는 것은 사실 그 이야기를 읽어보면 진짜 재미가 없고 지루하다는 점이에요. 알맹이는 없이 로맨스의 관습적 어구를 반복하면서 그냥 질질 끌며 길이만 늘리는 느낌이 드는데, 초서는 그런 맹탕 로맨스를 자신의 이야기로 제시하죠. 그리고 청중들이 제발 그만하라고 항의하는 장면까지 제시합니다. 앞에서 지독한 음담패설을 하는 이야기에서도 그런 장면은 나오지 않았는데 말이죠.

이야기를 중단당하자 초서가 새로 시작하는 이야기가 「멜리비 이야기」입니다. 그런데 이 이야기는 앞의 이야기와는 정말 완전히 정반대예요. 앞의 「토파즈 경 이야기」는 로맨스의 갖가지 상투 어구만 늘어놓고 알맹이는 하나도 없습니다. 운율을 맞추는데만 신경쓰는 기색이 역력해서 오죽하면 듣고 있던 여관 주인이 "이 괴상망측한 운문이라는 건 개뿔만도 못하다"고 핀잔을 줄 정도지요. 그러자 초서는 "다른 사람한테는 안 그러면서 왜 나만 이야기를 못하게 막으시냐"며 반발하다가 결국 산문체의 「멜리비 이야기」를 시작합니다. 그리고 이번에는 온갖 속담과 성현의 말씀들을 머리가 지끈 쑤실 정도로 줄줄이 열거하는 '교훈적'인 이야기를 하는 겁니다. 사실 현대 독자가 보기에는 앞의 「토파즈 경 이야기」만큼이나 지겹기는 한데 청중들은 이 이야기에 대해 전혀 불만을 표하지 않는다는 것도 신기하기는 합니다. 하지만 「멜리비 이야기」는 평소의 초서의 글과는 전혀 다른 특징을 지니고 있어서 이것 역시 작가 초서의 진정한 솜씨를 발휘한 글이라고 보기는 어렵지요.

단웅이 그러면 결국 초서는 순례객들 중 유일하게 두 개의 이야기를 해주지만 그 어느 것도 작가 초서의 역량을 발휘한 역작이라고 볼 수는 없는 셈이네요. 어째서 초서는 이렇게 극단적으로 다른 두 가지 종류의 이야기를 하는 건가요?

최 교수 정말 중요한 질문이에요. 『캔터베리 이야기』안에서 화자 초서와 작가 초서의 관계는 고정되어 있지 않고 자꾸 조정되고 변화하고 있음을 먼저 인지할 필요가 있습니다. 사실 『캔터베리 이야기』에 수록된 이야기 중 하나인 「법정 변호사 이야기」를 읽어보면 초서는 이미 작가로서 어느 정도 명성을 얻은 것처럼 제시되거든요. 「법정 변호사 이야기」의 화자인 변호사는, 이미 초서가 쓸만한 이야기는 다 해버려서 자기가 할 이야기가 남아 있지 않다고 불평하면서 초서의 저작물들을 열거하거든요. 이런 부분들을 보면 초서는 자신이 작가라는 자의식을 강하게 갖고 있었고 자신의 작품이 잘 이해되고 알려지기를 원하는 것이 분명해 보입니다. 이것은 작가로서 당연한 소망이기는 하겠지만 사실 그때까지 중세의 문학작품에서 이처럼 작가로서의 자의식을 강하게 드러내는 글들은 많지 않았어요. 작가가 스스로의 모습을 작품 속에 슬며시 끼워 넣는 것은 14세기에 들어서서 두드러지게 보이기 시작한 현상이었지요. 르네상스 시작기의 이태리 화가들이 자신의 그림 속에 화가 자신의 얼굴을 한쪽 구석에 빼꼼히 그려넣은 것과 비슷하다고도 볼 수 있지요. 이전의 많은 중세 작가들과는 달리, 익명의 작가로 남기를 거부하고 작품의 작가가 자신임을 분명히 드러내고 싶어 한다는 것은 중세의 전통적 세계관이 붕괴하고 있음을 드러내는 단초라고도 할 수 있습니다.

그런데 재미있는 점은 「법정 변호사 이야기」에서 변호사가 작가 초서의 작품들을 줄줄이 나열함에도 불구하고, 사람들은 순례자 초서가 바로 그 작가 초서임을 인지하지는 못하는 것처럼 보인다는 점입니다. 그리고 순례자 초서도 자신이 바로 그 작가 초서라고 밝히지 않거든요. 작가 초서라는 사람이 상당히 많은 작품을 썼다는 것을 사람들이 알아주기를 바라고 또 작가로서 명성을 가졌다는 것만으로 만족하는 듯 보이기도 합니다. 변호사는 초서의 작품을 열거하면서 초서 작품의 도덕성에 대해 논평도 하는데, 그 논평이 부당함에도 불구하고 그것에 대해서도 화자 초서는 전혀 반응을 보이지 않습니다.

그러다가 초서가 자신의 차례가 되어 이야기하는 장면이 되자, 초서는 명성있는 작가로서의 모습을 싹 지운 채 초보 얼뜨기 이야기꾼으로 자신을 제시하며 완전히 대조적인 두 개의 이야기를 하는 것입니다. 초서가 이토록 대조적인 두 개의 이야기— 매우 엄격하게 운율을 따지는 운문 로맨스와, 산문 형식으로 오직 성현의 가르침과 교훈으로 빼곡하게 차 있는 도덕담—를 자신의 이야기로 배정한 것은 아마 당대의 문학관에 대한 비판의식을 전달하고 싶었기 때문인 것 같습니다. 다시 말하면 작가 초서는 '어떤 시가 좋은 시인가?'라는 질문을 던지고 싶었던 것 같아요. 중세 시대에는 문학이 '기쁨과 교훈'(solace and sentence)을 주어야 한다고 가르쳤습니다. 사실 이러한 생각은 거슬러 올라가면 플라톤까지, 그리고 후대로 내려오자면 르네상스 시대까지 내려오는 매우 뿌리깊게 자리잡은 확고한 믿음이었습니다. 중세 시대에는 기독교가 절대적 영향력을 행사했기 때문에 기쁨과 교훈을 구체적으로 무엇으로 보아야 할지에 대한 해석이 조금 다르기는 합니다. 예컨대 운문의 운(rhyme)이나 리듬은 도덕적 교훈을 주지는 않은 채 듣는 기쁨만을 준다고 볼 수 있고, 성경 말씀이나 사도들의 가르침, 그리고 고대 성현의 글은 교훈만을 준다고 말할 수 있습니다. 그러니 초서는 자신의 두 이야기를 통해 중세의 문학관이 지향하는 모습을 극단적으로 드러내는 셈입니다. 초서는 이러한 극단적인 예를 통해 문학에서 '기쁨과 교훈'을 추구하는 것이 맞는 일인지, 그리고 '기쁨과 교훈'에 대한 기존의 정의가 과연 맞는 것인지, '기쁨과 교훈'이 결합될 수는 없는 것인지, 문학의 진정한 '기쁨과 교훈'은 어디에서 찾을 수 있는 것인지 질문하고 싶었던 것으로 보입니다. 당대의 문학관이 워낙 뿌리 깊다 보니 작가 초서가 감히 정면으로 도전하기는 어려운 상황이어서, 초서는 자신의 분신인 동시에 자신과는 어느 정도 거리를 둔 순례객 화자의 두 이야기를 통해 문학의 의미와 역할에 대해 화두를 던지고 사람들이 숙고하기를 원했던 것 같습니다.

단웅이 아, 그것은 현대의 메타 픽션에서 사용하는 기법이 아닌가요? 중세 시인인 초서가 그런 기법을 사용하다니 매우 신기한데요.

최 교수 맞습니다. 현대의 독자들은 메타 픽션적인 설정에 익숙하기 때문에 초서의 이러한 자기 제시 방식을 보면 그다지 신기하게 느끼지 않을 수 있지만, 14세기의 작가가 이러한 시도를 한다는 것은 매우 혁신적이라 할 수 있지요. 작가의 이전 작품에 대해 등장인물들이 논평하는 장면을 넣거나, 스스로를 등장인물로 제시하여 희화화한다는 것, 이를 통해 자신이 작가라는 점을 독자들에게 분명히 각인시키고 자신의 작품에 대한 당대 사람들의 시각을 작품의 일부로 편입시키는 것은 분명히 메타 픽션적인 성격을 갖고 있습니다. 초서 문학의 이러한 독특한 특징은 초서가 작가로서의 자의식을 강하게 갖고 있었음을 보여줍니다. 초서는 『캔터베리 이야기』를 쓰기 이전에 이미 걸작 『트로일루스와 크리세이드』를 완성시켰는데요. 이 글의 말미에서 초서는 자신의 글이 호머나 버질과 같은 고전의 가장 위대한 작가의 계보를 잇기를 희망하는 심정을 강하게 피력했습니다. 사실 작가로서는 엄청난 야망이라고도 말할 수 있고 자신의 글에 대한 강력한 자부심이라고도 볼 수 있습니다. 그런데 그와 같은 자부심의 이면에는 자신이 쓰고자 하는 새로운 문학작품을 사람들이 과연 이해할 수 있을 것인지에 대한 두려움이 깔려있다고도 볼 수 있지요. 그리고 기존의 문학적 관행에 대해 자신이 함부로 비판하면 크게 비난받을 수 있다는 염려도 있었을 것입니다. 그러니 초서는 한편으로는 자신을 희화화하고 다른 한편으로는 극단적인 두 가지 타입의 이야기를 제시함으로써 작가로서의 자신의 고민과 문학에 대한 새로운 비전을 전달하려고 했다고 볼 수 있습니다.

결혼의 기술: 기독교 가르침과 현실 경험 사이의 갈등

단웅이 『캔터베리 이야기』에 매우 다양한 이야기가 있다는 것은 이제 잘 이해가 갑니다. 그런데 『캔터베리 이야기』에 나오는 그런 많은 이야기 가운데 가장 중심적인 주제, 혹은 가장 중요한 주제라고 할 수 있는 것을 찾을 수 있을까요?

최 교수 참으로 어려운 질문이군요. 우선 『캔터베리 이야기』에서 가장 인기있던 이야기들은 소위 '결혼 그룹'이라 불리는 일련의 이야기들이었으니 거기에서부터 이야기를 시작해 보겠습니다. 『캔터베리 이야기』에서 가장 잘 알려진 이야기 중 하나로서 폭발적 논쟁을 불러일으켰던 이야기는 「바쓰에서 온 부인의 이야기」입니다. 이 이야기는 독자들에게 충격적이었을 뿐 아니라 『캔터베리 이야기』에 등장하는 다른 순례객들에게도 엄청난 반향을 불러일으킵니다. 순례객들이 그녀의 이야기 중간에 여기저기서 끼어들고, 그녀의 이야기가 끝난 후에는 다른 순례객들이 자꾸 그녀의 이야기를 언급하거든요. 그러면서 후대에 소위 '결혼 그룹'이라고 불린 이야기들이 생깁니다.

단웅이 「바쓰에서 온 부인의 이야기」는 어떤 이야기이기에 그런 격렬한 반응을 불러일으켰나요?

최 교수 이야기의 화자는 문자 그대로 바쓰라는 지역에서 캔터베리로 순례를 가려고 온 여인입니다. 사실 중세 시대의 여성이 남편이나 다른 가족과 동행하지 않고 순례를 간다는 것만 보아도 그녀가 범상치 않은 사람임을 짐작할 수 있겠지요. 그녀의 자기 소개에 따르면 그녀는 "교회 문 앞에서 결혼한" 횟수만 따져 보아도 다섯 번이나 되는 인물입니다. 엄청난 결혼 경력을 갖고 있는 셈이죠. 그러면서 그녀는 자신의 '경험'을 근거로 아내가 결혼에서 주도권을 가져야 한다고 주장하면서, 남편에게서 주도권을 가져올 수 있는 그녀의 비법을 알려줍니다. 그녀가 남편을 골탕먹이며 다섯 번이나 결혼해서 주도권을 빼앗아 온 이야기만으로도 충격적이지만, 당대의 식자층에게 더욱 충격적인 것은 그녀가 자신의 '경험'에 근거해 이러한 주장을 펼치고 있기 때문입니다. 중세 시대에는 누군가 자신의 주장을 펼치거나 가르침을 줄 때, 또 설교하거나 글을 쓸 때, 모든 분야에서 '권위'있는 저자들의 견해가 가장 중요했습니다. 자신의 생각을 주장하고 싶더라도 그것이 자신의 생각임을 숨기고 옛 성현들의 말씀을 인용하며 그들의 권위 뒤에 숨어 주장했던 것이죠. 가장 권위있는 책은 물론 성경이었습니다. 그 외에도 사도나 교부들, 고대의 철학자나 문인들의 권위에 의지해야 했고, 최신의 작가일수록 권위가 떨어진다고 여겼습니다. 그래서 초서도 사실은 페트라르카의 글에서 빌려와 이야기를 하면서도 엉뚱한 다른 저자의 이름을 들먹이는 일까지 있었습니다. 이처럼 오랫동안 인정되어 온 옛 저자들의 권위가 가장 중요하다고 여겨지는 시대에 바쓰에서 온 부인은 그러한 '권위'를 완전히 무시하고 자신의 '경험'이 가장 중요하다고 말했으니 그것이야말로 충격적인 주장이라 할 수 있지요.

특히 결혼 생활에 대한 기독교의 가르침은 아주 분명했습니다. 아주 간략하게 요약하자면 아내는 남편에게 순종하며 살아야 한다는 것이지요. 성경과 교부의 가르침이 명확했으므로 결혼에 대한 이러한 가르침은 아무도 부인할 수 없는 권위를 갖고 있었습니다. 그런데 바쓰에서 온 부인은 그러한 성경의 권위있는 가르침에 대놓고 반박하며, 자신의 결혼 경험에 비추어 보건대 아내가 주도권을 갖고 남편이 그에 따르며 살아야 가장 행복하다고 외쳤으니 얼마나 놀라웠겠어요.

단웅이 다른 순례객들의 반응은 어땠나요? 다른 순례객들은 「바쓰에서 온 부인의 이야기」를 듣고 나서 결혼에 관해 어떤 이야기를 했나요?

최 교수 대학생은 자신의 이야기에서 바쓰에서 온 부인을 대놓고 언급합니다. 「대학생 이야기」는 남편이 터무니없고 잔인한 요구를 하는데도 끝까지 불평 없이 순종하는 아내에 대한 이야기입니다. 그런데 대학생은 그런 순종적인 아내 이야기를 길게 늘어놓고 나서 이야기 말미에 가면 자신의 이야기를 스스로 뒤집어 버립니다. 현실 세계에서는 자신의 이야기에 나오는 것과 같은 순종적인 아내를 찾으려고 하면 결코 안된다고 말하거든요. 그리고 바쓰에서 온 부인과 같은 사람들이 현실 속의 인물이라고 말합니다. 가장 기독교적 교리에 근접한 이야기를 한 후 오히려 자신의 이야기의 결론을 뒤집으며 바쓰에서 온 부인의 이야기에 수긍하는 듯한 그의 태도는 많은 논쟁을 불러일으킵니다.

그 외에도 「법정 변호사 이야기」, 「상인 이야기」, 「시골 유지 이야기」 등은 각기 서로 다른 결혼한 부부들의 이야기를 보여주는데, 결혼의 모습이 모두 다 다르다는 것도 재미있습니다. 각 순례객이 자신이 생각하는 이상적인 결혼에 대해 이야기하는데, 마치 그것이 각각 대학생, 변호사, 상인, 시골 유지 등 서로 다른 계층/직업군의 세계관을 반영하는 것처럼 제시되기 때문이지요. 각 이야기는 서로 다음 이야기에 자극을 주고 반응을 불러 일으킨다고 볼 수도 있구요. 이렇게 결혼 생활을 다루는 여러 이야기들을 모아 후세의 비평가들은 '결혼 그룹'이라고 이름을 붙여 주었어요. 결혼 그룹 이야기들은 화자와 이야기의 관계, 계층과 이야기의 관계, 이야기와 이야기의 연결 등에 대해 끊임없이 상상을 자극합니다. 특히 여성에 대한 관점도 다 다르게 제시되고 있어서 페미니즘 연구에서도 크게 주목받았습니다.

결혼 그룹의 이야기들은, 단단한 성벽처럼 견고하게 보이던 교회의 권위나 성경의 해석에 대해 의문이 생기기 시작하고 비판의식이 싹트고 있다는 점을 잘 드러냅니다. 그리고 중세 교회의 가르침과 현실 세계의 경험 사이에 큰 괴리가 있음을 보여주지요. 그리고 이에서 한 걸음 더 나아가 서로 다른 해석들이 공존하고 그 중 어느 하나만을 절대적으로 옳다고 말하기 어렵다는 것도 보여줍니다. 중세 시대 천 년 동안 절대적 권위를 갖고 있던 기독교가 아주 새롭고 도전적인 변화를 맞이하고 있음을 보여주는 셈입니다. 시대의 변화를 예리하게 포착하고 있던 초서는 장르의 창조적 변용, 문학적 관습 비틀기, 그리고 무엇보다 생동감있는 인물 창조를 통해 다층적 의미를 형성함으로써 『캔터베리 이야기』 안에 당대 영국 사회의 다양한 계층들, 그리고 그들의 생생한 목소리를 담아내는데 성공한 것입니다.

종교는 우리를 구원하는가?

단웅이 『캔터베리 이야기』는 순례 길에 떠난 이야기인데도 종교적인 이야기는 많지 않다는 생각도 드네요.

최 교수 좋은 지적이에요. 『캔터베리 이야기』가 캔터베리로 순례를 가는 이야기라는 것만 생각하고 기독교적인 이야기를 기대했다면 이 책을 읽으며 실망할지도 모르겠네요. 「전체 서문」에 많은 수의 성직자가 등장하는 것에 비해 종교적인 이야기의 숫자가 많지 않지요. 「수도사의 이야기」와 「수녀원 지도 신부의 이야기」는 화자는 성직자이지만 종교적인 이야기는 아니구요. 「면죄부 판매원의 이야기」는 탐욕을 경계하는 전형적인 설교입니다. 그런데 면죄부 판매원은 그 설교를 죽 늘어놓고 나서, 사실 그 설교는 자신의 탐욕을 채우기 위한 수단이라고 아예 터놓고 이야기를 하는 바람에 이 이야기를 종교적인 이야기로 볼 수 있는가에 관해서는 논란이 많아요. 신앙심을 고취시키기 보다는 아주 노골적인 종교인 비판으로 보이거든요. 타락한 중세 교회의 모습을 여실히 보여주는 이야기입니다. 중세의 종교적 감수성을 보여주는 이야기로는 「수녀원장의 이야기」와 「두 번째 수녀 이야기」, 「교구 주임 신부의 이야기」 정도를 들 수 있을 것 같습니다. 그 중 「수녀원장의 이야기」와 「두 번째 수녀 이야기」는 각각 아동 순교자와 여성 성인(saint)에 관한 이야기입니다. 한편으로는 전형적인 중세의 순교전, 혹은 성녀전 형식을 띠고 있어서 중세의 종교관, 종교적 감수성을 잘 드러낸다고도 볼 수 있지만, 다른 한편으로는 화자와 이야기의 관계 때문에 다층적 해석이 가능해지는 측면도 있습니다.

단웅이　그러면『캔터베리 이야기』의 순례라는 배경은 이야기의 틀을 만들기 위한 핑계인가요?

최 교수　참으로 답하기 어려운 질문이에요. 초서가『캔터베리 이야기』를 종교적인 이야기로 채운 것은 결코 아니지만, 종교적 관점에서 문학과 삶의 의미를 반추했던 사람인 것은 분명해 보입니다. 「전체 서문」을 시작하면서 초서는 사람들이 사월이 되면 순례길을 떠나고 싶어한다고 말합니다. 봄이 되면 자연에 생명의 기운이 약동하는 것처럼, 사람도 생명의 기운이 필요하다는 뜻이지요. 그리고『캔터베리 이야기』안에서 이야기들의 연결부들에는 시간에 대한 언급이 종종 등장합니다. 지금 이 순간에도 시간이 흐르고 있고 하루의 끝, 혹은 인생이라는 여행의 끝이 다가오고 있음을 상기시키죠. 인생이라는 순례길을 끝낸 후 우리는 어떤 모습으로 남게 될 것인가 생각해보게 만듭니다.『캔터베리 이야기』의 마지막 이야기가 「교구 주임 신부의 이야기」라는 점은 매우 중요합니다. 이 이야기는 중세 시대의 아주 중요한 종교적 화두였던 일곱 가지 중죄를 다루는 설교여서 현대 독자들에게는 정말 지루하게 느껴질 수 있습니다. 이야기 자체도 매우 길구요. 그런데 초서는 왜 이런 긴 설교로『캔터베리 이야기』를 끝냈을까를 생각해 볼 필요가 있습니다. 각양각색의 사람들이 온갖 다양한 이야기를 하며 시끌벅적하게 이야기하기 게임을 하던 자리는 갑자기 인간의 죄악을 준엄하게 따지는 설교 앞에 모두가 조용하고 심각하게 참회하는 자리로 바뀌는 셈입니다. 종교적 메시지를 통해 사람들이 자신을 반성하고 새롭게 각성할 때 결국 사람은 진정한 생명의 기운을 찾게 되는 것이라고 말한다고도 볼 수 있습니다. 결국 초서는 중세 말기 기독교가 타락하면서 비판받을 점이 많다는 것을 누구보다 잘 알고 있음에도 불구하고 기독교의 전체적인 메시지의 힘 자체를 부정하지는 않았다고도 볼 수 있습니다. 어쩌면 자신은 기독교에 대해 매우 부정적임에도 불구하고 교회의 힘을 의식해서 그런 제스처를 쓴 것에 불과하다고 볼 수도 있습니다. 전체적으로 초서는 자신이 살던 시대를 뚫어지게 쳐다보고 다양한 사람들의 삶의 모습을 그려냈지요. 매우 예리한 시선을 가진 사람이었지만 동시에 유머러스하고 모두를 품을 수 있는 넉넉한 심성을 가진 사람이었던 것 같습니다. 그래서 『캔터베리 이야기』는 지금도 여전히 사람들의 사랑을 받게 되었구요.

참고문헌

1. 번역본

초서, 최예정 옮김, 『캔터베리 이야기 [상]』, 을유문화사, 2022.

초서, 최예정 옮김, 『캔터베리 이야기 [하]』, 을유문화사, 2022.

2. 저서

Boethius, *The Consolation of Philosophy*. trans with introduction and notes by Richard Green. The Bobbs-Merril Company, 1962.

Boitani, Piero and Jill Mann eds. *The Cambridge Companion to Chaucer*. Cambridge 2006.

Dinshaw, Carolyn. *Chaucer's Sexual Poetics*. U of Wisconsin P, 1989.

Mann, Jill. *Chaucer and Medieval Estates Satire*. Cambridge, 1973.

Patterson, Lee. *Chaucer and the Subject of History*. U of Wisconsin P, 1991.

3. 사진 자료

Ellesmere manuscript에 나온 초서의 모습

https://www.alamy.com/stock-photo-geoffrey-chaucer-c-1343-1400-english-poet-as-shown-on-the-ellesmere-47876931.html?imageid=C465DDA3-4FA6-4629-A099-599708E7765C&p=13044&pn=1&searchId=fcada214c813af1b2c19c2c9b678b471&searchtype=0

캔터베리 대성당 전경

https://en.wikipedia.org/wiki/Canterbury_Cathedral#/media/File:Canterbury-cathedral-wyrdlight.jpg

『캔터베리 이야기』 등장인물들

https://www.pinterest.co.kr/pin/103090278954406098/

바스에서 온 부인

https://thehundredyearswar.co.uk/chaucers-wife-of-bath/

순례길을 떠나는 사람들
https://encrypted-tbn0.gstatic.com/images?q=tbn:ANd9GcQ2p2Q7ZVkc-M6_ZW4J-w8IUE_rwaGj-VVVmg&usqp=CAU

'멋진 신세계'에서 인간을 외치다

—올더스 헉슬리, 『멋진 신세계』

한수영

> "나는 안락함을 원하지 않습니다. 나는 신을 원하고, 시를 원하고, 참된 위험을 원하고, 자유를 원하고 그리고 선을 원합니다. 나를 죄를 원합니다. 나는 불행해질 권리를 원합니다."

20세기 SF 소설의 대표작

한 교수 영국의 작가인 올더스 헉슬리(Aldous Huxley, 1894~1963)가 쓴 『멋진 신세계』는 20세기 최고의 미래소설, 공상과학 소설로 손꼽히는 작품입니다. 1932년 발표된 작품인데도 이 책은 오늘날의 감각에서도 생생하게 느껴지는 면이 많습니다. 일단 제목이 참 익숙하죠?

단웅이 네. '멋진 신세계'라는 말은 여전히 많이 쓰이는 것 같아요. 예

[멋진신세계] 초판본 표지, 1932

를 들면 "출생률이 점점 떨어지는 시대는 취업 걱정 없는 멋진 신세계일까?"라든가, "개성이 사라지는 독점적인 멋진 신세계" 같은 식으로 '멋진 신세계'라는 말이 기사나 칼럼에 많이 등장하더라구요. 구글 검색을 해보았더니 경제, 문화, 정치 등 다양한 영역에서 이 말이 관용구처럼 사용되고 있었어요.

단비   맞아요. '멋진 신세계'는 말 그대로 긍정적인 의미를 전달하기도 하지만, 반어적으로 사용되며 부정적인 뉘앙스를 전해주는 경우도 많은 것 같습니다. '멋진 신세계'라는 말이 이렇게 사용되는 것은 책이 그만큼 유명하고, 여전히 영향력이 있다는 뜻이겠지요?

한 교수   두 사람이 처음부터 중요한 지점을 잘 간파했네요. 제목의 '멋진'이라는 말이 내포하는 이중적 의미가 이 작품을 이해하는 중요한 포인트이죠. 이 책은 우리를 25세기의 미래로 데리고 갑니다. 거기에 인간이 꿈꾸어온 세상이 펼쳐져 있지요. 늙지도 않고 아프지도 않고, 그저 정해진 운명대로 살면서 쾌락만을 추구하면 되는 사회, 과학기술과 강력한 통치체제가 만들어낸 안락한 세계입니다. 두 사람은 헉슬리가 펼쳐낸 이 세계가 어떠했나요?

단웅이 　거의 100여 년 전의 작품인데요, 처음부터 소설의 무대와 세계관이 강력하게 제시되어서 마치 최근 SF 영화의 한 장면처럼 생생하게 다가왔습니다.

> "겨우 34층밖에 안 되는 나지막한 잿빛 건물. 정문 입구 위에는 '인공부화-조건반사훈련 런던 총독부'라는 현판이 걸려있고, 방패꼴 바탕에 새겨진 '공동체, 동일성, 안정성'이라는 세계국(World State)의 표어."

책은 이렇게 시작되는데요, 책을 펼치는 순간, 미지의 미래 세계로 들어가는 문이 활짝 열린 것 같은 느낌이 들었습니다.

단비 　저는 '야만'과 '문명'으로 두 세계를 나누어 대비하는 것이 재미있었습니다. 먼저 제가 읽은 내용을 간단하게 정리해보겠습니다. '멋진 신세계'에서는 인간이 실험실에서 인공수정되어 사회가 필요로 하는 규격화된 계급으로 배양됩니다. 알파, 베타, 감마, 델타, 입실론의 5계급에 적합하도록 유전적으로 조절되고, 세뇌 교육을 받으며 자라나기에 구성원 모두는 자신의 계급에 만족하며 행복하게 살아갑니다. 아무런 고뇌 없이 감각적인 쾌락만을 즐기며 살 수 있지요. 그런데 조금 다른 사람들이 등장합니다. 인공수정 과정에서 무언가 착오가 생겨 평균적인 특성에서 벗어난 헬름홀츠나 버나드 같은 사람이죠. 주인공 존은 야만 구역에서 태어나 셰익스피어를 읽으며 자란 청년입니다. 존이 신세계로 들어오면서 이곳에 작은 균열이 발생하게 되지만, 일탈자들은 결국 신세계 밖으로 추방당하게 됩니다.

한 교수 단비가 아주 훌륭하게 요약을 해주었습니다. 『멋진 신세계』
는 쉘리의 『프랑켄슈타인』(1818)에서 시작하여, 자먀틴의 『우리들』
(1924), 오웰의 『1984』(1945)로 이어지는 SF소설 계보의 중추를 이루고
있습니다. 특히 유전적 조절이나 약물에 의한 감정 통제, 질서정연한
미래사회와 같은 『멋진 신세계』의 상상력은 다양한 SF 콘텐츠의 원
천이 되어 현재에까지 영향을 끼치고 있습니다. 먼저 제목 이야기를
해볼까요?

단웅이 '멋진 신세계'라는 제목은 셰익스피어의 희곡인 『템페스트』 5
막 1장에 나오는 대사에서 차용한 것이더라구요.

한 교수 네 맞아요. 『템페스트』(1610-1611)는 셰익스피어의 거의 마지막
작품입니다. 참 흥미로운 희곡인데요. 마법이 살아있는 외딴 섬이 배
경이죠. 이 섬에서 미랜더라는 소녀가 마법사인 아버지 푸로스퍼로
와 살고 있습니다. 그런데 어느 날 폭풍우 때문에 배 한 척이 섬으로
밀려 들어오고 소녀는 배에서 내리는 사람들을 보게 됩니다. 미랜더
의 눈에는 그들이 신기하고 너무 아름답고 놀라웠던 것이죠.

> "놀라워라. 멋진 사람들이 이렇게 많다니
> 인간이란 얼마나 아름다운 존재인가.
> 멋진 신세계여!"

섬에서 자라 사람을 만나 본 적이 없었던 미랜더는 알론조 왕의 일행을 보고 이렇게 외칩니다. 그런데 사실은 배에서 내린 군상들은 대부분이 사악한 이들이었죠. 이처럼 셰익스피어 작품에서부터 '멋진 신세계'라는 말은 복합적이고 반어적인 뉘앙스로 사용됩니다. 소설에서는 주인공 존이 신세계에 도착하자마자 이 말을 연발합니다. 미랜더처럼 순수한 호기심이 있고 다채로운 감정을 가진 야만인 존은 처음 본 세계에 매료되지요. 그래서 'Brave', 즉 멋지고, 아름답고, 좋은 세상이라고 감탄합니다. 하지만 고양된 감정은 얼마 가지 않아 급격하게 추락하며 산산조각이 나게 됩니다.

이처럼 '멋진 신세계'라는 말은 아름다운 유토피아를 추구하는 인간의 순수한 정념이나 꿈을 가리키는 말이기도 하고, 동시에 그 마음을 배반하는 반유토피아적 세상을 가리키는 복합적인 말이 됩니다. 그리고 반어적 의미에 더 강세가 실리면서 현재에는 대부분 디스토피아적 함의를 담은 말로 사용되고 있습니다.

과학기술문명이 만드는 유토피아에 대한 꿈과 불안

단비 그렇다면 작품에서 유토피아와 반유토피아적 요소를 동시적으로 찾아보는 것이 필요하겠네요. 먼저, 이런 복합적인 문제의식을 품은 이 작품은 어떻게 탄생했을까요?

한 교수 과학혁명의 시대를 지나며 인간은 무질서한 세상을 통제할 수 있다는 자신감을 점점 키우게 되었죠. 특히 18세기를 지나며 과학기술로 자연을 통제하고 조절하며 풍요와 행복을 만들 수 있다는 장밋빛 세계관이 펼쳐졌습니다. 역사에 대한 낙관주의와 진보주의 열풍 또한 거세게 일어났습니다. 찰스 다윈의 『종의 기원』에 나오는 자연 도태나 적자생존의 개념은 자유경쟁을 강조하는 산업자본주의의 시대 이념에 편의적으로 차용되어 열렬한 환영을 받기도 합니다. 그러나 1차 대전과 경제 대공황을 거치며 이런 낙관론이 흔들리게 됩니다. 또한 사회 불안을 틈타 전체주의나 파시즘의 기운이 점차 자라나게 됩니다. 헉슬리는 이런 상황을 투시하며 과학기술문명과 전체주의를 경계하는 이야기를 펼쳐냅니다.

단웅이 헉슬리가 주목한 과학기술문명이란 구체적으로 어떤 것이었나요?

한 교수 크게 두 가지를 생각해볼 수 있는데요, 컨베이어 벨트로 상징되는 대량생산 시스템, 그리고 진화나 우생학과 관련된 생물학, 이렇게 두 영역을 대표적으로 이야기해볼 수 있습니다.

먼저 이 소설에는 2차 산업혁명으로 변화해가는 사회시스템과 그속에서 살아가는 인간의 모습이 총체적으로 반영되어 있습니다. 2차 산업혁명은 19세기 중 후반부터 20세기 중반에 걸쳐 기술 혁신에 의해 산업이 과학화, 기계화되며 대량생산 시스템으로 변화하는 것을 의미합니다. 미국의 포드 자동차 회사에서는 조립라인(assembly line)을 도입했습니다. 거대한 컨베이어 벨트를 따라서 포드 자동차가 꼬리에 꼬리를 물고 생산되며 대량생산의 신화가 실현되었습니다. 찰리 채플린의 영화 〈모던 타임즈〉에서는 바로 이 컨베이어 벨트를 따라 움직이는 생산품을 조립하기 위해 노동자들이 줄지어 서 있는 장면이 등장합니다. 인간 노동자들은 거대한 기계의 부속품처럼 반복적인 단순 노동을 하며 생산량을 극대화합니다. 이러한 시스템은 자동차를 효율적으로 많이 만드는 것을 넘어서, 삶의 양식 자체에 큰 영향을 끼치게 됩니다. 기계의 속도에 인간의 노동력을 맞추는 시대, 노동자들이 거대한 기계의 부속품이 되는 시대, 속도와 효율성에 인간성이 말살되는 시대로 급격하게 전환이 되는 것이지요.

찰리 채플린 〈모던 타임즈〉 영화 장면, 1936년

단비　그렇다면 '멋진 신세계'에서는 이 컨베이어 벨트에서 자동차가 생산되는 것이 아니라, 인공수정된 인간 배아가 배양되는 것이군요.

한 교수　맞아요. 소설에서는 그것을 "대량 생산의 원칙이 마침내 생물학에 적용된 것"이라고 말합니다. '멋진 신세계'의 무대는 미래 영국이며, 포드 기원 632년(서기로 따지면 약 2500여 년경)을 배경으로 하고 있습니다. 자동차의 왕이라 불리는 헨리 포드가 만든 모델 T가 출시된 해(1908년)를 사회의 기원으로 삼고 있다는 점에서 알 수 있듯이, '멋진 신세계'는 자동조립, 대량생산, 효율성으로 상징되는 기술 문명을 이어받아 만들어진 세계입니다. 포드 시스템이 준 문화적 충격과 종횡무진 하는 과학기술에 대한 불안감이 '멋진 신세계'를 상상해낸 것입니다.

　인간은 자동차처럼 대량생산되며, 사회적 쓰임새에 따라 다르게 배양되고 교육됩니다. '멋진 신세계'의 사회이념 중의 하나가 동일성입니다. 이 사회는 알파, 베타, 감마, 델타, 엡실론 다섯 계급으로 엄격하게 구획된 차별적인 계급사회인데요, 계급 안에서 모두가 동일하게 배양되어 태어나고 필요한 세뇌 교육을 받으며 자라나기에, 계급에 대한 아무런 불만도 불안요소도 없습니다. 만인이 만인의 소유인 공동사회이기에 어떤 특별한 관계나 책임감은 필요하지 않습니다. 성적 자유를 누리고 말초적인 쾌락을 즐기다가 어느 날 갑자기 죽음을 맞이합니다. 불안감이나 고통이 생긴다 해도, 소마라는 약물이나 촉감 영화 같은 것을 소비하며 쉽사리 벗어날 수 있습니다. 그들은 완벽하게 안정적이고 행복합니다.

단웅이 그런데 금방 말씀해주신 내용은 사실 보통사람들이 한 번쯤은 꿈꾸어 보았을 낙원의 모습이 아닌가요? 취직이나 경쟁이나 연애에 대한 고민 없이도 잘 살 수 있는 세계이니까요. 불안도 없고 좌절도 없다는 측면에서는 강력한 유토피아라고 할 수 있을 것 같습니다.

"세계는 이제 안정이 되었어요. 사람들은 행복을 원하고, 원하는 바를 얻으며, 얻지 못할 대상은 절대로 원하지 않습니다. 그들은 모두가 잘 살고, 안전하고 전혀 병을 앓지 않고, 죽음을 두려워하지 않으며, 늙는다는 것과 욕정에 대해서 모르기 때문에 즐겁습니다."

저는 본문의 이 부분이 참 인상적이었는데요, 인간은 큰 꿈을 품고 노력하고, 꿈이 큰 만큼 아픈 실패를 하기도 하잖아요. 늘 꿈만 크고 그 꿈 때문에 힘들어하는 제 자신을 돌아보면, 얻지 못할 대상은 처음부터 원하지도 않는 신세계 사람들이 부럽기도 합니다. 이런 '안정'이야말로 이 유토피아의 덕목이라고 할 수 있을 것 같습니다.

한 교수 그렇습니다. 그들은 편안하게 행복하고 고통이나 결핍을 모르고 살아갑니다. 한 치 앞을 모른 채로 살아가며 불합리한 운명에 좌절하기도 하는 보통의 삶을 생각해보면, 이 세계는 부러운 면이 많이 있습니다. 신세계에서 태어난 사람들은 미래에 대해서 걱정할 필요가 없습니다. 모든 것은 질서정연하게 예정되어 있으니까요. 그런데 이런 안정된 유토피아는 도대체 어떻게 가능한 것일까요?

오오 마이 포드!, 포디즘과 반유토피아

단비 생각해보면 많은 사람들이 함께 사는 사회가 아무런 충돌이나
변화요소 없이 계획한 대로 굴러간다는 것은 상상하기가 어렵네요.
질서를 기획하고 통제하는 큰 힘이 있을 수밖에 없을 것 같습니다.
'사회적 운명'이라는 말이 나오던데요, 사회가 개인의 삶에 깊숙하게
개입하여, 이 사회가 유지된다는 말이겠지요?

한 교수 '멋진 신세계'는 거대한 기계처럼 아무 문제 없이 척척 돌아가
지요. 이것이 가능하려면 이 기계를 돌리는 정교하고 체계적인 시스
템이 필요합니다. '멋진 신세계'라는 유토피아를 유지하는 핵심 기술
은 바로 사회에 적합하게 인간을 만들고 키우는 것에 있습니다. 인공
수정된 배아는 화학 물질 주입이나 산소량 조절을 통해 계급에 필요
한 정체성과 능력을 부여받은 후태어납니다. 아니 생산됩니다. 발생
과정뿐만이 아니라 태어난 후 성장과정에서도 사회적 조절은 계속
됩니다. 수면 교육이라는 세뇌 교육 시스템을 통해서 한 치의 의심도
없이 자신들의 계급적 숙명에 즐겁게 복종할 수 있게 합니다.

컨베이어 벨트를 따라서 조립되고 있는 포드사의 모델T 자동차

단웅이 생각해보니 인간이 엄마에게서 태어나지 않고 인공적으로 생산된다면, 정말 많은 것이 근본적으로 바뀔 것 같습니다. 먼저 부모나 형제, 가족 관계가 없으니 사랑이나 그리움 같은 감정도 필요 없겠네요. 중요한 인간관계가 사라지면 책임이나 윤리 또한 필요하지 않겠지요. 노화나 죽음도 조절될 수 있으므로 신조차 있을 자리가 없을 것 같고요, 계급은 물론 잠재력까지도 또한 결정되어 있으니 자기를 탐구할 필요도 없고, 당연히 꿈도 실패도 없겠네요.

한 교수 한 마디로 인간의 삶은 조립 라인에서 똑같이 찍혀나오는 자동차와 별반 다름이 없습니다. 자동차가 생산되어 주어진 기능에 따라 주행을 하다 기계 수명이 다하면 폐차가 되듯이, 멋진 신세계의 인간들은 주어진 사회적 운명을 살다 한순간 죽음을 맞이하게 됩니다.

멋진 신세계에서 내세우는 '공동체(community), 동일성(identity), 안정(stability)'은 우리 모두가 꿈꾸던 안정과 행복이 보장되는 유토피아의 이상을 잘 담고 있는 것 같습니다. 하지만, 이 슬로건이 주는 달콤한 환상은 실제로는 엄격한 계급사회를 유지하기 위한 유전적 조절과 세뇌교육에 기반한 것이었음을 알 수 있습니다.

단비　미래사회를 그린 SF영화에서는 잿빛 옷을 맞춰 입은 무표정한 군상이 등장하는 경우를 종종 볼 수가 있는데요, 『멋진 신세계』에 나오는 보카노프스키 법으로 탄생한 수십쌍의 쌍둥이들이 이런 상상력의 원조인 것 같아요

단웅이　단비 말대로, 쌍둥이들의 묘사 부분이 참 괴기하고 공포스러웠습니다.

　　"낮은 작업대에서 감마 플러스 계급의 난쟁이들이 발전기를 조립하고 있다. 두 줄의 낮은 작업대가 마주보고 있고 그 가운데 부품이 실린 운반 벨트가 움직이고 있다. 47명의 금발머리가 47명의 갈색머리와 마주보고 있다. 47개의 들창코가 47개의 매부리코와 마주보고 있다. 조립이 끝나자 18명의 똑같이 생긴 곱슬머리 여자들이 검사를 하고, 왼손잡이인 34명인 델타마이너스 계급 남자들이 그것을 상자에 넣고 주근깨투성이의 63명의 저능아들이 대기하던 트럭과 기차에 그것을 실었다."

　　'공동체', '동일성', '안정'이라는 유토피아의 슬로건은 얼마든지 대체 가능한 수십쌍의 쌍둥이들의 삶을 전제하고 있는 것이네요. 계급

이 같은 한 무리의 노동자들은 얼굴도 능력도 완전히 '동일'하며, 만인은 만인의 소유라는 말대로 서로를 얼마든지 성적으로 '공동' 소유하며, 어떤 도전이나 좌절도 없이 '안정' 상태를 유지하는 이 사회, 이곳에서는 사람은 사회라는 거대한 기계를 차질없이 돌리기 위한 대체 가능한 부품이군요.

단비   어머니 린다의 죽음을 조소하는 쌍둥이들을 보면서 존이 "아아! 이런 인간들이 사는 멋진 신세계여!"라고 울부짖는 장면이 나옵니다. 존이 이 세계의 실체를 자각하게 되는 전환의 장면이라고 생각되는데요, 여기서 '멋진 신세계'는 이제 멋지지 않은, 인간의 고유성이 박탈되고 인간성이 결핍된 반유토피아를 가리키는 말이겠네요.

한 교수   그렇습니다. 누구를 위해서 컨베이어 벨트가 돌아가는 것일까? 즉 누구를 위한 유토피아인가를 질문하지 않을 수 없지요. 총통의 지휘 아래 사회는 일사분란 하게 통제됩니다. 개인들은 사회적 운명이라는 병 속에서 갇혀 살아가며, 국가라는 로켓 비행기가 궤도를 이탈하지 않고 유지될 수 있게 하는 나사못의 역할을 충실히 하게 됩니다. 사회적 이념은 실현되지만 개인의 삶은 실종되지요. 그들은 "오오 마이 포드!" 하며, 포드를 새로운 신으로 추앙하면 외칩니다. 그들은 인간일까요? 혹은 조립 라인에서 생산된 기계일까요? 단비가 말한 그 장면에서 존은 답을 찾은 것 같습니다.

단웅이   과학기술은 이렇게 두려운 결과를 만들어 낼 수밖에 없을까요?

한 교수 아니지요. 예나 지금이나 인류에게 과학은 긍정적인 희망이며 현실적 한계를 벗어나게 해주는 탈출구였습니다. 그런데 기술이 어떤 사회 환경, 사상, 정치 세계 속에서 실현되는가에 따라 과학의 미래는 달라지겠지요. 헉슬리는 과학 자체보다는 과학이 전체주의나 파시즘 같은 정치 체제와 유착되는 상황을 경계하고 있습니다. 전체주의는 국가가 개인의 자유와 권리를 통제하고 매체를 통한 선전 선동으로 국민의 정신까지도 지배하는 권위주의적 정치 체제를 말합니다. 생물학과 결합한 대량생산시스템은 과학기술을 이용해 사회유지에 필요한 인력을 생산하고, 이를 효율적으로 통제함으로써 국가를 운영할 수 있게 합니다. 헉슬리는 과학과 전체주의가 결합하여 빚어낼 수 있는 반유토피아의 제국을 펼쳐보이고 있습니다.

인문학과 과학에 대한 폭넓은 조망

단비   이 소설은 과학적 상상력도 뛰어나지만, 다채로운 인문사회 분야의 지식이 등장하는 것이 놀라웠습니다. 제가 어디선가 들었던 이름들이 아주 많이 나왔습니다. 작가는 정말 박식한 지식인 것 같습니다.

한 교수 네 이쯤에서 작가 이야기를 잠깐 해야겠네요. 올더스 헉슬리는 20세기 영미문학을 대표하는 중요한 작가입니다. 문학자이자 철학자이기도 했으며, 구도자이자 평화주의자로서 평생을 살았습니다.

인문학 지식은 물론이고 과학 분야 그리고 심리학, 경제학 등 다양한 학문 분야에 조예가 깊었습니다. 과학 문명의 시대에 어떻게 인간성을 지켜나갈 수 있는가 하는 질문을 일생을 두고 탐구한, 20세기를 대표하는 지성인이라 할 수 있습니다. 『멋진 신세계』는 그 종합판이라 할 수 있습니다.

올더스 헉슬리, 1934년

단웅이 제가 찾아보니, 헉슬리는 친가는 유명한 과학자 가문이고, 외가는 더 유명한 문학가 집안이어서, 과학과 인문학이 자연스럽게 연결되는 지적인 환경에서 자랐다고 하네요.

한 교수 맞아요. 올더스 헉슬리의 조부는 진화론 논쟁을 주도했던 토마스 헨리 헉슬리(Thomas Henry Huxley, 1825~1895)입니다. 그는 다윈 사상을 토대로 인간의 윤리성을 강조하는 사회진화론을 주장하였으며, 사회 생물학 논쟁의 선구자 역할을 하기도 했습니다. 또한 헉슬리의 형제들 중에는 저명한 생물학자와 노벨 생리학상을 수상한 의학자도 있습니다. 그런가 하면 외가는 매슈아놀드와 같은 유명한 문인들을 배출한 집안으로 어머니도 시인이었지요. 이런 환경 덕분에 어린 시절부터 인문학과 과학을 넘나드는 지식과 상상력을 자연스럽게 키우게 되었다고 합니다.

그는 문학과 과학, 예술을 통합적으로 사유했으며, 『멋진 신세계』에는 이러한 종합적 지성과 가치관이 종합적으로 나타납니다. 이 소설은 그래서 백과사전 같은 측면이 있습니다. 맬서스(Thomas Robert Malthus, 1766~1834)), 마르크스(Karl Marx,1818~1883), 프로이드(Sigmund Freud,1856~1939), 제임스(William James,1842~1910), 다윈(Charles Robert Darwin, 1809~1882), 골턴(Francis Galton,1822~1911), 포드(Henry Ford,1863~1947), 테일러(Frederick W. Taylor,1856~1915), 파블로프(Ivan P. Pavlov,1849~1936) 등 예술과 경제학, 심리학, 생물학, 생리학, 경영학, 등 경계를 넘나들며 시대를 대변하는 인물의 그림자가 작품의 도처에서 발견됩니다.

특히 우리가 주목해서 봐야 하는 것은 바로 셰익스피어(William Shakespeare, 1564~1616)입니다. 과학 문명에 대응하는 반대급부로서의 인문학, 또는 기술의 시대에도 지켜내야 할 인간성을 대변해줄 인문학에 대한 사유가 이 소설 전반에서 펼쳐지는데요. 셰익스피어는 처음부터 끝까지 작가의 목소리를 일관되게 대변하고 있습니다.

신세계에 나타난 셰익스피어

한 교수 야만을 상징하는 인디언 보호구역인 멜파이스에서 자란 존은 우연한 기회에 『윌리엄 셰익스피어 전집』을 읽게 됩니다. 문명 세계와 야만인 마을은 양편 모두 집단적인 광기에 차 있습니다. 불안을 모두 살균해버린 유토피아가 완벽한 질서를 구축하기 위한 광기로

차 있다면, 원시의 멜파이스에서는 자연이 주는 혼돈과 공포를 이기기 위해 광적인 집단신앙과 희생 제의가 행해집니다. 집단적 광기는 개인을 삭제시켜 버릴 수 있지요. 여기에서 셰익스피어는 인간으로 하여금 자신의 감정을 발견하고 이해하게 하며, 때로는 인간다운 감정을 충분하게 느끼고 향유하게 하는 역할을 하기도 합니다. 멜파이스의 일탈자인 존은 질투, 분노, 사랑, 욕망, 간절함 등의 감정을 셰익스피어의 대사를 통해 자각하고 분별하게 되며, 유토피아의 일탈자인 헬름홀츠와 버나드는 셰익스피어를 통해 "지금까지 느껴보지 못했던" 감정에 충격을 받습니다.

단웅이 셰익스피어는 야만과 문명의 위치를 바꾸어 생각해보게 하는 열쇠가 되는 것 같습니다. 처음에 레니나와 버나드가 구인류가 살아가는 야만인 보호지역으로 갔을 때, 그들은 그곳의 불결함과 악취, 그리고 늙은이들의 초라한 몰골을 보고 경악을 금치 못합니다. '문명은 살균'이라고 교육받아온 신세계의 사람들은 살균되지 않은 세상에 공포를 느낍니다. 멋진 신세계 사람이 보기에 '아이에게 젖을 먹이는 모성, 병을 앓는 아이의 울음소리, 늙어서 쪼그라든 육체, 일상의 먼지와 케케묵은 때, 냄새, 소원을 빌기 위해 고통스러운 형벌을 참는 제의, 상처에 흐르는 피', 이 모든 것을 살균되지 않은 야만 세계의 혼란이자 상스러움이라고 생각합니다.

단비 살균이란 인위적인 힘에 의해서 자연 상태를 무독한 인공 상태로 변질시키는 것을 말하는 것이겠지요. 그렇다면 신세계는 인간의 복잡한 잠재성을 모두 살균해버리고, 사회유지에 필요한 요소만으로 조립된 소독된 기계 같은 쌍둥이들이 사는 곳입니다. 살균된 문명은 인간의 도전과 가능성은 물론 미래라는 시공간 자체, 말하자면 인간성 자체가 제거되어 버린 무균실이라고 할 수 있겠네요.

한 교수 아주 훌륭한 통찰력입니다. 여기서 셰익스피어가 등장하는 것이죠. 감정이나 창조적 지성이 결핍되어 있는 신세계의 사람들이 얼마나 초라한 존재인가는 야만인 존의 눈을 통해 적나라하게 드러납니다. 존은 어린 시절에 셰익스피어 전집을 읽게 되면서 천둥이 내리치는 듯한 충격을 경험했었지요. 주인공들의 대사가 머릿속에서 진동하며 마법의 주문이 자신에게 말을 걸어오는 듯이 느낍니다. "인간이란 계속 미소 지으면서도 악인이 될 수 있다(『햄릿』 1막5장)"라든가, "오오 그녀는 횃불에게 밝게 타라고 가리키고 있도다"(『로미오와 줄리엣』, 1막 5방) 같은 말에서 인간이 복잡하고 모순되면서도 동시에 아름답고 신비한 존재라는 것을 배웁니다. 즉, 셰익스피어의 주인공들을 통해서, 자신의 감정을 비로소 이해하고 언어로 설명할 수 있게 되었다는 것이죠.

단웅이 셰익스피어의 반대편에 소마가 있는 것 같아요. 소마는 고통스럽고 불안한 감정을 금방 잠재워주는 약물이잖아요. 고민할 틈 없이 감정을 가라앉혀 버리기 때문에 정신의 깊이나 고결함 같은 것은 만들어질 수조차 없는 것이지요.

한 교수 잘 지적했어요. 존은 '멋진 신세계'에서 계속 셰익스피어를 떠올리죠 "영원은 우리의 입술과 눈에 깃들어"(『안토니오스와 클레오파트라』, 1막 3장)있다는 것을 생각합니다. 시속 1250 킬로미터로 비행하는 신세계의 로킷도 "공기의 요정은 사십 분 안에 지구 둘레에다 띠를 두를 수 있다"(『한여름밤의 꿈』, 2막 1장)는 소설의 상상력에는 못 미친다고 존은 생각합니다. 여기서 셰익스피어의 작품들은 자신만의 눈으로 세상을 느끼고 상상하고 사유하게 하는 힘을 부여해주는 역할을 합니다.

단비 저는 알파 플러스 계급으로 지적으로 누구보다도 뛰어난 헬름홀츠가 셰익스피어의 언어를 들으며 흔들리는 장면도 흥미로웠습니다.

한 교수 아주 중요한 대목이지요

> 가장 큰 소리로 우는 새로 하여금
> 외딴 아라비아 눈물 나무에 앉아
> 슬픈 전령을 되어 나팔을 불게 하라 (『불사조와 비둘기』 중)

존이 읊어준 이 시를 듣고 헬름홀츠는 이제까지 경험한 적이 없는 감정을 느끼지요. 문명인으로 살면서 마음속에서 늘 갈망했던 것, 즉 X 광선처럼 예리하게 마음을 관통하며 파고드는 언어를 처음으로 경험했기 때문입니다. 격정대용약을 복용하는 대신 정말로 격정에 휩싸여야, 그리고 소마에 마취 당하지 않은 맑은 정신으로 고통과 분노를 느껴야만 인간은 자동 기계와는 다른 자기만의 삶을 영위할 수 있음을 헬름홀츠는 어렴풋하게 느낍니다.

단비   존은 문명 세계의 문제점을 발견할 때마다, 마음속으로 셰익스피어의 대사를 떠올렸는데요, 셰익스피어는 문명에 함부로 물들지 않도록 그를 지켜준 마지막 보루였던 셈이네요.

한 교수   셰익스피어는 '멋진 신세계'가 잃어버린 것, 즉 사랑, 질투, 분노, 죽음, 열정 등 인간 내면에 내재된 다양한 이야기들을 상징합니다. 과학과 기술이라는 이름으로 문명 세계는 인간의 고결한 감정과 가능성까지 살균해버렸습니다. 정기적으로 열리는 단결예배시간에 문명인들이 소마를 성배에 담아서 자기멸각을 위한 건배를 하는 장면은 상징적입니다. 신세계 사람들은 환상의 약을 먹고 촉감영화를 보며 자신을 잊고 현실에서 도피합니다. 망각과 도피가 만들어낸 행복하고 안정된 사회! 셰익스피어의 언어로 말해 본다면 이 세계에서는 "포악한 운명의 돌팔매질과 화살에 시달릴 것이냐, 아니면 바다처럼 밀려오는 고난을 맞아 무기를 들고 싸울 것이냐(『햄릿』 3막 1장)"를 고민하지 않아도 됩니다. "사느냐, 죽느냐"를 고투하지 않아도 됩니다. 정해진 대로 살다 죽으면 그만입니다.
    셰익스피어를 읽으며 존은 인간의 욕망과 감정을 이해하게 됩니다. 고뇌와 행복이 동전의 앞뒷면처럼 연결되어 있는 것이며, 고통을 이겨낼 때 인간의 성장과 자기 성취가 있다는 것 또한 알게 됩니다.

최후의 인간

단비   그런데 '멋진 신세계'가 그저 부정적인 측면만 있다면, 별로 생각해볼 것도 없을 텐데요. 소설은 이 유토피아를 어떻게 볼 수 있는지를 독자에게 계속 묻는 것 같습니다. 소설의 마지막 부분에서 총통과 존과 버나드, 헬름홀츠가 만나는 장면, 문명에 대한 대토론회가 벌어지는 클라이맥스 장면이 정말 흥미로웠습니다. 총통의 말에도 고개가 끄덕여지고, 이에 반대하는 존의 말에도 공감이 되었습니다. 둘 다 맞는 것 같아요.

단웅이   총통은 복잡한 인물인 것 같습니다. 그는 순수과학을 탐구하던 물리학자였고, 금서인 셰익스피어의 작품도 잘 알고 있으며, 그 의미도 이해하고 있습니다. 하지만 인간의 욕망과 폭력성이 전쟁 같은 파국을 불러올 수 있다는 것을 경험적으로 잘 알고 있기 때문에, 사회의 안정을 위해서는 현재의 시스템이 필요하다고 주장합니다. 총통은 세계는 안정되어 있고, 사람들은 매우 행복하다고 말합니다. 총통의 입장에서 '멋진 신세계' 사람들은 드디어 불안한 미래에서 벗어났으며, 과학기술과 전체주의 시스템으로 이 사회는 계속 유지되어야만 합니다.

단비   저도 총통의 이런 논리에는 공감합니다. 세상에 내던져져 맨손으로 운명의 바다를 헤쳐가야 하는 보통사람들에게 '멋진 신세계'는 충분히 매력적입니다. 경쟁도 좌절도 없는 이 유토피아에서 저도 살아보고 싶습니다. 취직과 연애 그리고 인간관계, 돈 등, 살아가는 모든 순간이 쉽지가 않습니다. 모든 것이 예정되어 있는 삶, 예기치 못한 실패나 불행이 삭제된 삶은 누구나 꿈꾸는 세상이 아닐까요.

한 교수 문명의 과정은 인간이 자기 삶을 통제할 수 있는 힘을 점차로 키워온 역사이기도 하지요. 인간은 기술을 사용해 자연에서의 자기 자리를 확장시켜 왔으며, 풍요로운 문명을 만들었습니다. 피임을 하여 산아를 제한하고, 양수검사로 태아 상태를 확인하고, 질병을 치료하고 유전자 검사로 질병을 예측하고 치료하는 등, 이미 생명의 영역에도 깊숙하게 개입하고 있습니다. 말하자면 '멋진 신세계'를 작동하는 원리에는 인류의 보편적 소망이 깃들어있으며, 현재 우리 사회도 '멋진 신세계'로 향해가고 있는 측면이 있지요.

단웅이 현대인들은 이제 기술이 배제된 삶을 상상할 수 없지요, 인류는 기술과 함께 계속 발전하고 번영하는 삶을 앞으로도 선택할 것 같습니다. 그런데 작가는 일탈자인 헬름홀츠나 존을 통해 인간성에 대한 메시지를 전달하는 것 같습니다. 작가가 이들을 통해서 궁극적으로 전달하고 싶었던 말은 무엇일까요?

한 교수 헉슬리는 과학 문명의 위력을 통찰하며 빠르게 전개될 문명의 미래 또한 예견했던 것 같습니다. 결국 과학 문명은 '멋진 신세계'를 향해 나아가게 될 것이라는 점이죠. 그래서 소설의 후반부에서는 문명의 위험성을 경고하고, 인간이란 누구인가에 대한 강력한 질문을 독자에게 던져줍니다. 배양 과정에서 오류가 발생하여 사회적 정상 범주에서 조금씩 벗어나는 일탈자들이 그 역할을 합니다. 사회시스템은 과학적으로 정교하게 조절됩니다. 생명도 조립 라인을 따라 계산된 대로 만들어집니다. 하지만 그 과정에서도 오류가 발생합니다. 마치 자연상태의 세포분열의 과정에서 아주 낮은 확률이지만, 필연적으로 DNA 복제의 오류가 발생하는 것과 비슷한 원리입니다. 버나드나 헬름홀츠는 다 이런 시스템 오류의 산물입니다. 한 사람은 지나치게 똑똑하고 잘났으며, 한 사람은 높은 지성에 비하여 평균보다 조금 작은 체구로 태어났습니다. 일탈자들은 자신들이 동일계급 내의 평균치가 아니라는 점에서 약간의 고립감이나 고독을 느낍니다. '멋진 신세계'의 사람들이 누릴 수 없는 개인의 고유한 자리를 맛본 셈입니다. 그들은 조금 다르기에, 동일성을 기반으로 안정을 추구하는 사회에 불안요소를 증가시키는 역할을 하지요.

단비　　그런데 소설에서는 일탈자들이 사회를 전복하고 개혁하는 역할을 하지 못합니다. 『멋진 신세계』에서 아이디어를 대거 차용해서 만든 영화인 〈이퀼리브리엄(Equilibrium)〉에서는 각성한 주인공이 신세계를 완전히 파멸시키는 통쾌한 액션을 보여주었는데요, 소설은 그렇게 끝나지 않더라구요. 일탈자들은 결국 섬으로 추방되거나 자살을 하여 패배하는 것처럼 나오는데요, 작가는 여기에 어떤 가능성 또한 암시하고 싶었던 것일까요?

한 교수　두 사람이 느꼈던 것처럼 이 소설은 어느 한쪽의 메시지만 전달하지는 않습니다. 과학기술의 힘도 중요하고, 그것을 누리는 인간다운 품위도 중요하니까요. 그래서 일탈자들이 등장하지만, 그들은 작은 균열을 내고 사라지지요. 일탈자들은 이 문명사회에 결핍되어 있는 인간성의 영역을 일깨워주고, 과학기술을 기반으로 하는 세계가 정말 유토피아를 향해 나아가고 있는지를 질문하게 합니다. 예를 들면 똑똑한 헬름홀츠가 있죠. 그는 너무 영리해서 부적응 상태인데요, 결국 추방을 당하며 헬르홀츠는 폭풍우가 치는 섬으로 가고 싶다는 선택을 합니다. "기후가 나쁘면 창작이 잘 된다고 알고 있습니다." 라고 그는 말합니다.

단웅이 저도 그 대사가 기억납니다. 헬름홀츠가 조금 멋지다는 생각이 들었습니다. 헬름홀츠는 최고의 기득권 계급인데도, 그 모든 것을 버리고 야만 세계에 필적할 만한 험지를 스스로 선택한다는 것이 인상적이었습니다. 겉보기에는 신세계가 그를 추방하는 것처럼 보이지만, 실제로는 헬름홀츠가 비인간화된 세계를 스스로 버리고 새로운 가능성을 선택한 것이 아닐까요?

한 교수 참 특별한 장면이죠. '멋진 신세계'는 무질서하고 혼돈스러운 야만의 상태에게 벗어나기 위해 애써서 만든 완벽한 질서의 제국이 잖아요. 그런데 헬름홀츠는 여기서 벗어나 다시 폭풍의 섬을 선택합니다. 폭풍이 몰아치는 곳, 위험하고 통제 불가능한 자연을 상징하는 공간이지요. 사회적 운명에서 벗어난 그곳에서 비로소 인간의 감정과 인간 고유의 삶의 이야기를 시작할 수 있다고 헬름홀츠는 생각한 것입니다.

단비 존의 죽음도 그런 맥락에서 볼 수 있겠네요. 아마 이 소설 전체를 통틀어 가장 유명한 부분일 것 같은데요, 존이 총통에게 대답한 부분을 읽어보겠습니다.

"저는 불편한 것을 좋아합니다. 저는 신을 원합니다. 편안한 것을 원하지 않습니다. 저는 시와 현실적인 위험과 자유를 원하고 선과 죄악을 원합니다. 그렇습니다. 불행해질 권리를 주장하고 있습니다. 늙어서 추해지고, 무능해질 권리는 말할 것도 없고 매독과 암에 걸릴 권리, 기아의 권리, 더러워질 권리, 내일 일어날 일에 끊임없이 걱정할 권리, 말할 수 없는 고통에 시달릴 권리, 저는 이러한 모든 것을 요구합니다."

존은 불편할 권리를 나열하는데요, 그 모든 것에 동의하기는 어렵지만, 그가 왜 이런 요구를 했는지는 공감할 수 있을 것 같습니다. 이 모든 불편한 요소들이 인간다움을 구성하는 조건이기 때문이겠지요.

한 교수 이 말을 하고 존은 등대가 있는 외진 곳으로 가서 살다가 결국 스스로 죽음을 선택합니다. 신세계에 결코 적응할 수 없었던 외톨이의 순수하고 진지한 태도를 신세계 사람들은 끝까지 유희의 대상으로 조롱합니다. 인간으로서 살아가기 힘든 신세계에서 존은 더이상 견딜 수가 없었던 것 같습니다. 죽음은 비극적 선택이지만, 인간으로서의 자신을 지키기 위한 최후의 선택이 된 셈이지요. 존의 대사는 최후의 인간이 '멋진 신세계'에 남긴 마지막 목소리입니다.

단비   이제 작가의 질문에 대답을 할 수 있을 것 같습니다. 저도 매사에 걱정이 많아서, 이렇게 결핍 없는 사회에서 살 수 있다면 좋긴 좋을 것 같은데요, 결핍이 없으면 과연 도전이 있을 수 있을까요? 슬픔이 없으면 좋겠지만, 슬픔이 없다면 우리가 기쁨을 느낄 수 있을까요? 희망을 품을 수 있을까요? 불행이 없다면 행복을 갈구할 수 있을까? 행복을 과연 향유할 수 있을까? 이런 생각이 들어요. 감정이 살균된 사회란 결국 인간 자체가 소멸된 사회라고 할 수 있을 것 같습니다.

단웅이   정말 모든 게 정해져 있다면, 즉 사회적 운명이 결정되어 있다면, 살아야할 이유도 목표도 없을 것 같습니다. 인간이란 정말 알 수가 없는 존재이네요. 힘들게 하나의 세계를 만들고, 거기서 다시 뛰쳐나와 혼돈의 한 가운데로 들어가는 불가사의한 존재이네요.

다시 가본 멋진 신세계

한 교수   여기까지 『멋진 신세계』를 함께 이야기해 보았는데요, 작품의 복합적인 성격과는 달리, 실제로 '멋진 신세계'라는 말은 '디스토피아'라는 의미로 바로 치환되는 경우가 많습니다. 20세기 후반에 이르러 생명공학과 관련된 이야기를 담은 문화콘텐츠가 양산되었습니다. 특히 생명공학기술 소재 영화들에서 디스토피아로서의 '멋진 신세계'의 이미지가 점점 강해졌습니다. 〈가타카〉, 〈이퀼리브리엄〉, 〈기버〉, 〈아일랜드〉 등의 영화에 등장한 미래 세계의 무대를 떠올려보세요. 같은 색의 옷, 무표정한 사람들, 약물, 통제된 평화, 이런 장면들은 '멋진 신세계'의 후속판이라고 해도 과언이 아닐 것입니다. '멋진 신세계'는 그 이름 자체로서 생명공학과 그것의 결과물에 대한 메타포가 된 것입니다.

단비 하지만 우리가 지금까지 이야기한 것에 따르면 이 소설이 그렇게 단편적으로 과학기술의 암울한 미래만을 비판하고 있는 것은 아니었습니다.

단웅이 그런데도 줄거리만 얼핏 보면 문명과 야만 세계가 대립되어 있고, 셰익스피어를 신봉하는 주인공이 결국 죽음을 선택하기 때문에 '멋진 신세계'는 곧 디스토피아이고, 주제는 과학문명을 비판하는 것이라는 식의 결론이 간단하게 추출되는 것 같습니다. 그러나 저는 여전히 이 세계가 유토피아인지 아닌지 판단하기가 어렵습니다. 안정된 세계에 귀속되고 싶다는 마음과 폭풍우를 맞으며 나의 길을 찾고 싶다는 마음이 여전히 같이 있으니까요. 이 세계에서 유토피아와 반유토피아를 동시적으로 발견하는 것이야말로 중요한 것 아닐까요?

한 교수 단웅이와 단비가 이제 이 작품을 충분히 잘 이해하는 것 같습니다. 훌륭하네요. 앞에서도 잠깐 언급했지만 헉슬리는 과학과 문학을 대립적으로 사유하지 않았으며, 과학의 대안이 문학이라는 식의 도식적인 주장도 하지 않았습니다.

1947년에는 문명비판 에세이 『다시 가본 멋진 신세계』를 썼습니다. 이 글에서 헉슬리는 질서를 추구하는 것은 인간의 근원적인 열망이라고 말합니다. 혼돈에 질서를 부여하고, 부조화에서 조화를 만들어내고, 다양한 양상에서 하나의 동일한 원리를 추출하고자 하는 지향성을 "질서에의 의지(Will to Order)"라고 명명합니다. 그리고 이 질서에의 의지야말로 인간의 지적 본능이자 일차적인 충동이라고 지적합니다.

이런 맥락에서 볼 때, 과학과 예술, 과학과 문학은 서로 대립적인 것이 아니고, 자연에 호기심을 품고 이를 잘 설명하고 싶어하는 지적 열정을 근원적으로 공유하고 있다는 것입니다. '멋진 신세계'는 과학기술을 통해 이 질서에의 의지를 최대치로 발현시킨 곳입니다. 하지만 이 세계관은 매력적이면서도 위험했지요. '멋진 신세계'는 질서를 구축하고자 하는 인간의 의지가 만들어낸 최후의 제국입니다. 존이 죽음을 맞이했으므로 그곳에는 이제 인간은 남아있지 않습니다. 인간의 가능성은 폭풍우가 부는 섬에 유예된 셈인데요, 그곳에서는 또 질서에의 의지가 어떻게 표출될까요? 멋진 신세계를 꿈꾸는 인간의 이야기는 계속될 것 같지요.

단비 1932년판 소설 서문에서 철학자 베르댜예프(Nikolas Berdiaeff, 1874-1948)의 말을 인용하고 있는데요, 마지막으로 이에 대한 교수님의 해설을 듣고 싶습니다.

"유토피아의 실현은 눈앞에 닥쳤다. 그리고 유토피아를 회피하는 길, '완벽'하면서도 무척 자유로운 비이상향적 사회로 되돌아갈 길을 지성인들과 교양인 계층이 모색하는 시대, 그런 새로운 한 시대가 도래할지도 모른다"

『다시 가본 멋진 신세계』, 1959 출판본

한 교수 이 말에는 과학 문명에 대한 선망과 두려움. 그리고 유토피아에 반대하는 용기가 필요하다는 마음이 혼재되어 있다고 생각됩니다. 생각해보면 인류는 유토피아를 꿈꾸고, 전복시키고 다시 새로운 유토피아를 구축하는 행위를 반복해왔습니다. 질서와 혼돈, 그리고 다시 질서를 오가며 인간의 세상이 구성되어온 것이죠. 1930년대 헉슬리와 베르댜에프 역시 자신들의 눈앞에서 막 펼쳐지고 있는 유토피아와 대면하여, 그 사회를 통찰하며 그 위험성을 예감하고 있습니다. 그들은 유토피아가 이미 가까이 와있다고 진단하면서, 그곳에서 반유토피아의 씨앗이 자라나기를 촉구하고 있습니다.

21세기 현재, 과연 지성과 교양이 작동하고 있을까요? 1930년대에도 이미 유토피아는 가깝게 와 있다고 했는데, 디지털 시대, 빅데이터와 인공지능의 시대, '멋진 신세계'는 어디까지 와있는 것일까요? 헉슬리의 『멋진 신세계』는 오늘 우리가 사는 세계를 비추어보는 거울로서 여전히 빛나고 있습니다.

참고문헌

김효원, 「올더스 헉슬리의 현대문명 비판에 대해」, 『현대영미소설』, 제4권 2호, 한
　　국영미소설학회, 1997.

올더스 헉슬리, 이성규 허정애 역, 『멋진 신세계, 다시 가본 멋진 신세계』, 범우사,
　　2011.

윌리엄 셰익스피어, 신정옥 역, 『태풍』, 전예원, 2013.

테오도르 아도르노, 홍승용 옮김, 「올더스 헉슬리와 유토피아」, 『프리즘:문명비평
　　과 사회』, 문학동네, 2004.

한수영, 「본성과 양육의 관점에서 본 헉슬리의 『멋진 신세계』」, 문학과 환경, 문학
　　과 환경학회, 2015.

회색의 세상에서 꿈꾸었던 희망

—최인훈, 『광장』

임선숙

> 환상의 술에 취해보지 못한 섬에 닿기를 바라며. 그리고 그 섬에서 환상
> 없는 삶을 살기 위해서. 무서운 것을 너무 빨리 본 탓으로 지쳐빠진 몸이,
> 자연의 수명을 다하기를 기다리면서 쉬기 위해서. 그렇게 결정한, 중립국
> 행이었다.
> 중립국. 아무도 나를 아는 사람이 없는 땅. 하루 종일 거리를 싸다닌대도
> 어깨 한번 치는 사람이 없는 거리.

최인훈 작가와 작품 세계

단웅이 최인훈 작가는 『광장』이라는 작품으로 저희들에게 정말 익숙
한 작가입니다. 이 작품은 남북한의 이데올로기를 객관적으로 다룬
작품으로 알고 있는데요. 작가의 생애가 궁금합니다.

임 교수 최인훈 작가는 1936년 함경북도 회
령에서 목재상인의 아들로 비교적 유복한
환경에서 태어났습니다. 하지만 해방 후 부
르주아 계층으로 분류되었고, 공산정권의
압박으로 1947년 가족들은 원산으로 이사
를 하게 되죠. 그리고 이곳 도서관에서 많
은 책들을 섭렵하면서 문학가의 꿈을 키웠
어요. 이후 원산고등학교 재학시절인 1950
년 6.25 전쟁이 일어났고, 같은 해 해군함   최인훈 작가
정으로 가족과 함께 월남해 정착했습니다.
『광장』을 비롯해 그의 작품들에서 자주 등장하는 전쟁, 이념 갈등, 월
남, 월북 등 근현대사의 비극적인 사건들은 그의 실제 경험들이 모티
브가 되었습니다. 작가의 삶이 작품에 새겨져 있다고 할 수 있어요.
한국에 온 이후 피난민 수용소를 거쳐 목포로 이주하게 되는데, 이후
목포고등학교를 졸업하고 1952년 서울대 법대에 입학하게 됩니다.
그런데 졸업을 한 학기 남겨두고 중퇴하게 되는데요. 문학 작품을 창
작하는 일과 법 공부 사이의 갈등 때문이었다고 해요. 문학에 대한
대단한 열정이라고 할 수 있죠. 이후 소설과 희곡 작품 활동을 해왔
고, 1977년 서울예술대학 문예창작과에 교수로 임용되어서 2001년
정년할 때까지 많은 후학들을 길러냈습니다.

단비   일제강점기에 태어나 해방기와 전쟁 등 불행했던 한국 근현대
사의 한가운데 있었네요. 그럼 이런 역사의 질곡을 겪은 최인훈 작가

는 언제 등단하고 어떤 작품 활동을 했을까요?

임 교수 최인훈 작가는 군복무 중이던 1959년 「그레이 구락부 전말기」
와 「라울기」로 문단에 등단했습니다. 이후 여러분들이 잘 알고 있는
『광장』을 비롯해서 『구운몽』, 『회색인』, 『서유기』, 『소설가 구보씨의
일일』, 『화두』 등의 소설들을 발표했어요. 어두웠던 시절을 겪은 만
큼 우리나라 근현대사에 대한 사유를 작품에서 잘 보여주고 있습니
다. 대표적인 작품이 여러분들이 가장 잘 알고 있는 1960년 11월 『새
벽』에 발표된 『광장』이에요. 이 작품은 반공 이데올로기가 엄혹했
던 시절, 이데올로기에 대해 객관적 사유를 보여주고 있는 작품으로
평가받고 있어요. 최인훈 작가는 소설뿐 아니라 희곡에 대한 애정도
깊었어요. 1970년대에 희곡 「어디서 무엇이 되어 다시 만나랴」, 「달
아 달아 밝은 달아」, 「둥둥 낙랑둥」 등을 발표하면서 희곡 작가로도
활동했습니다. 이 희곡들은 고전 서사를 패러디한 작품들인데, 최인
훈 작품 세계의 한 특징을 보여준다고 할 수 있어요. 「놀부뎐」, 「춘향
뎐」, 「옹고집뎐」 등도 고전을 패러디한 소설들인데요. 패러디의 목적
이 풍자, 해학인 만큼 이 작품들 역시 고전 서사의 패러디를 통해 고
전이 쓰였던 당대는 물론 현대 사회도 풍자하고 있습니다.

단웅이 등단작인 「그레이 구락부 전말기」 그리고 이후 『회색인』, 두
작품 모두 '회색'이 들어가 있네요.

임 교수 그렇습니다. 최인훈 작가의 작품은 시대의 고뇌를 잘 보여주

는 작품이 많은데, 이게 바로 '회색'의 이미지와 연결되어 있어요. 등단작인 「그레이 구락부 전말기」는 1950년대 후반을 배경으로 하고 있는데, 신념을 가지지 못한 젊은이들의 방황을 그리고 있는 작품입니다. 1964년에 발표한 『회색인』도 1950년대 말 곪을 대로 곪은 정치와 사회 속에서 갈등하는 대학생들의 모습을 그리고 있어요. 제목의 '회색'은 흑색도 백색도 아닌 색이죠. 즉 어디에도 속하지 못한 젊은이들 그리고 회의주의를 상징한다고 할 수 있어요. 당시 젊은이들의 방황과 소외 등을 그림으로써 어두운 시대상을 잘 보여주고 있습니다. 그리고 『광장』에서도 회색빛이 등장해요. 바로 '잿빛공화국'인데요. 북한의 사회체제에 절망한 후 더이상 희망이 없는 모습을 이렇게 표현합니다.

『광장』과 회색의 시대

단비   『광장』은 당대의 시대적 배경을 잘 담고 있는 작품이라고 알고 있습니다.

임 교수 『광장』을 이해하기 위해서는 작품의 배경이 되는 1945-1953년 시기뿐 아니라, 이 작품이 발표되었던 1960년 전후의 시대적 배경에 대해서도 알아야 합니다. 1945년 8월 15일 일제 치하에서 드디어 해방이 됩니다. 하지만 해방 이후 우리를 기다린 건 장밋빛 현실만이 아니었어요. 해방기의 사회는 미국, 영국, 소련, 중국 등 열강들의 대립 속에서 좌·우로 나뉘어 정치 대립과 이념 갈등이 극심해졌고, 결국 1950년 6.25 전쟁이 발발하게 됩니다. 6.25 전쟁은 우리 국민들에게 많은 상흔을 남기게 되는데요. 우선 민족 분단이라는 비극적 현실을 맞이하게 합니다. 더불어 전쟁 중 사망과 이산으로 가족 구성원들을 잃은 사람들이 많았고, 경제 구조도 무너져서 국민들이 가난에 시달리기도 했어요.

『광장』표지

그리고 전쟁과 휴전 이후의 1950년대는 독재 정치와 더불어 부정부패가 만연했던 시대였습니다. 또 휴전된 지 얼마 안 되는 시점이었기 때문에 북한의 이데올로기만을 비판했던 반공 이데올로기가 사회를 강하게 지배했어요. 이 시기 이데올로기의 문제가 치열한 탐구의 대상이었지만, 1950년대의 문학은 주로 전쟁의 상흔을 형상화하고 이데올로기에 대해서는 함구하는 문학적 한계를 보입니다. 남북한의 이데올로기를 객관적인 시각으로 작품에서 소신껏 언급한다는 것은 여간 어려운 일이 아니었을 것입니다. 이런 상황에서 1960년 11월 정기간행물 『새벽』에 『광장』이 발표됩니다.

1960년 11월『광장』이 처음 발표된 잡지『새벽』표지와『광장』첫 장

단웅이　『광장』이 반공 이데올로기가 엄혹했던 1960년에 발표된 작품이라고 하셨는데요. 그런 시절에 이데올로기에 대해 객관적인 시각을 가지고 있는 이 작품이 발표될 수 있었던 계기가 있을까요?

임 교수　당시 1950년대 후반은 독재 정치, 부정선거, 부정부패 등 정치, 사회적으로 혼란했던 시대였습니다. 또 앞서 이야기했듯이 반공이데올로기가 사회 전반을 강하게 지배했던 시기이기도 해요. 하지만 1960년 3.15 부정선거가 계기가 되어, 같은 해 4.19혁명이 일어납니다. 4.19혁명은 이승만 정권의 부정부패와 부정선거에 시민들이 항거한 민주항쟁이에요. 학생들이 부정선거의 책임을 물으며 정부를 규탄하는 시위를 하게 되고, 사회 각층의 시민들까지 참여하게 되면서 결국 이승만 대통령은 하야하게 됩니다. 시민들이 주체가 되고 힘

4.19 혁명에 참여한 시민들   출처 : wikipedia

을 합쳐 민주주의를 지켜낸 중요한 역사적 사건이라고 할 수 있어요.
그리고 정치, 사회뿐 아니라 모든 영역에서 정신사적인 전환점이 되
었어요. 문단에서도 중요한 화두가 되죠.

  최인훈 작가는 『광장』이 세상에 나올 수 있었던 이유를 여러 경로
를 통해서 밝히고 있는데요. 우선 이 작품이 처음 발표되었던 1960년
11월 『새벽』 서문을 보면 다음과 같이 이야기하고 있어요.

  "아시아적 전제의 의자를 타고 앉아서 민중에겐 서구적 자유의 풍
문만 들려줄 뿐 그 자유를 '사는 것'을 허락지 않았던 구정권하에서
라면 이런 소재가 아무리 구미가 당기더라도 감히 다루지 못하리라
는 걸 생각하면 저 빛나는 4월이 가져온 새 공화국에 사는 작가의 보
람을 느낍니다."

  즉 4.19혁명으로 억압적이었던 구정권이 무너지고 새로운 정권이

들어서면서 비교적 자유로워진 분위기에서 이 작품을 발표할 수 있게 되었다고 해요. 이렇게 민주화의 바람을 타고 남북한의 이데올로기를 객관적인 시각으로 비판하고 성찰한 『광장』이 세상의 빛을 보게 됩니다. 그래서 『광장』 안에 등장하는 시대적 배경과 더불어 이 작품이 쓰였던 시대적 배경도 중요하다고 할 수 있어요.

단비　『광장』은 4.19혁명이라는 민주화의 바람을 타고 발표되었다고 하셨는데요. 발표되었을 당시 이 작품이 중요한 의미를 가지고 있었을 것 같습니다. 어떤 의미가 있었을까요?

임 교수　우선 남북한 문제를 객관적인 관점에서 정면으로 다루고 있다는 점을 꼽을 수 있습니다. 당시 전쟁의 상흔과 더불어 이데올로기는 사회 전반에 걸쳐 중요한 화두였어요. 하지만 독재정권 시기였기 때문에 이데올로기의 문제를 객관적으로 다룰 수 없었습니다. 『광장』은 그런 문제들을 가감 없이 다루고 있어요. 이런 점에서 전쟁 체험의 한계를 극복하고, 4.19혁명이라는 시대적 분위기와 함께 새 시대를 개척한 작품으로 평가할 수 있습니다. 다음은 남북한 이데올로기 문제를 인간의 보편적이고 근원적인 문제, 즉 삶과 사랑에 대한 치열한 성찰로 연결했다는 점입니다. 명준이 추구했던 보람 있는 삶, 그리고 남한과 북한에서 만난 사랑하는 여인에 대한 고민과 성찰은 우리 삶의 보편적인 문제라고 할 수 있어요.

단웅이　독재정권과 4.19혁명 그리고 이후 5.16쿠테타까지 시대적으로 봤을 때 1960년 전후는 매우 불안정한 시기였습니다. 『광장』에 대한 평가와 시각도 다양했을 것 같습니다.

임 교수 긍정적인 평가와 부정적인 평가 모두 있었습니다. 우선 부정적인 평가를 보면 주인공 이명준은 행동 정신이 결여되었고, 과잉된 자의식만을 소유한 패배적인 인물형이라고 비판받기도 했어요. 아마도 명준의 마지막 선택이 이런 평가에 영향으로 주었을 것입니다. 하지만 역시 작품에 대한 긍정적인 평가가 많았는데요. 분단과 이데올로기의 문제를 균형적인 시각에서 다루고, 뛰어난 문학적 상상력으로 정치 현실을 냉철히 분석해서 보여주고 있다고 평가받았습니다. 현재까지 남북한 이데올로기를 객관적인 시각으로 성찰하고 있는 작품이라고 하면 우리가 『광장』을 가장 먼저 떠올리는 것도 이러한 이유 때문이에요. 단연 '전후 최고의 작가'라고 불릴 만하죠.

이명준 그리고 두 여인

단비   최인훈 작가가 그랬던 것처럼 이 작품의 주인공 이명준 역시 일제강점기, 해방기, 6.25 전쟁 등 우리나라의 역사적 질곡을 온몸으로 겪었습니다.

임 교수 명준은 여러분들과 비슷한 20대 초반의 철학과 3학년 학생입니다. 여러분들도 삶에 대해 각각 다르지만 많은 고민을 가지고 있을

8.15 광복과 서대문 형무소에서 풀려난 애국인사
출처 : 한국민족문화대백과

6.25 당시 파괴된 서울 시가
출처 : 국가기록원

텐데요. 명준은 청춘을 해방기와 전쟁이라는 역사적 격동기 속에서 맞게 됩니다. 더군다나 어머니는 돌아가시고 유일한 혈육인 아버지는 월북했으니, 시대와 개인에 대해 많은 고민을 가질 수밖에 없었어요. 이 시기 우리나라는 정치, 사회적으로 매우 혼란한 상황에 놓여 있었죠. 해방은 되었지만 이데올로기 갈등이 심해지고 이후 열강들의 대립 속에서 우리나라 근현대사의 비극인 6.25 전쟁이 일어나게 되잖아요. 특히 이명준처럼 월북한 아버지가 있는 경우에는 정부의 감시를 받기도 했어요.

또 명준은 남한의 정치와 경제, 즉 사회에 대해서 부정적이고 회의적인 시각을 가지고 있습니다. 남한을 '정치의 광장은 탐욕만이 가득하며 이로 인해 경제의 광장에는 도둑 물건이 넘쳐나는 것'으로 생각하고 있어요. 이는 당시 시대에 대한 작가의 인식이기도 해요. 작품의 배경이 되는 해방공간과 6.25 전쟁 그리고 작품이 쓰인 시기인 1950-60년대는 정치, 사회적으로 부정부패가 넘쳐나던 시절이었습니다. 시기적으로는 조금 다르지만, 최인훈 작가와 이명준 모두 우리나라의 혼란스러웠던 근현대사를 겪었다고 할 수 있어요.

단웅이 교수님 말씀처럼 주인공인 이명준은 우리 또래의 철학과 3학년 학생입니다. 그런데 삶에서 여러 선택의 기로에 놓이게 되는데요. 철학과 학생이라는 점이 명준의 선택에 영향을 주었는지 궁금합니다.

임 교수 작품에서 명준의 생각을 서술할 때 '철학'이라는 단어가 종종 등장합니다. 예컨대 '남한 시절의 그에게는 철학이 모든 것이었다. 부모도 없고, 돈도 없고 명예도 없는 청년에게, 철학이란 모든 것을 갚고도 남을 꿈을 보여주는 단 하나의 것이었으리라.'고 서술된 부분이 있습니다. 명준의 삶에서 철학은 뗄 수 없는 관계라는 것을 알 수 있어요. 남북한의 허상을 알게 되었을 때도 자본주의와 사회주의를 성찰하면서 헤겔과 스탈리니즘을 떠올리죠.

그리고 삶에 대한 태도도 철학적이고 성찰적입니다. 명준은 부모님의 부재로 아버지 친구의 집에서 경제적 지원을 받는데요. 그곳에서 아버지 친구의 자녀인 태식과 영미와 함께 생활했어요. 명준은 파티, 드라이브, 댄스, 영화 등을 즐기는 영미를 보면서 '삶에 아무 짐작도 있어 보이지 않는다.'고 생각합니다. 자신은 안정적이지 못한 삶을 살고 있지만 화려해 보이는 영미의 삶을 부러워하지 않고, 오히려 철이 없는 걸로 보는 것이죠. 그리고 살아가는 것에 대해서 '사람이 무엇 때문에 살며, 어떻게 살아야 보람을 가지고 살 수 있는지 알아야 한다.'고 생각해요. 즉 명준에게 삶은 '보람'이었어요. 어떤 것인지 명확하지는 않지만 보람된 무언가를 찾고 있는 것이죠. 이를 위해 열심히 독서도 해요. 이렇게 보자면 그는 주어진 삶을 그냥 받아들이기보다는 '치열한 고민과 성찰을 통해 무언가를 찾아가는 여정'과 같은 삶을 살았다고 할 수 있어요. 철학과 학생이라는 점이 바로 이런 삶의 여정에 영향을 미쳤다고 볼 수 있습니다.

단비 『광장』에는 명준의 두 연인 윤애와 은혜가 등장합니다. 이 작품에서 여성 인물이 중요한 의미를 가지고 있는 것 같습니다.

임 교수 명준은 여성 인물들을 절망적이었던 삶을 구원해 줄 수 있는 사람으로 인식하고 있습니다. 남한에서 아버지 때문에 경찰서에 취조를 받는 사건 이후 윤애를 향해 '윤애가 날 믿으면 나는 변신할 수 있어. 무슨 일이든 하겠어. 날 구해줘.'라고 생각하기도 해요. 여성 인물들은 절망적인 삶에서 희망, 혹은 삶의 원동력이라는 의미를 가진다고 할 수 있습니다. 은혜도 이런 맥락에서 보면, 북한의 광장에도 실망해 그저 그런 나날들을 보내고 있을 때 만난 희망이라고 할 수 있어요. 또 이 지점이 명준이 비판을 받는 점이기도 합니다. 자신의 삶을 구원해 줄 여인을 찾는 명준, 어쩐지 주체적이지 못한 것으로 보일 수도 있겠죠. 하지만 절망의 상황에서 누구나 자신만의 극복 방법을 가지고 있는 것이라고 생각할 수도 있습니다.

단웅이 명준은 결국 윤애를 남한에 두고 월북하게 되고 그곳에서 은혜를 만나게 되는데요. 윤애와 은혜는 확실히 다른 의미였다고 생각합니다. 명준에게 두 여인이 각각 어떻게 인식되었을까요?

임 교수 우선 윤애를 봅시다. 명준은 윤애에 대해 다음과 같이 생각해요. '윤애는? 윤애더러 같이 가잘 수 없었다. 윤애는 알 수 없는 사람이었다.', '윤애라는 사람 대신 뜻이 통하지 않는 억센 한 마리 짐승을 보는 것이었다.' 명준은 윤애에게 확실한 신뢰가 필요했지만 시시각각 변하는 그녀의 태도에 '알 수 없는 사람', '억센 한 마리 짐승'으로 인식하게 되죠. 그리고 끝내 윤애에게 강한 믿음을 느끼지 못하는데, 이런 상념들이 깊어질 즈음 북한으로 가는 배편이 정해지고 월북을 하게 됩니다.

반면 은혜에 대한 생각은 사뭇 다른 걸 알 수 있어요. '명준이 스스로 사람임을 믿을 수 있는 것은 그녀를 안을 때뿐이었다.', '두 팔이 만든 둥근 공간, 사람 하나가 들어가면 메워질 그 공간이, 마침내 그가 이른 마지막 광장인 듯했다.', '고즈넉히 네 하는 이 짐승이 사랑스러웠다.' 이렇게 은혜는 윤애처럼 알 수 없는 존재가 아닌 항상 그를 받아주고 그를 향해 열려있는 여인으로 인식됩니다. 무한한 신뢰와 더불어 삶의 의지와 희망을 주는 존재죠. 조선 꼴호즈 기사 사건으로 자아비판을 하게 되면서 광장에서 동상이 넘어지는 소리를 들었을 때도 명준은 둥글게 안으로 굽힌 두 팔 넓이의 광장으로 달려갑니다. 이 광장은 명준이 은혜와 더불어 소통과 교감을 하는 곳이라고 할 수 있어요. 그래서 은혜를 '유일하게 남은 진리'라고 생각하기도 해요.

전쟁이 끝난 후 명준이 북으로도 가지 않은 결정적인 이유가 바로 은혜의 부재에 있습니다. 그녀가 전사했기 때문에 북으로 가야 하는 동력을 잃게 되는 거죠. 그는 북에 '아무도 없다'고 되뇌는데, 은혜가 그의 유일한 그리고 마지막 희망이라는 걸 알 수 있어요.

밀실에서 광장으로

단비 남한에서 명준은 부모님이 부재함에도 불구하고 비교적 편안한 삶을 살고 있었습니다.

임 교수 명준은 해방 이후 어머니가 돌아가시고 아버지가 월북했지만, 다행히 경제적으로 여유로웠던 아버지 친구의 도움을 받아서 살아갈 수 있었습니다. 그리고 아버지 친구의 자녀들인 태식과 영미와도 좋은 관계를 유지하고 있었어요. 또 영미의 친구인 윤애와도 사랑을 하게 되면서 일상들을 이어가게 됩니다. 아마도 그 일이 없었다면 명준은 계속해서 남한에서 평범한 일상들을 누리며 살아갔을지도 모르겠네요. 그렇다면 여러 선택을 해야 하는 상황에도 놓이지 않았을 겁니다.

단웅이 평범한 일상을 누리던 명준에게 일어났던 '그 일'은 바로 월북한 아버지의 대남방송 때문에 형사에게 끌려가 취조를 받게 되는 것을 말씀하시는 것이죠? 그 일 이후 명준이 월북을 하게 되는데요. 이 사건을 비롯해서 어떤 일들이 월북이라는 선택에 영향을 주었을까요?

임 교수 우리나라는 당시 사회주의 사상에 대해 얘기하는 것은 물론 관심을 갖는 것도 금기시 되었고, 월북한 가족이 있으면 연좌제로 감시의 대상이 되기도 했어요. 그런데 명준의 아버지가 바로 월북을 한 사람이었잖아요. 더군다나 북한에서 요직에 있으면서 대남방송까지

하고 있었어요. 그래서 명준과 그의 주변 인물들이 이 일 때문에 형사의 감시와 취조를 받게 됩니다. 그동안 비교적 편안한 일상을 누릴 수 있었던 명준의 방에 형사들이 들이닥치게 되고, 끌려가 고문과 취조를 받게 돼요. 아버지의 소식도 전혀 알 수 없고, 아버지와 상관없다고 생각하고 몇 년을 지나온 그였는데, 이때 자신만의 밀실이 침범당했다고 생각하게 됩니다. 외로울 수밖에 없었던 남한에서 개인의 자유를 지향할 수 있는 밀실은 지켜질 것이라고 생각했는데, 이런 기대마저 깨져버리죠. 이후 아버지가 계신 곳, 그리고 이상적인 광장이 있을 거라고 생각되는 북한을 떠올리게 돼요. 또 이즈음 윤애와의 사랑도 매끄럽게 연결되지 않았고, 답답함과 더불어 알 수 없는 감정을 느끼게 됩니다. 그리고 사실 형사에게 취조당하는 사건이 있기 이전에도 그는 이미 남한이 부정부패로 얼룩져 있다고 생각했습니다. 즉 이런 인식의 바탕에 형사의 취조를 받았던 '그 일'이 결정적인 계기가 되었고, 윤애와의 녹록지 않았던 연애도 명준의 선택에 영향을 주었다고 할 수 있어요.

단비 명준은 결국 남한에서 북한으로 가는 월북을 선택하게 됩니다. 남한에서 명준이 느꼈던 광장과 밀실은 어떤 모습이었을까요?

임 교수 작품에서 알 수 있듯이 명준에게 남한의 광장은 매우 부정적으로 인식되고 있습니다. 정치의 광장은 탐욕과 배신이 넘쳐나고, 경제의 광장은 약탈과 사기가 행해지는 곳이었어요. 그리고 문화의 광장은 헛소리의 꽃이 만발하는 곳이죠. 약탈과 사기가 끝나면 텅 비어

버리는 광장을 죽었다고 생각합니다. 원래 광장은 사람들이 모여 자유롭게 토론하고 의견을 공유하며 더불어 살아가는 사회적인 삶의 공간이지만, 명준은 남한의 광장을 부조리가 넘쳐나는 곳이라고 생각해요. 이는 정치 경제적으로는 부패하고 문화적으로는 민중들의 진실한 소리를 담지 못한다는 당대 사회에 대한 최인훈 작가의 인식을 잘 보여주고 있는 것이기도 합니다.

밀실은 어땠을까요. 밀실은 개인의 자유가 보장되는 공간입니다. 명준은 남한의 밀실은 각각의 신분에 맞춰서 사람들이 개미처럼 물어다 가꾸기 때문에 그런대로 푸짐하다고 생각해요. 밀실만 넘쳐나는 문제가 있지만, 텅 비고 죽어있는 남한의 광장에 실망한 명준에게 밀실은 자유가 보장되는 비교적 안정적인 공간이라 할 수 있어요. 그런데 그런 밀실과도 같은, 견고하다고 믿었던 방문이 무너지고 형사들에 의해서 짓밟히게 되는 것이죠. 이렇게 공권력에 의해 한순간 자신만의 공간이 무너져집니다. 명준의 깊은 고뇌와 선택의 여정이 이 지점에서 시작된다고 할 수 있어요.

단웅이 남한의 광장에 실망하고 자신만의 밀실마저도 무너져 버린 명준이 안타깝습니다. 이런 상황에서 명준은 북한행을 결심하는데, 북한에 대한 기대를 품고 있었던 것 같습니다.

임 교수 맞습니다. 명준은 월북을 결심하게 되면서 북한의 광장에 많은 기대를 갖게 됩니다. 작품에서 그가 북한으로 가는 것에 대해 '때묻지 않은 새로운 광장으로 가는 것이라고 들떴다'고 표현되어 있습니다. 남한에서 이미 광장의 부조리와 밀실의 침범을 경험한 명준은 월북에 대해 때 묻지 않은 새로운 광장으로 가는 것으로 인식하고 설레는 마음을 갖게 되는 것이죠. 또 그는 월북 직전 꿈을 꾸는데, 북한은 '광장에 맑은 분수가 무지개를 그리고, 여기저기 동상이 서 있고, 사람들이 벤치에 앉아 있는 아름다운 모습'이었어요. 그렇다면 명준이 꿈꾸었던 아름다운 광장은 어떤 의미일까요. 바로 사람들이 모여서 자유롭게 토론하고 소통이 이루어지는 사회적 공간이었을 겁니다. 그리고 그런 광장이 있을 거라 생각되는 북한행을 결심하면서 보람 있게 청춘을 불태우고 싶다고 간절히 바랍니다. 단순히 안락한 삶을 추구하기 위한 게 아닌, 청춘을 불태워 보람 있는 일에 삶을 던지고자 월북을 감행하게 되는 것입니다.

단비　하지만 북한에서의 삶도 명준에게는 녹록지 않아 보입니다. 명준이 실제로 경험한 북한은 기대했던 것과 다른 모습입니다.

임 교수　명준은 북한의 광장에 많은 기대를 가지고 있었다고 했잖아요. 드디어 월북 후 그 광장을 경험하게 됩니다. 하지만 그가 막상 서게 된 광장은 생각했던 것과는 완전히 다른 것이었어요. 강연을 해도 당의 명령과 당이 추구하는 내용만을 말할 수 있었습니다. 혁명을 향해 열기를 띠고 있을 것이라고 믿었던 북한 주민들은 그냥 자리를 채운, 얼굴에는 아무런 울림이 없는 사람들이었어요.

　또 기자인 명준이 중국 동북에 있는 '조선인 꼴호즈', 즉 조선인 집단농장의 현지 생활상을 본 후 사실적으로 보도했던 일이 있었어요.

하지만 편집장은 그의 사실적 보도가 자본주의 소부르주아적 발상이라고 비난하면서 사람들 앞에서 자아비판을 하게 합니다. 편집장은 중국에서 풍족한 물자가 생산되고 사회주의가 빛나는 미래를 향해 나아가고 있다고 보고되어야 한다고 해요. 일종의 허위보도를 강요받게 되죠. 하지만 명준은 이미 그곳에서 프롤레타리아의 실상을 보고 깨달았습니다. 그들의 삶은 봉건사회 지주들의 소작인에서 나라의 소작인으로 옮겨졌을 뿐, 이전보다 나아진 것이 없었어요. 북한은 프롤레타리아 계급이 나라의 주인이 아니라 정부의 소작농이며, 개인적인 욕망이 금기시되는 곳일 뿐이었습니다. 명준이 남한에서 꿈꾸었던, 무지개를 만드는 분수가 있는 아름다운 광장은 더이상 없었어요. 그리고 그곳에 굳건하게 서 있을 것이라고 믿었던 동상들이 모두 무너지는 것을 느끼게 돼요. 결국 명준은 그곳을 '잿빛공화국'이라고 생각하게 됩니다. 6개월 남짓의 생활에서 이미 북한 사회체제의 실상과 모순을 알게 되는 것이죠.

단웅이 명준이 북한 체제에도 실망을 하게 되었네요. 그런데 북한의 삶에 절망했던 또 다른 이유 중 하나가 아버지라고 생각합니다. 해방되던 해 북한으로 월북한 아버지와 연락도 되지 않고 꽤 오랜 시간을 떨어져 있었는데요. 명준이 남한에서 생각했던 아버지와 북한에서 실제로 경험했던 아버지는 차이가 있었습니다.

임 교수 명준은 남한에서 지낼 때 아버지에게 큰 의미를 두지 않았습니다. 심지어 아버지 친구의 집에서 몇 해를 지내는 동안 보고 싶지도 생각나지도 않는다고 하며 이제는 한 식구일 수 없다고 합니다. 이는 현재의 안락한 삶을 위해 월북한 아버지에 대한 고의적인 회피일 수도 있지만, 아버지에게 끈끈한 정이 없는 명준에게는 당연한 것일 수도 있어요. 또 아버지는 북한에 그리고 어머니는 돌아가신 상황에서 명준은 아버지, 어머니 모두에게서 완전히 분리된 독립 개체라고 스스로를 인식하고 있습니다. 그리고 만나고 싶어도 만날 수 없는 아버지에게로 가는 '광장'으로의 길이 막혀있다고 생각해요. 그래도 남한에서는 아버지에 대해 비판하거나 원망하는 모습은 없었어요.

하지만 북한에서 만난 아버지의 모습은 참담했습니다. 사회주의 사상에 열렬했던 아버지가 '여류 코뮤니스트'까지는 아니더라도 평범한 결혼을 했을 거라고 생각했는데, 명준 또래의 젊은 여인과 결혼해 부르주아적인 삶을 영위하는 걸 보고 '지옥' 같다고 느끼기까지 합니다. 사회주의 혁명가답지 않은 아버지의 모순되고 부르주아적인 삶에 실망을 넘어 절망하게 돼요. 그리고 아버지와는 남이 된 것이라고 생각하죠. 전쟁이 끝난 후 포로수용소에서 남과 북을 선택해야 하는 기로에 놓여 있을 때도 아버지는 북을 선택해야만 하는 동기가 전혀 되지 못합니다.

단비　　이명준은 남한과 북한에서의 삶, 그리고 두 곳의 광장과 밀실에 모두 실망하고 절망했습니다. 그렇다면 그는 어떤 세상을 꿈꾸었을까요?

임 교수　명준은 남한에서 북한 그리고 중립국을 향하는 어려운 여정을 선택하지만, 꿈꾸었던 세상은 간단하게 얘기할 수도 있습니다. 바로 광장과 밀실이 균형과 조화를 이룬 세상이었어요. 그가 생각한 광장은 자유롭고 건전한 소통과 토론이 가능하며 이를 통해 정치, 경제, 문화 활동 등에 참여할 수 있는 사회적 공간입니다. 그리고 밀실은 개인의 자유와 안전이 보장될 수 있어야 해요. 이 두 곳 모두의 진정한 가치가 지켜지면서도 조화롭게 공존할 수 있는 곳이 그가 꿈꾸었던 세상이라고 할 수 있어요. 그러면 최인훈 작가는 이런 명준의 꿈과 삶에 대해 어떻게 이야기하고 있을까요? 1961년판 서문에서 다음과 같이 이야기합니다.

"어떤 경로로 광장에 이르렀건 그 경로는 문제될 것이 없다. 다만 그 길을 얼마나 열심히 보고 얼마나 열심히 사랑했느냐에 있다. 광장은 대중의 밀실이며 밀실은 개인의 광장이다. 인간을 이 두 가지 공간의 어느 한쪽에 가두어버릴 때, 그는 살 수 없다."

어느 한쪽에 가두거나 한쪽만 강요되지 않는 광장과 밀실, 하지만 작가는 그런 완벽한 세상은 없을 수도 있다는 걸 예상이나 하듯이 광장에 이르는 길을 얼마나 열심히 보고 사랑했냐가 중요하다고 말하고 있어요. 아마 보람 있는 삶을 찾았던 명준의 삶의 여정이 그런 모습이 아니었을까 합니다.

다시 푸른 광장으로

단웅이 『광장』에는 갈매기, 중립국, 동굴, 부채, 푸른 광장 등에 이르기까지 상징적 의미를 가진 소재들이 많이 등장합니다. 우선 전쟁 중 명준과 은혜가 자주 만나게 되는 동굴이 있습니다. 특히 명준이 동굴 안에서 바라보는 세상은 전쟁이라는 위태로움과는 거리가 있어 보이고, 오히려 이곳에서 편안함을 느끼는 것 같아요.

임 교수 『광장』에는 상징성을 가진 여러 소재들이 등장합니다. 먼저 동굴의 상징성을 이야기하기에 앞서 상징의 종류부터 간단하게 보겠습니다. 상징은 원형적 상징, 관습적 상징, 개인적 상징 등 세 가지로 구별할 수 있습니다. 원형적 상징은 '인류의 잠재의식 속에 공통으로 내재해 있는 상징'입니다. 예컨대 원형적 상징의 의미에서 불은 '소멸, 상승적 에너지' 등을 상징하고 물은 '정화와 재생, 생명' 등을 상징해요. 이런 것이 인류의 보편적인 상징 즉 원형적 상징이라고 할 수 있어요. 다음 관습적 상징은 문화적 상징이라고도 하는데요. '오랜 시간에 걸쳐 반복적으로 사용해 관습화된 상징'이에요. 예컨대 사군자는 동양 문화에서 지조와 절개 등의 선비 정신을 상징하고, 십자가는 기독교 문화에서 '속죄양'을 상징하죠. 마지막으로 개인적 상징은 '작가가 문학 작품 등에서 사용하는 독창적인 상징'을 의미해요. 예컨대 꽃의 원형적 상징은 아름다움이지만 김춘수의 「꽃」, 「꽃을 위한 서시」에서는 '존재의 의미'를 상징하죠.

그러면 명준과 은혜가 사랑을 나누었던 안식처와도 같았던 공간인 동굴의 상징성을 이야기해 볼게요. 먼저 '동굴'은 원형적 상징의 의미로 접근해 볼 수 있습니다. 동굴의 원형적 상징은 '사방이 막혀 있는 엄마의 자궁과 같은 곳, 통과 의례 등의 행위를 통해 변화되는 매개체적 공간'입니다. 이런 의미로 봤을 때 동굴은 명준에게 그리고 더 나아가서는 은혜에게 더없이 포근함을 주는 안식처 같은 공간이라고 할 수 있어요. 동굴 밖은 치열한 전투의 현장이지만, 이미 지쳐버린 두 사람에게 이곳은 쉼과 평안을 가져주는 공간입니다. 또 작가의 개인적 상징으로도 볼 수 있어요. 작가는 이 작품에서 동굴을 '지름 3m 반달꼴 광장, 이명준과 은혜가 서로 가슴과 다리를 더듬고 얽으면서, 살아있음을 다짐하는 마지막 광장'이라고 표현하고 있는데요. 이는 누구의 간섭도 받지 않고 두 사람이 서로 사랑을 나누고 확인하는 내밀한 공간이라는 의미와 함께, 서로 교감하고 교류할 수 있는 '광장'을 의미해요. 명준에게는 마지막 희망의 광장이라고 할 수 있어요.

단비   명준은 전쟁 후 포로수용소를 거쳐 판문점에서 남한과 북한 중 하나를 선택해야 하는 상황에 놓기에 됩니다. 그런데 북한의 설득자에게도 남한의 설득자에게도 계속해서 '중립국'이라는 말을 외치고 있어요. 20년도 넘게 산 조국을 뒤로 하고 결국 중립국을 선택하게 되는데요. 명준은 '중립국'에서 어떤 삶을 기대했을까요?

임 교수 명준은 남북한 모두에서 절망을 경험했고 또 두 곳 모두 특별히 돌아갈 명분이 없었습니다. 유일한 혈육이라고 할 수 있는 아버지가 북에 있었지만 아버지에게서 독립된 개체라고 스스로 인식했고, 그렇다고 끈끈한 육친의 정이나 선배 코뮤니스트로서 존경할만한 점도 없었기 때문에 북한행을 선택하지 않습니다. 물론 삶의 마지막 희

거제 포로수용소에서 막사 배치를 위해 대기 중인 포로들
출처 : 거제해양관광개발공사

망이었던 사랑하는 연인이 남북한 모두에 없다는 것도 중립국을 선택하게 된 이유라고 할 수 있어요. 명준은 중립국을 선택한 후 은혜의 죽음에 대해 '마지막 돛대가 부러진 셈'이라고 생각합니다. 그렇다면 명준은 중립국에서 어떤 삶을 기대했을까요. 이는 작품 본문에도 잘 나와 있어요.

"환상의 술에 취해보지 못한 섬에 닿기를 바라며. 그리고 그 섬에서 환상 없는 삶을 살기 위해서. 무서운 것을 너무 빨리 본 탓으로 지쳐빠진 몸이, 자연의 수명을 다하기를 기다리면서 쉬기 위해서. 그렇게 결정한, 중립국행이었다.

중립국. 아무도 나를 아는 사람이 없는 땅. 하루종일 거리를 싸다닌대도 어깨 한번 치는 사람이 없는 거리."

그는 남한과 북한에서의 삶 그리고 전쟁과 은혜의 죽음까지 겪으면서 매우 지쳐있었습니다. 사실 이 모든 일들이 7-8년 사이에 일어났다는 걸 생각해 보면 명준의 심정이 충분히 이해될 겁니다. 단시간에 너무 힘든 일들을 겪었기 때문에 어떤 것과도 얽히지 않는 쉼이 필요했을 거예요. 그래서 그가 상상하는 중립국의 삶은 자신을 아는 사람도, 자신이 아는 사람도 없는 곳에서 평범한 직장 생활을 하며 욕심 없이 자연스럽게 나이 들어가는 것입니다. 그곳은 이념 대립도 갈등도 없는 곳이죠. 하지만 조국에 대한 기대를 완전히 놓아버린 건 아니었어요. 중립국에서 세월이 지나 신문으로 종종 보게 되는 조국은 통일이 된 나라로 살기 좋은 곳이 되었다는 상상을 하기도 합니다.

단웅이 6.25 전쟁 직후 명준처럼 포로수용소에서 실제로 남한으로도 북한으로 가지 않고 중립국을 선택한 사람들이 있었다고 들었습니다.

임 교수 6.25 전쟁이 열강들의 틈에서 장기화되고 점점 국제전으로 치닫는 상황이 되자 UN은 휴전 협정을 맺으려고 합니다. 그래서 UN과 공산군 측 사이에 휴전회담이 이루어졌는데요. 휴전 협정에서 가장 크게 문제가 되었던 것 중 하나가 바로 포로송환 문제였어요. 당시 포로수용소에는 북한군 소속이지만 강제 입대했거나 공산주의에 대해 반발심을 가지고 있는 반공 포로들이 많았기 때문에, 공산군 측은 포로들을 무조건 각자 본인들의 나라로 돌려보내자는 의견을 주장했어요. 반면 유엔군 측은 포로들의 의견을 존중해서 나라를 선택할 수 있게 하자고 했어요. 양측의 의견이 팽팽하게 대립할 수밖에 없었죠. 그리고 1953년 6월 8일 마침내 포로송환 협정이 이루어졌어요. 우선 본국으로 돌아가기 원하는 포로는 1953년 7월 27일 정전협정 이후

60일 내에 송환하기로 했고, 송환을 거부한 포로들은 중립국 송환 위원회의 심사를 거쳐 자유의사에 따라 목적지를 결정하기로 했어요. 그리고 결국 남북한 포로 76명이 중립국 행을 선택하게 되는데, 이들은 우선 임시 거처인 인도로 가게 됩니다. 이들 중 많은 사람들이 미국에 정착하기를 바랐으나, 미국은 전쟁 참여국으로 중립국이 될 수 없었어요. 이후 브라질, 아르헨티나 등 남미 국가에 정착한 사람들이 가장 많았고, 그대로 인도에 정착한 사람들도 있었습니다. 하지만 일부 남한과 북한으로 다시 돌아간 사람들도 있었어요.

　『광장』에서 중립국을 선택한 포로들이 타고르호를 타고 인도 캘커타로 향해 가잖아요. 실제로 이런 역사적 사실을 잘 반영하고 있다고 볼 수 있어요. 하지만 조국을 뒤로 하고 중립국을 선택한 사람들이 마냥 행복한 미래만을 꿈꾸고 있었을까요? 명준과 포로들이 타고르호를 타고 중립국을 가는 장면에서 그들의 마음을 잘 보여주는 대목이 있습니다. '한결같이 활짝 핀 얼굴이라곤 없었다. 그러면 그들은 한편 마음 놓고 한편으론 더욱 답답하다. 자기만 그런 것이 아니어서 마음이 놓였고, 풀려야 할 매듭이 풀리지 않아서 답답하다.' 각자의 사연이 있겠지만 조국에 정착하지 못하고 중립국을 선택할 수밖에 없었던 사람들의 현실을 보여주고 있는 것이죠.

단비　　당시 중립국을 선택할 수밖에 없었던 사람들이 안타깝게 느껴집니다. 명준 역시 그런데요. 타고르호에서 그는 자신을 더 이상 앞으로 나아갈 수 없는 부채의 사북 자리에 서 있다고 표현하고 있어요. 부채가 그의 삶을 상징하고 있는 것 같습니다.

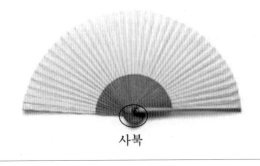

사북

부채의 사북

임 교수 그렇습니다. 타고르호를 타고 중립국으로 향하고 있던 명준은
자신의 삶을 돌아보며 부채 위에 서 있는 것으로 생각하는데요. 부채
는 그의 삶의 궤적이라고 할 수 있습니다. 남한에서 철학과 학생이었
던 시절에는 삶의 선택지가 많았습니다. 부채의 가장 넓은 가장자리
부분이라고 할 수 있어요. 그러다 북한을 선택하게 되고 삶의 입지가
점점 좁아지는 것을 느끼게 됩니다. 이후 전쟁 포로가 되고, 또 은혜
가 부재하는 가운데 남한과 북한행의 선택을 강요받게 되죠. 남한과
북한 두 곳 모두 기대했던 바람직한 밀실과 광장은 존재하지 않는다
는 것을 깨닫고, 명준은 결국 이데올로기의 대립에서 자유로운 중립
국을 선택하게 돼요. 그리고 타고르호를 타고 중립국으로 향합니다.
하지만 타고르호에서 자신의 삶을 돌아보며 좁디좁은 부채 손잡이
의 맨 끝에 서 있는 극한의 위기의식을 느끼게 됩니다. 삶의 광장이
좁아지다 못해 그의 두 발바닥이 차지하는 넓이가 되죠. 명준은 이런
극한으로 몰린 자신의 삶을 부채의 사북 자리에 비유하고 있어요.

단웅이 갈매기는『광장』의 맨 첫 페이지에 등장하고 또 마지막 페이지에도 등장합니다. 이렇게 처음과 마지막 모두에 등장할 만큼 중요한 소재인 듯 해요.

임 교수 『광장』의 첫 페이지에 갈매기가 등장합니다. 명준은 타고르호에서 두 마리의 갈매기를 보게 되는데 어쩐지 자신을 따라다닌다고 생각을 하게 돼요. 타고르호의 선장이 갈매기에 대해서 '뱃사람들은 저런 새를 죽은 뱃사람의 넋이라고들 하지. 뱃사람을 잊지 못하는 여자의 마음이라고도 하고.'라고 이야기하죠. 그리고 타고르호를 타고 이동하는 여정 내내 명준을 괴롭게 따라다니는 존재가 바로 이 갈매기입니다. 마지막 부분에 비로소 이 갈매기가 누구인지 드러나는데요. 명준은 마카오를 지나 인도로 향하는 타고르호 안에서 그 새가 바로 은혜와 은혜가 임신한 딸이라는 것을 깨닫게 됩니다. 그리고 이 깨달음이 그를 마지막 선택으로 이끌었다고 할 수 있어요.

단비 절망의 사북 자리에서 명준이 갈매기가 누구인지 알아본 후, 눈에 들어 온 것은 푸른 광장이었습니다. '푸른 광장'과 그것을 선택한 것은 어떤 의미일까요?

임 교수 타고르호 안에서 명준은 부채의 사북 자리에 서 있다고 느낄 만큼 극한의 상황에 있었다고 했잖아요. 그런 상황에서 마지막에 이르러서야 계속 명준을 따랐던 갈매기가 은혜와 딸이라는 것을 알게 되죠. 명준은 이 두 마리 갈매기의 존재를 깨닫는 순간 그녀들이 마음껏 날아다니는 광장을 보게 됩니다. 이때 광장은 바다라고 할 수 있는데 '푸른 광장'이라고 표현됩니다. 명준은 이 푸른 광장을 선택하게 되는데요. 여기는 은혜와 딸이 있는 곳으로, 그에게 안식처가 될 수 있는 곳이라고 할 수 있어요. 그곳 푸른 광장을 선택한 명준은 비로소 웃을 수 있게 됩니다. 물론 명준이 마지막에 죽음을 선택한 것에 대해서 현실을 변화시키지 못하고 좌절하고 실패한 지식인이라고 비판할 수도 있습니다. 하지만 중요한 건 명준이 사회와 자신의 삶에 대해서 치열하게 고민하고 성찰했다는 것이죠. 그리고 비록 명준이 이데올로기 대립이라는 사회적 갈등을 극복하거나 변화시키지는 못했지만, 절망으로 삶을 바다에 내던졌다기보다는 푸른 광장을 선택함으로써 이 모든 것들을 사랑으로 승화한 것으로 볼 수 있습니다.

『광장』의 개작과 7개의 서문

단비   저는 예전에 『광장』을 읽은 적이 있는데요. 이번에 다시 읽다 보니 전에 읽었던 내용과 조금 다르다는 것을 알게 되었습니다.

임 교수 단비 씨가 전에 읽었던 책과 최근에 읽었던 책의 판본이 다르군요. 문학 작품에서는 흔히 있는 일은 아니지만 『광장』은 1960년 『새벽』에 발표된 이래 2010년까지 7번의 개작이 있었어요. 분량도 초판에는 원고지 600매이었으나 1961년 정향사에서 단행본으로 출판될 때는 800매로 늘어났어요. 사실 조금씩 수정한 것까지 하면 이보다 더 여러 차례 개정되었어요. 내용은 물론 문체도 수정되었는데요. 20대에 『광장』을 썼던 최인훈 작가가 세월에 따른 내면의 변화를 내용 개작에 반영했다고 볼 수 있어요. 그리고 문체 역시 좀 더 현대의 감각에 맞게 수정을 한 것이죠. 한번 발표된 소설이 이렇게나 지속적으로 고쳐질 수 있었던 것에서 작가가 특히 『광장』에 많은 애정을 가지고 있었다는 것을 알 수 있어요.

단비　생각해 보니 처음에 읽었던 『광장』은 도서관에서 빌린 다소 오래된 책이었습니다. 그리고 최근에 읽은 책은 마지막 개정 이후 책인 것 같은데, 역시 내용이 달라진 게 맞군요. 내용과 문체가 달라질 만큼 개작이 있었던 건 그만큼 최인훈 작가가 완벽을 추구했던 건 아닐까 생각이 듭니다.

임 교수　그렇습니다. 최인훈 작가는 『광장』에 애정이 깊기도 했지만, 완벽을 추구했던 성격이었던 것 같습니다. 이와 관련된 일화가 있어요. 1995년 한국문학번역 지원사업의 하나로 『광장』이 선정되어 1997년에 독일어 번역판 출간을 앞두고 있었어요. 그런데 문제가 발생해요. 독일에는 출판 저작권법에 '제목 보호' 규정이 있어서 동일한 제목의 책을 낼 수 없는데, 마침 광장의 독일어인 '데어 플라츠(Der Platz)'라는 제목의 책이 있었던 거죠. 최인훈 작가에게 동일한 제목을 피할 수 있는 여러 방법을 제안했으나, 모두 거절했습니다. 작품이 곧 내용인데 제목을 바꾸어 출판할 수 없다는 입장이었어요. 다행히 이후에 동일한 제목의 책 저자에게 양해를 구하고 2002년 『데어 플라츠(Der Platz)』라는 제목으로 독어판이 출판될 수 있었어요. 최인훈 작가의 『광장』에 대한 애정과 더불어 완벽을 추구하는 성격도 알 수 있는 일화입니다.

단웅이 개정판이 나올 때마다 최인훈 작가는 기존의 서문과 함께 새로운 서문을 넣었는데요. 제가 가지고 있는 마지막 개정판인 2010년 판에는 무려 7개의 서문이 있습니다.

임 교수 그렇습니다. 마지막 개정판인 2010년 전집판에는 7개의 서문이 있습니다. 서문이 쓰인 역순으로 배치되어 있는데요. 1960년 『새벽』, 1961년, 1973년, 1973년(일역판), 1976년(전집판), 1989년, 2010년 서문 등 무려 7개입니다. 이 서문을 꼼꼼하게 읽어 보는 것도 작가와 『광장』을 이해하는 데 도움이 될 수 있어요. 서문에서 명준에 대한 작가의 태도를 드러내기도 하고, 개정의 이유를 이야기하기도 합니다. 『광장』이 처음 발표된 1960년 『새벽』의 서문에는 앞서 이야기했듯이 작품이 세상에 나올 수 있게 된 계기를 말하는데, 4.19혁명이 가져온 민주화 분위기 때문이라고 하죠. 이후 단행본으로 처음 출판된 1961년 정향사판을 볼까요? 서문 말미에 명준의 선택에 대해서 다음과 같이 이야기하고 있어요.

"그는 어떻게 밀실을 버리고 광장으로 나왔는가. 그는 어떻게 광장에서 패하고 밀실로 물러났는가. 나는 그를 두둔할 생각은 없으며 다만 그가 열심히 살고 싶어 한 사람이라는 것만은 말할 수 있다. 그가 풍문에 만족하지 않고 늘 현장에 있으려고 한 태도다."

　　작가는 명준의 마지막 선택을 두둔할 생각은 없지만, 그가 늘 현장에 있으려 했고 열심히 살고자 했던 인물이라고 말합니다. 이 작품이 발표된 후 그의 죽음에 대해 부정적인 평가를 한 사람들도 있었어요. 지식인으로서 사회의 변화를 위해 노력하는 대신 남과 북과 중립국 그리고 결국 푸른 광장으로 떠나는 여정을 선택한 모습을 두고 실천이 결여된 패배주의적 인물이라고 평가하기도 했죠. 아마 정향사판의 서문은 이런 사람들의 비판을 의식했거나 혹은 안타까워했던 것으로 보입니다.

단비　　말씀을 듣고 보니 1973년판 서문의 '이명준의 진혼을 위하여'라는 부제가 흥미롭습니다. 그리고 이런 구절이 있습니다. "그는 이데올로기와 사랑이라는 심해의 숨은 바위에 걸려 다시는 떠오르지 않았다. 여러 사람이 나를 탓하였다. 그 두 가지 숨은 바위에 대한 충분한 가르침 없이 그런 위험한 깊이에 내려보내서, 앞길이 창창한 젊은이를 세상 버리게 한 것도 나무랐다." 서문만 보면 명준이 마치 진짜 실존했던 인물처럼 느껴지기도 합니다.

임 교수　　1973년판 서문을 보면 대부분 명준에 대한 내용입니다. '이명준의 진혼을 위하여'라는 부제에서 진혼은 죽은 사람의 넋을 달래서 고이 잠들게 한다는 의미입니다. 단비 씨가 말한 것처럼 마치 명준이 실제로 살다간 인물처럼 느껴지기도 해요. 이 서문에서 작가는 "지금이라면 이명준이 혹시 목숨을 보전하는 데 도움이 되지 않을까 싶을 만큼의 심해 정보를 가지게 되었다."라고 말하고 있어요. 세월이 흘러 30대 후반의 나이 즈음이 된 작가는 이전과는 다른 연륜이 쌓였을 겁니다. 『광장』이 작가의 20대가 아닌 30대에 쓰인 거라면, 명준에게 죽음이 아니라 다른 선택을 하게 했을 수도 있다는 말인데요. 세월이 지나 그만큼의 삶의 지혜와 정보를 가지고 있다는 의미입니다.

단웅이 그러고 보니 연륜이 쌓인 최인훈 작가가 이 작품을 썼다면 명준의 선택과 생의 결말이 어떻게 되었을지 궁금하네요. 그런데 이후 서문은 주로 작품의 개정 내용과 이유에 대해 이야기하고 있습니다.

임 교수 1976년판 서문부터는 문체와 내용 개정에 대해서 주로 이야기하고 있어요. 문체는 근래의 감각에 맞게, 내용은 작가의 인식 변화에 맞춰 고쳐졌다고 볼 수 있습니다. 물론 명준에 대한 말도 잊지 않습니다. 이전 서문에서 작가는 명준을 친구로 부르며 그의 삶의 여정과 선택에 대해 부연하고 있다면, 1989년판 서문에서는 이전과는 다르게 명준과 거리를 두고 비교적 객관적인 입장에서 말합니다. 특히 명준이 40년 후 우리나라의 현실에 대해서 무의식적으로 낙관적인 전망을 가지고 있었을 거라고 이야기하는데, 이는 곧 작품이 쓰였을 당시 최인훈 작가의 인식이라고도 할 수 있어요. 작가가 1960년 『광장』이라는 작품을 썼지만, 몇십 년 후에도 그 당시와 크게 다르지 않은 현실에서 살게 될 걸 생각하지 못했던 것으로 볼 수 있죠. 여전히 우리는 분단국가이고 정치, 사회적 모순도 존재하니까요.

단비　문체와 내용에 대한 개정 이유가 서문에 있다고 하셨는데요. 우선 문체가 어떻게 그리고 왜 바뀌었는지 궁금합니다.

임 교수　대표적인 예가 될 수 있는 두 부분을 이야기해 볼게요. 우선 이 작품의 첫 구절입니다.

> "바다는 크레파스보다 진한 푸르고 육중한 비늘을 무겁게 뒤채면서 숨 쉬고 있었다." 〈1960년판〉
>
> "바다는 숨 쉬고 있었다. 크레파스보다 진한 푸르고 육중한 비늘을 무겁게 뒤채면서." 〈1973년판〉
>
> "바다는, 크레파스보다 진한, 푸르고 육중한 비늘을 무겁게 뒤채면서, 숨을 쉰다." 〈1976년판〉

세 문장에서 어떤 차이가 느껴지나요? 문장의 리듬감이 좀 다르죠. 1973년과 1976년 개정판에서는 콤마와 현재형 어미 등의 사용 빈도를 높여 예스러운 문체에서 벗어나 문장에 리듬감과 속도감을 주었습니다. 시대에 따른 문체의 변화를 작품에 반영했다고 볼 수 있어요. 또 한자어를 고유어로 바꾸는 개정도 있었는데요. 다음 구절을 한번 봅시다.

> "조국의 하늘은 매양 곱구나." 〈1960년판〉
>
> "조국의 하늘은 곱기가 지랄이다." 〈1973년판〉
>
> "내 나라의 하늘은 곱기가 지랄이다." 〈1976년판〉

세 문장을 비교해보면 '조국'을 '내 나라' 그리고 '항상 그 모양으로'라는 의미를 가진 한자어 '매양'은 삭제하고 '곱기가 지랄이다'라는 고유어로 수정했어요. 작가는 그 이유를 1976년 개정판 서문에서 다음과 같이 이야기합니다.

"다음에 고친 것이 한자어를 모두 비한자어로 고친 일이다. 우리 소설 문장은 한자어를 한글 표기로 하기 때문에, 예술로서의 언어 표현의 본질인 의식과 현실의 갈등이라는 과정을, 이미 만들어진 한자어에 밀어버리고도 그런 줄 모르게 될, 표기에서 오는 함정을 감추고 있다."

이 당시 우리나라는 국한문혼용체를 사용했어요. 참고로 덧붙이자면 1990년대 중반까지도 신문과 전문 서적 등에서는 주로 국한문혼용체가 쓰였습니다. 사실 1970년대부터 한글전용 운동이 있었는데, 이후에 정착하기까지 오랜 시간이 걸렸죠. 1976년판에서 한자어를 비한자어로 수정한 것을 보면, 최인훈 작가 역시 이에 대한 필요성을 인식하고 있었던 것으로 볼 수 있어요.

이런 작가의 거듭된 노력이 지금의 『광장』을 만들었다고 할 수 있습니다. 작가는 특히 이런 문체의 개정을 통해, 『광장』을 읽는 새 시대의 독자들에게 익숙한 형식이 되길 바랐다고 할 수 있어요.

단웅이 문체를 이렇게 바꾸어 놓으니 문장을 읽는 느낌이 매우 달라지는 것 같습니다. 그런데 문체는 시대에 따라 선호하는 게 다르니 개정판을 낼 때 손 볼 수 있다는 생각이 들지만, 소설의 내용까지 바뀌었다는 것은 좀 의외입니다. 어떤 내용들이 왜 바뀌었나요?

임 교수 우선 내용이 바뀐 부분으로 '갈매기'의 의미를 꼽을 수 있습니다. 1960년판에서 갈매기는 '기쁨을 준 그녀들', 즉 은혜와 윤애를 의미하는 것으로 표현되어 있습니다. 그리고 은혜의 임신에 대해서도 언급되어 있지 않죠. 하지만 1976년판에서 '은혜와 딸'을 상징하는 것으로 내용이 바뀌게 돼요. 이는 명준의 죽음이 이데올로기에 대한 절망이 아니라 완전한 사랑을 추구하는 의미로 바뀌었다고 볼 수도 있어요.

또 마지막 개정판인 2010년판에서는 명준이 태식을 고문하는 장면이 현실에서 꿈으로 바뀝니다. 2010년 이전 판에 전쟁 중 남한으로 내려온 명준이 태식을 고문하고 취조하는 장면이 있어요. 그리고 태식은 명준을 향해 '악한'이라고 하죠. 명준 스스로도 자신을 '악마'라고 불러달라고 합니다. 새로운 세상을 향해 치열하게 성찰하고 꿈꾸었던 인물인 명준이 이 작품에서 보여준 가장 악의적인 행동이라고 할 있어요. 작가는 명준의 이런 행동에 비판의 여지가 남지 않을까 고민한 듯합니다. 2010년 판에서는 이 장면이 포로수용소에서 명준이 꿈을 꾸는 장면으로 바뀌죠. 작가는 이 내용의 개작 이유를 마지막 개정판 서문에서 '주인공에게 좀 지나치게 무거운 짐을 지운 것이 아닌가 싶은 느낌이 줄곧 이어왔기 때문입니다.'라고 말해요. 즉 마지막 개정판에 이르러서 친구 태식을 고문했던 장면이 꿈으로 바뀌면서 명준은 비로소 악한 행동을 했던 무게에서 자유롭게 됩니다.

『광장』 그리고 지금

단웅이 명준이 살았던 시대와 지금이 다르긴 하지만 20대 청년의 고
뇌와 성찰을 볼 수 있었던 작품이었습니다. 그렇다면 현시대에 청년
들이 느낄 수 있는 광장과 밀실이 있을까요?

임 교수 현재 단웅 씨가 느끼고 있는 광장과 밀실이 있을까요? 작품의
의미를 전제로 좀 단순화해 보자면 광장은 대중들이 모여서 소통할
수 있는 사회적 공간, 밀실은 내밀한 개인적 공간이라도 할 수 있습
니다. 대중들이 의사를 표현하고 소통할 수 있는 공간은 시대에 따라
다르다고 할 수 있는데요. 이를테면 인터넷이 없었던 시절, 혹은 지
금처럼 보편화되지 않았던 시절에 대학생들이나 청년들에게 의견을
개진할 수 있었던 공간은 예컨대, 대자보와 같은 게 있을 수 있겠네
요. 또 학생들이 모여서 인문, 정치, 경제 등에 대해 공부하면서 토론
을 하는 경우도 광장이라고 할 수 있겠습니다. 지금은 인터넷과 스마
트폰의 발달로 익명으로 누구나 의견을 표현할 수 있는 게시판이 있
습니다. 대학생들이 많이 사용하는 '에타(에브리타임)'라고 불리는 앱
도 그런 역할들을 하고 있다고 할 수 있어요. 그리고 다양한 연령층
에서 즐겨 사용하는 SNS도 일종의 광장의 역할을 한다고 할 수 있겠
죠. 그렇다면 밀실은 무엇일까요. 각자의 방일 수도 있고 비공개 SNS
일 수도 있겠네요. 타인에게 간섭받지 않고 개인의 물리적, 심리적
안식처가 될 수 있는 공간이면 밀실이라고 할 수 있어요. 이렇게 광
장과 밀실은 시대에 따라서 혹은 세대에 따라서 바뀌거나 다르게 인

식될 수도 있습니다.

단비　좋은 작품들은 당대의 의미를 넘어서 현재에도 의미와 가치를 가지고 있습니다. 이 작품 역시 발표된 지 60년이 넘은 작품인데요. 현재 독자들, 특히 저희 또래의 청년 독자들이 읽어야 하는 이유와 의미가 있을까요.

임 교수　우리나라는 여전히 분단국가입니다. 최인훈 작가와 명준이 꿈꾸었던 광장과 밀실이 조화로운 세상이 얼마큼 실현되었을까요? 당시보다는 덜하긴 하겠지만 여전히 이데올로기의 대립과 갈등에서 벗어났다고 보기는 어렵습니다. 그들이 꿈꾸었던 광장과 밀실이 조화로운 세상도 오지 않았어요. 우리가 앞으로 만들어갈 세상이죠. 이런 점에서 당시 이데올로기를 객관적인 시각으로 들여다본 이 작품의 의미와 의의가 현재까지도 이어지고 있다고 할 수 있습니다.

　또 명준은 철학과 3학년으로 여러분들과 비슷한 또래입니다. 물론 이명준은 해방기와 전쟁 등의 특수한 역사적 배경들이 있긴 했지만, 그렇다고 지금의 청년들이 치열하게 고민할 거리가 없는 것은 아니겠죠. 시대적 상황이 달라지긴 했지만 모든 시대의 청년들은 종류를 달리하며 고뇌하고 성찰하는 삶을 살아가고 있습니다. 그런 의미에서 당시 1950년대 전후, 삶을 치열하게 성찰했던 이명준을 통해 현재 여러분의 모습들을 되돌아볼 수 있지 않을까 생각합니다.

참고문헌

1. 저서

최인훈, 『광장, 구운몽』, 문학과지성사, 2010.

김욱동, 『광장을 읽는 일곱 가지 방법』, 문학과지성사, 1998.

김지혜, 「최인훈 소설의 여성인물을 통해 본 사랑의 변증법 연구」, 『현대소설연구』 45, 현대소설학회, 2010.

서은선, 「최인훈 소설 광장의 서사론적 분석 - 거리와 화법을 중심으로」, 『한국문학논총』 29, 한국문학회, 2001.

정기인, 「이명준과 우리의 소멸과 거리감 확보 - 최인훈 『광장』 서문들의 변화」, 『한국어와 문화』 12, 숙명여자대학교 한국어문화연구소, 2012.

조성훈, 『한국전쟁과 포로』, 선인, 2010.

조이영, 「'광장' 독어판 소설 제목도 '광장'」, 『동아일보』, 2002.09.19.

최윤경, 「광장 개작의 의의 - 폭력에 대한 인식의 변화」, 『현대문학이론연구』 59, 현대문학이론학회, 2014.

최인훈, 「나의 첫 책 - 개작 거듭한 장편소설 "광장"」, 『출판저널』 82, 대한출판문화협회, 1991.

2. 사진 자료

거제해양관광개발공사

국가기록원

한국민족문화대백과

Wikipedia

제2부

권력, 인간, 사회에 대하여

불편하지만 수긍할 수밖에 없는 권력의 현실을 보여주다

―마키아벨리(Niccolò Machiavelli),
『군주론(The Prince)』

김영재

> 저는 미천한 백성이 감히 군주의 일을 논하는 것이 주제넘은 일이라고 생각하는 사람들에 동조하지 않습니다. 풍경을 그리려면 평원에 낮게 서서 산과 높은 지형의 생김새를 관망해야 하며, 평원을 관망하기 위해서는 높은 산에 올라야 하듯이, 백성의 본성을 이해하려면 군주가 되어야 하며, 군주의 본질을 이해하려면 백성이 되어야 하기 때문입니다.

단웅 안녕하세요, 교수님! 오늘은 니콜로 마키아벨리(Niccolò Machiavelli, 1469-1527)가 저술한 군주론을 알고 싶습니다. 마키아벨리의 군주론은 지도자가 되려면 읽어야 하는 필독서면서도 냉정하고 냉혹한 정치의 세계를 보여주는 책이라고 하던데 이 말이 맞나요?

김 교수 단웅 학생의 질문은 한 번에 답하기 쉽지 않아요. 일단 마키아벨리는 서양의 대표하는 정치 철학자이면서도 실제 정치에 참여한 이력을 가진 사람이기에 군주론이라는 책이 더 빛납니다. 왜냐하면 실제 정치에 참여하지 않거나 그럴 수 없는 사람이 정치학을 이야기하는 경우가 많은데 마키아벨리는 그렇지 않거든요. 또한 군주론이 냉정하고 냉혹한 정치의 세계를 보여주는 책이라고 알고 있지만 사실 마키아벨리를 둘러싼 정치 환경이 냉혹하다고 말하는 게 더 정확해요.

마키아벨리의 삶과 시대적 배경

단비 교수님! 제가 정치에 관심이 있기에 마키아벨리의 군주론을 미리 조금 읽었습니다. 그런데 '군주', '전하'와 같은 단어와 함께 마키아벨리가 살았을 시기에 이탈리아가 어땠는지 배경을 전혀 모르겠어요. 역사나 배경을 조금이라도 알고 군주론을 읽으면 좋겠는데 교수님께서 말씀해 주세요.

김 교수 정치에 관심이 있으니 미리 이 책을 읽어보려고 하셨네요. 저도 대학 다닐 때 이 책을 그저 처음부터 끝까지 읽었는데 막상 기억에 남는 구절이 몇 개 없었어요. 그 이유는 책이 집필될 시기의 역사적 배경을 너무 몰라서 그런 듯합니다. 최대한 요약해서 당시 상황을 말해볼게요.

먼저 니콜로 마키아벨리는 1469년에 태어나 1527년에 사망한 이탈리아의 정치사상가로 활동 시기는 16세기 초였습니다. 이 시기의 이탈리아는 정치적으로 불안정하고 변화가 많았고 지금처럼 통일된 이탈리아가 아니었습니다. 16세기 초 이탈리아는 다양한 도시국가와 왕국으로 나뉘어져 있었습니다. 그리스·로마 시기의 '폴리스'와 같은 도시국가와 왕이 일정 지역을 다스리던 모습을 떠올리면 됩니다. 도시국가와 왕국은 서로 충돌을 일으키며 영토를 넓히려고 부단히 노력했고 전쟁과 전투가 잦다 보니 정치 불안정은 당연했습니다. 도시국가에서는 귀족과 시민의 정치 참여가 활발했으나 이탈리아의 많은 도시국가는 특정 가문에서 다스리고 있었어요. 이 가문은 정치와 군사적으로 힘을 키우고 중요한 지도자를 배출하기도 했어요.

이탈리아 외부 세력의 위협도 만만치 않았습니다. 프랑스와 스페인(에스파냐, España)은 이탈리아 영토를 두고 치열하게 경쟁했고 종종 외국 군대가 점령하기도 했습니다. 이뿐만이 아니라 지중해 건너편에서 세력을 키우고 있었던 오스만 제국(Ottoman Empire State)은 호시탐탐 이탈리아를 정복하고 유럽에 진출하고 싶었습니다.

이 시기는 무엇보다 강력한 로마 가톨릭의 영향력을 빼놓으면 안 됩니다. 16세기 가톨릭은 유럽 정치 사회 전반에 막강한 영향을 끼쳤습니다. 그러면서도 르네상스 시기와 맞물려서 가톨릭 사상과 교리는 예술과 문화까지 영향을 주었고 이탈리아에 있었던 국가나 사람은 이에 후원을 받거나 긍정적 또는 부정적 영향을 받을 수밖에 없었어요. 그렇지만 이탈리아 영토 안팎으로 정치 불안은 심했고 '국가를 어떻게 유지해야 하는지?'에 관심을 두는 사람이 많았습니다. 이에 마키아벨리의 『군주론』은 이탈리아 역사만이 아니라 중세 서양 역사의 격변기에 집필된 책이에요.

중세 이탈리아 지도　　　　　　　　　　　출처 : Adobe Stock(2023).

단웅　교수님의 말씀을 들으니 어느 정도 이해할 것 같아요! 『군주론』이라는 책이 냉정하고 냉혹한 내용을 담고 있다기보다 그 책이 집필될 당시 상황이 무척 어려웠네요. 책의 배경을 조금이라도 알고 읽으면 아무래도 더 내용을 이해할 수 있겠어요.

김 교수　단웅 학생이 말이 맞아요. "명저(名著)"나 "고전(古典)"과 같은 유명한 책을 읽으려면 배경 지식을 알수록 유리해요. 말이 나온 김에 마키아벨리의 삶을 소개할게요.

　마키아벨리는 1469년 이탈리아 중부에 있는 피렌체(Florence, 플로렌스, 현재 이탈리아 중부 토스카나 지역)에서 태어났어요. 그는 교육을 잘 받아서 역사, 정치, 철학을 공부할 수 있었어요.

마키아벨리는 피렌체 정부의 공직에서 일하면서 정치 경험을 쌓았고 오랜 시간 동안 정치 경력을 쌓으면서 권력, 통치, 외교를 잘 알수 있었습니다. 젊을 때부터 비서 선출, 외교 사절, 궁정 파견, 국외 출장(수행), 참전, 장관 취임과 같은 화려한 경험을 했습니다. 특히, 피렌체의 정치 변화를 체험하면서도 다양한 도시국가를 관찰하며 분석했어요. 주변 인물에게 보내는 편지에서 "사람들이 저의 글을 읽어보기만 한다면 제가 지난 15년 동안 국가 통치에 관해서 쉬지 않고 얼마나 열심히 연구했는지 알 수 있을 것입니다"라는 표현을 적었을 정도로 실제 정치에 참여하면서 말년에 진지하게 글을 썼던 인물입니다.

급변하는 시대를 지내다가 마키아벨리는 1527년에 피렌체에서 세상을 떠났어요. 『군주론』을 비롯한 그의 사상은 후대 유럽의 정치, 철학 등에 커다란 영향을 주었어요. 그의 말년은 음모에 연루되어 고문, 투옥을 거치면서 석방됩니다. 이때 집필에 몰두할 수 있었던 계기가 되었어요.

단비　　마키아벨리의 일생을 간단하게 말해주셔서 『군주론』을 읽기가 수월할 것 같아요. 그런데 한 가지 문제가 생겼어요! 역사적 배경이나 인물의 삶까지는 알았는데 『군주론』에 등장하는 인물이 많아서 줄거리를 이해하기가 힘들어요. 주요 인물도 알려주시면 좋겠어요.

김 교수　　단비 학생이 말한 대로 서양 고전은 인물이 갑자기 튀어나와서 책을 읽을 때 어려움이 많아요. 그러니 『군주론』에 등장하는 주요

마키아벨리 초상화　　　출처 : Adobe Stock(2023).

인물을 소개하니 잘 기억하면 금방 책을 읽을 수 있을 겁니다.

먼저 "로렌조 데 메디치(Lorenzo de' Medici)"는 피렌체의 군주로 르네상스 시대 이탈리아에서 중요한 역할을 했어요. 그는 예술과 문화를 적극적으로 후원해서 피렌체를 화려한 문화 중심지로 만들어 정치적 영향력을 높였어요. 마키아벨리는 메디치가 다스리는 피렌체에서 공직 생활을 시작했어요. 원래 이 가문은 은행업으로 엄청난 성공을 하고 명성을 얻었으나 문화 중심지로서 피렌체 확립에 공헌했어요.

다음으로 "체사레 보르지아(Cesare Borgia)"는 복잡한 가정 환경 속에서 탄생한 인물로 죽기 직전까지 이탈리아에서 전략이 가장 뛰어났다는 평가를 받았어요. 그는 성직자의 삶을 버리고 이탈리아의 많은 지역을 지배하고자 했어요. 그는 군사 전략가로 다양한 정치적 기술과 무력을 사용했습니다. 이 밖에도 많은 가문과 역사적 인물이 책에서 등장하나 마키아벨리가 살아있을 시대를 기준으로 매우 먼 과거 인물도 뒤섞여 있기에 인물만 설명하더라도 새롭게 책을 한 권 이상 써야 합니다.

이에 『군주론』은 인물 명칭이나 지역 명칭에 연연하지 말고 마키아벨리가 진심으로 말하고 싶었던 문장이 무엇인지 찾아보면서 읽으면 더 좋습니다.

군주론의 헌정사

단웅　네, 교수님! 이제 마키아벨리의 삶과 주요 인물까지 알게 되니 조금 더 분명하게 이 책을 알 수 있을 듯합니다. 그렇다면 어디서부터 군주론을 살펴봐야 할까요?

김 교수　이 책은 "헌정사"가 맨 앞에 구성되어 있기에 처음부터 차례대로 살펴보면 편안하게 읽을 수 있습니다. 헌정사는 요새 말로 "감사의 글"이라 책을 받을 사람에게 진심으로 적는 글이에요. 마키아벨리는 헌정사에서 "오랜 시간 성찰해서 작은 책자로 정리해 이를 전하에게 바칩니다"라고 말했어요. 그 가운데 제가 주목한 부분은 "복잡하고 화려한 미사여구를 자제"한다는 내용이었어요. 그만큼 『군주론』은 경험을 바탕으로 집필된 현실적인 내용이라는 의미입니다.

단비　마키아벨리『군주론』의 헌정사는 머리말 같은 것이네요! 그러면 교수님께서 앞에서부터 책의 중요한 내용을 차근차근 말해주시면 질문해 볼게요.

김 교수　네, 그렇게 하겠습니다. 먼저 1장 "군주국에는 얼마나 다양한 형태가 있으며 어떻게 세워지는가?"에서 마키아벨리는 "군주국은 한 가문이 오랜 전통을 가지고 다스려 왔던 세습 군주국과 신생 군주국이 있습니다"라고 말해요. 현대 국가가 생기기 전까지 중세 유럽은 대부분 군주를 세습했었고 전쟁 등으로 새롭게 군주가 탄생해서 국가가 생기기도 했습니다.

그런데 이 당시 국가는 현재 이탈리아나 프랑스와 같은 거대한 국가를 생각하면 안 돼요. 도시국가라는 점을 기억하셔야 하고 갑작스럽게 군주가 사망하면 이를 모셨던 귀족이나 백성이 다른 군주에게 충성할 수 있었습니다! 특히, 일정한 대가를 받고 사람과 사물을 지켜주는 용병(傭兵, mercenary)이 있었기에 원하는 대가를 받지 못하면 바로 떠나거나 배신하기도 했습니다.

군주국의 유형과 특징

단웅　말로만 들어도 복잡했네요! 그렇다면 군주국이 무엇인지 하나씩 말씀해 주세요.

김 교수　그래요, 군주국의 특징은 책의 순서대로 적혀 있습니다. 2장 "세습 군주국에 대하여"에서 마키아벨리는 "세습 국가에서 그 군주의 가문에 오랫동안 국민을 통치하는 것은 신생 국가를 통치하는 것보다 훨씬 용이합니다"라고 말합니다. 그만큼 신생 군주국이 자리 잡기가 어려웠다는 의미이기도 하지만 "가문"이 중요한 세습 국가의 요소라는 점과 특정 가문의 통치에 익숙한 백성이 중요하다는 뜻으로 생각할 수 있어요.

특히, 3장 "혼합 군주국에 대하여"에서 마키아벨리는 "세습 군주국보다 신생 군주국을 통치하는 데는 어려움이 따릅니다. 먼저 완전한 신생국이 아니라 기존 국가에 편입된 경우, 이를 혼합 군주국이라 부르는데, 이러한 형태의 신생 군주국은 자연적으로 내재하는 어려움에 변화를 겪게 됩니다"라고 적었습니다. 마키아벨리는 점령한 지역이 동일 언어를 사용하는지를 따졌다는 점이 흥미로웠어요. 만약 그렇지 않다면 군주가 직접 그 지역에 정착해서 살아야 한다고 조언합니다. 군주가 새롭게 차지한 곳에 머물리 않으면 만에 하나라도 무슨 일이 발생하면 즉각 조치하지 못할 수도 있다고 했습니다. 그때는 지금처럼 스마트폰이 있었던 시기가 아니었기에 아무리 빨라도 소식을 늦게 들을 수밖에 없었지요. 우리가 영화에서 많이 봤던 "식민지"를 건설하고 대규모 군대 주둔을 권장합니다.

그리고 『군주론』이 냉혹한 책이라고 지적받을 만한 내용이 등장합니다. 바로 "백성을 대할 때 전적으로 호의를 베풀거나 완전히 짓밟거나 둘 중 하나를 택해야 한다는 사실입니다"는 대목이에요. 완전하게 "처리"해야만 복수를 도모하지 못할 것이라는 말이에요. 마키아벨리는 국가를 다스릴 때 "문제가 닥칠 때까지 기다린다면 그것은 이미 늦은 처방이 되는 것"이라고 적었습니다. 이에 국가를 다스릴 때 "다른 누군가가 힘을 얻는 데(빌리는 데) 공헌한 자는 반드시 멸망한다는 것입니다. 왜냐하면 강력하게 통치하려면 누군가의 약삭빠름이나 무력을 이용해야 하는데 막상 군주가 되면 그 두 가지를 모두 의심하고 경계해야 합니다"는 내용도 있어요. 이는 국가를 다스리기가 어렵고 새로운 영토를 얻었을 때 나타날 수 있는 문제를 경계했다고 봐요.

단비　확실히 마키아벨리가 서술한 문장을 보면 매우 현실적이고 치열한 내용을 담고 있는 듯해요. 그런데 고대 그리스나 로마 시기의 사례를 인용해서 책을 쓰다 보니 여전히 이해하기 어려운 부분이 있어요. 아까 교수님께서 말하신 인물 명칭이나 지명보다 마키아벨리의 의견을 적은 부분에 집중해서 읽으라는 말이 떠올랐어요.

김 교수　단비가 책을 잘 읽고 있어요. 그런데 『군주론』은 처음부터 끝까지 역사적 인물, 당시 정치 상황 또는 전투 등이 계속 언급되기 때문에 마키아벨리의 진정한 의도를 고르기는 쉽지 않아요.

　계속 내용을 말씀드릴게요. 4장 "다리우스 왕국은 왜 정복자인 알렉산드로스가 죽은 뒤, 그의 계승자들에게 맞서 반란을 일으키지 않았는가"에서 마키아벨리는 의미심장한 내용을 언급합니다.

　"역사에 기록된 군주국의 통치 방법은 두 가지로 나누어 볼 수 있는데, 그 하나는 군주가 그를 받드는 신하들과 함께 통치하는 형태로, 신하들은 국가의 관료로서 군주의 신망과 허락을 얻어 통치 임무를 수행합니다. 또 하나는 군주와 제후들이 통치하는 형태인데, 이때 제후는 군주의 은덕이 아니라 자기들의 혈통에 의해 작위를 세습해 온 사람입니다"는 동서양을 막론하고 적용할 수 있는 내용이에요.

　전자는 신하가 군주에게 허락받아 통치하는 반면에 후자는 제후의 가문이나 혈통에 따라 세습했다는 의미예요. 군주가 통치하는 국가는 일단 문제가 해결되면 맞설 수 있는 상대가 없으나 제후의 가문이나 혈통에 따라 세습된 경우는 그렇지 않습니다. 왜냐하면 제후의 가문이나 혈통에만 충성을 맹세했던 사람을 새로운 군주가 점령한다고 해서 바로 믿음을 가지지는 않을 것이라는 뜻입니다. 이렇게 마키아벨리는 군주가 신하와 백성을 직접 다스리는 국가와 제후가 연합해서 하나의 국가 완성된 경우를 구별했다는 점에서 면밀하게 국가를 관찰했다고 볼 수 있어요.

단웅　마키아벨리가 군주와 제후를 잘 구분해서 국가를 설명했다는 점을 알 수 있었습니다! 이에 대해서 더 자세한 이야기를 해주세요.

김 교수　단웅이가 말한 내용은 5장 "합병되기 전까지 자기들의 법대로 살아온 도시나 군주국은 어떻게 통치해야 하는가"에 계속 언급되고 있어요. 마키아벨리는 스스로 경험과 역사적 사실을 치밀하게 근거로 제시하면서 자신이 하고 싶은 말을 솔직하게 합니다. 요새 말로는 "팩트(Fact) 폭행"이라고 해도 손색이 없어요.

　마키아벨리는 "자기들의 법대로 살면서 자유를 누려온 국가를 합병했을 경우, 정복자가 이를 통치하는 방법에는 세 가지가 있습니다. 첫 번째는 그들을 짓밟는 것이며, 두 번째는 군주가 직접 그곳에 가서 정주하는 것이고 세 번째는 그들이 계속 자기들의 법대로 살 수 있게 해주면서 조공을 받고 당신에게 호의적인 세력을 내세워 과두 정치 체제를 갖추는 것입니다"라고 말합니다. 이는 정복자의 통치 방법을 요약하고 있어요. (무력을 사용한) 무자비한 통치, 군주의 직접 통치, 해당 지역에서 군주에게 호의적인 세력을 구하고 조공을 받는 경

군주나 제후가 머물던 성

출처 : Adobe Stock(2023).

우입니다. 그 가운데 자유롭게 살았던 백성인 경우는 강력하게 다스
리고 원래 군주의 지배에 익숙한 곳은 원래 다스렸던 군주의 혈통(가
문)만 제거하면 해결된다는 마키아벨리의 진단은 날카로워요.

단비　확실히 마키아벨리는 새롭게 국가나 영토를 점령할 때 그곳에
있는 사람을 어떻게 다스려야 하는지 잘 아는 인물 같아요. 그렇다면
새롭게 다스려야 하는 국가를 운영하는 방법을 제시하기도 했나요?

김 교수　마키아벨리는 6장 "자기가 가진 무력과 역량으로 점령한 새
군주국에 대하여"에서 "인간은 누구나 다른 누군가와 걸어간 길을
가면서 앞서간 이들의 행적을 따르고자 하지만, 그러면서도 그들의
방식을 그대로 재현해 내거나 그들이 가졌던 권력을 자신도 그대로
얻지는 못합니다. 하지만 현명한 사람은 뛰어났던 사람을 닮고자 노

력합니다"라고 책에 적었어요. 그만큼 군주는 과거 또는 주변에 현명한 사람을 본받아야 한다는 의미예요.

그리고 "통치 체제를 완성하기 위해 누군가에게 의존해야 하는지, 자신의 힘으로 해결할 것인지를 물어야 한다는 뜻입니다"라는 말은 군주가 국가를 초기에 완성할 때 누구에게 의존할지 말지를 결정해야 하며 각각 사례를 제시하고 있어요. 스스로 다스릴 수 있는 역량을 갖추고 있는지 스스로 물어야 한다는 의미로도 해석할 수 있어요.

단웅 교수님! 만약에 군주가 역량이 부족하거나 어려움을 헤쳐 나가기 어려울 때 마키아벨리는 어떤 말을 하고 있나요?

김 교수 책을 미리 읽어보고 질문하는 듯합니다! 그 내용은 7장 "타인의 무력이나 운명의 도움으로 획득한 새 군주국에 대하여"에 언급하면서 마키아벨리는 이 부분에서 "경우의 수"를 자세히 나열하고 있어요.

"누구든 새로 군주가 되어 새 군주국에서 자신의 통치권을 굳건히 하고 우호 세력을 얻어야 할 때, 무력으로 계략으로 적대 세력을 물리쳐야 할 때, 백성이 사랑하면서도 두려워하는 군주가 되고자 할 때, 군사들이 따르면서도 경외하는 지도자가 되고자 할 때, 자기에게 위협이 될 수 있는 세력을 제거해야 할 때, 낡은 제도를 무너뜨리고 새 제도를 도입하고자 할 때, 혹독하면서도 너그럽고, 관대하면서도 개방적인 군주가 되고자 할 때, 충성하지 않는 군대를 해체하고 새 군대를 조직해야 할 때, 왕이나 군주들과 우호적인 관계를 유지해서 당신이 도움을 원할 때는 열성적으로 도와주고, 거스를 때는 지극히 신중하게 만들어야 할 때"를 예로 들고 있어요. 마키아벨리는 갑자기 탄생한 국가는 첫 폭풍이 닥칠 때 쓰러질 수 있다고 우려합니다. 그러니 군주가 훌륭한 역량을 가지고 있기를 은연중에 바라면서도 만약 그러한 역량이 없더라도 군주 자리에 오른 뒤에라도 갖추어야 한다고 주장했어요.

또한 8장 "사악한 방법을 써서 군주국을 차지한 사람들에 대하여" 부분에서 사악하거나 부정한 방법으로 군주가 되는 경우를 자세하게 설명합니다. 그 내용에서 "잔혹함"을 어떻게 사용해야 하는지 말한 대목이 인상 깊었습니다. 여러 차례 반복해서 잔혹함을 보이는 군주는 오래 가지 못하며 단 한 번의 충격으로 끝내야 하며 혹독함이 계속 이어지면 백성도 군주를 의지하지 못한다고 합니다. 반대로 혜택은 조금씩 베풀어야 그 말을 오래 느낄 수 있다는 표현은 군주가 국가를 다스릴 때 요령을 명료하게 지적했습니다.

그러면서도 백성이 있는 곳에 군주가 머물러야 한다는 이야기를 『군주론』에서 반복해서 책에 적고 있어요. 이는 백성이 언제든지 군주의 행동을 알아차릴 수 있어야 하고 군주는 비상 상황이 발생했을 때 즉각 대처할 수 있어야 한다는 뜻으로 이해했어요. 이때 급박한 상황에 강경하게 대응해야만 한다는 조언도 잊지 않았습니다.

단비　지금까지 마키아벨리의 견해를 살펴보면 강력하고 단호하며 명확하게 통치해야 한다는 내용이 책에 많이 드러나는 듯합니다. 무섭게 다스리는 국가 말고 다른 국가를 이야기한 부분은 없을까요?

김 교수 물론 덜 무섭게 국가를 다스려야 한다는 내용도 있습니다. 바로 9장 "시민 군주국에 대하여"입니다. 바로 시민 가운데 지도력을 가진 사람이 군주가 되는 형태로 마키아벨리는 이를 "시민 군주국"이라고 부릅니다. 이를 다시 시민의 지지로 군주가 되는 경우와 귀족의 지지로 군주가 되는 경우로 나눠요. 이때 군주정, 공화정, 무정부로 다시 국가 형태가 나누어질 수 있다고 말했어요. 그런데 어느 경우라도 "시민의 지지를 얻어 군주가 된 사람은 시민의 호의를 잃지 말아야 한다"고 조언합니다.

마키아벨리는 시민 군주국이 절대 왕정 체제와 같은 통치로 달라질 때 군주가 위험할 수 있다고 경고해요. 평소에 신하 개인만 믿고 있으면 위기 상황에 그들이 변심할 수 있으므로 현명한 군주는 시민이 언제 어떤 상황에서도 정부가 필요한 존재라고 인식할 수 있도록 노력해야 한다는 논리를 제시합니다. 군주가 평소에 잘 갖추어진 정부를 만들어 놓으면 위기를 극복할 수 있다는 의미예요.

독특한 점은 11장 "교회 군주국에 대하여"에서 마키아벨리는 "무력으로 교황이라는 직분을 높이지 말고 선과 덕으로 위대하고 경애받는 교황이 되기를 간곡하게 말하면서 인간이 가늠할 수 없는 신의 섭리가 작용하는 교회 군주국"에 대해서 매우 말을 아낍니다.

단웅 교수님, 시민이 원하는 사람이 군주가 되더라도 문제가 발생할 수 있다는 사실을 알았어요! 말씀을 듣다 보니 군주 스스로 역량을 갖추고 현명해야 한다는 점이 무척 중요해 보입니다. 그리고 교회의 영향력이 막강해서 마키아벨리도 이를 의식한다는 느낌을 받았습니다. 그렇다면 군주국이 가진 힘은 어떻게 알 수 있을까요? 마키아벨리가 살았을 시기는 힘이 강한 국가와 아닌 국가가 뒤섞여 있었을 텐데요.

김 교수 책을 잘 이해하면서 읽고 있어요! 마키아벨리는 10장 "군주국의 힘은 어떻게 측정되어야 하는가"에서 이 부분을 간단하게 말해요. 군주 자신의 힘으로 자기를 지킬 수 있는지 아니면 외부의 도움을 받아야 하는지로 알 수 있다고 해요. 당당하게 적과 싸울 수 있는지, 성벽 뒤에 숨어야만 하는지만 보면 알 수 있다는 말은 당시 군주국의 현실을 알려주는 내용입니다. 의외로 이 부분에서 마키아벨리는 시민의 반감을 사지 않은 군주가 당연히 유리하다고 설명합니다.

　왜냐하면 "사람들은 자기가 도움을 받은 사람뿐만 아니라 베푼 자에게도 돈독한 유대를 느끼는 본성을 가지고 있습니다"라고 말합니다. 현명한 군주라면 시민을 먹이고 보호하는 일에 실패하지 않으면 군주에게 마음을 기울게 하는 게 어렵지 않다는 논리입니다.

단비 교수님! 군주가 귀족이나 백성의 마음을 얻는 방법은 동양 고전에서 말하는 내용과 크게 차이가 없는 듯해요. 그런데 당시 이탈리아 안팎으로 전투를 자주 했었을 것이라고 봐요. 서양 역사를 단순하게 봐도 전쟁이나 전투가 등장하지 않았을 때가 적으니까요. 이에 대해서 마키아벨리는 어떤 생각이 있었을까요?

김 교수 단비 학생이 말한 내용은 인류 역사에서 비극이면서도 사람의 목숨이 파리나 모기보다 못할 경우가 적지 않아서 비참합니다. 마키아벨리는 군대를 군주와 연결해서 자신의 견해를 주장하고 있어요.

12장 "군대의 종류와 용병에 대하여"에서 그는 "군주는 권력의 기반을 탄탄히 다져야 합니다. 그러지 않으면 몰락할 수밖에 없습니다"는 가장 어려우면서도 당연한 문장으로 글을 시작합니다. 마키아벨리는 모든 국가는 법과 군사력이 기반이며 군대가 잘 갖추어지지 않으면 안 된다고 강력하게 주장했어요. 당시 군대는 용병, 지원군, 용병과 지원군이 혼합된 혼성군으로 구분되어 있었어요. 그는 용병과 지원군을 부정적으로 판단했고 군주는 사령관으로 직접 군대를 통솔해야 하며 독자적으로 힘을 키워야 한다고 역설했습니다.

마키아벨리는 대가가 없으면 싸우지 않는 용병과 다른 사람의 지시를 받는 지원군을 미덥지 않게 여겼고 관련된 사례를 많이 제시했어요. 또한 "사람의 지혜는 그리 깊지 못하기 때문에 처음 발을 담글 때 좋아 보이면, 그 속에 숨겨져 있는 독을 알아차리지 못합니다. 이처럼 국가를 통치하는 사람이 악의 병폐가 무르익기 전에 그것을 알아차리지 못한다면 현명한 군주라 할 수 없습니다"면서도 현명한 사람은 자기 힘으로 이루지 않은 명예나 권력만큼 불확실하다고 불안정하다는 점을 강조했어요.

13장 "군사 문제와 관련해서 군주는 무엇을 해야 하는가"에서 마키아벨리는 군주는 전쟁, 군사 제도, 군사 훈련 이외에 다른 목표를 가질 이유도 없고 관심을 두어도 안 된다고 매우 강한 어투로 글을 씁니다. 군대 질서 확립, 자연환경 파악, 역사서를 읽고 위대한 인물의 행적을 살펴야 하며 전쟁의 승패 원인을 분석해야 한다고 언급했

피렌체의 모습   출처 : Adobe Stock(2023).

습니다. 이는 평시에 준비를 잘해야 역경을 극복할 수 있다는 현대 군사 전술의 핵심 중 핵심과 일치해요. 한국에서는 "유비무환(有備無患)"이라는 사자성어로 함축할 수 있어요.

군주의 자세와 마음가짐

단웅   교수님! 벌써 『군주론』의 절반을 넘게 읽었어요. 이제 군주가 전쟁을 대비하고 군대를 갖추는 내용 말고도 이 책에서는 무엇을 다루고 있나요?

김 교수   벌써 질문에 답을 하다 보니 책의 절반을 지났네요! 15장 "사람은, 특히 군주는 무엇으로 칭송받고, 무엇 때문에 비난 받는가"에서 마키아벨리는 군주가 국가를 다스릴 때 갖추어야 하는 자세를 언급하기 시작해요.

먼저 "도리를 따르느라 현실이 돌아가는 이치를 소홀히 여기는 사람은 자신의 안위를 보존하기보다는 몰락할 가능성이 큽니다"라는 말은 이상주의적인 정치나 통치가 아닌 현실적인 모습을 생각하라는 뜻이에요. 또한 "군주의 지위를 지키려면 악을 행할 수 있어야 하며, 필요에 따라 악을 활용할 줄도, 피할 줄도 알아야 합니다"라고 하면서 군주가 갖추어야 하는 행동을 서술하고 있어요. 사람은 모든 미덕을 갖출 수 있는 존재가 아니며 주변 여건이 그것을 허락하지도 않는다는 대목에서 마키아벨리의 삶이 매우 현실적이었을 것으로 추측할 수 있습니다.

아울러 16장 "너그러움과 인색함에 대하여"에서 마키아벨리는 "너그럽다는 평을 듣는다면 좋은 일입니다. 하지만 너그러움을 잘못 행사하면 그에 상응하는 평판을 얻는 대신 손해를 볼 수도 있습니다"라고 경고한다. 왜냐하면 너그럽다는 말을 듣고 싶어서 거창하고 과하게 인심을 쓰다 보면 역효과가 있다고 지적했습니다. 베풀면 베풀수록 앞으로 베풀 수 있는 여유는 줄어들고 그것은 결국 백성에게 세금을 과하게 거두는 결과로 이어진다는 점을 경계했습니다.

물론 17장 "잔혹함과 자비로움"에서 마키아벨리는 "군주는 모름지기 잔혹하기보다는 자비로운 사람으로 보이는 것이 바람직하다는 말씀을 드리고 싶습니다. 하지만 이 자비로움을 잘못 행사하지 않도록 주의할 필요가 있습니다"라고 언급했어요. 그러면서 군주는 두려움을 드러내지 말아야 하고 신중하고 자애롭고 침착하기를 조언합니다. 사랑받는 것까지 아니더라도 미움을 받지 않으면서 두려운 존재가 되어야 한다고 말했어요. 여기서 말하는 두려움이란 군주가 제멋대로 하지 않는다면 얼마든지 두려운 존재로 지낼 수 있고 어떤 경우라도 백성의 재산에 손대면 안 된다는 수준이에요.

"두려운 군주가 되느냐, 사랑받는 군주가 되느냐 문제로 다시 돌아와서, 저는 이러한 결론을 내리고자 합니다. 사랑은 사람들 각자 의지에 따라서 일어나는 것이고, 두려움은 군주의 의지에 따라 일어나는 것이기 때문에 현명한 군주라면 다른 사람의 의지로 통제되는 요소보다는 자신의 의지로 통제할 수 있는 요소에 근거함이 마땅합니다"라고 마키아벨리는 두려운 군주인지 사랑받는 군주인지를 이렇게 정의합니다.

단비 우리가 어릴 적부터 배워왔던 "덕을 가지고 베푸는" 군자의 모습에서 마키아벨리의 현실적인 군주의 모습을 이해하려고 하니 다소 생소해요. 어찌 보면 당시의 많은 군주가 마키아벨리가 서술한 대로 살았기 때문에 이렇게 책을 썼을지도 모른다는 생각이 들었습니다. 아직은 자애롭고 '인의예지(仁義禮智)'로 국가를 다스려야 한다고 배워서 그런지 몰라도 계속 군주가 갖추어야 하는 자세를 설명해 주세요.

김 교수 마키아벨리는 책이 마무리되는 직전까지 군주의 자세를 서술하고 있어요. 18장 "군주가 신의를 지키는 일에 대하여"에서 위대한 군주는 신의를 중시하지 않았다고 언급하면서 권모술수를 써서 사람을 속이고 결국 자신의 약속을 믿었던 상대를 쓰러뜨리고 승리한다고 말했습니다. 그러면서 권력을 두고 일어나는 경쟁을 마키아벨리는 냉혹하게 묘사했어요.

"경쟁에 임하는 방식은 두 가지입니다. 하나는 규칙에 근거하는 것이며 또 하나는 힘에 근거하는 것입니다. 첫 번째는 인간의 방식이고 두 번째는 짐승의 방식입니다. 하지만 첫 번째 방식만으로 부족하므로 필요에 따라 두 번째 방식을 사용하는 것입니다"라고 말하면서도 군주가 진실로 사람을 속이기만 하라는 뜻이 아니라 '그런 척해야' 한다는 논지를 담고 있어요. 평소에는 착하게 살더라도 필요하면 그 반대로 행동할 수 있어야 한다는 의미예요.

이어서 19장 "경멸과 미움을 피하는 일에 대하여"에서 마키아벨리는 군주가 변덕, 경박, 나약, 비열, 우유부단하면 경멸받는다고 경고하고 있어요. 의연하고 용기있고 진중하게 보이도록 행동해야 감히 군주를 기만하려는 마음을 먹지 못한다고 합니다. 그렇게 하면 음모를 차단할 수 있으며 반역 행위도 예방할 수 있습니다. 또한 마키아벨리는 과거 여러 황제를 사례로 들면서 안정적으로 국가를 유지하기가 매우 어렵다는 점을 밝혔습니다. 군주가 너무 군대 편만 들어도 문제가 생기고 백성 입장만 헤아려도 문제가 생긴다는 점을 역사적 사실을 근거로 제시했어요.

마키아벨리는 "사람은 악행을 저질러서 미움받는 때도 있지만 올바른 행동도 미움을 살 수 있다는 점에 유의해야 합니다"는 문장처럼 군주는 마음과 행동이 하나같이 쉽지 않다는 점을 책에 언급하기도 합니다.

단웅　마키아벨리의 『군주론』의 앞부분은 전쟁, 전투, 점령에 관련된 내용이 많은 듯한데 후반부로 갈수록 군주의 자세나 마음가짐 같은 내용이 많이 등장하네요. 군주가 해야 할 행동이나 하지 말아야 하는 행동을 언급한 부분도 있을까요?

김 교수　마키아벨리는 20장 "요새 구축을 비롯하여 군주의 주요 업무로 여겨지는 많은 일들은 득이 되는가, 아니면 해가 되는가?"에서 요새 구축도 중요하나 민중이 군주를 미워한다면 요새도 안전할 수 없다고 말했어요. 그러면서 반드시 요새를 가져야만 안전한 것이 아니라 민중의 미움을 사지 않는 것이 더 중요하다고 말했습니다. 그러면서 "요새를 구축하는 군주와 구축하지 않는 군주를 모두 칭송할 것이나 요새를 믿고 민중의 마음을 사는 군주는 비난합니다"라고 주장했어요. 요새는 '성(Castle)'인데 그것을 만드는데 수많은 사람이 동원되어 죽거나 다치는 사람이 많다는 사실을 알고 있었어요. 마키아벨리는 어쩔 수 없이 요새가 필요하더라도 민중이 더 중요하다는 점을 밝히고 있어요.

　이어서 마키아벨리는 20장 "군주는 명성을 얻기 위해 어떻게 해야 하는가?"에서 위대한 업적을 이루고 모범을 보이는 군주가 최고라고 하면서도 군주는 귀족이나 백성들의 진정한 친구이거나 완전히 적일 때 존중받는다고 말했어요. '중립'이거나 '미온적' 태도는 군주에게 도움이 되지 않는다고 지적했습니다. 만약 군주가 입장을 선택하기가 어려운 상황이라면 해악이 적은 쪽(최악보다는 차악)을 선택해야 한다고 말했습니다. 또한 군주가 인재를 양성하고 다양한 예술 분야의 재능을 우대하는 사람이라는 모습을 보여야 한다고도 언급하면서 축제를 열어서 시민을 즐겁게 해주는 동시에 군주는 항상 근엄하게 위상을 지켜야 한다고 조언합니다.

단비　교수님! 지금까지 책을 읽으면서 군주와 귀족, 군주와 백성은 계속 언급되는데 군주를 따르는 신하에 대해서 별다른 말이 없습니다. 귀족 가문을 중심으로 만들어진 국가가 많았던 시대라서 그런가요? 손자병법 같은 서적은 신하를 설명하는 부분이 많아서 궁금했습니다.

김 교수　손자병법을 비롯해 동북아시아에서 널리 읽히는 고전은 왕과 신하의 관계를 내용이 많은 편인데 『군주론』은 책에 마지막 부분에 그 내용이 언급되어 있어요. 이를 소개하면 이제 책을 한 번 읽은 것이나 마찬가지입니다.

마키아벨리는 22장 "군주의 대신들에 대하여"에서 군주의 판단력에 따라 신하의 유능과 무능을 가릴 수 있다고 했어요. 군주를 살펴보려면 먼저 신하를 살펴보면 알 수 있다고 말하기도 합니다. 그러면서 그는 "국가의 일을 하는 사람은 항상 자기 일보다는 군주의 일을 먼저 생각해야 하며 군주의 일이 아니라면 관심을 두지도 말아야 합니다"라고 말할 정도로 투철한 충성심을 가진 신하를 모범적이라고 판단했어요. 이어서 23장 "아첨꾼은 어떻게 피해야 하는가?" 부분은 동양의 역사에서도 어렵지 않게 찾을 수 있는 물음입니다. 이에 마키아벨리는 "사람은 누구나 자기 자신에 대해서는 관대하기 마련이고 자기기만에 빠져 사는 면이 있으므로 아첨꾼들의 간교함에 넘어가기가 쉽습니다"라고 말하면서 지혜로운 신하만이 군주에게 진실을 말할 수 있도록 해야 한다는 방안을 제시했어요. 군주는 항상 조언을 구해야 하고 군주 스스로 현명하지 못하면 조언을 구할 수 없다고도 말했어요.

마찬가지로 24장에서 "이탈리아의 군주들은 왜 나라를 잃었는가" 부분에서 마키아벨리는 "인간은 과거보다 현재 일에 관심을 기울이기 때문에 현재가 좋다고 여겨지면 더 이상 다른 것을 원하지 않으며 군주가 다른 일에서 실망을 주지 않는 한, 군주를 보호하기 위해 최선을 다합니다"라고 말하면서 자신의 나태함을 경계해야 한다고 적습니다.

의지, 운명, 힘을 짊어진 군주

단웅 이제 마키아벨리 『군주론』도 마지막을 남겨두고 있네요! 군주라는 자리가 이렇게 어렵고 힘들었는지 몰랐어요. 이 시대에 군주와 함께했던 마키아벨리도 항상 긴장할 수밖에 없었던 것 같아요. 이제 교수님께서 책의 마무리 부분을 말씀해 주세요.

김 교수 벌써 명저 읽기의 끝이 보입니다. 이 책의 25장 "운명은 인간사에 얼마나 작용하며, 인간은 운명에 어떻게 맞서야 하는가"는 다소 특별하다고 할 수 있어요. 마키아벨리는 "저는 인간의 자유 의지를 꺼뜨리지 않기 위해서라도 운명은 우리 행위의 절반만 주재하고 나머지 절반 또는 그보다 조금 적은 부분은 우리 재량에 맡겨둔다고 하겠습니다"라고 말합니다. 운명과 자연이 불가항력이기는 하지만 대비할 방법이 없지 않다면서 "준비"의 중요성을 강조합니다.

특히, "시대 정신에 따라 대처하는 군주는 성공하고 그렇지 못한 군주는 망합니다"라는 표현은 현대 정치에서 그대로 사용할 수 있다. 시대와 상황이 달라지면 군주도 달라져야 하지만 사람은 변화에 적절하게 대처할 만큼 용의주도하지 못하며 타고난 천성을 쉽게 바꾸기 어려운 측면도 있습니다. 이어서 "운은 변하고 사람은 쉽게 변하지 못하므로 이 둘이 조화를 이루면 성공적인 결과를 얻지만, 어긋나면 몰락할 수밖에 없습니다"고 하면서 조심하기보다 모험적인 편이 다소 낫다고 서술했습니다.

이 책에 마지막인 26장 "야만인들로부터 이탈리아의 해방을 청하는 간곡한 권고"에서 마키아벨리는 당시 정세를 "신흥 군주에게 호의적"이라고 진단하고 메디치 가문이 이탈리아의 희망이라고 칭송했어요. 전쟁은 필요하며 무력이 아닌 다른 희망이나 방도가 없을 때 무력은 신성하다고 주장했어요. 외세의 횡포를 물리칠 수 있는 절호의 기회면서 조국의 위대함을 이룰 수 있다는 충언으로 마무리합니다.

단비　마키아벨리 『군주론』이라는 책은 군주가 신하와 백성에게 베풀어야만 한다는 내용과 사뭇 다르네요. 특히, 마지막 부분에 언급된 "시대 정신에 따라 대처하는 군주는 성공한다"는 표현은 오히려 현재 더 잘 적용되는 표현이 아닌가 싶었어요.

단웅 저도 마키아벨리가 마지막에 이탈리아를 외세로부터 보호해야 한다는 내용을 보고 군주가 가장 중요하게 다루어야 하는 부분은 국방이고 그것을 이루는 "힘"의 중요성을 알 수 있었습니다.

김 교수 서양 정치 철학의 명저인 『군주론』은 현실적이면서 냉혹하다는 비판을 받기도 하지만 그가 살았던 당시 시대 상황은 매우 복잡했고 평안했던 시기보다 불안했던 시간이 더 많았다고 봐도 무리가 아닙니다. 특히, 지금처럼 통일된 국가가 아니라 도시나 지방을 기점으로 군주나 제후가 다스렸기 때문에 통치하는데 약간의 "빈틈"이라고 보이면 바로 공격당하거나 공격할 수 있는 분위기였습니다. 단웅, 단비 두 학생이 이번에 『군주론』을 잘 읽을 수 있도록 해설을 할 수 있기에 반가웠습니다.

참고문헌

1. 단행본

니콜로 마키아벨리, 『군주론』, 강정인·김경희 옮김, 까치, 2015.

니콜로 마키아벨리, 『군주론』, 김운찬 옮김, 현대지성, 2022.

니콜로 마키아벨리, 『군주론』, 민지현 옮김, 올리버, 2023.

2. 학술논문

강정인·정승현, 「동서양의 정치적 현실주의 : 한비자와 마키아벨리」, 『사회과학연구 22(1)』, 서강대학교 사회과학연구소, 2014.

김경희, 「마키아벨리 『군주론』의 두 가지 권력론 : 군주의 역량과 군주국의 활력」, 『한국정치학회보』 45(4), 2011.

안외순, 「맹자와 마키아벨리의 군주론 비교 이해 -『맹자』와 『군주론』를 중심으로」, 『동방학』 29. 한서대학교 동양고전연구소, 2013.

3. 사진자료

어도비스톡(Adobe Stock) https://stock.adobe.com/kr (검색일 : 2023.10.03)

"나는 생각한다 고로, 존재한다."

—데카르트, 『방법서설』

이유찬

이유찬 안녕하세요, 저는 데카르트의 『방법서설』이라는 책에 대해서 알려드릴 겁니다. 이 책을 중심으로 철학에 관해서도 이야기해 보려 하는데요, 이번 기회에 여러분들이 철학이라는 학문이 어렵고 막연하기만 한 무언가가 아니라 공감할 수 있고 즐길 수 있는 것이 되었으면 합니다.

르네 데카르트
René Descartes(1596~1650)

DISCOURS
DE LA METHODE
Pour bien conduire sa raison,& chercher
la verité dans les sciences.
PLVS
LA DIOPTRIQVE.
LES METEORES.
ET
LA GEOMETRIE.
Qui sont des essais de cete METHODE.

A LEYDE
De l'Imprimerie de IAN MAIRE.
CIƆ IƆ C XXXVII.
Auec Priuilege.

1637년 출간된 『방법서설』의 초판본. 원제목은 『이성을 잘 인도하고, 학문에서 진리를 찾기 위한 방법서설, 그리고 이 방법에 관한 에세이들인 굴절광학, 기상학 및 기하학』이다.

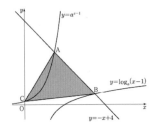
    『방법서설』을 쓴 데카르트는 어떤 사람이었을까요? 그는 철학자이자 수학자였고, 동시에 과학자이기도 했습니다. 고등학교 수학 시간, 우리를 시련(?)에 빠뜨렸던 x, y 좌표계를 발명한 사람이 바로 이분입니다.

    데카르트는 위대한 수학자이기도 했지만, 철학이라는 학문에서도 절대 빠뜨릴 수 없는 위대한 철학자입니다. 아마 데카르트의 *"나는 생각한다 고로, 존재한다."*라는 유명한 문장을 알고 계신 분들이 많으실 겁니다. 마치 철학이라는 학문의 선전 문구와도 같은 이 문장이 바로, 『방법서설』에 등장하는 핵심적인 내용입니다. 많은 분이 이 문장을 들어보셨을지는 몰라도, 무엇을 뜻하는 것인지는 잘 모르실 것 같습니다. 앞으로 우리는 이 문장을 향해 가려 합니다. 데카르트가 〈방법서설〉과 이 문장을 통해 17세기 당시 사람들에게 무엇을 전하고 싶어 했는지를. 그리고 고전의 반열에 오른 그의 저서를 통해, 데카르트의 전언(傳言)을 통해, 우리 청춘들은 어떠한 길을 찾을 수 있는지를.

'데카르트'라는 사람

이유찬 데카르트는 1596년, 프랑스 중부지방의 라에(La Haye)라는 곳에서 법률가 집안의 자제로 태어났습니다. 그의 어머니는 데카르트가 태어나고 1년 후 세상을 떠났습니다. 그의 어머니가 결핵으로 세상을 떠나서일까요, 데카르트 또한 결핵 증상이 있었고 매우 허약했습니다. 다행히도 그가 다닌 학교에서는 데카르트에게 아침 11시까지 잠을 자는 것을 허락했다고 하네요. 그리고 나이를 먹어서도 이렇게 늦잠을 자는 습관이 이어졌습니다.

단웅이 역사 속의 유명한 학자들은 뭔가 엄청 바른생활을 했었을 것 같은데 의외네요. 적어도 데카르트는 아침형 인간은 아니었군요.

이유찬 그렇다고 볼 수 있죠. 그 원인이 질병 때문이긴 했지만요. 앞서 잠깐 살펴보았던 좌표계의 발명 일화를 혹시 알고 있나요? 데카르트가 침대에 누워서 천장에 붙어있는 날벌레의 위치를 계산하려다가 만들었던 것이 좌표계라고 하니, 데카르트는 책상보단 침대에서의 사색을 더 많이 했을 것 같습니다.

데카르트가 태어난 프랑스의 La Haye 도시. 이 마을은 그를 기리기 위해 1802년 마을 이름을 라에-데카르트시(La Haye-Descartes)로 개명했다가, 1967년 그의 탄생 400주년이 지난 다음 해에 지금의 데카르트시(Descartes)로 개명하였다.
출처 : https://www.ville-descartes.fr/

단웅이   데카르트가 철학자이자 수학자, 그리고 과학자라고 하셨는데, 그러면 데카르트는 그의 학창 시절에 이런 학문들을 주로 공부했던 건가요?

이유찬   데카르트는 비단 철학과 수학, 과학뿐만이 아니라 신학, 언어, 역사, 독서, 문학, 웅변술 등을 배웠습니다. 심지어 (그의 표현을 빌리자면) '가장 기이하고 가장 드문' 연금술, 점성술, 마술 등의 학문도 통람했다고 합니다. 다만 데카르트가 특히 마음에 들었던 학문은 있는 것 같습니다. 바로 수학이죠.

> *"나는 무엇보다도 수학에 마음이 끌렸는데, 그 근거들의 확실성과 명증성 때문이었다."*

이 대목이 나오는 부분은 『방법서설』의 초반 부분인데, 이 '확실성'과 '명증성'이라는 속성을 기억해주세요. 수학의 그러한 특징들을 좋아했기 때문인지, 그의 철학은 그러한 확실성과 명증성을 추구하는 듯 느껴집니다. 다소 집착에 가까울 정도로 그의 사유는 확실과 명증이라는 태도를 견지하고 있거든요.

본인의 아버지처럼 법학을 공부한 데카르트는 스무 살에 법률학 학사 학위를 받습니다. 그러나 그는 판사가 되지 않고 군인이 된답니다.

단웅이 군인이 되었다고요? 몸도 허약했을 텐데 안정된 직업인 판사가 아니라 군인이 된 이유가 있나요?

이유찬 데카르트가 군인이 된 이유는 다소 괴짜다운 이유인데요, 바로 세상을 여행하고 싶어서입니다. 그는 훗날 자신의 여행을 '세계라는 큰 책'의 지식을 찾아다니겠다고 결심했었다고 해요. '넓게 보라'라는 말이 있죠? 여러 학문을 공부했던 것처럼, 유럽 곳곳을 여행하면서 데카르트는 넓은 시야를 얻었을 것 같습니다.

그렇게 여행을 다니다 1628년 그는 네덜란드에 정착하고 연구에 매진하게 되는데 데카르트의 대표적인 저서들이 이 시기에 집필되었습니다. 『방법서설』 또한 이때 출간하게 돼요. 데카르트는 그렇게 네덜란드에서 21년을 보냅니다.

단웅이 그런데 네덜란드는 프랑스보다 더 북쪽에 있는 나라 아닌가요? 몸이 약한 데카르트에게는 꽤 힘들었을 것 같은데….

이유찬 대부분의 학자들은 당시 네덜란드가 비교적 학문의 자유에 관대했었기 때문이라고 예상합니다. 17세기 초 당시 유럽은 가톨릭(구교)과 개신교(신교)의 대립으로 혼란한 상태였고 갈릴레오 갈릴레이와 가톨릭 교황청의 마찰이 시작한 시기도 1610년대였기 때문에, 데카르트는 이러한 종교적인 간섭에서 벗어나고 싶었을 겁니다. 그런 데카르트에게, 관대한 학문의 자유가 보장된 네덜란드는 매력적으로 다가왔을 겁니다.

단웅이 잠깐만요, '그래도 지구는 돈다'의 그 갈릴레이 말씀하시는 건가요?

이유찬 맞습니다. 지동설을 주장했던 바로 그 갈릴레오 갈릴레이예요. 갈릴레이와 데카르트는 동시대 사람이었습니다. 갈릴레이가 종교재판을 받은 해가 1633년인데요, 『방법서설』이 출간된 시기는 그로부터 4년 후인 1637년입니다. 그래서일까요? 『방법서설』에는 교황청의 눈치를 보는 듯한 데카르트의 웃픈 노력이 보이곤 합니다. 이를 유념하면서 『방법서설』을 읽으면 데카르트의 인간적인 면모를 발견하실 수도 있을지도요.

데카르트는 그의 말년을 네덜란드보다 더 북쪽인 스웨덴에서 보내게 돼요. 당시 스웨덴의 여왕이었던 크리스티나는 여러 저명한 학자와 예술가를 스웨덴으로 초빙하려 했는데, 데카르트가 명단에 있었던 겁니다. 데카르트는 네덜란드의 생활이 편했기에 원하지 않았지만, 그녀는 데카르트를 데려오기 위해 종국에는 자국의 군함까지 보내면서 데카르트를 반강제로 모셔(?) 옵니다. 심지어, 평생을 아침 11시에 하루를 시작했던 늦잠꾸러기 데카르트에게 새벽 5시부터 철학 강의를 부탁합니다. 여왕의 부탁인데 어쩔 수 없죠. 결국 데카르트는 추운 스웨덴의 기후와 과로로 인한 폐렴으로, 스웨덴에 온 바로 다음 해인 1650년에 생을 마감합니다. 그의 나이 53세였어요.

「크리스티나 바사 여왕과 르네 데카르트의 토론-Nils Forsberg」 中 일부. 책상 위의 종이를 손으로 가리키고 있는 자가 데카르트이고, 데카르트의 맞은편에서 검은 옷을 입고 왼손을 들고 있는 여인이 크리스티나 여왕이다. 데카르트 바로 옆에 앉아있는 밝은 옷을 입은 여인이 크리스티나 여왕이라고 잘못 알려져 있다.

단웅이 생각보다 젊은 나이에 돌아가셨네요. 그것도 추운 곳에서 질병으로 세상을 떠나신 것이 안쓰러워요.

중세의 문을 닫고, 근대의 문을 열다

이유찬 데카르트가 그의 저서 『방법서설』에서 수학만큼, 아니 어쩌면 더 존경과 칭송을 마다하지 않는 학문이 하나 더 있습니다. 바로 신학입니다.

단웅이 네? 데카르트는 철학자 아니었나요? 철학자가 신을 믿는다고요?

이유찬 먼저 짚고 넘어가야 할 것이, 철학자라고 해서 신을 믿지 않았던 것은 아닙니다. 우리가 흔히 철학이라는 학문을 생각해보면 이성, 사유, 논리 등을 떠올리죠. 이러한 인식 때문에 철학과 종교는 사뭇 거리감이 느껴질 수도 있지만, 오히려 철학사를 따라가 보면 철학이라는 학문은 상당한 시간 동안 신(종교)과 함께했다고 해도 과언이아닙니다. 서양 문화와 역사에서 기독교가 중심에 있었기 때문이죠. 그 시작은 무려 기원후 2세기부터입니다. 기독교 교리를 체계화했던 교부철학이 8세기까지 이어졌으며 9세기부터 17세기까지는 한술 더 떠서 기독교 교리를 철학적으로 논증하고 탐구하는 스콜라 철학의 흐름이 뒤따르게 되죠. 기독교적 철학이란 예컨대 이런 것입니다. '절대신이신 하느님이 있다면 '악'은 왜 존재하는가?' 이러한 질문들에 대해서 성경과 신학을 바탕으로 논리적인 대답을 낸다고 생각하시면 얼추 맞습니다. 여러분들이 아마 어딘가에서 들어봤을 법한 '철학은 신학의 시녀다'라거나, '중세는 종교가 지배한 암흑기다'라는 말들이 이 시기의 철학 사조와 관련되어 나온 말이랍니다.

다시 돌아와서, 데카르트가 그의 저서에서 신학에 대해 존경과 칭송을 보냈다고 말씀드렸는데요, 그가 정말로 신학에 대한 깊은 감명을 가지고 있었을 지도 모릅니다. 그러나 갈릴레오 갈릴레이의 사례에서 비추어지는 당시의 시대상황을 고려한다면, 데카르트가 교황청의 눈치를 보는 대목이 아닐까 하고 감히 생각해봅니다. 지금은 '데카르트가 활동했던 16~17세기는 기독교 철학의 말기였다.' 정도만 기억해 두세요.

단웅이 그렇다면 데카르트도 당시 시대적인 풍조에 맞춰서, 기독교와 관련한 철학을 주장한 것인가요?

이유찬 그렇다고 볼 수도 있고, 아니라고 볼 수도 있습니다. 데카르트가 활동했던 17세기는 스콜라 철학의 쇠락과 동시에 근대철학의 태동이 시작되었기 때문이죠. 즉 데카르트는 후기 스콜라 철학자이면서 근대철학의 아버지이기도 한 것입니다. 그는 신의 존재를 증명하는 등, 스콜라 철학적인 면모를 보입니다. 그러나 그가 근대철학의 문을 열었다고 평가받는 이유는 이전까지의 논의와는 분명히 구분되는 지점이 있기 때문이죠. 앞으로 데카르트의 생각과 사색들을 따라가면서, 과연 어느 지점에서 이성으로 대표되는 근대철학적인 순간이 나오는지 살펴보셔도 좋을 것 같습니다.

단웅이 아까 갈릴레이와 데카르트가 동시대 사람이라고 하셨잖아요. 제가 아는 바로는, 지동설이 등장하면서 패러다임이 바뀌고 과학혁명이 일어났으며 근대과학이 도래했다고 들었는데, 데카르트가 근대철학의 포문을 열면서 근대과학의 발전에 사상적인 기틀을 세운 것인가요?

이유찬 결과적으로 흐름을 따진다면 맞습니다. 하지만 그렇다고 해서 데카르트의 사상만이 그러한 역할을 했다고 단정할 수는 없을 것 같습니다. 당시의 학문에는 과학과 철학만 있었던 건 아니었으니까요. 말씀드렸듯, 중세를 지배하던 기독교 질서는 마르틴 루터의 종교 개혁(16세기 초)을 시작으로, 아니 어쩌면 그 이전-중세 흑사병(14세기 중반)-부터 균열이 가기 시작했습니다. 루터의 종교개혁은 지금의 교회, 그러니까 개신교의 등장이었죠. 당시의 전통적인 종파는 가톨릭. 지금의 성당(천주교)입니다. 이러한 구교(가톨릭)와 신교(개신교)의 갈등은 결국 30년 전쟁을 불러일으킵니다(17세기 초). 유럽의 국가들을 종교적인 믿음으로 결속했던 기존의 가치관(가톨릭)에 금이 가기 시작한 것이죠. 이렇듯, 기존의 견고한 사상이 흔들리자 여러 학문 분야에서 꿈틀거림이 나타난 것입니다. 과학과 철학, 예술 등의 분야가 이 시기에 많은 변화를 겪습니다. 그 과정에서 다양한 학문이 서로 영향을 주고받았을 겁니다. 그중에서도 철학이라는 학문은 본디 인간의 사유활동과 관련한 것이기에, 당시 변화하는 여러 학문의 흐름 속에서 그 변화의 '사상적 토대'를 마련했다는 의의가 있는 것이라 하겠습니다. 그리고 데카르트가, 데카르트의 『방법서설』이라는 책이 그 과정에서 중요한 역할을 한 것이죠.

철학이라는 학문이란

이유찬   지금까지 우리는 데카르트라는 사람에 대해서, 그리고 그가 살았던 시대적인 상황과 그 속에서 데카르트가 가지는 위상을 살펴보았습니다. '나무가 아닌 숲을 보라'라는 말이 있죠. 전체적인 흐름을 파악해야 중간에 길을 잃지 않을 수 있거든요. 마지막으로 하나만 더 보고 들어갈까요? 계속해서 우리는 철학자의 삶과 철학에 대해서 이야기하고 있는데, 그래서 철학이라는 학문이 대체 뭘 하는 학문일까요?

단웅이 글쎄요… 그렇고보니 아직 생각해본 적이 없었네요. 음, 철학이란 논리를 탐구하는 학문이 아닐까요?

이유찬 음, 그건 논리학이라 부를 수 있을 것 같은데요? 철학에서 논리학은 중요한 부분이긴 하지만요.

단웅이 앗, 그렇네요. 그렇다면… 생각을 깊게 하는…? 헤헤… 잘 모르겠어요.

이유찬 질문을 조금 바꿔볼까요? '철학적 접근', '철학적이다'. 라고 하면 단웅이는 뭐가 떠올라요?

단웅이 음… 뭔가 딱 답이 나오는 게 아니라, 생각할 거리가 많은, 여러 주장이 나올 수 있는 듯한? 그런 느낌이 들어요.

이유찬 맞아요. 방금 우리가 나눴던 대화가 바로 철학적인 대화죠. 우리는 방금 철학의 정의(定義)에 대해서 이야기를 해봤어요. 뭐라 딱 답이 정해지지 않고, 깊이 생각해야 하며, 사람마다 주장이 다를 수 있을 거예요. 결국 철학의 핵심은 '질문하는 것'입니다. 신(神)이란 뭔가, 이성이란 무엇인가, 삶이란? 도덕이란? 선(善)이란? 앎이란 무엇일까? 이러한 무수한 질문들을 던지고 그것들을 탐구하는 과정이 곧 철학이라고 할 수 있겠죠. 그리고 매우 오랜 시간 동안 철학자들이 탐구했던 질문이 하나 있어요. 바로 '진리란 무엇인가?'입니다. 데카르트는 이에 대한 답을 찾으려고 하는 겁니다. 데카르트 이전, 중세 시대의 진리는 종교(=신)였어요. '태양은 왜 빛나나요?' '하느님께서 그렇게 만들어서.' '사람은 왜 죽나요?' '성경에 따르면 인간이 옛날에 죄를 지었기 때문에.' '삶이란 뭘까요?' '하느님께서 우리에게 선물해주신 것.' '나는 왜 태어났을까요?' '하느님께서는 한 명 한 명에게 다 계획이 있으셔서.' '왜 착하게 살아야 하죠?' '그래야 천국에 가니까.' '왜 질병에 걸릴까요?' '하느님이 벌을 내리시는 거니까 기도를 해야만 해.' '왜 이 동물은 이렇게 생겼죠? 이건 성경에도 안 나오는데요?' '성경에 없는 이유는 그렇게 중요한 내용이 아니라 하느님께서 굳이 적지 않으셔서 그래. 신경 쓰지 마.' 뭐 이런 식인 거죠. 그러나 데카르트는 이러한 기독교적인 질서에 조심스러운 반기를 들고자 합니다.

『방법서설』의 구성

이유찬　자 이제 본격적으로 『방법서설』의 텍스트로 들어가 볼게요. 『방법서설』의 텍스트 자체의 분량은 생각보다 길지 않아요. 더 정확하게 말씀드리자면 우리가 살펴볼 텍스트에 한정하자면 그렇습니다. 『방법서설』은 총 네 편의 글로 이루어져 있는데, 시중에 출판된 『방법서설』은 그 중 첫 번째 글만 번역한 경우가 대부분입니다. 책의 서론 부분이죠. 나머지 세 편은 『굴절광학』, 『기상학』, 『기하학』인데, 이들은 철학적인 내용보다는 과학적 주제를 다루고 있습니다. '위대한 철학자 데카르트'를 이해하기 위해서는 그의 철학적 논의의 정수가 담겨있는 첫 번째 글을 살펴볼 필요가 있는 겁니다. 그리하여 통상 『방법서설』이라 함은 첫 번째 글을 의미한다고 보시면 됩니다. 저 또한 편의상 첫 번째 글을 『방법서설』로 지칭하겠습니다.

『방법서설』은 총 6부로 이루어져 있습니다. 본래 데카르트는 각 부의 제목을 적지 않았어요. 그는 글의 서두에서 각 부가 어떤 내용인지 짧게 언급하고 넘어가는데, 이를 토대로 번역서에서는 각 부에 제목을 붙이곤 합니다. 저 또한, 데카르트의 표현을 그대로 빌려 각 부의 제목을 붙여보겠습니다.

1부 : 학문들에 관한 고찰

2부 : 방법의 주요 규칙들

3부 : 도덕규칙들

4부 : 신과 인간 영혼의 현존을 증명해주는 근거들

5부 : 자연학적 문제들의 순서

6부 : 이 글[1]을 쓴 이유

『방법서설』을 읽다 보면 논문의 구성과 상당히 유사함을 알 수 있습니다. 1부에서 『방법서설』을 쓰게 된 집필 동기를 짧게 밝히고 기존 학문들을 비판합니다. 논문에서의 선행연구 비판과 비슷하죠. 2부에서는 앞으로 자신이 취할 방법론을 제시합니다. 3부는 2부에서의 방법론을 실생활에서 실천하기 위한 규칙들이고, 4부에서는 그 방법론을 형이상학이라는 학문에 적용해보고, 5부에서는 자연과학에 적

---

1   여기서 6부의 '이 글'은 『방법서설』이 아니라, 이후에 뒤따라 나오는 세 개의 글인 『굴절광학』, 『기상학』, 『기하학』을 의미.

용합니다. 그리고 6부는 이후에 뒤따라 나올 세 편의 글에 대한 집필 동기로 다시 이어지죠.

단웅이 그런데 데카르트는 '진리'를 탐구했다고 하셨잖아요. 책의 어디에도 진리에 관한 내용은 보이지 않는데요?

이유찬 예리하시네요. 사실 『방법서설』은 진리 자체에 대한 탐구보다는 여러 학문들을 어떻게 대할 것인지를 설명하는 방법론에 관한 책입니다. 그러나 데카르트가 제시한 바로 그 방법론에 진리가 숨어있죠. 만일 그 방법이라는 것이, 가장 기초적이고 원론적이며 기본이 되어야 할 방법이라면 그 어떤 학문을 데려다 놓아도 올바른 접근방법을 통해 각 학문에서 진리를 찾아낼 수 있지 않을까요? 그래서 『방법서설』의 원제목이 『이성을 잘 인도하고, **학문에 있어 진리를 탐구하기 위한** 방법서설』인 것이겠죠. 그리고 만약 그 학문이라는 것이, 신·영혼·존재·자아와 같은 형이상학적인 내용(4부)이라면 더더욱 진리다운 진리를 탐구하는 것이라 볼 수 있지 않을까요? 그래서 우리는 2부와 4부를 중심으로 살펴보려고 합니다.

당신도 할 수 있다

이유찬 『방법서설』의 1부, 본문 두 번째 문단은 다음과 같은 문장으로 시작합니다.

"양식[2]은 세상에서 가장 잘 분배되어 있는 것이다."

상당히 선언적이지 않나요? 몇 문장을 더 지나가면, 이런 문장도 나옵니다.

"그래서 우리 의견들이 서로 다른 것은 어떤 이들이 다른 이들
보다 더 이성적이어서가 아니라, 오직 우리 사유를 인도하는 길
들이 서로 다르고, 또 우리가 같은 것을 고찰하지 않는다는 데서
비롯된다는 것을 증시한다."

'모든 인간이 평등하게 태어났다'라는 내용의 미국 독립선언서가 발표된 시기가 1776년이라는 점을 감안하면, 그보다 약 150년 전에 귀족 출신의 저서 도입부에 이런 내용이 실렸다는 것이 놀랍지 않나요?

단뭄이 　인간의 이성 능력에는 차이가 없다고 먼저 밝히는 도입부가 신선하네요. 친절한 교육자 같은 느낌도 들어요.

이유찬 　『방법서설』이라는 책이 당시 프랑스 민중들을 대상으로 해서 출간되었기 때문일 겁니다. 다만 데카르트는 '교육적인 태도'를 경계 했어요. 정답을 가르치려는 목적의 소위 교조적인 의도는 없다고 밝 히거든요. '내가 찾아낸 방법들로 나는 진리를 발견했지만, 그저 여 러분께 이 과정을 들려주려는 것일 뿐, 나의 방법을 무조건 따라야 한다거나 여러분을 교육하려는 목적은 아니다.'라는 점을 분명히 합

　2 　'良識:좋은 식견이나 판단력'을 의미. 즉, 이성.

니다. 데카르트의 『방법서설』이 출간되기 4년 전 갈릴레이가 종교재판을 받았다는 점, 이 책이 당시에는 익명으로 출간되었다는 점을 고려하면 데카르트는 아마도 본인의 저작이 정치적인 영향력을 가지는 것을 경계했을지도 모릅니다. 저의 개인적인 감상이긴 합니다만, 데카르트는 바로 이 대목에서 본인이 전개해 나갈 '진리를 향한 여정'에 앞서 독자들에게 '당신들에게도 나와 같은 이성의 능력이 있으니 나의 사색을 충분히 따라올 수 있을 것이다'라고 독려하는 듯한 느낌이 들었답니다.

단뭉이 1부의 다른 내용은 어떤 내용으로 이루어져 있나요?

이유찬 데카르트 본인의 학창 시절에 배웠던 여러 학문들을 언급하고 각 학문을 평가합니다. 대부분 비판적인 관점으로요. 물론 그렇다고 해서 기존 학문이 모두 쓸모가 없다고 폄훼한 것은 아닙니다. 각 학문의 유용성은 인정하지만, 진리를 탐구하는 방법론적인 관점에서는 의미가 없다고 서술합니다. 데카르트는 『방법서설』에서, '진리의 탐구'를 '확실한 인식의 획득'이라는 표현으로 자주 사용하는데, 이러한 인식획득의 과정에 한해서는 적어도 기존 학문들이 큰 쓸모가 없다는 것이죠. 그의 비판적인 태도는 철학도 예외가 아니었습니다. "여러 세기에 걸쳐 살아온 가장 탁월한 정신들이 힘써왔지만," 그럼에도 논쟁의 여지가 없는 확실한 것이 없다고 평가합니다. 확실한 인식(=진리)을 위해서는 기존의 모든 것을 의심해야 한다는 데카르트의 입장이 드러나는 대목입니다.

홀로, 의심하기

이유찬 잠깐 다른 이야기를 해볼게요. 혹시 단웅이는 조별 과제 해본 적 있나요? 조별 과제 할 때 가장 힘든 점이 있다면 뭐가 있을까요?

단웅이 음…. 가끔은 그냥 나 혼자 하는 게 편하겠다 싶은 때도 있는 것 같아요. 여러 사람의 의견을 취합해서 유의미한 결과물을 도출해내는 게 생각보다 힘들더라고요.

이유찬 데카르트도 비슷한 생각이었던 것 같아요. 『방법서설』의 2부에서 그는 확실한 인식을 위한 방법론을 제시하는데, 자신의 경험담에서 느낀 점들을 기반으로 '나 혼자'를 강조합니다. 서로 다른 장인들의 손을 거친 작품은 혼자 작업한 것보다 못하고, 오랜 세월에 걸쳐 조금씩 마을에서 도시로 변모한 오래된 도시들은 권력자가 설계한 계획도시보다 균형이 나쁘다는 것을 발견했다고 합니다. 진리를 위한 방법도 이와 마찬가지여서, 여러 철학자의 사유나 기존의 철학적 방법을 견지하고서는 "매우 완성된 것들"을 만들어내기 어렵다고 보았습니다.

단웅이 그게 바로 '확실한 인식'이자 진리이겠네요.

이유찬 맞습니다.

> "나는 어둠 속을 홀로 걸어가는 사람처럼, 아주 천천히 가자고, 모든 것에서 신중해지자고, 그래서 아주 조금밖에 나아가지 못한다 해도, 적어도 넘어지는 것만은 제대로 경계하자고 결심했다."

이유찬 자, 이제 데카르트는 본인 스스로를 철저하게 이끌겠다고 다짐했습니다. 자신이 혹여 엇나갈까 조심스럽게 경계하면서, 앞으로 진리를 탐구하는 과정에서 본인이 견지해야 할 규칙들을 세웁니다. 첫째는, 앞서 기존 학문들에 대한 데카르트의 시각에서 힌트를 얻으셨을 수도 있을 텐데요, 바로 "명증하게 참이라고 인식하지 않은 어떠한 것도 결코 참으로 받아들이지 않는 것"입니다. 이른바 '명증성의 규칙'이라는 것인데, 속단, 편견, 선입견 등을 일체 피하고 모든 것을 의심하기로 한 것입니다. 둘째는, 이른바 '분해의 규칙'이라는 것으로, 검토할 대상을 쉽게 해결하기 위해 가능한 한 작은 부분들로 나누는 것입니다. 셋째는, 단순한 것에서부터 복잡한 것으로 단계적으로 인식하면서 순서를 따져보는 것입니다. 이른바 '복합의 규칙'입니다. 마지막 넷째는, 앞의 모든 과정에서 완전한 열거와 전반적인 점검을 어디서나 하는 것입니다. 이른바 '열거의 규칙'입니다.

단웅이 앞서 말씀해주셨던 명증성과 확실성에 대한 집착이 느껴지는 듯한 방법론이네요. 그런데 주변의 모든 것을 당장 검토하려고 하면 뭐부터 시작해야 할지 더 막막할 것 같은데요.

이유찬 그래서 데카르트는 우선순위를 정합니다. 다른 학문들은 그 원리들을 철학에서 가져오기 때문에, 철학에 우선 적용하기로 생각합니다. 이는 4부로 이어지면서 그 방법들이 더 구체화 된답니다.

나는 생각한다, 고로 나는 존재한다

이유찬 앞에서 데카르트가 정한 4개의 규칙을 말씀드렸는데요, 이제 이 방법론들을 철학이라는 학문에 적용해보겠습니다. 저 4개의 규칙을 한마디로 표현하자면 '모든 것을 의심하기'라고 부를 수 있겠습니다. 의심에 의심을 거치다 보면, '이것만은 의심할 수 없는 명백한 사실'이 등장할 것이고 이는 곧 '진리'라 부를 수 있을 것입니다. 의심할 수 없는 확실한 진리를 찾기 위해 모든 것을 의심하는 이러한 방법을 '방법적 회의'라고 부릅니다. 자, 단순한 것부터 시작해 보죠. 바로 감각입니다.

단웅이 감각을 의심할 수 있나요? 내 눈에 보이는 것을 어떻게 의심하죠?

이유찬 글쎄요, 착시현상을 생각해보면 어떨까요? 인간이 가장 많은 정보를 얻는 시각이라는 감각에서조차 우리는 왜곡된 인식을 하게 됩니다. 그리고 한 치의 의심이라도 있다면 그것은 거짓으로 간주해야 할 것입니다.

대표적인 착시현상 그림인 아키요시 키타오카의 [회전하는 뱀]. 실제로는 움직이지 않는 그림이지만 움직이는 것처럼 보인다.

이유찬 　지금의 현실도 의심해봐야 합니다. 지금 우리가 꿈을 꾸고 있는 것일지도 모르거든요. 우리는 꿈속에서 현실이라고 생각하지만 실제로는 아니잖아요. 주변의 모든 것을 의심하기 시작하는 거죠. 심지어 데카르트는 1+1=2 와 같은 수학적인 명제마저 의심합니다. 소위 '악령의 가설'이라는 것인데요, 어떤 악한 존재가 나를 속이려고 작정했다면 불가능한 것은 없다는 겁니다. 조금 억지스러울 수도 있지만요, 그만큼 철저하게 의심해보자는 뜻으로 이해하셨으면 좋겠네요. 그런데 잠깐, 지금 계속 의심하는 활동을 하고 있는데 말이죠. 정말 내가 의심하고 있기는 한 걸까요? 내가 지금 생각이라는 걸 하고 있긴 한 걸까요? 바로 이 지점에서, 데카르트가 찾아낸 진리가 나옵니다. '내가 의심하고 있나?'라고 의심하는 순간, 의심을 하고 있다는 사실은 명확합니다. '내가 생각하고 있나?'라고 의심하는 활동 자체가 '생각하는 활동'이거든요. 그렇다면 자연스럽게, 그러한 생각(=사유)을 하고 있는 주체인 '나'는 반드시 존재하여야만 합니다. 이게 바로 그 유명한,

단웅이 "나는 사유한다, 그러므로 나는 존재한다."라는 것이군요!

> *"내가 그렇게 모든 것은 거짓이라고 사유하고자 하는 동안, 그*
> *것을 사유하는 나는 필연적으로 어떤 것이어야 한다는 것에 주의*
> *했다. 그리고 나는 사유한다, 그러므로 나는 존재한다는 이 진리*
> *는 너무나 확고하고 너무나 확실해서, 회의주의자들의 가장 과도*
> *한 모든 억측들도 흔들 수 없다는 것을 알아차리면서, 나는 그것*
> *을 주저 없이 내가 찾고 있던 철학의 제일원리로 받아들일 수 있*
> *다고 판단했다."*

이유찬 데카르트가 근대철학의 포문을 열었다고 평가받는 가장 큰 이유가 바로 여기에 있습니다. 모두에게 평등하게 분배된 '사유하는 능력'을 사용하여 그 누구라 하더라도 본인의 존재를 증명할 수 있다고 주장한 것이거든요. 그리고 이 논증과정에서 신과 종교는 등장하지 않죠. 데카르트 이전의 철학에서 진리는 곧 신이었고, 나의 존재는 신께서 보장해주시는 것이었습니다. 그런데 데카르트는 철저하게 이성만을 사용해서 논리적으로 인간의 존재를 증명해 냅니다. 그리고 이것이 가장 확실한 인식이자 진리라고 하는 거예요. 가장 확실한 첫째(=제일원리)는 신이 아니라 나의 존재라고 선언하는 이 대목은 가히, 신으로 대표되는 중세의 끝이자 인간의 이성과 계몽으로 대표되

는 근대의 시작이라고 봐도 부족함이 없을 것 같습니다.

인간의 이성이 신의 존재를 증명한다

이유찬　데카르트가 아무리 인간의 이성과 사유를 논했다고는 하나 그도 사람인지라 중세 시대 스콜라 철학의 영향은 남아있습니다. 결국 신의 존재를 증명하긴 합니다만 그 전제가 되는 명제가 '나는 생각한다, 고로 존재한다'이고 이는 인간의 이성만을 사용해 도출해 낸 것인 만큼, 인간의 이성으로 신의 존재를 증명해 냈다는 것에 의의를 두고 싶네요. 우리가 주목해야 할 데카르트의 사유는 이미 살펴보았지만, 그가 이 명제를 통해 어디까지 갈 수 있는지 조금만 더 지켜보도록 하죠.

　이제 우리는 가장 확실한 하나의 명제를 얻었습니다. '사유하는 자는, 존재한다'라는 것이죠. 그렇다면 신의 존재를 증명하기 위해서는 단 하나만 증명하면 됩니다. 그게 무엇일까요?

단웅이　'신은 생각한다'를 증명하면 신의 존재는 자연스럽게 증명되겠네요.

이유찬　맞습니다. '생각'이라는 단어를 '관념'이라고 바꿔봅시다. 자, 우리 인간은 불완전한 존재이고, 신은 완전한 존재입니다. 그리고 우리 인간은 '신'이라고 하는 완전한 존재의 관념을 알고 있습니다. 그런데 이것은 조금 이상합니다. 불완전한 존재가 완전한 존재를 알고 있다는 것은 모순이라는 것이 데카르트의 주장입니다. 왜냐하면, 불완전함의 조합으로는 완전함을 도출해 낼 수 없기 때문입니다. 즉, 불완전한 존재인 인간이 완전한 존재인 '신'에 대한 관념을 가지고 있다는 것은, 불완전한 우리가 생각한 것이 아니라, 우리보다 완전한 어떤 존재가 우리에게 넣어 준 것으로 봐야 한다는 것이죠.

> *"내 존재보다 더 완전한 존재의 관념에 대해서는…그 관념을*
> *나 자신으로부터 얻을 수는 없었기 때문이다. 이로써 남는 것은,*
> *그 관념은…신이라는 본성을 통해 내 안에 넣어졌다는 것이다."*

따라서 완전한 존재인 '신'이라는 관념은 우리에게서 나온 것이 아니라, 신으로부터 나온 것이고 따라서 신은 스스로에 대한 관념을 가지고 있는 존재이며 다시 말해 신은 생각하는 자이므로, 신은 존재한다는 결과가 도출됩니다.

단웅이 뭔가 조금 억지스러운 느낌이 없다고는 못하겠어요. 하지만 충분히 논리적이고 '나는 생각한다, 고로 존재한다.'라는 명제에서 이렇게 신의 존재까지 증명했다는 것이 대단하다고 느껴져요.

이유찬 지금까지 우리는 데카르트가 어떤 사람인지, 그가 살았던 시대는 어떠했는지 알아봤고. 그의 철학적 논의를 살펴보기에 앞서 철학이라는 학문은 무엇인지, 『방법서설』이라는 책은 어떠한 책인지, "나는 생각한다 고로, 존재한다."라는 문장을 중심으로 데카르트의 핵심 주장을 간략하게나마 훑어보았습니다. 철학이라는 학문이 막연하고 어려운 문장들의 향연으로만 느끼시는 것은 아닐까 걱정해서 최대한 전문용어의 사용을 자제하고 일상의 언어로 풀어봤어요. 이 과정에서 제가 자의적으로 생략하거나 건너뛴 내용도 분명히 있습니다. 너그러이 양해해주셨으면 합니다. 짧은 지면으로 철학이라는 학문과 데카르트 철학의 정수를 모두 담아낸다는 것은 불가능하고, 설명하는 저마저도 그만큼의 식견을 가진 사람은 아닌지라, 부족한 점이 있을 겁니다. 그 부족한 부분을 채워나가는 것은 여러분의 몫으로 남겨두겠습니다. 데카르트가 당시 독자들에게, 그리고 지금을 살아가는 우리에게 전했듯, "양식은 세상에서 가장 잘 분배되어 있는 것"이니, 여러분 각각의 이성과 양식으로 저마다의 철학적 사색을 즐겨보시길 바랍니다.

참고문헌

데카르트, 이현복 옮김, 『방법서설(정신지도규칙)』, 문예출판사, 2019.
안광복, 『처음 읽는 서양 철학사』, 어크로스, 2017.
윤선구, 「데카르트 『방법서설』」, 『철학사상』, 16, 1-85, 2003.
프랑스 데카르트시 공식 홈페이지 https://www.ville-descartes.fr/

경험과 이성의 상호작용

―존 로크, 『인간지성론』

박홍준

과학의 세 번째 영역은 기호학이라 부를 수 있다. 이는 마음이 사물을 인지하고 타인에게 지식을 전달하기 위해 사용하는 기호의 본질을 탐구하는 영역이다. 이 분야는 종종 논리학으로도 불린다. 우리가 생각하는 대상들은 우리의 마음 자체를 제외하고는 직접적으로 드러나지 않기 때문에, 마음은 그 대상들을 떠올리기 위한 내적 표상, 즉 생각을 필요로 한다. 기호학은 생각이 어떻게 사물의 표징 또는 표상으로 작용하는지, 그리고 이러한 기호를 통해 지식이 어떻게 소통되는지 그 과정을 연구하는 분야이다.[1]

---

1 Locke, John, *An Essay Concerning Human Understanding*, Oxford University, 1836[1689], p.550.

의학과 철학의 만남

단비 왜 이렇게 두꺼운 책을 읽어야 하나요, 교수님? 철학 저서는 처음 읽어보는데, 너무 어렵고 길어서 한 장 한 장 넘기기가 너무 힘들어요.

박 교수 어서 들어오세요, 단비 학생. 그 질문, 제가 듣기를 바랐던 질문입니다. 사실 "너무 두껍다"는 것이 17세기 철학 책을 처음 만나는 대학 신입생에게는 당연한 반응일지도 모릅니다. 현대사회를 살아가는 우리 학생들은 대부분 숏폼 콘텐츠가 연발하는 도파민에 중독되어 책보다는 스마트폰과 태블릿에 친숙해져 있죠. 그런 상황에서 아날로그 롱 폼 콘텐츠, 즉 명저를 읽는다는 것은 필연적으로 어려운 일입니다. 하지만 끝까지 잘 읽어 내기만 한다면 인류 지성사에 숨겨진 주옥같은 보물을 발견하게 될 거예요.

단비 그래도…이 책을 다 읽어야 한다는 생각만 해도, 바라보기만 해도 졸음이 쏟아지거든요. 너무 길고 문장도 어렵고…정말 제가 완주할 수 있을까요?"

박 교수 단비 학생, 혹시 주위에 의학 전문 대학원을 준비하는 학생들이 있나요?

단비 네, 꽤 많아요. 저도 진지하게 고민하고 있습니다.

박 교수 그럼 그 학생들의 시선에서 생각해 봅시다. 사실 『인간지성론』의 저자 존 로크는 의사였습니다. 그런 맥락에서, 의학 전문 대학원을 지망하는 많은 학생들이 의사로서의 세계관을 넓히기 위해 일부러 로크의 책을 통독하곤 하죠.

단비　네? 정말입니까? 그런데 의사가 왜 이렇게 두꺼운 철학 책을 집필했을까요? 의학과 철학이라는 두 분야는 별로 접점이 없어 보이는데요.

박 교수　이 이야기는 로크가 다양한 분야의 지인들과 모였던 한 자리에서 시작됩니다. 로크가 지인들과 모여 나누는 대화를 한번 같이 상상해 보죠. 상상을 돕기 위해 한번 자세히 묘사해 볼까요?

난롯불 아래의 대화: 수학자, 의사, 그리고 정치인의 충돌

자, 늦가을 저녁, 난로불이 타닥이는 따뜻한 방 안. 묵직한 오크 책상 둘레로 다섯 명의 인물이 긴장된 침묵 속에 앉아 있습니다. 이 방 한가운데 앉은 존 로크는 날카로운 눈과 인상적인 이마를 가진 젊은 의사로, 깊은 사색에 잠겨 동료들의 이야기를 듣고 있습니다. 그를 마주보고 앉은 에드워드 클라크는 장난기 넘치는 웃음을 지닌 의사이고, 의심의 눈빛으로 친구들을 바라봅니다. 한 편 윌리엄 몰리뉴는 클라크를 오른쪽에서 바라보고 있습니다. 그는 차분하고 논리적인 수학자로 마치 포커를 치듯이 엄격한 표정으로 손가락으로 테이블을 두드리고 있죠. 마지막으로 정치가 안토니 애슐리 쿠퍼는 그를 의뭉스러운 얼굴과 억지 미소로 지켜보다, 가끔씩 유독 열정적인 어조로 자신의 의견을 펼칩니다. 안토니의 아내인 메리는 곁에서 조용히 미소를 띠고 있죠. 그럼 이들의 대화속으로 들어가 봅시다.

쿠퍼 인간의 지식은 태어날 때부터 마음에 새겨진 선천적인 관념에서 비롯된다! 우리는 미리 프로그램된 기계와 다를 바 없어.

몰리뉴 하지만 쿠퍼 경, 그러한 관념에 대한 증거는 어디 있습니까? 경험 없이 어떻게 지식이 생길 수 있겠습니까?

클라크 몰리뉴 선생, 당신은 지나치게 이성적인 것 같군요. 우리 눈앞에 보이는 탁자, 의자, 심지어 이 불꽃까지도 단순히 우리 마음이 만들어낸 환상일지도 모른다는 가능성을 왜 배제하시는 거죠?

로크 클라크 선생, 그럼 신(神) 조차도 우리 마음이 만들어낸 환상이라는 말씀이십니까?

메리 존, 너무 심각해하지 마. 클라크는 단지 우리를 조금 놀리고 있는 거야.

쿠퍼 하지만 클라크 여사의 지적은 중요합니다. 우리가 세상을 경험하는 방식은 모두 다르죠. 내가 붉은 장미라고 부르는 것은 당신에게는 다른 색으로 보일 수도 있지 않을까요?

몰리뉴 허… 하지만 기본적인 형태와 개념, 예를 들어 숫자나 기하학 법칙은 모든 사람에게 동일하지 않겠습니까?"[2]

---

2 본 대화는 학생들의 흥미를 유발하고 이해를 돕기 위해 위의 다음 원서 내용을 본 챕터의 저자가 요약 후 재구성하였습니다: Ashcraft, Richard, *Revolutionary Politics and Locke's Two Treatises of Government*, Princeton University

박 교수 토론은 이렇게 예리한 논리와 도발적인 질문으로 계속됩니다. 어때요? 이런 대화를 상상해 본다면, 마지막 몰리뉴의 말 후에 로크는 말없이 듣지만 마음은 열병처럼 들끓었을겁니다. 친구들 사이 오가는 말 한 마디 한 마디 속에서 새로운 가능성의 씨앗을 엿보았기 때문이죠. 단비 학생은 어떤 생각이 듭니까?

단비 교수님, 지금 제 머릿 속에서는 정말 많은 생각이 납니다. 이것은 제가 의도한 것이 아니라 마치 반자동적으로 정보가 떠오르고 조립되는 그런 느낌이네요. 이 기분은 대체 무엇이죠?

박 교수 우리 학교에 "명저 읽기"라는 교과목이 있죠? 이 교과목과 관련해서 한 교수님이 이렇게 말씀하신 바 있습니다.

> "책 읽기는 본질적으로 '대화'의 활동이 아닐 수 없다. 우선 글쓴이와 읽는 이의 '대화'라는 것이 자명한 이치일터이고, 이뿐만이 아니라 책 읽기는 그 책을 읽기 전의 자신과 지금 책을 읽고 있는 자신과의 대화이고, 같은 책을 읽고 있는 다중 혹은 집단지성과의 대화이며, 그 책의 세계와 그 세계 바깥세상과의 대화이기도 한 것이다."[3]

Press, 2021, pp.75-127; Rogers, Graham Alan John, *Locke's Philosophy: Content and Context*, Clarendon Press, 1996, pp.2-28.

3   김주언, 「LAC 교과목으로서 「명저읽기」 강좌의 방향 설정을 위한 모색」, 『대학 고전교육, 어떻게 할 것인가』, 역락, 2022, 91쪽.

단비 뭔가 알 듯 말 듯 한데요.

박 교수 요약해 보자면 이런 말이 되겠군요. 1) 명저 읽기는 저자와 독자의 대화이지만, 동시에 과거의 나와 현재의 나, 그리고 다른 독자들과 함께 대화하는 과정이다. 2) 명저를 읽으면서 우리의 생각과 가치관이 변화하게 된다. 3) 명저 읽기 학우들과 함께 토론을 통해 우리는 다양한 관점을 이해하고, 우리의 생각을 발전시킬 수 있다. 결국, 명저 읽기는 단순히 지식을 습득하는 것이 아니라, 우리의 사고와 행동을 변화시키는 과정이라고 할 수 있습니다. 명저를 읽고 토론하는 과정을 통해 우리는 다양한 관점을 이해하고, 창의적으로 사고하고 행동할 수 있는 능력을 함양할 수 있습니다. 단비학생은 방금 로크와 그 지인들의 대화를 듣고, "명저읽기" 수업이 목표로 하는 바와 유사한 경험을 한 셈이죠.

백지 혹은 숨겨진 설계도: 인간 지성의 비밀 풀기

단비 우와 신기하네요 교수님. 그런데 방금 보여주신 로크와 친구들과의 대화를 하나씩 풀어서 설명해주실 수 있을까요?

박 교수 물론이죠. 먼저 쿠퍼의 의견부터 현대 지성사적 관점에서 간단히 알아볼까요? '인간의 지식은 태어날 때부터 마음에 새겨진 선천적인 관념에서 비롯된다! 우리는 미리 프로그램된 기계와 다를 바 없다'라는 쿠퍼의 이 주장은 미국 언어학자이자 정치적 입장을 강조하는 노엄 촘스키와 상당히 유사한데요. 촘스키의 입장에 대해 좀 더 말씀드려 볼까요?

단비 그 분 유튜브에서 본 적 있어요!

박 교수 네, 저도 그 분 등장하는 팟캐스트를 종종 봅니다. 촘스키의 언어에 대한 보편 문법 이론에 따르면 언어를 습득하는 인간의 능력은 내재적이며 모든 언어의 문법 구조에 대한 보편적인 원리에 따라 지도된다고 합니다. 굉장히 대담한 가설이죠? 그러나 촘스키는 이 논의를 언어의 범주를 넘어서 인류가 선천적으로 타고난듯한 인간의 모든 지식에 관한 일반화로 확장하지는 않았습니다.

단비 그렇군요. 그럼 이렇게 촘스키의 입장이 쿠퍼와 어느 정도 일치한다고 이해하면 되나요?

박 교수 네, 어느 정도 맞아요. 촘스키는 주로 언어와 관련된 인지 구조에 관심을 두었는데, 사실 그는 모든 인간의 지식이 태어날 때에 미리 결정되거나 마음에 새겨진 것은 아니라고 단언한 적은 없어요. 그러므로 쿠퍼와 촘스키의 주장은 어느 정도 일치하지만, 쿠퍼의 주장이 촘스키의 구체적인 이론 범위를 넘어선다는 점을 기억해 주세요. 간단히 말해, 쿠퍼와 촘스키는 모두 일부 인간의 지식이 선천적이라고 주장하지만, 쿠퍼는 모든 인간의 지식이 선천적이라고 주장하는 반면, 촘스키는 언어 능력에 한정하여 선천적이라고 주장한다는 차이가 있어요. 쿠퍼의 주장은 인간의 모든 지식이 환경에 의해 형성되는 것이 아니라 태어날 때 이미 결정된다는 인식론적 결정론을 지지하는 근거로 사용되었습니다. 반면, 촘스키의 주장은 인간의 지식은 환경과 상호작용에 의해 형성된다는 인식론적 구성주의를 지지하는 근거로 사용되었지요.

단비　잘 알겠습니다. 그럼 로크의 입장은 이것과 어떻게 다른건가요?

박 교수　로크에 따르면, 인간의 마음은 갓 태어난 아기의 눈과 같습니다. 아직 아무 것도 그려지지 않은 캔버스 같다는 것이죠. 출생 시에는 선천적인 개념이나 아이디어가 없으며, 지식은 세상과의 감각적 경험과 상호 작용을 통해 점진적으로 축적된다는 것입니다. 다시 말해, 로크는 우리는 미리 주어진 지식을 지니고 태어나지 않으며, 경험과 환경이 우리의 이해력을 형성하는 주된 요인이라고 주장했습니다. 존 로크는 이를 타불라 라사(tabula rasa)라고 불렀어요.[4] 아무튼 교황청은 한 때 로크의 저서를 금서 목록에 포함시키기도 했었지요.

단비　그게 왜 종교적 금서로까지 지정될 일인거죠?

박 교수　존 로크의 『인간지성론』이 로마 가톨릭 교회에서 금서로 지정된 이유는 다음과 같습니다. 우선, 로크는 모든 지식이 우리가 태어날 때부터 마음에 가득 담겨져 있는 것이 아니라, 경험을 통해서 얻어진다고 주장했어요. 그런데 당시 가톨릭 교회는 모든 지식이 신의 계시를 통해 전해진 것이라고 믿고 있었죠. 그래서 로크의 이 주장은

4　Locke, John, *An Essay Concerning Human Understanding*, Oxford University, 1836[1689], pp.61-64.

가톨릭 교리에 도전적이었습니다. 게다가 로크는 정부의 권력이 국민들의 동의를 받아야 한다고 주장했어요. 그런데 당시에는 군주나 교회가 모든 권력을 가지고 있었죠. 그래서 로크의 주장은 군주나 교회의 권력을 간접적으로 비판하는 측면이 있었습니다. 이런 이유 때문에 『인간지성론』은 금서로 지정되었지만, 지금은 시대가 바뀌어 로크의 사상이 비판적으로 수용되고 있지요.

단비   매우 흥미로운 이야기네요! 잘 알겠습니다. 그런데 저는 쿠퍼의 주장에 좀 더 관심이 가요. 사실 인간의 행동, 성격, 건강 등 많은 것이 DNA에 의해 미리 결정된다고 하잖아요. 그렇다면 어떤 점에서는 쿠퍼가 말한대로 우리는 미리 프로그램된 기계와 다를 바 없지 않을까 하는 생각도 자꾸 듭니다.

박 교수   하하, 그렇군요? 그럼 거기에 관련된 서양 사상가들 중 또 다른 한 명의 의견을 잠시 말씀드릴까요?
단비   네, 좋습니다.

박 교수   단비 학생. 혹시 친구들과 모여 커피를 마시면서 가끔 토론을 벌이거나, 대화를 즐겨 나누거나 하나요?
단비   그럼요 교수님. 거의 매일 그러는 것 같은데요?

박 교수   그럼 얘기가 더 길어지기 전에 커피를 한잔 타오겠습니다. 단비 학생은 평소 어떤 음료를 즐겨드시나요?

단비   저는 아메리카노만 마셔요.

박 교수   오! 저도 아메리카노 미디엄 로스트만 마십니다. 마침 수마트라
      메단에 있는 제 처가에서 보내준 원두가 있는데, 한 번 마셔볼래요?
단비   좋아요!

박 교수   (아로마가 가득한 커피 원두를 그라인더로 갈아 핸드드립 필터를 컵 위
      에 놓은 후 천천히 진한 아메리카노를 내린다). 로크의 주장에 따르면, 우리
      가 이 상황에서 커피를 마시며 대화를 나누는 것도 경험과 환경이 우
      리의 이해력을 형성하는 데에 영향을 미치는 주된 원인 중 하나일겁
      니다. 지금 이 상황이 로크가 친구들과 벌인 토론의 연장선상인 셈이
      죠… 일단, 생명정보학에 관심이 많은 단비학생과 관련된 주제로 돌
      아와서 쿠퍼의 주장을 다시 이야기해 볼까요? 혹시, 홉스라는 이름
      들어봤어요?
단비   아이고, 느닷없이 또 새로운 사상가의 이름을 언급하시니 놀
      랐어요.

박 교수   걱정하실 것 하나도 없습니다. 세계 지성사는 이처럼 많은 학
      자들이 오랜 세월에 걸쳐 한겹 한겹 쌓아올린 대화이니까요. 그래서
      저는 시대 순으로 이론을 살피기보다는, 어떤 특정한 테마를 설정하
      고 이를 둘러싼 다양한 사상가들이 시공간을 초월하여 한 자리에 우
      리와 함께 모여있다는 상상을 합니다. 그게 가능하다면 정말 신나는
      일이겠지요, 안 그렇습니까?

단비　　그렇겠네요. 그럼, 저도 한번 상상의 나래를 펼쳐볼게요.

박 교수　감사합니다. 뜬금없어 보일 수 있지만, 인류-컴퓨터 비유와 관련해 홉스를 먼저 언급한 이유가 있습니다. 오늘날 우리가 정보 이론(information theory)이라고 부르는 분야의 기반을 형성한 또 다른 사상가가 있는데, 그를 이해하기 위해서는 홉스의 명칭주의를 먼저 살펴봐야 하기 때문이죠.

단비　　그런가요? 조금 더 간단히 설명해주실 수 있습니까?

박 교수　그럼요. 간단히 말해, 홉스는 어떤 사물이나 존재에 붙인 이름은 우리 사상이 전달되는 기호일 뿐, 사물 자체의 본질을 파악하는 열쇠는 아니라고 주장했습니다.

단비　　이름이 사물의 본질은 아니라는 말이죠?

박 교수　맞습니다. 홉스의 비유를 빌리자면, 이름은 마음이라는 무대 위에서 다채로운 의상처럼 자유롭게 착용하는 가면에 가깝다고 할 수도 있겠네요. 따라서 개, 나무, 돌 등의 종류를 나타내는 단어들도 우리가 편의상 만들어 쓴 단순한 기호일 뿐이라는 것입니다. 그렇다고 해서 우리가 사물의 본질을 파악할 수 없는 것은 아닙니다. 홉스는 이름 그 자체에서는 사물의 본질을 파악할 수 없다고 주장한 것입니다. 우리가 사물의 본질을 파악하기 위해서는 감각과 기억을 통해 얻은 정보를 바탕으로 직접 경험해야 합니다. 홉스는 마음속 개념의 사슬은 감각기관을 통해 받아들인 경험의 울림에서 만들어지며, 그

순서에 따라 연결된다고 말합니다. 즉, 우리는 새로운 아이디어를 감각과 기억이라는 무대에서 얻은 정보에 따라 조립하고 연결할 뿐, 이름 자체에서 어떤 보편적인 의미를 추출하거나 절대적 진실을 발견할 수는 없다는 주장이죠.

단비　이름은 단지 사물의 개념을 표현하는 도구일 뿐이라는 말인가요?

박 교수　맞습니다. 아주 잘 정리하셨네요! 홉스의 이러한 사상은 이후 명칭주의(nominalism)로 불리게 됩니다. 홉스는 개, 나무, 돌 같은 '타입' 자체가 실제로 존재하지 않는다고 보았어요.[5] 즉, 모든 사물은 유일하고 개별적이며, 우리가 만들어 낸 '이름'은 이러한 다양한 개체들을 카테고리화하여 인식할 수 있게 해주는 심볼일 뿐이라는 거죠.

단비　그렇다면, 홉스의 명칭주의가 정보화 시대와 무언가 관련이 있을 법도 한데요.

박 교수　네, 그렇습니다. 홉스의 명칭주의는 오늘날 우리가 계산적 사고(computational thinking)라고 부르는 분야의 발전에 영향을 주었습니다. 계산적 사고는 문제를 해결하기 위해 논리와 기호를 사용하는 사고 방식입니다.

단비　아… 그런가요?

— 5　"There is nothing universal but names."; Hobbes, Thomas, *Leviathan*, *Oxford World's Classics*, Oxford University Press, 1996, pp.38.

박 교수 홉스는 어떤 사물이나 존재에 붙인 이름은 우리가 생각을 표현하는 기호일 뿐이라고 주장했던 것 기억나지요? 쉽게 말해, 이름은 사물 자체의 본질을 나타내는 것이 아니라는 얘기입니다. 홉스는 사물이나 존재의 본질을 파악하기 위해서는 감각과 기억을 통해 얻은 정보를 바탕으로 직접 경험해야 한다고 주장했습니다. 따라서, 사물이나 존재에 붙인 이름은 사물 자체의 본질을 나타내는 것이 아니라, 우리가 사물이나 존재에 대해 생각하는 방식을 표현하는 기호일 뿐이라고 주장했습니다. 나아가, 라이프니츠는 이러한 생각을 확장하였습니다.

단비 어디서 들어본 이름인데요, 교수님. 라이프니츠는 어떤 사람이었나요?

박 교수 컴퓨터를 좋아하는 사람이라면 그 이름을 들어봤을 법 하죠. 사실… 라이프니츠는 저보다 훨씬 똑똑하지만, 저와 몇 가지 공통점이 있는 사람이에요.

단비 네? 어떤 점에서 교수님과 라이프니츠가 공통점이 있지요?

박 교수 라이프니츠는 음악인류학을 전공한 저처럼 철학과 음악에 동시에 관심이 많았고 수학에도 능통한 학자였죠. 학문적 정체성이 다소 모호했지만, 그런 다학제적인 사고를 일상적으로 했던 것으로 잘 알려져있습니다. 그는 언어의 기원뿐만 아니라 플라톤과 피타고라스와 같은 전통적인 철학적 사고와 더불어 음악에도 깊은 관심을 가지고 있었어요. 그의 저서인 『음악의 메타물리학』에서는 음악에 내재

된 수학적 원리를 아주 흥미롭게 잘 정리해놓았습니다.[6] 나중에 시간
이 날 때 꼭 한번 읽어보세요.

단비　오, 네. 그의 배경을 들으니 꼭 읽어보고 싶어지네요. 그럼 라
이프니츠는 어떤 주장을 했나요?

박 교수　라이프니츠는 홉스의 명칭주의를 바탕으로, 인류의 모든 사상
과 기호 사이에 일대일 대응 관계가 있다고 생각했습니다. 즉, 모든
사상을 정확하게 표현할 수 있는 기호가 존재한다는 얘기입니다. 예
를 들어볼까요? "모든 인간의 수명은 유한하다. 베토벤도 한 시대를
살았다. 따라서 베토벤은 인간이다."라는 논리 문장을 기호로 표현해
봅시다. 이는, 컴퓨터도 이러한 논리 문장을 이해하고 자동으로 추론
을 수행할 수 있다는 의미이겠지요.

단비　그렇네요! 그런 기호를 사용하여 추론을 자동화할 수도 있겠
네요.

박 교수　맞습니다. 라이프니츠 주장의 핵심이 바로 그것입니다. 물론,
라이프니츠의 이러한 아이디어는 그가 활동했던 17세기 당시의 기술
력으로는 달성하기 어려웠겠지요. 하지만, 그의 비전은 시공간을 초
월하여 현대 컴퓨터 과학의 발전에 중요한 영향을 미쳤습니다. 오늘
날 컴퓨터는 논리적 추론과 자동화 문제 해결을 위해 기호를 사용합

6　Leibniz, Gottfried Wilhelm, *Metaphysica Musica: A Treatise on the Metaphysics of Music*, trans. by Catherine Palmer, Cambridge University Press, 2012.

니다.

단비　그건 우리가 지금 사용하는 컴퓨터의 정보 처리 과정과 꽤 유사한 것 같네요.

박 교수　네, 맞습니다. 라이프니츠의 사상은 오늘날 우리가 컴퓨터를 이해하는 데 중요한 역할을 하고 있습니다. 앞으로도 시간 나실 때마다 라이프니츠의 사상을 들여다 보시면 컴퓨터, 특히 생명정보학의 지성사적 전제에 대한 이해가 넓어질 겁니다!

단비　알겠습니다. 감사합니다. (스마트 폰을 꺼내 '라이프니츠'를 메모장에 기록한다). 그런데, 교수님. 이렇게 대화를 주고받다보니 질문이 계속 떠오릅니다. 시간 괜찮으세요?

박 교수　괜찮아요. 30분 뒤 우리 "명저읽기" 강의 시작이니 계속 하세요. 아무래도 아이디어가 계속 떠오를 때는 멈추기보다는 계속 가는 것이 좋습니다.

로크와 생명정보 AI 개발자의 만남

단비　감사합니다. 그러면 라이프니츠와 홉스와 로크의 관계는 어떻게 이해할 수 있을까요?

박 교수　로크와 라이프니츠는 모두 17세기의 대표적인 철학자이지만, 그들의 사상적 배경과 관심사는 매우 달랐습니다. 로크는 영국에서 태어나 영국의 정치와 사회에 큰 영향을 미친 경험주의 철학자입니다. 그는 앞서 말씀드린 대로 인간의 지식은 경험을 통해 형성된다고 주장했습니다.

단비   인간의 마음이 텅 빈 상태에서 시작된다는 주장이었죠?

박 교수   아주 기억력이 훌륭하십니다. 타불라 라사(tabula rasa)라는 개념이었죠. 이는 인간의 마음이 텅 빈 상태에서 시작되며, 지식은 경험을 통해 얻어진다는 것을 뜻합니다. 우선, 로크는 아날로그 시대의 사상가이기 때문에 직접적으로 오늘날 우리가 계산적 사고라고 부르는 분야에 대해 언급한 적은 없습니다.

단비   그래도 뭔가 관련이 있어 보이는데요?

박 교수   2024년 오늘 우리가 상상의 나래를 펼쳐보면, 로크가 경험주의 철학과 감각 경험 및 관찰의 중요성을 주장한 사실이 특정 측면에서 계산 이론에 영향을 미쳤을 거라고 유추할 수 있습니다. 다시 말해, 컴퓨터나 인공 지능 시스템이 빈 상태(타불라 라사와 유사한 상태)에서 시작하여 데이터 처리 및 환경과의 상호 작용을 통해 지식을 축적한다는 개념과 일치할 수 있다는 것입니다. 오늘날 컴퓨터나 인공 지능 시스템이 입력과 경험을 기반으로 학습하고 정보를 처리하는 과정은 로크의 경험에 대한 우선순위화와 일맥상통합니다.

단비   그런 것 같아요. 그렇다면 로크는 라이프니츠에 대해 어떻게 생각했을까요?

박 교수 좋은 질문입니다. 로크는 이름은 의사소통과 편의를 위해 인간들이 '사물'이나 '개념'에 할당하는 라벨이나 기호이며, 이들은 물질세계의 본질적인 특성과 반드시 연관되어 있지 않다고 보았습니다.

단비 아하! 라이프니츠는 기호가 그저 인간들 사이 임의적으로 한 약속이라고 하지 않았나요?

박 교수 네, 그 또한 실제 세계 속 사물들과 이에 부여된 이름은 단지 의사소통의 편의를 위한 것일 뿐, 그 존재의 본질적인 특성과는 반드시 연관되어 있지 않다고 생각했습니다. 어떤 면에서는, 로크도 그의 저술에서 형이상학적 주제에 대해 다루기도 했습니다. 하지만, 전반적으로 로크의 사상적 성향은 경험주의와 현실적이며 물리적인 측면에 더 가깝다고 보는것이 제 생각입니다.

단비 교수님과 이렇게 철학적 내용들로 얘기를 주고받으니 의외로 재미있네요. 그런데 이러한 지식이 의전원에 진학하여 의사가 되는 데 과연 쓸모가 있나요? 의사들은 환자보고 진료만 잘 보면 그만인데 말이죠.

박 교수 엇, 매우 쓸모가 많습니다. 그 이야기는 하루 종일 할 수도 있지만, 시간관계상 오늘날 우리 주위에 많은 의전원 지망생들 중 일부의 관점에서 생각해 봅시다. 의사들 중 일부, 특히 대학 병원에 근무하는 이들은 실습과 진화생물학이나 핵분자의학 연구를 병행하는 경우가 대부분이에요. 그럼, 컴퓨터 코딩, 혹은 앞서 명칭주의적인, 관점에서 생물학 실험실에서 흔히 보이는 '쥐'에 대해 얘기해볼까요?

단비 　네, 알겠습니다. 그런데 저는 이과이지만 생물학 전공이 아니라 중간에 이해가 힘들면 어쩌죠?

박 교수 　그럴 땐 주저말고 제게 바로 알려주세요. 그래주시면 제게도 큰 도움이 됩니다. 중간에 제가 말하는 속도가 갑자기 빨라지면 바로 알려주세요.

단비 　좋아요! 그럼 생물 실험에 쓰이는 쥐 얘기 더 자세히 해주세요.

박 교수 　물론이죠. 가끔 저는 이런 생각을 합니다. 우리 인간들이 실험 쥐에게 붙이는 이름은 고양이와 개 이름과 크게 다르지 않다고요. 제 대학원 동기 중 하나는 기니피그를 키웠는데, 슈밥(Schwab)이라는 이름을 붙였어요. 그런 이름 가진 사람도 모르는데 말이죠. 아시겠지만 쥐는 지구상에서 가장 많은 포유류 종이며 빠르게 진화하여 새로운 섬 환경에 적응합니다. 반면 일부 희귀한 섬의 쥐들은 멸종되기도 해요. 이러한 빠른 진화의 한 가지 이유는 쥐가 인간과 비슷하게 유전체 가소성을 가지고 있기 때문입니다. 이 가소성은 새로운 변종을 만들고 환경에 적응하는 데 도움이 됩니다.

단비 　그런데 말씀 중에 죄송하지만, 교수님은 인류학자 아니셨나요?

박 교수 　네, 맞습니다.

단비 　저는 인류학과에서 진화생물학에 대해 배운다는 얘기는 못 들어봤는데요.

박 교수 　미국에서는 기초 세미나 시간에 선택 과목으로 배웁니다. 게다가 인접 학문인 생물 인류학(biological anthropology)라는 분야가 있어요. 하지만 저는 세부전공이 기호논리학이에요. 그러니까 어디까지나 전공생이 아닌 일종의 진화생물학 애호가적인 관점으로 말씀드림을 유념해주세요.

단비   아, 그랬군요. 네, 교수님.

박 교수 이어서 대화를 진행해보겠습니다. 섬에 도달한 생물들은 인브리딩으로 인해 유전자 다양성이 줄어들게 됩니다. 이 과정에서 유전체는 단순화되어 더 가소성 있고 유연한 상태로 변하게 되지요.

단비   정말 놀라운 정보네요! 전 세계 어디에서나 흩어져 사는 인간들도, 유전체 면에서는 쥐와 비슷하게 여러 가지 다양한 특성을 가질 것 같은데요?

박 교수 하하, 네. 조금 황당한 얘기처럼 들리겠지만 맞습니다. 하지만 쥐와는 달리 현생 인류는 과거 경쟁관계였던 집단들과 서로 교배할 수 없을 정도로 다른 종으로 나뉘어질 수 있습니다. 이런 종 분화는 주로 설치류나 일부 원숭이에서 발생하는데, 쥐는 쉽게 염색체 변화를 겪지만 인간은 그렇지 않습니다. 심지어 쥐와 침팬지의 유전체 차이는 염색체 단일 변화 정도로, 말과 당나귀의 차이와 유사하지요.

단비   그럼 혹시 네안데르탈인과 인간은 얼마나 닮았을까요?

박 교수 최근까지는 네안데르탈인의 염색체 수를 알기 어려웠어요. 네안데르탈인의 DNA가 많이 파괴되어 있어서 재구성하기가 어려웠거든요. 하지만 최근 연구 결과에 따르면 러시아의 융카야 동굴에서 발견된 3만8천년 전 네안데르탈인은 현대 인간과 동일한 46개의 염색체를 가졌다고 해요.[7] 또한, 크로아티아의 빈디야 동굴에서 발견된 3만8천년 전 네안데르탈인은 현대 인간과 약 2% 정도의 유전 차이가 있었는데, 학계에서는 이 차이를 주로 유전자 돌연변이와 염색체 재배열에서 비롯된 것으로 보고 있어요.[8] 하지만 아직까지 네안데르탈인의 염색체 구조에 대한 정확한 정보가 부족해서, 그들의 염색체 수가 언제 변화했는지는 알 수 없어요. 결국, 침팬지에서 분화하거나 혹은 인간과 융합된 시기는 알 수 없지만, 이런 염색체의 변화가 교배 불가능성을 초래한 핵심적인 이유가 될지는 여전히 미지수입니다.

지각과 언어, 그 멀고도 가까운 간극

단비 　교수님, 로크와 다른 학자들과의 대화에서 에드워드 클라크의 견해에 대해 더 자세히 설명해주실 수 있을까요?

박 교수 　클라크는 정말 흥미로운 주장을 했어요. 그는 우리가 보는 모든 것들이 우리 머릿속에서 만들어진 환상일 수도 있다고 생각했습니다. 이는 세계 지성사에서 오랜 시간 동안 계속된 의문 중 하나로

7　Green, R. E., Krause, J., Briggs, A. W., et al., "The genome of a Neandertal", *Nature*, 468(7327), 2010, pp.869-874.

8　Prüfer, K., Racimo, F., Patterson, N., et al., "The complete genome sequence of a Neanderthal from Vindija Cave in Croatia," Nature, 505(7484), 2014, pp.43-49.

서, 왜 우리는 무언가에 의미를 부여하는지, 누군가가 나에게 설명할 때 그게 진실인지 어떻게 알 수 있을까? 이런 고민들을 계속해서 탐구한 것이죠. 지성사에서 이런 주제를 고민한 대표적인 학자가 바로 플라톤이에요. 그는 이런 고민을 거듭하다 결국 언어 자체에 문제가 있다고까지 생각했습니다. 즉, 물건과 그 물건의 이름 사이에 일종의 간극이 있다고 주장했습니다. 말하자면 단어의 소리나 이름과 그 물건이 진짜로 뜻하는 것 사이에 모호하고 인위적인 것이 있다는 것이죠. 이로 인해 플라톤은 만약 진실이나 참된 이름이 있다면, 인간이 만든 이름이 그것에 대한 이해를 방해할 수 있다고 크게 걱정했습니다.

단비   참 신기하네요. 듣고 보니 그런 것 같기도 하고… 대체 그런 내용은 어떤 책에서 읽어볼 수 있을까요?

박 교수   플라톤은 다양한 작품에서 언어와 물체 간의 관계에 대해 다뤘어요. 특히 『크라튈로스』 대화에서 이 문제를 깊게 다루었죠.[9] 그는 이름, 즉 특정 소리에 대한 의미 부여의 임의성을 받아들였지만, 한편으로는 그것이 완전히 임의적인 것은 아니라고 말했습니다.

단비   그런가요? 제가 알만한 예시 하나 들어주시겠어요?

박 교수   물론이죠. 현대 미국사회를 보면 성의 정체성에 대한 논의가 계속되고 있습니다. 최근에는 정치인 니키 헤일리와 미 연방 대법원

---

9 Riley, Michael W, *Plato's Cratylus: Argument, Form, and Structure*, 2005, 385b-387c.

판사 케탄지 브라운 잭슨이 "여성이란 무엇인가?"라는 질문에 대답을 회피한 사건이 있었어요. 대체 왜 그랬을까요? 이는 오랜 시간 전 플라톤과 같은 학자들이 이름의 임의성과 체계성 사이에서 갈등했던 것과 유사한 문제이죠. 이들의 목표는 사물을 정확하게 묘사하는 것이었습니다. 이를 위해 언어의 기존 패턴을 재조립하며 언어 요소들 간의 상호 의존성에 중점을 두었죠.

특히, 언어와 물체 간의 관계에서 단어 형성에 플라톤은 주목했습니다. 여러 다른 이름을 합쳐서 새로운 단어를 만들어내는 과정을 강조했고, 이런 명칭의 합성이 문장 구조와 비슷한 방식으로 작동한다고 말했어요. 플라톤은 단어 형성에 주목하면서, 단어는 단순히 물체의 이름을 부여하는 것이 아니라, 물체와 인간의 관계를 표현하는 것이라고 생각했습니다. 그는 합성된 명칭이 언어와 물체 사이의 관계를 더욱 강조하며, 개별적인 구성 요소들을 결합하여 사물의 본질을 더 정확하게 표현한다고 주장했습니다. 즉, 단어 형성에는 규칙과 관습이 있고, 이를 이해하면 언어의 임의성을 더 잘 이해할 수 있다는 겁니다.

단비 확실히 어떤 단어 하나가 형성되기까지 어떤 규칙과 관습이 영향을 주는 것 같아요!

박 교수 네, 플라톤의 주장은 그런 규칙과 관습을 이해하면, 언어의 임의성이 단순히 우연한 것이 아니라, 의미를 전달하기 위한 체계적인 노력의 결과임을 이해할 수 있다는 것입니다. 요컨대, 플라톤은 명칭이 상호 의존적이며, 이러한 임의성이 변덕스럽다기보다는 상황에 맞는 언어 규칙을 결합하여 묘사적인 구성을 만들어낸다는 것을 깨달았죠. 마치 오늘날 고대 DNA 연구에서 수많은 작은 조각들을 컴퓨터 코딩을 사용하여 결합하는 과정이 연상되지 않습니까?

단비 듣고보니 그렇네요!

박 교수 사실 플라톤의 이러한 생각은 오늘날 인공 지능 분야에서 활용되고 있습니다. 인공 지능은 단어를 합성하여 새로운 의미를 만들어내는 기술을 사용하지요. 이 기술은 자연어 처리, 기계 번역, 챗봇 등 아주 다양한 분야에서 활용되고 있습니다.

단비 그럼 이러한 논의를 이어간 결과 서양 지성사에서 어떤 반응이 있었나요?

박 교수 이를 알려면 현대 철학과 인지과학이 만나는 지점으로 가면 됩니다. 사실 언어와 사상, 표상, 그리고 지식의 관계에 대한 연구는 여전히 활발히 진행되고 있습니다. 그럼에도 불구하고 아직도 이 연구의 핵심에 자리한 인물 중 하나는 기원전 4세기 고대 그리스의 철학자 아리스토텔레스입니다. 아리스토텔레스는 플라톤과 달리, 언어와 물체 간의 관계를 직접적인 연결로 보았습니다. 그는 우리가 인식하는 세계를 마음속에 닮은 이미지로 형성하고, 이 이미지를 통해 언어를 사용한다고 생각했습니다. 조금 더 자세히 말해보면, 우리가 인식하는 세계와 언어 간의 연결을, 마치 우리 마음속에 있는 닮은 이미지(mental images)를 통해 이루어진다고 설명했습니다. 아리스토텔레스의 이러한 생각은 오늘날에도 여전히 영향을 미치고 있습니다. 인지과학에서는 우리가 사물을 인식하는 과정을 마음속에 닮은 이미지를 형성하는 과정으로 보고 있습니다.

단비   그럼 아리스토텔레스의 시각에서, 언어란 대체 뭐죠?

박 교수   아, 그건 꽤 무거운 질문이네요… 우선 아리스토텔레스의 시
각으로 한정지어 생각해보죠. 자, 그는 언어를 세 가지 단계로 구분
했습니다. 첫 번째 단계는 언어의 물리적인 측면입니다. 언어는 소리
로 표현되며, 이 소리는 글자로 기록될 수 있습니다. 두 번째 단계는
언어의 의미론적 측면입니다. 언어는 사물을 지칭하고, 의미를 전달
합니다. 세 번째 단계는 언어의 심리적 측면입니다. 아리스토텔레스
는 언어의 심리적 측면을 특히 강조했습니다. 그는 언어의 의미는 단
순히 소리나 글자에 있는 것이 아니라, 우리 마음속에 형성되는 이미
지에 있다고 생각했습니다. 이에, 아리스토텔레스는 언어와 사물의
관계를 '닮은 이미지'라는 개념으로 설명했습니다. 그는 언어가 사물
을 닮은 이미지를 형성함으로써, 사물에 대한 정보를 전달한다고 생
각했습니다. 예를 들어, "고양이"라는 단어는 도도한 생김새를 가진
네 발 달린 동물의 이미지를 형성합니다. 이 이미지는 실제 고양이와
다소 닮아 있습니다. 이 때문에 우리는 "고양이"라는 단어를 통해 관
련 정보를 어느 정도 처리할 수 있게 됩니다.

단비   저도 고양이 좋아해요! 그런데 우리 머릿속에 어떤 형태의 정
보가 존재한다는 전제만으로 어떤 주장을 한다는 것 자체가 조금 애
매한데요. 이에 반대하는 세력들도 있지 않았을까요?

박 교수   예를 들면, 현대 인지과학의 발전과 함께 재조명 받고 있는 스

토아 학파 얘기를 잠시 해볼게요. 그들은 언어는 단순히 물리적인 기호가 아니라, 정신적인 요소와 결합된 것이라고 생각했습니다. 이는, 언어는 사물에 대한 닮은 이미지를 형성하는 것뿐만 아니라, 정신적인 요소를 전달하는 역할을 한다는 생각입니다. 이를 잘 정의한 개념이 렉톤(lekton)인데요. 렉톤은 언어의 의미를 구성하는 정신적인 요소를 뜻합니다.[10] 이런 관점은 언어를 단순히 물리적 기호로만 보는 것이 아니라, 정신적인 요소와 결합된 것으로 보는 점에서 당시로는 획기적이었다고 볼 수 있겠네요. 오늘날도 이와 같은 맥락에서 인지과학자들은 인간의 사고가 물리적인 뇌의 작용에 의해 결정되는 것이 아니라, 그 이상의 어떤 것을 포함하는 것이라고 주장합니다. 그들은 렉톤과 같은 비물리적인 어떤 기호가 인간의 사고에 중요한 역할을 한다고 믿고 있습니다.

기호의 존재론적 경계: 로크를 향한 지성사적 파동

단비   교수님, 그렇다면 기호란 대체 어떤 것이고, 어떻게 작용하는 건가요?

박 교수 아주 흥미로운 질문이에요. 정말 감사합니다. 덕분에 시간이

---

10 Durand, Marion, Simon Shogry, and Dirk Baltzly, "Stoicism", The Stanford Encyclopedia of Philosophy (Spring 2023 Edition), Edward N. Zalta & Uri Nodelman (eds.), URL = ⟨https://plato.stanford.edu/archives/spr2023/entries/stoicism/⟩.

어떻게 가는 지 모르겠네요. 현재까지 지성사를 간단히 정리하면서 이야기해왔는데, 이를 통해 중세 시대 후기의 철학자인 요한 포인소가 1632년에 발표한 「기호에 관한 논문(Tractatus de Signis)」에서 다룬 핵심 주제와 연관이 있다는 것을 알 수 있어요. 단비 학생은 인문학 분야 대학원 진학해도 아주 잘 적응하실 것 같아요.

단비　　하하, 그럴까요? 사실 철학에 흥미를 두고 있었지만, 긴 글 때문에 쉽게 접근하지 못했어요. 오늘 교수님과의 대화로 혼자서도 책에 더 쉽게 다가갈 수 있을 것 같아요. 그럼, 말씀하신 논문에서 요한 포인소는 정확히 어떤 내용을 다뤘나요?

박 교수　포인소의 논문은 기호의 논리적 본질, 즉 '기호란 무엇이며 어떻게 작용하는가?'라는 근본적인 질문을 체계적으로 탐구했습니다. 이는 그 후로 철학, 언어학, 문학 등 다양한 분야에 큰 영향을 미쳤어요. 포인소는 기호가 물리적인 물체처럼 독립적으로 존재하는지, 아니면 다른 것과의 관계 속에서 의미를 파생시키는지를 논의했어요. 그의 핵심 주장은 기호는 상대적 존재라는 것입니다. 기호가 세상에 독립적으로 존재하는 것이 아니라, 인간의 인식과 상호작용을 통해 의미를 획득하고 기능을 수행한다는 것을 의미해요. 간단히 말하면, 기호는 우리가 해석을 시작할 때 비로소 목소리를 내기 시작하는, 침묵 속의 잠재적 가능성이라고 이해할 수 있어요. 그래서 기호의 존재론적 지위는 물질적 실재와 정신적 실재 사이의 중간 어딘가에 위치한다고 볼 수 있어요. '상대적 존재'의 개념은 흥미로운 결과를 도출합니다. 세상 속 사물들은 그 자체로는 말을 하지 않지만, 기호로 해석될 때 변하고 영향을 미칠 수 있다는 것입니다. 이게 포인소의 이론이 던지는 핵심 질문이고, 이와 관련된 미래의 연구 방향도 함께 엿볼 수 있어요.

자, 지금까지 말씀드린 이 모든 이론들이 명백히 존 로크의 『인간지성론』으로 향하고 있는데요…

(박 교수가 미리 설정해 둔 알람이 울린다).

박 교수 강의 5분 전이네요! 세상에 이렇게 시간이 빨리 가다니…

단비 그러니까요! 그럼 강의가 끝나고 다음 주에 다시 찾아뵐까요?

박 교수 제 연구실의 문은 언제나 활짝 열려 있습니다.

나가며

그럼, 단비와 함께 강의실로 이동하기 전에, 앞서 언급한 모든 지성사적 흐름을 배경지식으로 고려하여 로크의 『인간지성론』에서 제가 주목하고 있는 몇 가지 핵심 사항을 살펴보겠습니다.

간단히 말해, 로크는 '이념은 기호다'라고 주장합니다. 우리가 세계를 인식하고 해석하는 것은 사물 자체가 아니라, 이러한 내면의 기호, 즉 이념을 통해 이루어집니다. 그는 우리가 경험하는 사물과 세계 인식의 핵심인 지식에 도달하는 길을 모색합니다. 그가 말하는 지식은 단순한 물질적 사실의 집합일 뿐만 아니라 사물의 본질, 작용 방식, 그리고 우리가 이 세계에서 어떻게 행동해야 하는지에 대한 실천적 용도까지 포함하는 포괄적인 개념입니다. 로크는 이러한 지식에 이르는 필수적인 다리가 바로 관념의 조합이라고 주장합니다. 관념의 조합은 우연한 아이디어들의 부딪힘일 뿐만 아니라, '기호'라는 강력한 매개를 통해 의미론적이고, 또한 그 너머의 연결을 구축하는 과정입니다. 결국 로크에게 있어 관념의 조합은 멀리 바라보는 지식 여행의 첫 걸음, 지식의 세계를 열어주는 필수적 활동, 지식의 근본 작동인 것입니다.

이는 음악과 같은 예술 분야에서도 관찰됩니다. 예를 들어, 제가 학부 시절 전공했던 음악은 가사 여부와 관계없이 비담화적 방식으로 소통합니다. 융복합 시대인 지금도 철학적 사유가 과도하게 언어 중심적이라는 것에는 세계 각지의 많은 학자들이 공감을 하고, 심지어는 제 전공 분야에서는 인류 너머의 인류학이라는 파생 분야가 탄생할 정도입니다. 때문에 언어는 단지 많은 의사소통 형태 중 하나라고 볼 수도 있습니다. 곰곰이 생각해보면 오늘날 우리 주변에서 흔히 관찰되는 대부분의 의사소통 형태는 실제로 비담화적이고, 이는 언어와는 다른 방식으로 의미를 전달합니다. 지금 이 지면을 응시하고 있는 저와 독자 여러분들의 일상에서 늘 사용하는 숨소리, 웃음소리, 제스처 또한 비의미적(non-semantic) 예술 소통과 관련이 있습니다. 명백히, 우리 인류는 선명하게 정의된 사전적 의미 없이도 감정을 표현하거나 분위기를 조성할 수 있습니다.

그럼에도 불구하고, 19세기 말/20세기 초에는 언어와 의사소통의 이해에 대해 매우 다른 두 가지 관점으로 갈라지게 되었습니다. 한 편은 포스트모던적 관점으로, 연결의 어려움과 임의성에 중점을 둔 시각입니다. 동시에, 이 관점은 계산 이론과도 일치합니다. 즉, 완전히 규칙적이고 임의적인 것일지라도 깔끔한 매핑(mapping)이 가능하다는 입장을 취합니다. 다른 한 편은 훨씬 더 유동적이고 추론적인 형태를 취합니다. 이 접근법은 언어적 기호를 모형으로 사용하지 않을 뿐만 아니라, 언어의 범주 밖에서 비언어적 기호를 주목합니다. 20세기에는 두 관점이 완전히 분리되는 양상을 보여주었습니다. 한 방향은 언어적 기호를 사용하여 모든 존재를 의미화하려는 시도이고, 다른 방향은 비언어적 기호를 중시하여 인류를 포함한 자연 세계를 통합하는 일반적인 원리로 삼았습니다.

본 챕터에서 단비와의 다학제적 대화를 통해 살펴보았듯이, 저는 이 두 영역—자연과학과 인문학—이 현재와 같은 양상으로 분리된 것에 학자로서 의아함을 느낍니다. 진정한 질문은 분야들 사이에 놓여 있는 상황을 자주 목격했기 때문입니다. 다행히도 본 챕터에서 인용한 고전들에는 "전공 칸막이로 보호되지 않았던 지식과 야성의 바다"가 있습니다.[11] 이에, 로크의 『인간지성론』이 현재 학자들이 출발점으로 삼아야 할 하나의 이정표 역할을 할 것이라고 저는 생각합니다.

—— 11   김주언, 「LAC 교과목으로서 「명저읽기」 강좌의 방향 설정을 위한 모색」, 『대학 고전교육, 어떻게 할 것인가』, 역락, 2022, 84쪽.

참고 문헌

김주언, 「LAC 교과목으로서 「명저읽기」 강좌의 방향 설정을 위한 모색」, 『대학 고 전교육, 어떻게 할 것인가』, 역락, 2022.

Ashcraft, Richard, *Revolutionary Politics and Locke's Two Treatises of Government*, Princeton University Press, 2021.

Durand, Marion, Simon Shogry, and Dirk Baltzly, "Stoicism", The Stanford Encyclopedia of Philosophy (Spring 2023 Edition), Edward N. Zalta & Uri Nodelman (eds.), URL = <https://plato.stanford.edu/archives/spr2023/entries/stoicism/>.

Green, R. E., Krause, J., Briggs, A. W., et al., "The genome of a Neandertal", *Nature*, 468(7327), 2010, pp.869-874.

Hobbes, Thomas, *Leviathan, Oxford World's Classics*, Oxford University Press, 1996.

Leibniz, Gottfried Wilhelm, *Metaphysica Musica: A Treatise on the Metaphysics of Music*, trans. by Catherine Palmer, Cambridge University Press, 2012.

Locke, John, *An Essay Concerning Human Understanding*, Oxford University, 1836.

Prüfer, K., Racimo, F., Patterson, N., et al., Prüfer, K., Racimo, F., Patterson, N., et al., "The complete genome sequence of a Neanderthal from Vindija Cave in Croatia," Nature, 505(7484), 2014, pp.43-49. *Nature*, 505(7484), 2014, pp.43-49.

Riley, Michael W, *Plato's Cratylus: Argument, Form, and Structure*, 2005.

Rogers, Graham Alan John, *Locke's Philosophy: Content and Context*, Clarendon Press, 1996.

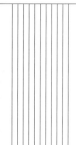

인간 본성의 사회적 탐구

—애덤 스미스, 『도덕감정론』

서문석

인간이 아무리 이기적(selfish)인 존재라 하더라도, 그 천성(nature)에는 분명히 몇 가지 행동원리가 존재한다. 이 행동원리로 인하여 인간은 타인의 행운에 관심을 가지게 되며, 단지 그 행운을 바라보는 즐거움 밖에는 아무 것도 얻을 수 없다고 하더라도 그 행운을 얻은 타인의 행복이 자기에게 필요하다고 생각한다. 연민(pity)이나 동정심(compassion) 또한 이와 같은 종류의 것인데, 이것은 우리가 타인의 고통을 보거나 또는 그것을 아주 생생하게 느낄 때 느끼게 되는 종류의 감정이다. 우리가 흔히 타인의 슬픔을 보면 슬픔을 느끼게 된다는 명제는, 이를 증명하기 위해 예를 들 필요조차 없는 명백한 사실이다(박세일·민경국, 『도덕감정론』(개역판), 비봉출판사, 2018, pp.3).

경제학의 아버지, 애덤 스미스

단비　애덤 스미스는 어떻게 성장했나요?

서 교수　애덤 스미스(Adam Smith)는 1723년 영국 에든버러 커코디 (Edinburgh Kirkaldy)에서 태어났습니다. 그의 아버지는 변호사였으며, 세관 업무를 맡고 있었습니다. 그는 14살이던 1737년에 글로스고대학(University of Glasgow)에 입학해서 스승인 허치슨(F. Hutcheson) 교수에게 도덕철학을 배웠습니다. 그리고 17살이 되던 1740년에 베일리올 칼리지(Balliol College)의 장학생이 되어 옥스퍼드(University of Oxford)대학에서 공부하기 시작했습니다. 하지만 옥스퍼드대학의 폐쇄적이고 전통적인 교육은 그가 공부했던 스코틀랜드의 분위기와는 전혀 달랐습니다. 따라서 그는 옥스퍼드대학을 졸업하지 않고 6년 만에 커코디로 돌아왔습니다.

단비　애덤 스미스의 주요한 활동에는 어떤 것이 있나요?

서 교수　애덤 스미스는 1748년부터 에든버러대학(The University of Edinburgh)에서 수사학과 문학, 법학 등을 강의해서 커다란 호응을 얻었습니다. 그 영향으로 28세가 되던 1751년에 글래스고대학의 논리학 담당 교수로, 1752년에는 스승 허치슨 교수의 뒤를 이어 도덕철학 교수로 임용되었습니다. 이 시기 그의 강의를 정리한 것이 그의 출세작인 『도덕감정론』이었고, 이 책은 그를 유명한 도덕철학자로 주목받게 만들었습니다.

　그는 1763년에 글래스고대학의 교수를 그만두고 타운센트(C. Townshend) 공작의 양아들인 버클루(Buccleuch)의 가정교사가 되어 유럽 여러 나라를 여행(grand tour)하는 유학에 동행했습니다. 그는 이 여행에서 볼테르, 프랭클린, 튀르고, 엘베티우스, 케네 등 프랑스의 철학자들, 특히 중농주의자들과 교류하게 되었습니다. 이 과정에서 그는 국가의 모든 부는 농업생산에서 비롯되며, 농업에서 생산된 부는 마치 우리 몸의 혈액과 같이 순환된다는 중농주의자들의 주장을 접하고 새로운 책의 집필을 구상하기 시작했습니다.

　여행을 마치고 영국으로 돌아온 그는 약 10년 동안 집필에 전념한 끝에 1776년에 그의 대표작 『국부론』을 출간하였습니다. 중농주의자들의 논리를 공업이 발전하고 있던 영국에 적용시킨 이 책으로 그는 영국뿐만 아니라 유럽 전역에서 당대의 석학으로 존경받게 되었으며, 자본주의경제학의 아버지라고 불리게 되었습니다.

　그는 1778년에 스코틀랜드의 세관감독관에, 1787년에 글래스고대학 명예총장에 추대되는 등 명예와 부를 누리며 활동했습니다. 그는 평생 독신으로 생활했으며, 1790년 7월 17일에 에든버러의 자택에서 사망했습니다.

단비　애덤 스미스의 대표적인 저작에는 어떤 것들이 있습니까?

서 교수　그의 사상은 크게 신학, 윤리학, 법학, 정치경제학 등의 4개 부문으로 나누어집니다. 신학에 직접적으로 관련된 책은 없습니다만 그의 모든 저작의 배경에는 신학이 있습니다.

그리고 윤리학 부문에서는 그의 처녀작이자 출세작인 『도덕감정론』을 들 수 있습니다. 이 책은 그가 출강했던 에든버러대학과 글래스고대학에서의 강의 내용을 중심으로 1759년에 출간한 것입니다. 스미스가 스스로 자신의 대표작이라고 할만큼 애정을 많이 쏟은 책입니다. 당시 자본주의가 발흥하고 있던 영국 사회에서 인간본성을 분석하여 새로운 사회의 도덕철학에 대한 나름대로의 해석과 해법을 제시했기 때문에 주변의 반응도 뜨거웠습니다.

그는 이 책에서 인간은 이성이 아닌 감정을 통해서 도덕을 실행한다고 주장하였습니다. 인간은 이기심뿐만 아니라 타인에 대해 공감하는 능력이 있으며, 신이 인간의 내면에 설정한 '공정한 관찰자'를 통해 보편적인 도덕감정을 갖는다고 보았습니다. 따라서 이 보편적인 도덕감정이 용인할 수 있는 수준에서 이기심을 발휘한다면 마음의 평정과 안심, 자기만족 등이 가능해짐으로써 개인이 행복할 수 있고 이를 통해 사회가 조화롭게 발전한다고 생각했습니다. 스코틀랜드 계몽주의적 전통을 이은 그의 이런 생각은 스승인 프랜시스 허치슨, 데이비드 흄으로부터 애덤 스미스에게로 전해져 영국 공리주의로 발전해 나가게 되었습니다.

〈애덤 스미스의 대표 저작〉

발간연도	저서명	저서 표지
1759	- *The Theory of Moral Sentiments* (박세일·민경국 공역, 「도덕감정론」, 비봉출판사, 2009).	
1776	- *An Inquiry into the Nature and Causes of the Wealth of Nations* (김수행 역, 「국부론(상)」, 「국부론(하)」, 비봉출판사, 2009).	
1795	- *Essays on Philosophical Subjects*, I. S. Ross(ed.), Indianapolis: Liberty Classics, 1982.	
1896	- *Lectures on Jurisprudence* (서진수 역, 「법학강의(상)」 및 「법학강의(하)」, 자유기업원, 2002).	
1987	- *The Correspondence of Adam Smith*, Ernest Campbell Mossner and Ian Simpson Ross(eds.), Indianapolis: Liberty Classics, 1987.	

『도덕감정론』이 애덤 스미스의 첫 저작이고 관심을 많이 끈 것은 사실이지만 그의 대표작은 역시 『국부론』이라고 할 수 있습니다. 그는 『국부론』에서 18C 중엽 영국에서 등장하고 있던 자본주의라는 새로운 생산방식을 세밀하게 묘사하고 그 속에 관철되고 있던 원리를 설명하였습니다. 그리고 변화의 원인과 전개 과정, 변화를 바라보는 입장과 당대의 시사점까지 탁월하게 정리하였습니다. 『국부론』의 원제목이 「An Inquiry into the Nature and Causes of the Wealth of Nations」인 것은 당시 영국 사회에 널리 퍼져있던 귀금속의 보유량에 의해 국가의 부가 결정된다는 중상주의적 사고를 비판하고, 국부는 생산물의 생산과 소비, 수출입 과정에 의해 축적된다는 주장을 한 것입니다. 이런 그의 분석과 주장은 자본주의경제학의 출발점으로 평가받을 정도로 현재까지도 큰 영향을 끼치고 있습니다.

이외에도 그의 저작은 아니지만 1762년~1764년 경에 글래스고대학에서 진행된 '법학'이라는 제목의 강의 내용을 담은 노트가 1895년과 1958년에 발견되어 『법학강의(상,하)』로 출간되기도 했습니다. 이 노트에는 자연신학(natural theology), 윤리학, 법학, 정치경제이론 등 그가 이후 지속적으로 하는 주제들의 초기 생각들이 드러나 있습니다.

그리고 스미스 사후인 1795년에 그의 오랜 친구들에 의해 천문학의 역사, 고대 물리학의 역사, 고대 논리학과 형이상학의 역사 등의 글을 묶어 『철학적 주제에 관한 에세이』가 출간되었습니다. 또한 스미스가 1740년부터 1784년까지 지인들과 나누었던 편지를 묶어서 출간한 『애덤 스미스의 서신』도 출간되었습니다.

『도덕감정론』, 집필과 구성

단비 애덤 스미스가 『도덕감정론』을 집필하게 된 계기는 무엇이었습니까?

서 교수 애덤 스미스가 『도덕감정론』을 집필한 것은 1759년입니다. 그가 커코디로 돌아와 에딘버러대학에서 강의를 시작한 후, 글래스고대학에서 도덕철학 담당 교수로 활동하던 시기의 강의를 정리한 저작입니다.

당시 영국은 상업과 공업이 급속하게 발전하면서 중세가 해체되고 자본주의적 질서가 발전하면서 급격한 정치적 변혁을 맞고 있었습니다. 과거 교회, 왕실, 귀족의 권위에 의해 움직였던 사회에 새로운 질서가 필요해졌습니다.

이런 상황에서 여러 철학자들이 새롭게 형성되고 있는 사회에 적용할 수 있는 적절한 질서를 논의하기 시작했습니다. 이런 논의에는 근대시민사회의 자유로운 체계가 질서와 조화를 갖추고 지속적으로 발전할 수 있어야 한다는 생각이 바탕이 되었습니다. 또한 이 새로운 체계가 인간의 본성과 어울리는 것이라는 이 체계에 대한 긍정적인 장기 전망이 필요했습니다. 이런 상황이 애덤 스미스가 『도덕감정론』을 집필하게 된 기반이 되었습니다.

단비 애덤 스미스의 『도덕감정론』은 어떤 내용을 다루고 있습니까?

서 교수 그의 『도덕감정론』은 전체 7부로 구성되어 있습니다. 1부에서 3부까지는 인간의 본성 중에서 질서를 구축하는 것과 관련된 문제를 다루고 있습니다. 1부 행위의 적정성, 2부 공로와 과실 또는 보상과 처벌의 대상, 3부 감정과 행위에 관한 판단의 기초 및 책임감 등입니다. 그리고 4부에서 6부까지는 인간의 본성 중에서 효용과 관습 및 유행, 성품 등의 관계를 다루고 있습니다. 4부 시인의 감정에 미치는 효용의 효과, 5부 관습과 유행이 도덕적 시인과 도덕적 부인의 감정에 미치는 영향, 6부 미덕의 성품 등입니다. 그리고 마지막으로, 결론으로 볼 수 있는 7부 도덕철학의 체계로 구성되어 있습니다.

단비 애덤 스미스의 『도덕감정론』은 어떤 측면에서 가장 많은 관심을 받고 있습니까?

서 교수 일반적으로 스미스의 『도덕감정론』은 윤리학, 사회철학 부문에서 직접 거론되는 경우도 있습니다만 『국부론』과의 관계를 통해서 거론되는 경우가 더 많습니다. 왜냐하면 『국부론』은 자본주의경제체제에 대한 최초의 본격적인 분석서로 평가받는 중요한 저작이고, 이 『국부론』의 가장 핵심적인 논리로 받아들여지고 있는 것은 모든 개인이 '이기심'을 발휘하면 '보이지 않는 손'에 의해 자본주의경제가 발전한다는 논리입니다. 그런데 '보이지 않는 손'의 작동방식은 『국부론』에서 제시되고 있지만, 개인의 경제생활에 기반이 되는 '이기심'에 대해서는 『도덕감정론』에서 본격적으로 다루고 있습니다. 따라서 『국부론』의 이해를 위해 『도덕감정론』에 대한 관심이 확대된 측면이 있습니다.

또한 『국부론』에서는 이기심에 대한 개인의 결정을 강조하지만 『도덕감정론』에서는 이기심에 대한 사회적 제어를 강조하고 있다는 주장도 나타났습니다. 이런 주장들 속에서 두 저작에서 다루고 있는 '이기심'이 서로 다르다는 소위 '애덤 스미스문제'가 제기되어 『도덕감정론』에 대한 관심이 높아진 측면도 있습니다.

'이기심', self-love와 selfishness

단비   애덤 스미스가 자본주의의 발전에 핵심적인 요소로 이기심을 주장했는데, 이기적인 개인들이 서로 충돌할 가능성은 없을까요?

서 교수   이기심과 관련된 『국부론』의 가장 유명한 구절은 이렇게 시작됩니다.

> 우리가 식사할 수 있는 것은 정육점 주인·양조장 주인·빵집 주인의 자비에 의한 것이 아니라 자기 자신의 이익에 대한 그들의 관심 때문이다. 우리는 그들의 인간성에 호소하지 않고 그들의 이기심(self-love)에 호소하며, 그들에게 우리 자신의 필요를 이야기하지 않고 그들의 이익을 이야기한다(『국부론』 22쪽).

그는 자기 자신을 위하는 마음이 모두를 존재하게 하며, 자신의 이익을 달성하려고 경쟁하는 과정에서 사회의 이익이 증가된다고 설명하였습니다. 그런데 일반적으로 '이기심'이라고 번역된 애덤 스미스의 원문은 self-love입니다. 일반적으로 self-love는 자애(自愛), 자기애(自己愛)라고 번역되고, 이기심으로 번역되는 selfishness로 "자기 자신의 이익만을 꾀하는 마음"이라고 풀이됩니다. 즉 자애 혹은 자애심이라고 번역되어야 할 self-love가 이기심으로 번역되어 오직 자신의 이익만을 추구하는 것으로 오해되고 있는 측면이 있습니다.

번역의 문제를 넘어서서 애덤 스미스는 자신의 이익을 중요시하면 사회의 이익이 증가된다고 보기는 했지만, 항상 좋은 결과를 가져올 것이라고는 보지 않았습니다. 그는 자본투자자가 지향하는 궁극적 목적은 이윤이기 때문에 그들의 판단은 가장 공평한 경우에도 사회의 이익보다는 자기 계급의 이익을 더욱 고려한다고 주장하였습니다.

하지만 이기심에 대한 애덤 스미스의 설명은 그의 출세작인 『도덕감정론』에서 본격적으로 논의되고 있습니다. 『국부론』에서 '이기심'으로 번역되었던 'self-love'에 대해 그는 이렇게 정의하였습니다.

> 자기 자신에 대한 사랑, 즉 자애심(自愛心 : self-love)은 어떤 정도로도, 어떤 방면에 있어서도 결코 미덕이 될 수 없는 천성(天性)이다. 그것이 공동의 이익을 방해할 때에는, 그것은 언제나 악덕이 된다. 그것이 각 개인으로 하여금 오직 자기 자신의 행보만을 돌보도록 할 때에는, 그것은 단지 무죄일 따름이며, 따라서 그것은 칭찬받을 가치도 없지만, 그렇다고 어떤 비난을 받아서도 안 된다(『도덕감정론』 580쪽).

그는 자애심으로 번역되는 'self-love'는 자신의 행동에만 관여하는 것으로 제한해야 하며, 다른 사람의 이익을 방해해서는 안된다고 주장하였습니다. 반면에 이기심으로 해석되는 'selfishness'에 대해서는 "마음으로부터 그의 동기에의 이기성(selfishness)에 대하여 어떠한 동류의식도 거부"할 것이라고 분명하게 부정적인 입장을 나타냈습니다. 『도덕감정론』에서 'selfishness'는 모두 5회 사용했는데 '모든 사람들이 가지고 있는 이기심'에 대해 언급한 부분 이외에는 '천성의 이기심(selfishness)과 탐욕에도 불구하고', '부정의 및 악의에 차 있거나 비열한 이기심'(sordid selfishness), '과도한 이기심'(excessive selfishness) 등으로 표현하며 모두 부정적인 의미로 서술하고 있습니다(서문석, 2021, 65쪽). 따라서 『국부론』에서 다룬 '이기심'은 우리가 일반적으로 사용하는 오직 자기 자신의 이익만을 위하는 이기심과는 다른 개념인 것입니다.

'연민', '동정심', '동감'과 '공정한 관찰자'

단비   이기심이 자기 자신의 행동에만 관여되어야 한다면 인간들은 어떻게 사회적으로 도덕적인 행위를 할 수 있습니까?

서 교수   애덤 스미스는 인간이 이기심만 가지고 있는 것이 아니라 다른 사람을 이해하는 천성도 가지고 있다고 주장했습니다. 그는 모든 사람들이 이기심 이외에도 자신의 이해와 아무런 관련이 없는 다른 사람에게 관심을 가지고 있으며, 다른 사람의 행운을 즐겁게 바라보며 즐거움을 느끼고, 동시에 다른 사람의 어려움에 대해 느끼는 감정인 연민과 동정심은 '무도한 폭도나 가장 냉혹한 범죄자들'에게도 있다고 주장했습니다. 즉 인간은 다른 사람의 감정을 이해하고 동일한 감정을 가지게 되는 동감(同感, sympathy)도 가지고 있다고 주장했던 것입니다.

> 동감(sympathy)이라는 말은, 그 가장 적절하고 본래적인 의미에 있어서는, 다른 사람들의 기쁨에 대해서가 아니라 그들의 고통에 대한 우리의 동류의식(同類意識: fellow-feeling)을 나타내는 것이다 (『도덕감정론』 77쪽).

따라서 그는 동감을 "어떤 의미에 있어도, 이기적 본성(selfish principle)으로 간주될 수는 없다"고 보았는데, 왜냐하면 동감은 "당신의 문제를 나의 문제로 인식함으로써, 즉 역지사지(易地思之)하여, 내가 당신의 처지에 있다면 내가 그 상황에서 어떻게 느끼게 될지를 상상하는 것에서 생겨나기 때문"이라고 설명했습니다.

그리고 이렇게 동감을 통해 제3자인 관찰자가 당사자와 감정을 일치시키는 것이 중요하다고 보았습니다. 스미스는 이렇게 다른 사람의 감정과 행위를 관찰하고 판단하게 되는 역할을 하는 것이 바로 자신의 마음 속의 '공정한 관찰자'(impartial spectator)라고 주장했습니다.

> 우리는 스스로 자기 자신의 성격과 행동에 대한 공정한 관찰자

(impartial spectator, 번역본에는 공평무사한 방관자)가 되어야만 한다. 우리는 우리의 성격과 행동을 다른 사람들의 눈으로 보려고 노력하거나, 혹은 다른 사람들이 보듯이 보려고 노력해야만 한다. 그러한 관점에서 볼 때 그것들이 우리가 희망한 대로 보인다면, 우리는 행복하고 만족해한다(『도덕감정론』 217쪽).

바로 '공정한 관찰자'를 객관적으로 자신의 행동을 판단하는 또 다른 자신, '가슴 속의 이상적 인간(the ideal man within breast)', '이성, 원칙, 양심, 마음속의 거주자, 내면의 인간, 우리의 행위의 위대한 재판관 및 중개인'이라고 보았습니다. 그래서 '공정한 관찰자'가 자기 자신과 다른 사람에게 인정을 받으려고 노력하는 것이 도덕적 행위의 근간이라고 주장했습니다. 이 '공정한 관찰자'가 그 상황에 공감하면 시인(approval)하게 되고 그렇지 않으면 부인하게 된다는 것입니다. 결국 이러한 관찰자는 개인의 이기심을 효과적으로 제어하는 역할을 하게 되는 것이라고 설명했습니다.

우리 자신의 행복에 방해된다는 이유만으로 다른 사람의 행복을 해치는 행위나, 어떤 것이 우리에게 마찬가지로 유용하거나 또는 그 이상으로 유용하다는 이유만으로 다른 사람들에게 실제로 유용한 것을 빼앗는 행위나, 또는 이와 마찬가지 방식으로 타인을 희생시켜 가면서 다른 사람의 행복보다 자신의 행복을 중시하는 천성적인 선호에 몰두하는 행위는 공정한 관찰자로서는 결코 공감할 수 없는 것이다(『도덕감정론』 156쪽).

결국 공정한 관찰자는 '신이 우리 내면에 세워놓은 대리인(Those vicegerents of God within us)'인 것입니다. 즉 이 모든 출발은 바로 신(神, God), 만물을 창조한 조물주(造物主)로서의 신이라고 설명하고 있습니다.

신(神)이 우리 내면에 세워놓은 대리인은 이 도덕준칙을 위반한 자를 내적 수치심과 자책의 고통으로써 처벌하지 않고 내버려두는 일은 결코 없다. 그리고 이와는 반대로 도덕준칙을 준수하는 자에 대해서는 항상 마음의 평정(平靜)과 흔쾌함, 그리고 자기만족(自己滿足)으로써 보상해준다(『도덕감정론』, 308쪽).

동감이라는 감정에 의해 타인에 대해 공감하고 이것을 '공정한 관찰자'를 통해 평가함으로써 이기적인 성향을 극복할 수 있다고 본 것입니다. 결론적으로 이기심은 신이 인간 내면에 설정해 놓은 '공정한 관찰자'가 인정하는 수준을 전제로 하고 있다는 것입니다.

단비　'공정한 관찰자'가 판단을 하는 데에는 어떤 규칙이 있습니까?

서 교수　애덤 스미스는 이런 판단에 일반규칙이 있다고 설명했습니다. 공평한 관찰자가 비난할만하다고 판단하는 행위는 모두 피해야 하고, 칭찬할만하다고 판단하는 행위는 모두 실행해야 한다고 했습니다. 이런 규칙은 사회 속에서 경험적으로 터득하게 되며, 이렇게 일반적 규칙을 자기 행위의 기준으로 고려해야 한다고 보는 감각을 '의무감(sense of duty)'이라고 했습니다. 이 의무감이 인간의 생활에서 가장 중요한 하나의 원칙이며, 대다수의 사람들이 이것이 자신의 행동을 결정할 수 있는 유일한 원칙이라고 보았습니다. 따라서 바로 이 의무감이 개인의 기쁨과 슬픔, 자기이해(self-interst), 자애심(self-love) 등을 제어할 수 있다고 주장했습니다.

단비　인간이 '공정한 관찰자'를 인식하지 못하거나 무시하고 자신의 이기심만을 추구할 경우에는 어떻게 해야 할까요?

서 교수　인간은 지혜로움과 연약함을 모두 가지고 있기 때문에 '공평한 관찰자'를 무시하려고 하는 자기기만이 존재한다고 했습니다. 바로 이 지점에서 그는 자혜와 정의를 구분하였습니다.

> 자혜(慈惠, beneficience)는 비유하자면 건물을 지탱하는 기초가 아니라 건물을 아름답게 꾸미는 장식이므로, 그 실천을 권하는 것으로 충분하고 그것을 강제할 필요는 결코 없는 것이다. 반면에, 정의(justice)는 모든 건물을 지탱하는 주요 기둥이다. 만약 그것이 제거되면 위대하고 거대한 인간사회라는 구조물은 틀림없이 한순간에 산산이 부서지고 말 것이다(『도덕감정론』 163쪽).

자혜는 일반적 규칙을 강요하지 않고 단지 권유하는 것이지만 정의는 일반적 규칙을 엄밀하게 따라야 하며 강제되어야 한다는 주장입니다. 그리고 이를 지키지 않으면 분노, 불쾌한 감정 등이 생기기 때문에 정의에 관한 엄밀한 규칙을 세워야 하고 이것이 바로 '법'이라고 보았습니다.

'보이지 않는 손'과 '신(神)'

단비 『국부론』에서 언급되었던 '보이지 않는 손'은 『도덕감정론』에서도 언급되고 있나요?

서 교수 『국부론』의 대표적인 논리로 받아들여지고 있는 '보이지 않는 손'은 전체 900페이지가 넘는 『국부론』 속에서 단 한 번만 언급되었습니다. 그것도 모든 사람이 자신의 안전과 이익을 추구한 결과 사회의 이익도 증대되는데, 이 과정이 '보이지 않는 손'에 의해 이루어진다고 했습니다. 결국 '보이지 않는 손'이란 개인들이 가지는 선택의 자유를 이야기한 것일 뿐 수요와 공급에 의한 가격결정시스템을 이야기한 것은 아니라는 것입니다.

　　『도덕감정론』에서도 '보이지 않는 손'은 단 한 번 나옵니다. 여기에서는 스스로 느끼지 못하는 사이에 사회에 기여하는 '신의 섭리'를 '보이지 않는 손'을 통해 설명하고 있습니다.

　　　부자는 […] 그들의 본성적 이기심과 탐욕에도 불구하고, 비록 그들이 자신만의 편의를 생각한다고 하더라도, 또한 그들이 수천 명의 노동자를 고용해서 추구하는 유일한 목적이 그들 자신의 허영심과 만족될 수 없는 욕망임에도 불구하고, 그들은 자신들의 모든 개량의 성과를 가난한 사람들과 나누어 가진다. 그들은 **보이지 않는 손**(invisible hand)에 이끌려서 토지가 모든 주민들에게 똑같이 나누어졌을 경우에 있을 수 있는 것과 같은 생활필수품의 분배를 하게 된다. 그리하여 무의식중에 부지불각 중에, 사회의 이익을 증진시키고 인류 번식의 수단을 제공하게 된다. 신의 섭리는 대지를 소수의 귀족과 지주에게 나누어주면서 이 분배에서 제외되었다고 생각되는 사람들을 망각하지도 방기하지도 않았다(『도덕감정론』 345~346쪽).

그는 부자가 자신의 소비량 이상으로 생산할 경우 그 남는 수량은 가난한 사람들에게 분배될 수밖에 없는데, 이것이 바로 '보이지 않는 손'에 의한 것이라고 보았습니다. 이 '보이지 않는 손'이 모든 사람들에게 토지가 균등분배 되었을 때의 수준으로 생활필수품을 분배하게 하는 '신의 섭리'라고 설명하고 있습니다. 즉 사회적으로 좋은 결과를 만들어내는 '신의 섭리'가 바로 '보이지 않는 손'이라고 설명한 것입니다. 이것은 그의 논리가 신의 섭리에 의해 만들어진 세상이기 때문에 신의 섭리에 의해 움직인다면 조화스러운 세상이 된다는 생각에 기반하고 있다는 것을 드러내주는 부분입니다.

단비　애덤 스미스의 '이기심' 및 '보이지 않는 손'과 '신(神)'의 관계를 어떻게 보아야 할까요?

서 교수　애덤 스미스의 주장은 '신의 섭리'에 기반하고 있습니다. 신이 세상을 조화롭게 만들었기 때문에 세상의 일부분인 인간도 조화롭게 만들어졌고, 조화롭게 창조된 인간이 자신의 '이기심'을 발휘하는 것이 바로 신의 섭리를 드러내어 세상을 조화롭게 만드는 것이라는 논리구조입니다. 따라서 '보이지 않는 손'이 자본주의의 모든 문제를 해결해 주는 장치라고 이해하는 것은 바람직하지 않습니다. 그가 사용한 '보이지 않는 손'은 인간이 인식하지 못하거나 의도하지 않는 일이 벌어지는 배후에 작동하는 원리를 나타내는 데에 사용한 '신(神)'으로 대표되는 메타포(metaphor)에 불과하다고 해석할 수도 있는 것입니다. 중세와 근대가 겹쳐져 있던 시기에 살았던 애덤 스미스의 시대적 한계라고 할 것입니다.

함께 읽기 좋은 자료

에이먼 베틀런, 이성규 역, 『애덤 스미스의 도덕감정론 및 국부론 요약』, 율곡출판사, 2018.

조현수, 『이기적인 개인, 공감하는 도덕-애덤 스미스 『도덕감정론』의 한 읽기』, 성균관대학출판부, 2016.

조현수, 『애덤 스미스의 도덕감정론』, 진인진, 2020.

도메 다쿠오, 우경봉 역, 『지금 애덤 스미스를 다시 읽는다』, 동아시아, 2010.

EBS 다큐프라임, 자본주의 4부 〈세상을 바꾼 위대한 철학들〉, 2012.10.01.

참고 문헌

애덤 스미스, 김수행 옮김, 『국부론(상), (하)』, 비봉출판사, 2003.

아담 스미스, 『도덕감정론』, 김광수 역, 『도덕감정론』, 한길사, 2016.

아담 스미스, 『도덕감정론』, 박세일·민경국 역, 『도덕감정론』, 비봉출판사, 2009.

김광수, 『애덤 스미스: 정의가 번영을 이끈다』, 한길사, 2016.

김광수, 「애덤 스미스 경제학에 관한 소위 '역설과 모순'의 재조명: 사회과학적 방법론을 중심으로」, 『논문집(인문·사회과학편)』 59(2), 대한민국학술원, 2020.

김근배, 『애덤 스미스의 따뜻한 손』, 중앙books, 2016.

김용환, 「공감과 연민의 감정의 도덕적 함의」, 『철학』76, 한국철학회, 2003.

박순성, 『아담 스미스와 자유주의』, 풀빛, 2003.

변영진, 「'아담 스미스 문제'에 대한 고찰: 공감을 중심으로」, 『도덕윤리과교육』제69호, 2020.

서문석, 「애덤 스미스의 『국부론』과 교양교육」, 『교양기초교육연구』 제2권 제2호, 2021.

신중섭, 「도덕감정과 이기심」, 『철학논총』73, 새한철학회, 2013.

이근식, 『애덤 스미스의 고전적 자유주의』, 기파랑, 2006.

이상헌, 「아담 스미스(Adam Smith) 경제학의 철학적 기원: 경제적 사회적 질서 개념을 중심으로」, 『경제학연구』 제57집 제1호, 2009.

이영석, 『공장의 역사』, 푸른역사, 2013.

이영재, 「스코틀랜드 도덕철학의 전통에서 본 Adam Smith 도덕감정론의 함의」, 『시민사회와 NGO』 13(2), 2015.

Buchan, James, *The Authentic Adam Smith*, 2007, 이경남 옮김, 『애덤스미스: 경제학의 탄생』, 청림출판, 2008.

Butler, Eamonn, *Adam Smith: A Primer, London*: Institute of Economic Affairs, 2007, 김정완 옮김, 『애덤 스미스의 이해』, 대영문화사, 2012.

Campbell, T. D., *Adam Smith's Science of Morals*, New York: Routledge, 2012.

Escalas, Jennifer Edson and Barbara B. Stern, "Sympathy and Empathy: Emotional Responses to Advertising Dramas", *Journal of Consumer Research*, Vol. 29, No. 4, 2003.

Fitzgibbons, Athol, *Adam Smith's System of Liberty, Wealth, and Virtue: The Moral and Political Foundations of The Wealth of Nations*, New York: Oxford University Press, 1995.

Fleischacker, Samuel, *On Adam Smith's Wealth of Nations: A Philosophical Companion*, Princeton, N.J.: Princeton University Press, 2004.

Grampp, William D., "What Did Smith Mean by the Invisible Hand?", *Journal of Political Economy*, Vol. 108, No. 3, 2000.

Griswold, Charles L., *Adam Smith and The Virtues of Enlightenment*, New York: Cambridge University Press, 1999.

Harrison, Peter, "Adam Smith and the History of the Invisible Hand", *Journal of the History of Ideas*, Vol. 72, No. 1, 2011.

Kennedy, Gavin, "Adam Smith and the Invisible Hand: From Metaphor to Myth", *Econ Journal Watch*, Vol. 6, No. 2, 2009.

Montes, Leonidas, "Das Adam Smith Problem: Its Origins, the Stages of the Current Debate, and One Implication for Our Understanding of Sympathy", *Journal of the History of Economic Thought*, 25(1), 2003.

제3부

———

인간의 가능성

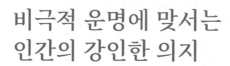

비극적 운명에 맞서는
인간의 강인한 의지
―프리드리히 니체, 『비극의 탄생』

정 연 재

"비극은 음악의 최고의 황홀경을 자신 속에 흡수하여 그리스인들의 경우에서뿐 아니라 우리의 경우에도 음악을 완성시킨다. 그러나 비극은 이때 비극적 신화와 비극적 주인공을 음악 곁에 세운다. 이 비극적 주인공은 강력한 거인처럼 디오니소스적 세계 전체를 그 등 뒤에 짊어지고 우리를 디오니소스적 세계라는 무거운 짐으로부터 해방시킨다. 다른 한편으로 비극은 그와 동일한 비극적 신화를 통하여 비극적 주인공이라는 인물의 형태로 개별적인 생존에 대한 탐욕스런 충동으로부터 우리를 구원하며, 경고하는 손으로 다른 삶과 보다 높은 기쁨을 상기시킨다."

― 『비극의 탄생』

청년 니체, 고대 그리스 문화에 주목하다

정 교수 비극이라는 단어를 사전에서 찾아보니 두 가지 의미로 구성되어 있더군요. 첫 번째는 "인생의 슬프고 애달픈 일을 당하여 불행한 경우를 이르는 말," 두 번째는 "인생의 슬픔과 비참함을 제재로 하고 주인공의 파멸, 패배, 죽음 따위의 불행한 결말을 갖는 극 형식"이라고 나와 있습니다. 한마디로 비극은 일상적 의미에서와 전문적 의미로 쓰이고 있음을 알 수 있습니다. 단웅이는 비극이라는 단어 하면 어떤 생각이 떠오르나요?

단웅이 저는 비극 하면 우리 주변에 일어나는 안타까운 사건이나 사고가 생각납니다. 특히 코로나-19를 겪으면서 재난이라는 상황이 아주 특정한 때, 특정한 사람에게만 일어나는 일이 아니라 우리 곁에 너무나 가까이 있음을 깨닫게 되었습니다. '재난의 일상화'라고 할까요. 이러한 일상화된 재난 앞에서 우리들의 삶을 어떻게 견고하게 지켜낼 수 있는지가 앞으로 우리가 살아가는 데 매우 중요한 문제라고 생각합니다.

정 교수 저 역시 단웅이의 의견에 전적으로 동의합니다. 프랑스 철학자 미셸 푸코(M. Foucault)는 헬레니즘 시대와 로마 시대의 교육이 자기돌봄을 위한 '개인적 준비'에 역점을 두었다는 데 주목한 적이 있습니다. 여기서 말하는 개인적 차원의 준비란 언제 닥칠지 모르는 사고, 불행, 불운, 몰락으로부터 품위 있게 견뎌낼 수 있는 개인을 교육하는 것을 의미합니다. 요즈음 들어 재난에 대한 불안감이 커지면서 헬레니즘 시대와 로마 시대의 교육 그리고 당시의 중요한 사상이었던 스토아 철학이 많은 사람들에게 주목의 대상이 되고 있는 것 같습니다. 그럼 단비는 비극 하면 어떤 생각이 떠오르나요?

단비   저는 신입생 때 수강했던 독서 교과목에서 친구들과 함께 읽었던 『오이디푸스 왕』이 떠오릅니다. 공동체의 시련을 자신의 고통으로 받아들일 만큼 공감능력이 뛰어나고, 무엇보다 탁월한 사고와 강인한 의지를 가졌던 주인공이었지만 "아버지를 죽이고, 어머니와 결혼하게 될 것이다"라는 운명의 굴레를 끝내 벗어나지 못해 파멸해 가는 과정은 단순한 연민을 넘어 인간이란 어떤 존재이고, 어떤 삶을 살아갈 것인가라는 근본적인 질문을 던져주었던 것 같습니다.

정 교수   단웅이와 단비 모두 비극이 지니는 의미를 아주 잘 파악해낸 것 같습니다. 단웅이와 단비처럼, 아니 이보다 훨씬 치열하게 비극에 대해 관심을 가졌던 한 청년이 있었습니다. 바로 그 유명한 독일 철학자 프리드리히 니체(Friedrich Nitzsche)입니다.

단웅이   교수님, 혹시 우리가 함께 이야기할 『비극의 탄생』을 염두에 두시고 말씀하신 건가요?

정 교수   네, 맞습니다. 니체는 건강한 삶, 긍정적이고 탁월한 인간 등에 일찍이 관심을 가졌던 것으로 보입니다. 이러한 학문적 관심의 첫 결과물이 그의 나이 28살 때 펴냈던 『비극의 탄생』입니다. 니체는 고대 그리스의 고전 연구를 통해 그리스 문화에 심취하게 되는데, 그가 고대 그리스 문화에 주목했던 것은 바로 "비극적인 운명에 도피하지

프리드리히 니체(1844-1900).
인간의 삶을 새로운 의미와 가치를 찾아가
는 항해의 과정으로 간주한 니체는 20세기
가장 영향력 있는 철학자로 평가받는다.

않고 의연하게 대결하는 숭고한 태도"가 어떻게 가능한가였습니다. 잠시 이 책이 출간될 당시 배경을 살펴보면, 니체는 박사학위 없이 스승 리츨(Ritschl) 교수의 추천으로 스위스 바젤 대학의 교수로 가게 되었습니다. 당시 니체의 나이가 25세였으니, 그의 학문적 재능이 얼마나 뛰어났는지 짐작해볼 수 있습니다. 이듬해 독일과 프랑스 사이에 전쟁이 일어나 니체는 간호병으로 지원하여 참전하였으나 이질과 디프테리아에 감염되어 4주만에 제대하게 됩니다. 바로 이때 요양을 하면서 집필했던 책이 바로 『비극의 탄생』입니다. 그리고 이 책은 니체를 고전문헌학자에서 철학자로 전환시켰던 이정표가 되는 저서이기도 합니다. 니체는 나중에 『이 사람을 보라』라는 책에서 『비극의 탄생』의 핵심주제는 그리스인들이 염세주의(pessimism)를 어떻게 극복했는지에 대한 가르침이라고 밝힙니다. 한마디로 자기 자신을 '비극적 철학자'로 규정하면서 "삶의 가장 낯설고 가장 가혹한 문제들에 직면해서도 삶 자체를 긍정할 수 있는" 힘이 무엇인지를 제시했다고 고백한 바 있습니다.

단비　니체가 그렇게 젊은 나이에 『비극의 탄생』을 저술했다는 것이 너무 놀랍습니다. 교수님, 니체라는 철학자가 어떤 삶을 살았는지 궁

정 교수 니체 하면 비운의 철학자라는 수식어가 따라붙는데요. 니체는 1884년 독일 라이프치히 근처의 뢰켄(Röcken)이라는 작은 마을에서 태어났습니다. 전통적인 기독교 집안에서 태어났던 니체는 목사였던 아버지가 5살 때 죽고 유년시절을 할머니와 어머니의 보살핌 속에서 자라게 됩니다. 가부장적 권위와 남성성에 대한 동경이 싹틀 만큼 니체는 상당히 불안한 유년시절을 보낸 것으로 보입니다. 그럼에도 니체 스스로 "지식에 대한 열정이 자기 자신을 사로잡고 있다"고 고백할 만큼 공부에 대한 열정이 남달랐으며, 특히 고전어와 문학, 음악 분야야 뛰어난 재능을 보였습니다. 그리고 20살 때 본 대학에 입학하여 신학과 문헌학을 전공합니다. 니체의 어머니는 니체가 아버지처럼 신학을 전공하여 목사의 길을 가길 바랐으나, 니체는 입학 후 한 학기만에 신학 공부를 중단하고 고전문헌학에 몰두합니다. 당시 문헌학의 대가인 리츨이 라이프치히 대학으로 자리를 옮기자 스승을 따라가 고전문헌학 공부를 지속하였고, 라이프치히의 젊은 문헌학도들 사이에서 숭배의 대상이 될 만큼 주목을 받습니다. 그리고 25세의 나이에 스승 리츨의 추천으로 스위스 바젤대학 고전어 및 고전문학 전공 교수로 취임하게 됩니다. 25세 때 대학교수가 될 만큼 학문적 역량이 뛰어났지만, 신체적으로는 매우 병약했습니다. 만성두통, 불면증, 위장병 등에 시달리면서 그는 10년간의 대학교수 생활을 마감합니다. 당시 니체는 "사는 것 자체가 끔찍한 고통이다. 만일 내가 정신과 도덕에 관한 분야에서 교훈적인 여러 가지 시험이나 시도를 하지 않았다면 나는 이미 오래 전에 나의 삶을 던져버렸을 것이다"라고 고백할 정도로 건강이 심각했습니다. 그는 안정적인 삶의 기반을 제공했던 대학교수직을 그만두고 난 후부터는 요양과 저술을 병행하면서 저술가로서의 삶을 살아갑니다. 『차라투스트라는 이렇게 말했다』, 『우상의 황혼』, 『이 사람을 보라』 등 니체의 많은 저서들은 열악한 건강상태에도 불구하고 최선을 다해 이루었던 정신적 결과물이라 할 수 있습니다. 안타깝게도 1889년 이탈리아 토리노 광장에서 채찍질 당하는 말을 보호하기 위해 뛰어들었던 니체는 발작을 일으킨 후 11년 동안 의식불명 상태에서 회복하지 못한 채 끝내 죽음을 맞이합니다. 그러나 그의 죽음 이후 니체의 세기라 불릴 만큼 니체의 사상은 많은 사람들에게 강렬한 영향을 미쳐왔습니다. 니체에 따르면 인간의 삶이야말로 새로운 의미와 가치를 찾아가는 항해의 과정입니다. 무엇보다 삶의 의미는 그저 주어진 것이 아니라 철저히 만들어가는 것이라는 측면에서 그의 철학은 당시의 세계관과 충돌합니다. '지금 여기'의 구체적 삶이 중요하다는 것을 부정하는 모든 사상과 종교를 적대시했기 때문입니다. 아마도 니체가 좀더 오래 살았다면 이러한 파괴적 측면의 사상보다 건설적이고 긍정적인 측면의 사상을 좀더 접할 수 있지 않았을까 하는 아쉬움이 듭니다.

문화적 황금기의 산물, 그리스 비극

단웅이 교수님, 니체의 『비극의 탄생』을 본격적으로 알아보기 전에

고대 그리스의 비극은 어떤 특징을 갖추었는지 알려주실 수 있으신
가요?

정 교수 단웅이가 적절한 시점에 질문해주셨습니다. 고대 그리스 비극
은 그리스 역사상 가장 빛났던 문화적 황금기에 나온 예술 장르입니
다. 고대 그리스 문화의 전개상황을 살펴보면 서사시의 시대, 서정시
의 시대를 거쳐 기원전 5세기에 이르러 비극이 꽃을 피우게 됩니다.
비극은 영어로 tragedy라고 부르는데, 어원적으로 분석해보면 산양
을 뜻하는 그리스어 트라고스(tragos)와 노래를 뜻하는 그리스어 오이
데(oide)의 합성어입니다. 산양의 노래라고 할까요. 그런데 산양은 그
리스 신화에 따르면 디오니소스와 연관됩니다. 신화에 따르면, 제우
스는 헤라에게서 자신의 아들인 디오니소스를 보호하기 위해 산양
으로 변신시켜 요정에게 맡겼다고 합니다. 그러나 디오니소스는 거
인 티탄족에 의해 신체가 갈기갈기 찢겨 죽게 되는데 후대에 디오니
소스를 부활을 염원하는 축제가 생겨났습니다. 그리고 디오니소스를
경배하는 축제에는 디오니소스 찬가(讚歌)인 디티람보스(dithyrambos)
가 필수적이었고, 합창무용 경연대회가 열렸다고 합니다. 그러니까
비극은 디오니소스 숭배와 밀접하게 연결된다고 할 수 있습니다. 아
리스토텔레스 역시 『시학』에서 비극이 디오니소스의 시종(侍從)인 사
튀로스(satyros)로 분장한 자들이 춤추고 노래하는 사튀로스 극을 곁들
인 디티람보스에서 유래했다고 밝힌 바 있습니다. 또 하나 주목할 것
은 비극의 주인공입니다. 비극의 주인공은 신이나 보통의 인간이 아
니라 영웅입니다. 비극적 상황을 쉽게 극복할 수 있는 신적 존재도,

비극적 상황에 쉽게 좌절하는 보통의 인간이 아니라 비극적 상황에 정면으로 맞설 수 있는 존재가 비극의 주인공이라고 한다면, 영웅이 가장 적합하다는 생각이 듭니다. 한마디로 영웅은 고통과 시련, 비극적 운명에 맞선 탁월한 인간을 의미하고, 그러한 영웅의 탁월성을 닮고자 하는 인간의 염원이 비극이라는 예술장르를 탄생시킨 것입니다. 그래서 비극은 인간의 탁월성과 인생의 궁극적 의미를 심도 있게 고찰한 수준 높은 예술장르입니다. 제 개인적으로는 기원전 5세기에 이런 시도를 했다는 것 자체가 고대 그리스의 문화적 수준이 얼마나 대단한가를 보여주는 것이라고 생각합니다. 또 하나 주목할 것은 그리스 비극은 초창기에 음악과 합창이 주를 이루고, 중간에 등장인물의 대사가 삽입되는 음악극의 형태를 띠었다는 것입니다. 우리는 고대 그리스의 3대 비극작가로 아이스킬로스(Aeschylos), 소포클레스(Sophocles), 에우리피데스(Euripides)를 꼽는데, 그중에서도 소포클레스는 기존의 비극의 형식을 개선하여 완성도 높은 비극을 만들었던 작가로 평가받습니다.

단웅이 앞서서 방금 교수님께서 고대 그리스 비극이 음악극의 형태를 가졌다고 하셨는데요. 현대 연극과 비교해보면 조금 낯선 것 같습니다. 좀더 부연설명해주시면 좋겠습니다.

정 교수 초창기 고대 그리스 비극은 합창단의 합창이 주축을 이루었습니다. 여러분들 혹시 에피소드(episode)라는 영어 단어를 아시는지요. 보통 삽화라고 번역되는 단어로 통상적으로는 남에게 알려지지 않은 재미있는 이야기를 의미합니다. 어원을 살펴보면 에피소드는 그리스어 에피소디온(episodion)에서 유래했는데, 원래 합창단의 노래와 노래 사이에 삽입된 대화 부분을 의미합니다. 그러나 배우들의 대화가 좀 더 비중이 커지면서 원래의 삽입된 형태에서 연극의 주축을 이루는 부분으로 발전된 것이죠. 에피소드는 지금의 관점에서 보면 연극의 막으로 이해하시면 될 것 같습니다. 초창기 비극의 경우 합창단과 1인의 배우만으로 공연이 이루어졌지만, 아이스킬로스 시대에는 배우가 2인으로 늘어나고, 소포클레스에 와서 3인의 배우로 정착되었다고 합니다. 어쨌든 합창단의 노래와 춤 그리고 배우들의 대화는 비극에서 각각의 역할을 담당합니다. 니체 역시 비극의 중요한 구성요소로서 합창단의 음악과 배우들의 대사에 주목하는데요. 나중에 자세히 살펴보겠지만 음악은 디오니소의 원리를, 배우의 대사는 아폴론적 원리를 나타내며, 이 둘의 결합을 통해 비극이 완성된다는 견해를 피력합니다.

단비　이렇게 고대 그리스 비극의 내용을 알게 되니 니체의 『비극의 탄생』의 내용이 더 궁금해집니다. 교수님, 이 책의 대략적인 내용을 알기 쉽게 설명해주시죠.

정 교수　『비극의 탄생』은 크게 3부로 구성되어 있습니다. 첫째 파트는 1장에서 10장까지로 그리스 비극이 두 가지 예술 원리, 즉 아폴론적 원리와 디오니소스적 원리에서 나왔다는 점을 기술하는 부분이고, 두 번째 파트는 11장에서 14장까지인데 소크라테스주의가 비극에 영

1872년에 출간된 『비극의 탄생』 표지. 원래 제목은 〈음악 정신으로부터 비극의 탄생〉이었으나 1886년에 재출간하면서 제목을 〈비극의 탄생 또는 그리스 문명과 염세주의〉로 바꾼다. 니체는 이 책에서 삶의 가장 낯설고 가장 가혹한 문제들에 직면해서도 삶 자체를 긍정할 수 있는 힘이 무엇인지를 고대 그리스 비극에 대한 분석을 통해 정교하게 제시하였다.

향을 주면서 비극의 몰락을 가져왔다고 진단하는 부분이며, 마지막 세 번째 파트는 14-25장까지인데 당시 독일의 음악가였던 바그너의 음악극이 고대 그리스의 비극정신을 완벽하게 재생시켰다고 주장하는 부분입니다. 아마도 우리가 눈여겨 봐야 할 곳은 비극에 대한 니체의 날카로운 분석을 담고 있는 첫 번째 부분입니다. 니체는 이 책을 1872년 『음악정신으로부터 비극의 탄생』이라는 제목으로 출간하는데, 14년 후 1886년에 『비극의 탄생 또는 그리스 문명과 염세주의』라는 제목으로 바꾸어 출간하면서 책 앞에 「자기 비판의 시도」라는 서문을 추가합니다. 원래 있었던 「리하르트 바그너에게 바치는 서문」 이외에 또 하나가 추가된 셈이죠. 니체가 왜 책 제목을 바꾸려고 했고, 또 서문을 추가했는지 그 이유를 살펴보면 이 책의 의도를 좀더 분명하게 알 수 있지 않을까 생각합니다.

단웅이 그럼 교수님. 니체가 이 책을 집필하게 된 이유에 대해 구체적으로 설명해주셨으면 좋겠습니다.

정 교수 이 책의 제목과 목차를 훑어보면 고대 그리스 비극의 기원과 전개상황을 서술한 책으로 보입니다. 그러나 이 책을 꼼꼼히 읽어보면 고전 비극에 대한 평이한 분석을 넘어 인간에게 바람직한 삶은 무엇인가를 탐색한 일종의 가치론적 탐구가 핵심임을 알 수 있습니다. 우선 니체는 그리스인을 낙천주의적 성향을 지닌 사람으로 간주하고, 그리스 예술의 특징을 '명랑성'으로 규정하는 당시 독일 학계의 견해를 비판하기 위해 이 책을 썼다고 말합니다. 니체가 보기에는 서양 중세는 진지함, 서양 고대는 명랑함이라는 단순한 도식으로 보기에는 무리가 있다는 것입니다. 오히려 그리스 예술은 삶의 어두운 측면, 즉 고통, 비극적 운명, 좌절, 죽음 등에 대해 깊은 통찰을 보여주었다는 것이죠. 흔히 우리는 성공했을 때 이전의 어렵고 궁핍했던 시절을 잘 떠올리지 않습니다. 가장 건강하고 풍요로운 시기에 인생의 가장 어두운 측면을 응시하면서 인생의 궁극적 문제를 진지하게 고민한다는 것은 말처럼 쉬운 일이 아닙니다. 그런데 이렇게 어려운 일을 그리스 사람들은 쉽게 해냈던 것에 대해 니체는 주목했던 것입니다. 다음으로 니체는 이 책을 통해 "학문을 예술가의 관점에서 보고, 예술을 삶의 관점에서 보아야 한다"는 과제를 해결하고자 했습니다. 학문뿐만 아니라 예술 역시 철저히 인간의 삶과 연계시켜 보아야 한다는 것이죠. 학문 그 자체를 위한 학문, 예술을 위한 예술이 아무리 심오하고 화려하더라도 인간의 삶과 아무런 연관이 없다면 그것들은 그저 삶에 대한 허약한 의지의 표명에 불과하다는 것입니다. 니체가 보기에 삶과 예술, 학문의 관계가 제대로 설정되지 않음으로써 나타난 문화적 징후가 일종의 염세주의적 세계관이라는 것입니다. 니체가 보기에 고대 그리스인의 건강성은 예술을 바라보는 태도와 무관하지 않으며, 따라서 예술만이 우리 인간의 삶을 탁월한 상태로 이끌 수 있다고 본 것입니다.

단비   염세주의란 정확히 어떤 사상인지 궁금합니다.

정 교수   니체가 『비극의 탄생』의 개정판 제목을 〈비극의 탄생 또는 그리스 문명과 염세주의〉라고 바꾸려고 했을 만큼 염세주의는 당시 니체에게서 매우 중요한 개념입니다. 염세주의를 뜻하는 영어 페시미즘(pessimism)은 '나쁜'을 의미하는 라틴어 형용사 malus의 최상급 pessium에서 나왔습니다. 최악을 의미하는 이 단어는 철학자 쇼펜하우어(Schopenhauer)에 의해 염세적 세계관을 대표하는 단어로 자리매김됩니다. 니체는 고대 그리스 문화에는 명랑함의 정신이 깃들어 있다는 빙켈만(Winckelmann)의 주장과 정반대로 그리스 문화에는 세상을 비관적으로 바라보는 염세주의가 주를 이루었다고 봅니다. 예를 들어 미다스 왕이 실레노스에게 "인간에게 가장 좋고 훌륭한 것은 무엇인가?"라고 질문했을 때 실레노스가 "모든 것들 중에서 가장 좋은 것은 태어나지 않는 것, 존재하지 않는 것이다. 결국 차선책은 바로 죽는 것이다"라고 답변했는데, 바로 이 대답이야말로 염세주의 세계관을 아주 명확하게 보여주는 언급이라 할 수 있습니다.

　　니체는 바로 고대 그리스 비극을 이러한 염세주의적 세계관과의 대결구도 속에서 보고 있습니다. 체념의 염세주의를 극복할 수 있는 강함의 염세주의라고 할까요. 고통으로 점철된 세상을 살만한 가치가 있는 세상으로 만들어내는 방식에는 여러 가지가 있을 것입니다.

예를 들자면 이 세상을 잠시 거쳐가는 하숙집으로, 우리 인간을 나그네 인간(homo viator)으로 규정하면서 피안의 세상을 갈구하는 종교적 방식이 있을 수 있고, 참된 이치를 규명하는 진리탐구에 몰두하면서 염세주의적 세계관을 극복하는 학문적 방식도 있을 것입니다. 니체는 이 두 가지 방식을 단호히 거부합니다. 니체에 따르면 두 가지 모두 인간을 더욱 나약하게 만들거나 현상유지, 즉 생존에 급급하게 만든다는 것입니다. 염세주의적 세계관을 극복하는 진정한 방식은 그리스 비극에서 단초를 찾아볼 수 있는데, 니체에 따르면 "그리스 비극은 현실세계의 욕망과 본능을 긍정하고 신성한 것으로 변용시키면서 인생의 고통과 염세주의를 극복했다"는 것입니다.

단웅이 염세주의라는 단어를 설명해주셨는데요. 니체 하면 허무주의(nihilism)가 떠오릅니다. 이에 대해 좀더 자세히 설명해주시면 좋겠습니다.

정 교수 니체는 후에 자신의 사상을 진전시키면서 체념적 의미의 염세주의 대신 허무주의 개념을 즐겨씁니다. 그는 허무주의를 이렇게 규정합니다. "허무주의란 무엇을 의미하는가? 최고의 가치들이 박탈되는 것이다. 목표가 없다. '왜'라는 물음에 대한 답이 없다." 한마디로 인생을 살아가는 데 필요한 힘과 동력을 완전히 상실한 상태를 의미합니다. 그러나 그는 니체는 허무주의를 꼭 부정적으로만 보지 않습니다. 허무주의 상황은 인간을 새로운 존재로 거듭날 수 있는 상황을 만들어낼 수 있기 때문입니다. 똑같이 어려운 상황에 닥치더라도 어떤 사람은 그 상황을 삶의 걸림돌로 생각하여 자포자기하지만, 어떤 사람은 성장의 디딤돌로 삼아 이전보다 훨씬 더 나은 사람으로 변모하는 경우를 우리는 종종 목격하곤 합니다. 그래서 니체는 허무주의를 인간의 궁극적 결단을 요구하는 극단적 상황으로 간주하면서, 허무주의를 대하는 인간의 두 가지 태도를 말합니다. 하나는 강자의 능동적 허무주의(active Nihilism)입니다. 정신력을 강화시켜 허무주의 상황을 극복하고 자기 성장의 계기로 삼는 태도입니다. 또 하나는 약자의 수동적 허무주의(passive Nihilism)입니다. 정신력이 하강하여 체념과 몰락으로 주저앉아버리는 태도입니다. 니체는 그래서 허무주의를 자기를 극복하고 새로운 삶을 창조하는 징후로 보고, 새로운 존재로 거듭날 것을 촉구하는 것이죠. 비극적 삶을 두려워하지 않는 적극적인 태도말입니다. 『비극의 탄생』은 이러한 측면에서 허무주의를 극복하려는 니체 사상의 출발점을 제공하는 책이라 할 수 있습니다.

단비　앞에서 교수님께서는 이 책이 니체를 고전문헌학자에서 철학자로 전향시킨 이정표가 되는 책이라고 말씀하셨는데요. 좀더 구체적으로 설명해주실 수 있나요?

정 교수　니체는 스위스 바젤 대학에 고전문헌학 전공 교수로 임용되었으나, 그 후 문헌학자로서 살아가는 것에 대해 매우 심각하게 고민한 것으로 보입니다. 무엇보다 니체는 고전에 대한 탐구는 문구에 대한 단순한 해석에 머물러서는 안 되고, 무언가 미래지향적인 것을 창조해야 하는 점을 의식했던 것 같습니다. 그래서 니체는 매우 보수적인 고전문헌학의 분위기로부터 탈피하고 싶었고, 바젤대학 내의 철학과로 이직을 희망할 정도였습니다. 물론 철학과로 이직하여 자신의 철학적 과제를 수행하고자 하는 희망은 끝내 이루지 못했습니다. 만약 니체가 고전문헌학자로서 이 책을 집필했다면 앞에서 말한 염세주의 극복을 그렇게 강조하지 않았을 것입니다. 철학은 가치에 대한 탐색을 핵심과제로 설정한 학문입니다. 인간의 삶은 반드시 사실의 세계에서만 이루어지지 않습니다. 가치의 세계 역시 인간 삶의 중요한 부분을 이루는 바탕입니다. 가치는 척박한 현실을 이겨내 장차 실현될 가능적 세계, 즉 가치의 실현을 주도합니다. 그래서 철학은 인간의 삶에서 중요한 가치가 무엇인지, 어떤 가치가 우선시되어야 하는지, 우선시하기 위해서는 어떻게 정당화해야 하는지에 관심을 쏟습니다. 이러한 측면에서 가치관의 확립은 철학의 중요한 과제입니다. 니체는 이 책을 단순한 그리스 비극에 대한 문헌적 탐색 정도에 머무르지 않고 그리스 비극 정신의 핵심을 독자에게 보여주고, 그러한 핵심적인 태도를 갖출 것을 독자에게 요구한다고 볼 수 있습니다. 이런 측면에서 니체를 철학자로, 이 책을 철학의 고전으로 꼽는 이유일 것입니다.

아폴론적인 것과 디오니소스적인 것, 예술창작의 두 가지 원리

단웅이 『비극의 탄생』 1장 첫 문장은 이렇게 씌어 있습니다. "예술의 발전은 아폴론적인 것과 디오니소스적인 것의 이중성과 결부되어 있

풍요, 혼돈, 충동을 상징하는 그리스 신. 니체는 디오니소스를 삶을 긍정하는 정열적 충동으로 그려내면서 예술작품의 중요한 원리로 삼는다. (베를린 알테스 박물관 소장)

다." 첫 문장부터가 매우 어려운 것 같습니다. 우선 아폴론과 디오니소스는 그리스신화에서 어떤 존재였습니까?

정 교수 그리스 신 가운데 가장 합리적이고 질서정연한 특징을 지닌 신이 바로 아폴론입니다. 특히 아폴론은 빛을 상징하는 신입니다. 어둠을 몰아낼 수 있는 밝음이 있기에 뚜렷한 형식, 확고한 경계, 타인과 구별되는 개성과 관련이 있습니다. 또한 질병과 치유의 신이기에 전염병을 퍼뜨리는 것도, 전염병으로 인한 상처를 치유하고 정화하는 것도 그의 몫입니다. 나아가 절제와 균형을 통해 아름다움을 구현합니다. 보통 조각, 건축이 아폴론적 특징을 지니고 있는 대표적인 예술장르라 할 수 있습니다. 반면에 디오니소스는 그리스의 신들 가운데 가장 다면적이고 특징짓기 어려운 신으로서 절제와 균형과는 거리가 먼 한마디로 혼돈과 충동의 신입니다. 그래서 그는 해체, 열광, 황홀, 광란을 주관하는 사나운 신으로 묘사됩니다. 또한 그는 수난을 당하는 신이었습니다. 전설에 따르면 거인 티탄족에 의해 찢김을 당해 죽었으나 훗날 제우스에 의해 지하세계에서 되살아났다고 합니다. 수난과 부활을 동시에 의미하는 신인 셈이죠. 음악과 춤은 디오니소스적인 요소가 가장 잘 나타나는 예술형식이라 할 수 있습니다.

단비　그렇다면 니체가 말하는 아폴론적 원리와 디오니소스적 원리는 무엇인지요?

정 교수　앞서서 '아폴론적 원리'는 조각이나 건축과 같은 조형예술에, '디오니소스적 원리'는 음악과 같은 비조형적인 예술에 적용될 수 있다고 말씀드렸습니다. 니체는 이 두 예술원리를 인간의 근본적인 충동과 연결시켜고 있습니다. '충동'은 사전적 의미로 순간적으로 어떤 행동을 하도록 부추기는 마음의 자극을 의미합니다. 우리 역시 생활하면서 충동에 이끌리는 경우를 많이 경험하는데요. 니체에 따르면, 아폴론적인 것은 꿈에 대한 충동과 관련이 있다 합니다. 우리가 보통 꿈꾼다고 한다면 현실의 부족함을 완벽하게 보완한 이상적인 무언가를 그려냅니다. 만일 내가 예술가라고 한다면 현실에서는 불가능한 완벽한 예술작품을 꿈속에서 만들어낼 수 있다는 것이죠. 한마디로 꿈속에서 완벽한 예술가로서의 자신의 모습을 바라볼 수 있다는 것입니다. 일상에서 우리는 꿈을 통해 자기 자신의 이상적인 모습을 그려내고, 이를 이상적인 목표로 삼아 현실의 부족한 자신의 모습을 조금씩 개선하는 노력을 하기도 합니다. 아폴론적 원리를 일상의 삶에서 구현하는 셈이죠. 반면에 디오니소스적인 것은 도취에 대한 충동과 관련이 있습니다. 만일 우리가 좋아하는 가수의 콘서트에 갔는데, 노래와 분위기에 완전히 압도되어 무대와 객석의 구분이 없을 만큼

춤과 노래에 빠졌든 경험이 있다면 바로 니체가 말하는 도취에의 욕구를 경험했다고 할 수 있습니다. 노래하고 춤추면서 참석한 모든 사람들이 하나로 어우러지고, 활기찬 기운을 얻게 되는 상태를 도취에의 충동과 연관지어볼 수 있습니다. 한 마디로 인간의 일상적 삶에서 경험할 수 있는 꿈에의 충동과 도취에의 충동은 예술의 영역으로 이어지면서 아폴론적 원리를 구현하는 예술인 조형예술과 디오니소스적인 원리를 구현하는 음악으로 발전했다고 볼 수 있습니다.

단웅이 니체는 아폴론적인 원리가 꿈을, 디오니소스적 원리가 도취를 그리고 이 두 가지 결합이 아티카 비극이라고 하고 있습니다. 비극은 한마디로 이 두 가지 원리의 결합을 의미하는지요?

정 교수 앞서서 아폴론적 원리에 꿈의 충동을, 디오니소스적 원리에 도취에의 충동을 연결시켜 보았는데요. 이 두 가지 충동을 예술에 대한 경험으로 좀더 설명해보도록 하겠습니다. 혹시 단웅이는 '이론'을 의미하는 영어 단어가 무엇인지 아십니까?

단웅이 네, 교수님. 잘 알고 있습니다. Theory입니다.

정 교수 네. 맞습니다. 이론을 의미하는 영어 theory는 '보는 것'을 의미하는 그리스어 테오리아(theoria)에서 나왔습니다. 본다는 것은 대상과의 거리를 전제로 합니다. 어떤 사물에 대해 요모조모 따져보기 위해서는 일정 정도의 거리를 둘 때만 가능하기 때문입니다. 그래서 거리를 두고 보는 것을 보통 관조(觀照)라고 합니다. 아폴론적인 예술을 경험한다는 것은 일종의 관조의 경험입니다. 현실세계에서는 도저히 경험하기 어려운 이상적인 것, 완벽 그 자체, 아름다움 그 자체를 만나는 것입니다. 한마디로 아폴론적 예술은 작품에 대한 관조를 통해 현실세계의 불완전성에서 벗어나 가상세계를 경험할 수 있는 기회를 제공합니다. 반면에 디오니스소스적인 예술은 몰입의 경험을 주축으로 합니다. 우리가 정말 좋아하는 음악에 푹 빠지게 되면 우리는 자기 자신을 망각하고, 음악이 표현하는 세계 속으로 빠져들면서 때로는 엄청난 환희를 때로는 깊은 슬픔을 경험합니다. 니체는 바로 관조의 경험과 몰입의 경험을 함께 할 수 있는 뛰어난 예술장르로 비극을 꼽습니다. 비극은 꿈과 도취라는 근본적인 충동, 관조와 몰입의 경험이 합쳐진 곳에서 태어납니다. 물론 두 충동의 상호작용과 균형 여부가 비극의 성패를 결정합니다. 디오니소스적인 요소가 우위를 점할 때는 황홀감이 압도하고, 반면에 아폴론적인 요소가 더 강하게 나타하면 비극적 정서는 약화될 수밖에 없는 것이죠. 어쨌든 비극은 디오니소소적 음악을 통해 세계의지가 표현되고, 주인공이 겪는 운명을 통해 슬픔이 형상화되면서 관객에게 감동을 선사하는 예술장르입니다. 한마디로 디오니소스적인 것이 음악이라면, 아폴론적인 것은 배우들의 연기와 대사를 통해서 표현되는 서사적인 이야기라고 할 수 있고 이 두 요소가 비극에 잘 결합된 것으로 보면 될 것 같습니다. 아 참, 니체는 '아티카 비극'이라는 표현을 썼는데, 참고로 그리스 비극은 아테네를 중심으로 아티카 지방에서 공연되었기 때문에 아티카 비극이라고 부릅니다.

단비 아폴론적 문화를 니체는 개별화의 원리와 연계시키고 있습니다. 개별화의 원리가 무엇이고, 이것이 어떻게 아폴론적 문화로 발전해나갔는지 알고 싶습니다.

정 교수 우선 개별화의 원리는 니체 고유의 개념이 아니라 쇼펜하우어로부터 차용한 개념입니다. 쉽게 설명하자면 어떤 사물을 구별하기 위한 근거로 '지금 여기'를 소환하는 것이 개별화의 원리입니다. 특정한 시간과 공간에 어떤 사물을 놓게 되면 다른 것과 구별되는 개체가 되고, 이러한 개체들은 근거와 근거지어진 것으로 관계를 맺게 되는 것이죠. 예를 들어 그냥 장미가 아니라 "어젯밤 너에게 준 장미" 같은 식으로 한정짓는 것입니다. 쇼펜하우어에 따르면, 우리가 살아가고 있는 현실세계가 개별화의 원리로 특징지어진 세계라는 것입니다. 우리는 보통 개별화의 원리가 압도하는 현실세계야말로 유일한 세계라고 생각하지만, 쇼펜하우어는 이 같은 경험적인 세계의 배후에 보다 근원적인 세계가 존재하는데, 그는 이것을 세계의지로 부릅니다. 쇼펜하우어에게서 음악이란 이러한 세계의지의 표현입니다. 앞에서 설명한 아폴론적 원리를 떠올려보면 개별화의 원리와 상당히 유사하다는 점을 아실 수 있을 것 같습니다. 타인과 구별되기 위해 자기 자신만의 개성을 강조한다든가 합리적인 이성을 통해 자기 스스로를 인식하는 것이 아폴론적 원리라고 한다면 이 원리야말로 개별화의 원리와 밀접하게 연결되어 있다는 것을 알 수 있습니다.

단웅이 개별화의 원리는 쇼펜하우어 사상이라고 하셨는데요. 젊은 시절 니체에게 쇼펜하우어는 어떤 사상가였습니까?

정 교수 니체는 1865년 라이프치히의 한 고서점에서 쇼펜하우어의 『의지와 표상으로서의 세계』를 발견하고 구입했다고 합니다. 그리고 책을 읽고 난 다음 거의 종교적 귀의에 가까울 만큼 쇼펜하우어 사상에 열광합니다. 눈에 보이는 합리적 표상으로서의 세계보다 더 중요한 세계가 의지의 세계라는 사실은 니체를 가슴 뛰게

아르투어 쇼펜하우어(1788-1860).
니체는 쇼펜하우어의 『의지와 표상으로서의 세계』를 통해 눈에 보이는 합리적 표상으로서의 세계보다 의지의 세계가 더 중요하다는 점을 확신하게 되었다.

만들었고, 음악에 대한 자신의 생각을 더욱더 정당화할 수 있었습니다. 즉 이 세계의 본질은 이성적이거나 정신적인 것이 아니라 충동적이고 무의미한 욕망이라는 점은 니체에게 확실하게 각인되었습니다. 니체 전기를 썼던 자프란스키(Safranski)에 따르면 니체가 쇼펜하우어를 일종의 정신적 모범으로 삼은 이유는 이렇습니다. 쇼펜하우어는 시대적인 흐름에 역행해서 삶의 심판관으로서 자신의 의견을 선포했으며, 부정의 철학을 가지고 삶을 변화시키려고 했는데, 니체는 이러한 쇼펜하우어의 자신감 넘치고 영웅적인 자세에 매료되었다고 합니다. 한마디로 '쇼펜하우어적 인간'에 흠뻑 빠졌다는 것이죠. 쇼펜하우어적 인간은 인간의 모든 질서가 비극적이라고 하더라도 고통을 받

아들이는 인간형입니다. 앞에서 비극은 아폴론적인 것과 디오니소스적인 것의 결합이라고 니체는 말한 바 있습니다. 아폴론이 세계에 질서를 부여하는 엄격하고 냉정한 신이고, 디오니소스는 이 질서를 뒤흔드는 충동의 신이라고 한다면, 아폴론의 배후에는 쇼펜하우어의 '표상'이, 디오니소스의 배후에는 쇼펜하우어의 '의지'가 자리잡고 있다는 것을 짐작할 수 있습니다.

니체는 『비극의 탄생』 개정판 서문에서 이 책을 저술할 당시에는 자신의 생각을 독자적으로 표현할 수 있는 용기를 갖지 못했다는 점을 고백하면서, 자신은 쇼펜하우어의 철학과 개념에 의존했지만 궁극적으로 자신이 이 책에서 말하려는 취지는 쇼펜하우어의 사상과 근본적으로 대립된다고 밝힌 바 있습니다. 쇼펜하우어의 염세주의가 지나치게 비극적 상황에 대한 체념에 머문다면, 자신은 비극을 통해 인생에 대한 긍정을 주장했다는 것입니다.

단비　　니체는 『비극의 탄생』 5장에서 "삶과 세계는 미적 현상으로서만 정당화된다"고 말합니다. 이 말의 의미는 무엇입니까?

정 교수　니체에 따르면 인간의 삶은 비극적입니다. 기쁨과 행복보다는 고통, 슬픔, 불행이 우리 삶을 압도하기 때문입니다. 결국 니체가 삶과 세계가 미적 현상으로 정당화된다는 것은 비극적 세상을 살만한 가치 있는 세상으로 만들어낼 수 있는 창조적 인간이 강조되어야 한다는 뜻입니다. 자기 자신을 많은 사람들이 바라볼 만한 가치 있는 인생으로 만들 수 있는 자가 영웅이라고 한다면, 이러한 영웅은 더 나은 존재를 갈구했다는 점에서 정당화될 수 있습니다. 최선의 본보기로서의 삶을 창조해낼 수 있는 인간, 이것이 미적 현상으로 정당화되는 인간의 모습입니다.

단웅이 니체는 이 책에서 비극이라는 장르에서 음악이 차지하고 있는 위상을 매우 높게 평가하고 있는 것 같습니다. 고대 그리스 비극에서 음악의 역할은 무엇이고, 특히 니체는 왜 음악을 강조하는지 그 이유를 설명해주시면 좋겠습니다.

정 교수 흔히 우리는 연극에서 음악은 배우의 연기와 전체적인 스토리를 효과적으로 전달하기 위한 배경 정도로 생각합니다. 그런데 니체는 정반대로 생각합니다. 음악이 핵심이고 오히려 스토리나 연기는 부차적이라는 것이죠. 이유는 분명합니다. 등장인물의 대사는 개별화의 원리에 입각한 개념적인 언어인 데 반해, 음악은 세계의지의 표현으로서 세계의 본질을 파고들 만큼 근본적이라는 것입니다. 니체에 따르면, 세계의 본질은 음악적인 선율에 가깝기에 세계의 본질을 이해하기 위해서는 음악에 주목해야 한다는 것이죠. 논리적인 지성에 입각한 학문의 세계가 개별화의 원리가 작동하는 낮의 세계라면, 음악의 세계는 모든 것이 혼용일체가 된 밤의 세계입니다. 니체는 이러한 근본적인 경험을 고대 그리스의 디오니소스 축제에서 발견합니다. 축제에서 주목해야 하는 것은 등장인물의 대화에서 전달되는 메시지가 아니라 합창단이 부르는 찬가입니다.

이렇듯 니체에게서 음악은 각별합니다. 극심한 고독과 절망의 시간에도 삶을 지속할 수 있게 도와주고, 병으로 인한 고통으로부터 해방시켜 철학적인 생각을 지속할 수 있게 해준 것이 음악이었기 때문입니다. 『우상의 황혼』이라는 책에 보면 음악에 대한 니체의 생각을 분명히 알 수 있습니다. "음악은 나를 강하게 만든다. 음악의 저녁이 지나가면 그다음에는 매번 결연한 통찰과 착상들로 가득 찬 아침이 온다. 이것은 매우 신기한 느낌이다. (…) 음악 없는 삶은 진정 오류이며, 고역이며, 유배다." 한마디로 니체에게서 음악은 삶의 자투리 시간에 즐기는 여흥거리나 사람의 마음을 여유롭게 가꾸는 취미나 소양 정도가 아니라 기존의 관성적 삶의 태도를 변화시키는 촉매제입니다. 한마디로 음악은 인간과 세계를 변화시키는 창조적 힘을 가지고 있는 예술장르인 것입니다.

소크라테스 지성주의의 등장과 비극의 몰락

단웅이 니체는 그리스 비극의 몰락의 원인으로 소크라테스의 지성주의를 주목하는 것 같습니다. 비극의 몰락의 원인을 왜 철학자에서 찾았는지 궁금합니다. 왜 니체는 소크라테스를 비극 몰락의 주범으로 생각했는지요?

정 교수 니체는 비극이 음악정신으로부터 탄생한 것처럼 음악정신이 소멸될 때 비극도 몰락한다는 주장을 펼치면서, 그리스 비극의 몰락은 합리적 지성의 대표격인 소크라테스로부터 시작되었다고 생각합니다. 소크라테스의 등장으로 도취와 열정에 의해 세계를 표현했던 비극은 사라지게 되었다는 것입니다. 음악과 분리된 언어, 인간의 감정을 배제한 논리적이고 건조한 언어가 비극에 확고하게 자리잡게 되면서 비극의 몰락을 가져왔다는 것이죠. 한마디로 비극의 지성화가 비극의 몰락을 가져왔다는 것입니다. 좀더 니체의 생각을 들어보도록 하겠습니다. 소크라테스는 비극에서 차지하는 음악의 중요성과 가치를 없애버리고 그 자리에 기술적 대화를 가져다 놓았습니다. 그래서 니체는 비극에 등장하는 인물들이 비극적 사건을 통해서가 아니라 논리성의 과도한 강조에 의해 몰락했다고 비판합니다. 일례로 소크라테스의 합리주의를 신봉했던 당시의 에우리피데스는 아폴론적 요소와 디오니소스적 요소의 긴장과 균형을 담아냈던 기존의 경향으로부터 탈피해 음악과 같은 디오니소스적 요소를 비극에서 없애고 그 자리에 변론과 토론을 넣습니다. 니체에 따르면, 지성화된 비극은 관조와 몰입을 통해 경험하는 예술이 아니라 이성적 분석의 대상으로 전락하게 되었습니다. 비극의 몰락을 소크라테스에서 찾는 니체의 주장은 매우 파격적인 주장이었고, 당시의 고전문헌학계에 커다른 파장을 일으켰다고 합니다.

단비 그렇다면 교수님. 니체는 소크라테스에 대해 부정적 시각을 갖게 된 근본적인 이유는 무엇입니까?

정 교수 어떤 철학사 책을 보니 니체를 이렇게 표현하더군요. "안티소크라테스, 프리드리히 니체"라고요. 그만큼 니체는 소크라테스를 기독교와 함께 가장 철저하게 비판했던 사상가입니다. 니체는 자신이 살고 있던 당시의 유럽의 문화를 허무주의적인 가치를 신봉하는 나약한 문화로 규정지으면서, 이러한 나약한 문화의 출발점으로서 소크라테스, 플라톤에서 비롯된 이상주의 철학과 기독교를 지목합니다. 니체는 이렇게 말합니다. "인간은 신이나 피안에 의지함으로써 고통스런 현실을 살아갈 힘을 얻고자 한다. 그러나 그러한 허구에 의지할수록 인간은 더욱 약한 존재가 된다. 자신의 힘으로 살아가지 못하는 허약한 자들이 만들어낸 허구가 절대적 가치로 간주되면서 인간의 힘을 더욱 약화시키는 기제로 작용한다." 이러한 측면에서 소크라테스, 플라톤의 이상주의 철학과 기독교는 니체에게서는 엄청난 비판의 대상이 됩니다. 소크라테스, 플라톤은 '이데아'(이념)라는 독을 대지에 퍼트린 장본인이고, 이 독 때문에 '지금 여기'의 삶은 평가절하될 수밖에 없었다고 말하고 있습니다. 이데아의 세계란 원한과 저주로 가득찬 천민들이 꾸는 꿈에 불과하다고 비판하면서, 특히 소크라테스를 통상적으로 진리의 순교자로 생각하지만, 그의 죽음은 삶에 넌덜머리가 난 자의 위장된 자살에 불과하다고 혹평합니다. 한마디로 소크라테스는 니체의 사상과 정면으로 배치되는 사상가라고 할 수 있습니다.

바그너의 음악극과 고대 그리스 비극정신

단웅이 니체는 바그너의 음악을 그리스 비극의 재생의 관점에서 극찬

하고 있습니다. 『비극의 탄생』에서 10장 정도를 바그너 음악과 그리스 비극의 연계성에 할애할 정도입니다. 그리고 이 책의 서문 역시 바그너에게 바칠 정도로 바그너에 대한 니체의 찬사는 대단한 것으로 보입니다. 초기 니체 사상에서 바그너는 어떤 비중을 차지하나요?

리하르트 바그너(1813-1883).
니체는 『비극의 탄생』에서 바그너야말로 고대 그리스 비극정신을 재생시킨 위대한 인물로 평가하면서 그의 음악극을 통해 독일문화의 차원을 높일 수 있다고 확신하였다. 그러나 시간이 지나면서 그의 음악이 헛된 이상을 꿈꾸는 음악으로 변질되었다고 비판한다.

정 교수 『비극의 탄생』을 집필하는 동안 니체는 스위스에서 리하르트 바그너를 만나게 되는데, 이후 급속도로 가까워집니다. 특히 둘 간의 우정을 돈독하게 만든 이유 가운데 하나는 쇼펜하우어를 엄청나게 좋아했다는 것입니다. 니체는 바그너를 염두에 두고 『비극의 탄생』 책제목을 "음악정신으로부터 비극의 탄생"으로 결정하고, 무엇보다 바그너에게 바치는 헌사를 책 앞에 게재할 만큼 바그너를 좋아했습니다. 니체는 이 책에서 바그너 음악이야말로 고대 그리스의 비극의 정신을 온전히 재생시킨 모범이라고 극찬합니다. 니체는 바그너의 음악극을 통해 타락한 독일문화의 천박성을 극복하고 새로운 신화의 탄생을 통해 독일 민족을 하나의 공동체로 소생시킬 수 있다고 믿었습니다. 니체는 바그너의 음악뿐 아니라 인간 바그너까지도 아주 좋아했던 것으로 보입니다. 왜냐하면 니체는 바그너야말로 독일 정신을 회복하고 그리스 정신을 창조적으로 계승하는 인물로 보았기 때문입니다.

단비 그런데 교수님, 조금은 이해가 되지 않는데요. 그렇게 바그너와 바그너 음악을 좋아했던 니체가 개정판 서문인 「자기비판의 시도」에서 바그너에 대한 비판을 서슴지 않는데요. 이렇게 입장이 180도 바뀐 이유는 무엇입니까?

정 교수 니체는 후에 「자기비판의 시도」에서 바그너의 음악에 대한 자신의 기대가 그릇된 희망이었음을 고백합니다. 『비극의 탄생』을 쓸 당시에는 고대 그리스 비극과 가장 유사하다고 평가했던 바그너의 음악을 「자기비판의 시도」에서는 가장 비그리스적인 음악으로 간주하게 됩니다. 니체는 이렇게 말합니다. "이 독일음악은 가장 신경을 망가뜨리는 것이며, 술마시기 좋아하고 애매함을 미덕으로 찬양하는 민족에게는 이중으로 위험하다. 그것은 도취시키는 것과 동시에 몽롱하게 한다는 이중의 속성을 갖는 마취제라는 점에서 위험한 것이다." 니체는 바그너의 음악이 삶의 비극성을 더 이상 담아내지 못하고 헛된 이상을 꿈꾸는 음악으로 변질되었다는 것이 이유입니다. 대표적인 예로 바그너의 「파르치팔」은 기독교적 의미의 신앙고백이라고 비판합니다. 니체가 보기에 예술은 인간을 건강하게 만드는 예술과 그렇지 않은 예술로 구분되는데, 건강한 예술은 삶의 비극적인 요소까지 긍정적으로 받아들이는 데 반해, 건강함과 거리가 먼 예술은 현실을 부정하고 이상만을 추구한다는 것입니다. 니체가 보기에 바그너는 건강함과 거리가 먼 예술가로 전락했다는 것이죠. 니체가 『비극의 탄생』 개정판 제목을 〈비극의 탄생 또는 그리스 문명과 염세주의〉로 바꾼 것도 자신의 책이 바그너 음악에 대한 정당화나 미화를 목표로 하고 있다고 해석되는 것을 방지하기 위해서였습니다.

예술작품으로서의 인간의 삶

단웅이　『비극의 탄생』에서 니체가 강조하고 있는 메시지는 결국 "고통에 대한 깊은 감수성과 강인한 의지를 가지고 삶을 살아가라"는 것이라고 생각합니다. 니체 사상이 후에 어떻게 발전되고, 전개되는지 궁금합니다.

정 교수　니체가 『비극의 탄생』에서 시도했던 염세주의 극복은 표현은 조금 다르지만 니체 사상의 가장 중요한 과제로 부각됩니다. 한마디로 지금 여기에서의 건강한 삶을 부정하는 사상과 종교를 비판하고, 이에 대한 대안을 모색하는 작업은 니체가 생을 마감할 때까지 계속되었다는 것입니다. 니체 철학에 대해 생소한 사람도 "신은 죽었다"라는 니체의 말은 다 들어보셨을 것입니다. 니체에게서 신은 일차적으로 기독교의 신을 의미하지만 좀더 의미를 확대해보면 이 땅의 건강한 삶을 부정하는 모든 절대적 가치를 의미한다고 볼 수 있습니다. 따라서 신의 죽음은 이러한 절대적 가치의 종말을 의미합니다. 기존의 가치의 몰락과 새로운 가치의 부재상태를 니체는 허무주의라고 보았고, 이러한 허무주의적 세상에서 어떻게 살아가는 것이 바람직한가를 보여주고자 했던 것이죠.

단비 그럼, 교수님. 허무주의를 극복하기 위한 니체의 사상은 구체적으로 무엇입니까?

정 교수 아무래도 영원회귀(永遠回歸) 개념을 언급해야 할 것 같습니다. 니체는 허무주의의 극단적 형태로서 인간에게 가장 무게감으로 나타나는 사상, 즉 영원회귀를 제시합니다. 『즐거운 학문』이라는 책에는 영원회귀를 이렇게 표현합니다. "네가 지금 살고 있고, 살아왔던 이 삶을 너는 다시 한 번 살아야만 하고, 또 무수히 반복해서 살아야만 할 것이다. 거기에 새로운 것이란 없으며, 모든 고통, 모든 쾌락, 모든 사상과 탄식, 네 삶에서 이루 말할 수 없이 크고 작은 모든 것들이 네게 다시 찾아올 것이다." 니체가 말하는 영원회귀란 모든 것이 아무런 목적 없이 영원히 되풀이된다는 것입니다. 죽어도 다시 되돌아와서 의미도 목적도 없는 삶을 거듭해서 살아야 한다는 것, 이른바 동일한 것의 무한반복은 인간에게 형벌과도 같습니다. 행복보다는 불행의 시간이 많은 인생을 두 번도 아니고, 똑같이 무한반복으로 인생을 살아간다는 것은 마치 기독교인들에게 영원히 뜨거운 지옥불 가운데서 고통 받는 것에 비유될 만합니다. 이처럼 새로울 것이 하나도 없는 단조롭고 권태로운 삶을 반복적으로 사는 것은 어찌 보면 허무주의의 가장 극단적 형태입니다. 그러나 영원회귀는 인간을 궁극적인 결단의 상황에 마주하게 만드는 것이기에 반드시 부정적인 것만은 아닙니다. 영원회귀의 사상은 연약한 인간이 감당할 수 없는 중압감을 갖는 사상이기에 그것은 엄청난 무게로 우리를 파멸시킬 수도 있지만, 우리가 그것을 견디고 그것을 흔쾌히 긍정할 때는 니힐리즘의 극복을 위한 전환점이 될 수도 있기 때문입니다. 만일 영원회귀의 상황을 인간이 적극적으로 받아들여 지상에서의 삶의 순간순간을 제대로 충실하게 살아갈 수만 있다면, 그것이야말로 니체가 바라는 위버멘쉬(Übermensch), 즉 이행적 인간의 전형을 보여주는 삶입니다. 니체의 영원회귀 사상은 매 순간을 영원의 무게를 갖는 것처럼 살 것을 요구합니다. 영원회귀를 진지하게 받아들일 때만이 순간과 영원이 연결되어 있는 시간의 사슬 속에서 매순간을 최선을 다해 살아갈 수 있습니다. 영원회귀를 바랄 정도의 인간은 단 한 번의 후회나 변경을 요구하지 않을 만큼 인생을 성실하게 살아가는 태도를 지닌 인간입니다. 그래서 영원회귀 앞에서 이렇게 외칩니다. "그것이 삶이었던가, 그렇다면 다시 한번 더"라고 말입니다. 아무리 힘든 순간이라도 주어진 순간순간을 긍정적인 자기발전의 원동력으로 삼고 최선을 다하는 모습을 니체는 운명애(amor fati)라 부릅니다. 이런 측면에서 운명애란 아무리 힘든 운명이라도 단순히 견디는 것을 넘어서 사랑하는 일, 오히려 그것이 다시 한 번 반복되기를 흔쾌히 바라보는 것을 의미합니다. 이처럼 니체의 영원회귀 사상은 운명애를 토대로 합니다. 진정으로 운명을 사랑할 수 있는 자, 맹목적으로 반복되는 삶의 과정을 자기 극복, 자기 강화의 계기로 만들어낼 수 있는 자만이 영원회귀를 긍정할 수 있는 것이죠.

단웅이 교수님, 그럼 마지막으로 『비극의 탄생』이 오늘날 우리 독자에게 주는 근본적인 메시지는 무엇이라 생각하십니까?

정 교수 한마디로 "우리 인간의 삶은 예술작품이다."라는 것입니다. 니체는 우리의 삶을 인생이라는 예술작품을 조각하는 행위의 연속으로 간주합니다. 우리는 자신의 삶을 조각하는 예술가인 셈이죠. 니체에 따르면 자신의 삶을 독립적이고 주체적으로 영위하는 것, 이른바 자기 삶의 진정한 주인공으로 살아가며, 순간순간을 최선을 다해 살아갈 때 자기 자신에 대한 진정한 긍정이 가능하며, 결국 가장 아름다운 조각작품을 완성하게 되는 것입니다. 니체에게서 아름다움은 일종의 강함입니다. 고통과 슬픔으로 가득한 세계를 아름답게 본다는 것은 삶의 가혹함과 파괴성을 인정하는 가운데 삶을 흔쾌히 긍정하는 것이기 때문입니다. 결국 삶을 사랑하라는 니체의 말은 삶을 아름답게 재창조하라라는 말을 의미합니다. 만일 여러분들이 지금 인생에 대한 깊은 회의와 허무 속에 빠져 있다면, 이 니체의 사상이 더 나은 삶을 위한 좋은 자극제와 동력으로 작동했으면 좋겠습니다.

참고문헌

1. 번역본

더글라스 번햄 & 마틴 제싱호젠, 임건태 옮김, 『니체의 〈비극의 탄생〉 입문』, 서광사, 2015.

미셸 푸코 지음, 심세광 옮김, 『주체의 해석학—1981-1982, 콜레주 드 프랑스에서의 강의』, 동문선, 2007.

뤼디거 자프란스키, 오윤희 옮김, 『니체: 그의 생애와 사상의 전기』, 문예출판사, 2003.

스턴, 이종인 옮김, 『니체』, 시공로고스총서 1, 시공사, 1998.

아리스토텔레스, 천병희 옮김, 『수사학/시학』, 숲, 2017.

프리드리히 니체, 박찬국 옮김, 『비극의 탄생』, 아카넷, 2007.

프리드리히 니체, 백승영 옮김, 『바그너의 경우·우상의 황혼·안티크리스트·이 사람을 보라·디오니소스 송가·니체 대 바그너』, 니체전집 15, 책세상, 2002.

프리드리히 니체, 안성찬·홍사현 옮김, 『즐거운 학문·메시나에서 전원시·유고(1881 봄-1882년 여름)』, 책세상, 2005.

프리드리히 니체, 이진우 옮김, 『비극적 사유의 탄생』, 문예출판사, 1997.

2. 저서

김기영, 『그리스 비극의 영웅 세계: 비극 주인공의 전형과 모범 연구』, 길, 2015.

김상봉, 『그리스 비극에 대한 편지』, 한길사, 2003.

김상환 외, 『니체가 뒤흔든 철학 100년』, 민음사, 2000.

박찬국, 『해체와 창조의 철학자, 니체』, 도서출판 동녘, 2001.

양해림, 『니체와 그리스 비극』, 한국문화사, 2017.

이진우, 『니체』, 클래식 클라우드 2, 아르테, 2019.

천병희, 『그리스 비극의 이해』, 문예출판사, 2002.

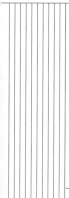

구체적 보편성을 향한 불굴의 열정

—사르트르, 『지식인을 위한 변명』

주재형

사르트르의 생애

단웅이 사르트르는 유명하면서도 유명하지 않은 철학자인 것 같습니다. 이름은 여기저기에서 들어봤지만, 그의 사상에 대해서 깊이 있게 배울 기회는 잘 없었던 것 같아요. 사르트르는 어떤 철학자입니까?

주 교수 사르트르는 흔히 20세기 프랑스의 대표적인 실존주의 철학자로 알려졌지만, 사실 이렇게 간단하게 요약할 수 없는 인물입니다. 사르트르의 사상은 그의 삶과 떼어놓을 수가 없고, 그의 삶은 20세기 유럽의 굵직한 역사적 사건들과 맞물려 복잡한 궤적을 그립니다. 사르트르는 실존주의 철학자일 뿐만 아니라 20세기의 주요한 공산주의 철학자이기도 했고, 또 매우 탁월한 소설가였으며 사회 운동가였고 계약 결혼 등을 통해 유명해진 예술 문화계 명사(셀럽)이기도 했습니다. 그가 지식인을 두고 말했던 것대로 그는 한 시대, 한 사회의 모순을 체현한 개별적 보편자였습니다.

　그렇지만 우리가 그의 삶과 사상을 이 자리에서 세세하게 살펴볼 수는 없는 일이지요. 요약이란 것은 요약임을 아는 한에서 유용합니다. 그러니 일단 제한되어 있으나 유용한 길을 따릅시다. 사르트르는 1905년 6월 21일 프랑스 파리에서 태어나 1980년 4월 15일 파리에서 죽었습니다. 그가 살았던 시기에 유럽은 양차 세계 대전에 휩싸였고, 러시아와 중국에서 공산주의 정권이 수립됐고, 냉전을 겪었습니다. 1차 세계 대전 참전을 피했던 운 좋은 세대에 속한 사르트르는 일찍부터 학업에 두각을 나타내며 당대의 최고 명문 대학인 파리 윌름(Ulm)가에 위치한 고등사범대학(Ecole normale supérieure)에 7등으로 입학했습니다. 프랑스의 최고 엘리트를 양성하는 이 대학에서도 사르트르는 가장 뛰어난 학생 중 하나로서 이미 천재성을 인정받았습니다. 그 천재성에 걸맞게 젊은 시절의 사르트르는 현대의 스피노자이자 스탕달이 되겠다는 엄청난 야심을 품습니다. 스피노자는 어느 누구도 따라올 수 없는 엄밀하고 정교한 철학 체계를 구축한 17세기 서양 근대의 대표적인 철학자 중 한 사람입니다. 스탕달은 누굽니까. 발자크 등과 함께 근대소설이라는 장르 자체를 개척한 19세기의 소설가로서 문학사에 그 이름이 영원히 아로새겨져 있는 인물입니다. 사르트르는 철학과 문학 양 분야에서 스피노자와 스탕달이 각자 도달한 수준에 이르겠다는 어마어마한 목표를 가진 것입니다. 그리고 그 꿈은 실제로 이루어졌다고 볼 수 있을 것입니다. 사르트르는 대학을 졸업하고 군복무를 마친 후 1931년경 고등사범대학의 졸업생들이 으레 그러하듯이 고교 교사로 교육자 경력을 시작합니다. 독일로 잠시 유학을 가 후설의 현상학을 공부하는 등 철학 연구에 매진하는 한편, 이 야심가는 문학가로서도 자신을 만들어나갑니다. 고교 시절부터 문학 창작을 했던 그는 몇 편의 습작들을 쓴 이후 대표작 『구토』를 1938년 출간하여 성공을 거두고, 이후 이어지는 소설 및 희곡 발표로 스탕달에 견줄 만한 입지를 마련합니다. 그 와중에 2차 세계 대전이 발발하자 다시 군대로 소집되어 독일군 포로가 되고 독일군에 맞서 싸우는 레지스탕스(저항군)에 참여하는 등의 일을 겪은 뒤 1943년 그의 전기 철학을 대표하는 『존재와 무』를 발표하면서 20세기의 스피노자가 되겠다는 꿈도 이룹니다.

물론 그의 삶은 이 시기 이후로도 굵직한 궤적을 그려나갑니다. 1940년대 프랑스와 유럽뿐만 아니라 전 세계 철학계와 문학계에서 주목받는 스타로 이름을 날린 이후, 사르트르는 50년대에는 공산주의로 전향하여 공산주의를 적극 옹호하는 정치적 행보를 보입니다. 그는 소련의 전체주의적이고 폭력적인 실상을 정확히 알지 못한 상태에서 소련 공산주의를 지지하고 남한의 북침설이나 남침유도설을 주장하는 등 판단 오류를 저질렀고 이는 후에 많은 논란거리를 만들게 됩니다. 저는 이것이 위대한 만큼 오류로 얼룩진, 그러나 그런 만큼 더 없이 인간적인 사르트르의 모습이라고 생각합니다. 사르트르는 현실과 거리를 두고 안전하게 머무르는 대신, 과오를 저지르고 실패하더라도 현실 속으로 뛰어들고, 그 속에서 산산이 부서지더라도 현실을 자신만의 방식으로 경험하고자 했습니다. 그는 많은 저작들을 썼지만 모두가 방대한 분량에도 불구하고 사실상 미완성으로 남았는데 이러한 점도 우연이 아니라 그의 사상이 반영되어 있는 것일 수 있습니다. 인간은 유한하기에 완벽한 것을 만들어낼 수 없지만, 그럼에도 그 미완이 무가치한 것은 아닙니다. 위대한 실패는 사소한 성공보다 의미 있습니다.

 1960년대 접어들면서 사르트르는 노년의 시기에 접어들고 그와 함께 그의 시대도 서서히 저물기 시작합니다. 1960년 두 번째 철학 주저이자 대작인 『변증법적 이성 비판』을 출간하고 1964년에는 문학적 자서전 『말들』을 내놓고 같은 해 노벨문학상 수상자로 선정됩니다. 이 영광을 사르트르는 과감히 거부하면서 사회적 인정 체제에 갇히지 않으려는 그의 자유 정신을 보여줍니다. 하지만 60년대 프랑스에서는 이미 사르트르의 철학을 정면으로 비판하면서 새로운 시대 정신을 대변하는 젊은 학자들이 등장합니다. 인류학자 레비스트로스를 선두로 하여 푸코, 바르트, 라깡, 알튀세르 등의 구조주의 철학 세대가 사르트르를 부정하면서 세대교체가 일어납니다. 사르트르는 생의 마지막까지 문학에 대한 열정을 불태우며 천 페이지가 넘는 대작인 플로베르 평전 『집 안의 천치』를 집필하지만 완성하지 못하고 맙니다. 1973년 갑자기 실명하면서, 그렇게 빛나던 사르트르의 명성도 어둠 속으로 사라집니다. 사르트르는 이후 7년을 더 살다가 1980년 만 75세의 나이로 생의 모험을 마무리하게 됩니다.

『지식인을 위한 변명』의 저술 배경

단웅이 사르트르는 현대 철학자인 만큼 그에 대한 자료와 기록도 상세하여 그의 인생에 흥미로운 이야기들이 많은 것 같습니다. 또 그가 살았던 시대에는 철학이 문학, 영화, 연극과 같은 예술 그리고 정치 현실과 밀접하게 연결되어 있었기에, 사르트르는 철학자의 경계를 넘어서 다양한 분야에서 활동할 수 있었던 것 같고요.

주 교수 맞습니다. 그래서 사르트르는 그저 문학가도, 철학자도, 사회적 명사도 아닌, 그야말로 전방위적인 지식인이었다고 할 수 있는데요. 우리가 살펴볼 『지식인을 위한 변명』은 바로 이런 사르트르 자신이 누구인가를 잘 설명하는 책이라고 볼 수도 있습니다. 이 책은 사르트르가 평생의 연인이었던 시몬 보부아르와 함께 1966년 9월~10월에 일본에 체류하면서 행한 세 번의 강연록을 모아놓은 것입니다. 이 책의 한국어 번역본, 그리고 사르트르에 대한 많은 연구서나 기록물에서 이 강연과 이 책의 출간 연도를 1965년으로 표기하고 있는데 이는 잘못된 것입니다. 2020년에 재출간된 이 강연록의 프랑스어본은 편집자 서문에서 이 연도 착오를 바로 잡고 있습니다. 1966년 일본을 방문했을 때 사르트르는 61세였습니다. 당시 그는 여전히 전세계적으로 유명한 지식인이었지만, 특히 일본에서 가장 유명했습니다. 당시 일본 언론은 사르트르와 보부아르를 두고서 "지식계의 비틀즈"라고 불렀고, 게이오대학에서 행해진 첫 번째 강연에는 엄청난 인파가 몰려들었다고 합니다. 하지만 앞서 말한 대로 이 시기에 프랑스

내에서 사르트르의 사상은 이미 구조주의 세대의 젊은 철학자들에 의해 비판받으며 그 힘을 상당히 잃어버리고 있었습니다. 정치적으로도 사르트르가 이 책에서 말하는 것과 같은 지식인의 역할이 의심받고 있었습니다. 요컨대, 이 강연들에서 사르트르는 아직 자신에 대한 관심과 지지가 높은 일본인 청중들 앞에서 프랑스와 유럽에서 자신에게 가해진 공격과 비판에 대한 반론을 적극 제기하고 있었던 것입니다.

그러므로 이 책은 사르트르 자신의 철학과 세계관에 대한 적극적인 옹호이고 자신에 대한 비판들에 맞서 제기하는 반론입이다. 따라서 이 책의 제목을 '지식인을 위한 변명'으로 번역한 것은 조금 아쉬운 면이 있습니다. '변명'으로 번역된 프랑스어 단어는 plaidoyer인데, 이 말은 법정에서의 변호, 혹은 어떤 사람이나 사상을 지지하거나 옹호하는 것을 의미합니다. 반면 변명이란 말은 어떤 잘못에 대해 핑계를 대는 궁색한 처지를 떠올리게 만듭니다. 사르트르는 지식인을 위해 변명거리를 만들고 있는 게 아니라 지식인이 오늘날(즉 1960년대)에도 여전히 필요하고 중요하다고 적극적으로 주장하고, 사람들은 지식인이 어떤 존재인지 모르거나 오해하고 있다고 지적하고 있는 것이지요. '지식인을 위한 변론'이나 '지식인을 위한 옹호'가 더 적합한 번역일 것입니다.

지성인이란 어떤 사람인가

단웅이 하지만 이 책이 사르트르 자신의 자기 변호만은 아닐 것입니다. 사르트르가 생각한 지식인이란 과연 어떤 사람인가요?

주 교수 맞습니다. 사르트르가 생각하는 지식인은 그 자신을 모델로 하는 것이지만, 그렇다고 이 책이 사르트르의 자기 변호인 것만은 아닙니다. 그는 현대 사회에서 지식인은 왜 생겨날 수밖에 없는 사회적 존재인지, 그 지식인이 하는 일은 무엇인지, 그리고 정확히 어떤 사람들이 지식인인지 설명하고 있습니다. 이제 이 책을 펼쳐서 그 내용으로 들어가 볼 때가 되었습니다.

이 책의 1장, 즉 첫 번째로 일본에서 행한 강연의 제목은 "지식인이란 무엇인가?"입니다. 그리고 두 번째와 세 번째 강연은 각각 "지식인의 기능"과 "작가는 지식인인가?"입니다. 사르트르의 이야기를 차례로 따라가 봅시다. 첫 번째 강연은 지식인에 대한 비난을 거론하며 시작합니다. 지식인은 "자신과 무관한 일에 쓸데없이 참견하는 사람"이라는 비난이 그것입니다. 사회가 발전하면서 모든 사람은 각자의 분야에서 성실하게 일하고 겸손하게 그에 만족하는데, 지식인은 어디에도 속하지 않고서 오만 가지 일에 끼어들며 쓴소리를 한다는 것입니다. 지식인은 과연 무슨 권리로, 무슨 자격으로 자신이 전문적인 지식도 갖고 있지 않은 분야에 대해 이러쿵저러쿵 이야기할 수 있을까요? 사르트르는 이 비난에 대해 지식인을 옹호하고 지식인을 위한 변론을 전개합니다.

단웅이 그런데 지식인이란 말 그대로 많은 지식을 가진 사람, 따라서 여러 분야에서 전문적인 식견을 갖춘 사람 아닌가요? 그렇다면 그가 남들보다 많이 가진 지식을 이용해서 많은 일들에 대해서 더 현명한 판단을 내릴 수 있지 않을까요?

주 교수 그렇게 생각할 수 있습니다. 그런데 현대 사회는 고도로 전문화된 지식 정보 사회이기 때문에 근대 이전의 사회에서처럼 한 사람이 사회의 여러 분야에 대해서 깊이 있는 지식을 갖기 어렵습니다. 르네상스맨이란 말은 레오나르도 다 빈치처럼 예술, 철학, 문학, 과학 등 전방면에 걸쳐 통달한 보편적 지식인을 가리키는 말입니다. 그런데 현대 사회에서는 이러한 르네상스맨이 불가능합니다. 수학이나 과학의 한 분야만을 평생 공부해도 부족할 만큼 지식이 고도로 전문화되면서 분화되었기 때문입니다. 이러한 분화는 부르주아, 즉 상인 집단이 주요한 사회적 계급으로 부상하면서 자본주의 사회가 도래한 결과입니다. 상업활동에 필요한 지식들을 습득한 전문가들이 부르주아 계급과 함께 출현한 것입니다. 상업거래는 계산지식을 갖춘 사람들을 필요로 했고 이들이 현대 수학자의 조상입니다. 또 법률가는 소유권과 계약 문제를 다루기 위해 등장했으며, 의학, 해부학의 전문가도 마찬가지로 상업자본주의 사회에서 그 수가 급증했습니다.

사르트르는 이들을 "실천적 지식을 가진 전문가"라고 부릅니다. 이 사람들은 자신의 전문 분야에 대해서 많은 지식을 가진 사람들입니다. 하지만 이 사람들은 지식인이 아닙니다. 사실, '지식인'이라는 우리말 번역어는 오해를 불러일으킬 소지가 있습니다. 사르트르는 'intellectuel'이라는 프랑스어 낱말을 사용하고 있는데, 이 말은 '지성인'으로 번역하는 것이 더 낫습니다. 지성인은 지적인 반성 능력을 사용하는 사람이지, 지식이 많은 사람이 아닙니다. 그러니 이제부터는 지성인이란 표현으로 고쳐 쓰면서 이야기를 이어나가겠습니다.

지성인이 방금 말한 실천적 지식을 가진 전문가 집단과 다르다 하더라도, 어쨌든 지성인은 이 전문가 집단에서 생겨납니다. 이 집단의 사람들은 상업 자본가인 부르주아 계급에 고용되어 일하면서도 일반 노동자들과 달리 비교적 안락한 삶의 수준을 유지하는 중간 계급에 속합니다. 그런데 이 전문가 집단은 단지 실천적으로만 부르주아 계급에 봉사한 것이 아닙니다. 이들은 부르주아 계급이 사회를 지배하는 주류 집단이 될 수 있도록 이념적으로 뒷받침하는 역할도 맡게 되었습니다. 부르주아 계급은 봉건 사회의 질서를 무너뜨리면서 새로운 자본주의 사회의 질서를 수립합니다. 봉건 사회가 권위주의적 계급 사회였다면, 부르주아 계급은 자유로운 상업 거래를 위해서 자유, 평등, 정의 등 새로운 이념들을 내세웠습니다. 그런데 실천적 지식의 전문가들은 과학적 정신에 따라서 사물을 탐구하는 사람들이며, 이들의 객관적 과학 정신은 부르주아 계급이 필요로 했던 자유, 평등, 정의 등의 보편적 이념들과 일치합니다. 즉 지식 전문가들과 부르주아 계급은 같은 이해 관계를 가지고 있었던 것입니다. 이들이 함께 추구하던 근대 자본주의 사회는 이상적인 사회였을 것입니다.

그러나 사르트르에 따르면, 19세기 후반, 이 지식 전문가 집단에서 이들과는 전혀 다른 새로운 유형의 사람들인 지성인이 출현하게 됩니다. 지성인을 실천적 지식을 가진 전문가와 구분하는 특징은 한마디로 말해서 모순입니다. 지성인은 부르주아 사회의 이데올로기를 대변하고 그에 봉사하는 집단에서 교육받고 성장하지만, 점차 자신이 배워왔던 학문들을 지탱하는 자유, 평등, 정의 등의 보편 이념들이 자신들이 살아가는 사회에서 왜곡되고 부정당한다는 점을 깨닫게 됩니다. 이 이념들은 불의하고 추악한 현실을 가리는 겉보기에 아름답고 그럴싸한 말들에 불과한 것입니다.

단웅이 왜 갑자기 사회가 불의하고 추악해진 것인가요? 실천적 지식의 전문가들과 부르주아 계급이 함께 봉건 질서를 혁파하고 자본주의 사회를 건설해가던 시기인 16세기에는 사회가 그렇지 않았는데 자본주의 질서가 확립되고 무르익던 19세기 후반에는 갑자기 불의하게 된 것인가요?

주 교수 좋은 질문입니다. 자본주의 사회는 이전의 봉건 사회에 비하면 분명 진보된 사회이고 멋진 이념들에 바탕한 사회입니다. 그러나 자본주의 사회가 표방한 이념들이 실제로 실현되었다고 할 수는 없지요. 인간은 평등하고 자유롭다고 하지만, 실제로 자본주의 사회에서 인간은 부에 따라 삶의 질이 크게 달라지고, 가난한 사람에게는 자유도 무척 제한될 수밖에 없습니다. 16세기의 희망은 19세기 후반에는 환멸로 바뀝니다. 오늘날 우리 사회에도 너무나 많은 불평등이 곳곳에 있지 않습니까. 가난한 사람, 교육을 많이 못 받은 사람, 장애가 있는 사람, 여성의 성별을 가진 사람, 나이 많은 사람, 지방에서, 시골에서 사는 사람, 중소기업 직장을 다니는 사람 등등 수많은 사람이 이런저런 이유로 알게 모르게 차별받고 불행한 삶을 살고 있습니다. 지성인은 이러한 현실에 눈을 뜬 지식 전문가입니다. 예를 들어, 의사는 아픈 모든 사람들을 치료하라고 교육받습니다. 가난한 사람의 고통이 부자의 고통보다 가볍지 않고, 사르트르가 말하듯이 부유하냐 가난하냐는 암세포와는 아무런 상관이 없습니다. 의학 교과서에는 인간들 사이의 그러한 사회적 불평등이 적혀 있지 않습니다. 그러나 교육을 받고 사회에 나온 의사는 부자들과 권력자들만 치료받을 수 있는 병이 있다는 사실에 마주하게 됩니다. 일반 시민들은 치료에 필요한 높은 비용을 감당할 수도, 회복에 필요한 여유 시간을 가질 수도 없기 때문입니다. 지성인은 자신을 규정하는 전문 지식, 과학적 지식이 전제하는 이상적 이념들이 자신이 살아가는 현실 사회와 불일치한다는 모순을 더 이상 외면할 수 없게 될 때 태어납니다. 그렇기 때문에 지성인은 지식과 무관하지 않지만, 단지 어떤 분야의 전문 지식을 가지고 있다고 해서 곧바로 지성인인 것도 아닙니다.

단웅이 그렇다면 왜 지성인이 자신과 무관한 일에 쓸데없이 참견하는 사람인지 이해할 수 있을 것 같습니다. 지성인은 바로 자신의 전문 지식 분야에 머무르지 않을 때 생겨나는 사람이기 때문 아닐까요?

주 교수 정확합니다. 사르트르가 이 책에서 일관되게 취하는 서술 전략이 그러한 것입니다. 사람들이 지성인에게 가하는 비난은 그 의미를 정확히 이해한다면 오히려 지성인이 자부심을 가져야 할 바가 되는 것입니다. 지성인은 자기 전문 분야를 넘어서는 사람, 자기가 참견할 권한이 없는 일에 끼어드는 사람이 맞습니다. 왜냐하면 지성인은 그렇게 분화된 사회 자체가 잘못되었다고 느끼고, 사회의 기성 질서를 바꾸려는 사람, 그 질서가 어디에서 잘못되어 있는지를 느끼고 비판하는 사람이기 때문입니다. 지성인이 무슨 권리, 무슨 자격으로 오만 가지 일에 참견하냐고 누군가가 따진다면, 지성인은 이렇게 답할 것입니다. 지성인은 인간 보편의 권리, 인간 평등의 권리, 인간 자유의 권리로, 도래해야 할 이상적인 미래 사회를 위해서 현재 사회의 일들을 비판한다고 말이죠. 모든 인간에게 타당한 보편성의 이름으로 지성인은 현재 사회의 불평등과 부정의에 개입합니다. 분업화되어 특수화, 개별화된 현대 사회에서 지성인은 유일하게 보편적 정의, 보편적 진리, 보편적 선을 대변하는 사람입니다.

지성인의 역할

단웅이   그렇다면 지성인은 어떻게 보편성을 대변하는가라는 질문이 자연스럽게 따라나올 것 같습니다.

주 교수   네, 그 질문이 두 번째 강연의 주제입니다. 보편성이란 것은, 예외 없이 모든 대상에 똑같이 적용되는 개념이나 가치를 가리킵니다. 예를 들어, '모든 사람은 평등하다'는 주장은 인간 평등의 보편적 이념을 표현하는 주장입니다. 뉴턴의 만유인력의 법칙도 또 다른 보편성을 표현합니다. 인력은 물리 세계의 모든 사물에 보편적으로 적용되는 법칙이니까요. 자연 과학은 자연 속에 있는 여러 보편적 법칙들을 탐구합니다. 그런데 지성인은 전문적인 학문들을 배우면서 보편성이 무엇이고 얼마나 중요한지 알게 되지만 동시에 이러한 보편성이 인간 사회에서는 제대로 실현되지 않는다는 것도 깨닫게 됩니다. 자연 법칙이 모든 사물에 똑같이 적용되는 것처럼, 부자나 가난한 자나 암세포는 똑같이 목숨을 위협하는 것인데 인간의 사회에서 부자의 암세포가 가난한 자의 암세포보다 더 위험한 양 부자를 우선적으로 치료하는 일이 벌어지는 것이지요. 또 모든 인간은 평등하다고 말하지만, 일상생활에서는 자기도 모르게 인종차별적 사고에 젖어있는 사람들이 얼마나 많은가요. 저명한 인문학자이면서도 자신의 사윗감에 대해서는 그 사람이 어떤 집안 출신인지에 따라 그 사람의 됨됨이를 평가하는 사람도 있습니다. 한 때 우리나라에서 민주주의를 외치며 부당한 국가 권력에 과감히 맞서 싸웠던 사람들 중에는 여성을 차별하는 데에는 아무런 거리낌이 없었던 이들도 많았습니다. 이런 사람들은 보편성을 말로만 이야기할 뿐, 현실 속에 보편성을 실현하려 하지 않습니다. 이들에게 보편성은 현실과 동떨어진 추상적인 관념에 불과합니다.

그런데 지성인도 이러한 위험에서 완전히 벗어나 있지 못합니다. 그도 다른 모든 사람들과 마찬가지로 사회의 산물입니다. 그래서 사회가 그에게 주입하는 보편적이지 못한 편견들에 물들어 있습니다. 모든 사람이 평등한 세상은 분명 아름답고 바람직하지만, 아이러니하게도 모두가 그런 세상을 원하는 것은 아닙니다. 부자나 권력자와 같이 현재의 불평등한 상황에서 많은 이익을 얻는 사람들은 이 불평등이 지속되기를 원합니다. 또 비록 그러한 지배계급에 속하지 않더라도 언젠가 그러한 계급에 속하기를 욕망하는 많은 사람들도 현재 사회의 불평등과 부조리가 없어지기를 원하지 않습니다. 이들은 불평등한 사회 속에서 특권층이 되기를 꿈꾸지요. 우리는 이러한 사회 속에서 태어나고 성장하기 때문에 우리도 모르는 사이에 보편성을 실현하지 못하게 하는 편견들을 주입받는 것입니다. 지성인이란 이 편견들을 속속들이 깨부수고 보편성을 실현하고자 노력하는 사람입니다.

그래서 지성인은 우선 자기 자신을 탐구합니다. 자기 속에 들어 있는 편견들을 발견하고 바로잡는 일은 지성인이 스스로의 존재를 부인하고 비판하는 고통스러운 일입니다. 지성인이 자신 안의 편견을 발견하는 것은 곧 그를 만들어낸 사회에 존재하는 부조리를 발견하는 일이므로, 지성인의 탐구는 자신이 속한 사회에 대한 탐구로 이어집니다. 하지만 그는 인류학자나 사회학자처럼 자신의 사회를 객관적으로 탐구하지 않습니다. 그가 탐구하는 사회는 그가 자기 자신에게서 발견하는 특수한 편견들을 낳은 사회이기 때문에, 지성인 그 자신의 관점에서만 바라볼 수 있는 주관적인 사회이기 때문입니다. 이처럼 자기 자신에 대한 비판은 자신의 사회에 대한 비판으로 이어지고, 다시 이 사회에 대한 비판은 자신에 대한 비판으로 되돌아가게 되는데, 이를 사르트르는 변증법적인 관계라고 말합니다. 변증법은 철학사에서 어렵기로 악명 높은 개념이니만큼 여기에서 이 개념을 자세하게 풀어서 설명하기는 곤란합니다. 여기에서는, 지성인의 자기 반성이 사회에 대한 비판을 포함하고 사회에 대한 비판은 다시 그 사회를 파악하는 지성인 자신에 대한 반성을 포함하는 이 순환 관계를 변증법이라고 이해하는 것에 만족하도록 합시다.

지성인은 이 변증법을 통해서 가짜의 보편성, 추상적 보편성을 비판하고 보편성을 진정으로 실현하는 과정에 들어섭니다. 지성인은 이렇게 해서 보편성의 대변자가 됩니다. 지성인이 그럴 수 있는 것은 그가 사회에서 방황하는 존재이기 때문입니다. 오직 지성인만이 사회의 분업 체계가 지정해준 자리에서 벗어나 있습니다. 지성인은 지배계급에 봉사하는 중간계급 출신이면서도, 자신이 획득한 보편적 지식의 힘으로 사회 전체의 부조리를 파악합니다. 사실, 지성인의 방황은 사회가 가진 모순의 결과일 뿐입니다. 사회가 보편성을 추구하면서도 보편성을 실현하지 않는 모순은 지성인이라는 비극적 존재를 낳게 됩니다. 자신의 자리를 찾으려는 지성인의 방황은 오직 보편성이 실현된 이상적인 사회에서만 끝날 수 있습니다.

단웅이 그런데 그런 이상적 사회가 가능할까요? 모든 사람이 평등하고 자유롭고, 정의가 실현되는 사회가 있을 수 있을까요?

주 교수 그러한 회의가 드는 것이 당연합니다. 이상 사회는 실현 불가능할 수도 있습니다. 하지만 그렇다고 해서 이상 사회를 향한 노력이 무의미한 것은 아닙니다. 모두가 도덕 군자가 되는 일은 현실적으로 불가능하겠지만, 그래도 여전히 우리들 각자는 선한 사람이 되기 위해 노력할 필요가 있지요. 이상 사회는 존재하지 않는다는 생각을 이상 사회를 끊임없이 만들어 가야만 한다는 생각으로 전환할 필요가 있습니다. 이러한 맥락에서 사르트르는 퐁주라는 프랑스 시인의 말을 빌려 "인간은 인간의 미래"라고 말합니다. 인간은 완성된 존재가 아니라 미래를 향해 열려 있는 존재, 만들어 가야 할 존재입니다. 인간은 보편성을 실현하기 위해 끊임없이 노력해야 하는 존재라는 뜻입니다.

단웅이 그런 노력이 꼭 지성인만 할 수 있거나 지성인만 해야 하는 노력일 수 있을까요? 방금 교수님께서 말씀하신 대로 보는 사람이 선한 사람이 되기 위해 노력해야 하는 것처럼 모든 사람이 이상 사회의 실현을 위해 노력해야 하는 것 아닐까요?

주 교수 맞습니다. 사르트르의 지성인이 떠맡은 과제는 사실 모든 현대인의 과제입니다. 그런데 아까 말한 것처럼 기득권층에 속하는 사람들은 당장의 이익 때문에 사회를 개선하고자 할 동기가 별로 없을 것입니다. 그들도 지금 사회가 이상 사회가 아니라는 것을 알지만, 자신들은 안락하기 때문에 지금 사회가 나쁘지 않다는 거짓된 믿음에 빠지기 쉽고 또 그런 믿음을 널리 전파하려 하기 마련입니다. 현재 사회에서 오히려 고통을 받는 사람들, 가진 것 없는 프롤레타리아 계급 사람들은 지금의 사회를 변혁하고자 하겠지만, 역시 앞서 말한 대로 이들도 사회의 산물이기에 자신도 모르게 현재 사회를 긍정하는 편견들에 의해 이상 사회를 향한 노력을 멈추기 마련입니다. 노동자의 복지를 위해 싸우는 노동조합 운동가들이 비정규직 차별에는 이의를 제기하지 않는 경우가 많습니다. 이러한 사람들은 결국 자신들의 이익을 위해 모든 사람의 평등을 향한 노력을 중도에서 멈추고 만 사람들입니다. 반면 지성인은 이처럼 모든 사람들을 사로잡는 편견에 민감하고 그 편견을 끊임없이 비판하는 사람이기 때문에 이상 사회를 위한 노력이 필요하다는 것을 명확하게 깨닫고 움직이는 사람입니다. 그러므로 지성인이 시작한 일은 지성인의 뒤를 이어 모든 사람들이 해야 할 일입니다. 지성인이 특별한 이유는 이처럼 그가 현대 사회의 모든 사람들이 행해야 할 일을 가장 먼저 시작하는 사람이라는 점에 있습니다. 다른 사람들이 현실에 안주할 때에도 지성인은 예민하게 현실의 부조리를 감지해내고 비판합니다. 지성인이 비판을 멈출 때까지는 어느 누구도 안주할 수 있는 행복한 현실이란 없습니다. 물론 지성인의 비판이 멈출 날은 오지 않겠지만, 그럼에도 지성인은 그러한 날을 기다리고 꿈꾸면서 모든 사람들에게 이상 사회를 향한 열망을 불어넣습니다.

단웅이 그렇다면 사르트르의 지성인은 아주 완고한 이상주의자인 것 같습니다. 그리고 어느 사회에서도 환영받지 못할 것 같고요. 지성인은 현실과 동떨어진 이상을 주장하는 철없는 공상가이거나, 현실에 대해 늘 나쁜 이야기만 하는 부정적인 비관주의자처럼 보일 것 같습니다.

주 교수 그렇지요. 사르트르가 첫 번째 강연에서 언급한 지성인에 대한 비난이 바로 그러한 것들입니다. 이제 우리는 지성인이 공상가도 비관주의자도 아니라는 것을 알 수 있습니다. 지성인이 현실성 없는 이상을 주장하는 것은 현실이 근본적으로 잘못되었다는 점을 말하기 위해서입니다. 현실을 철저히 뜯어고치지 않고서는 안 됩니다. 사르트르가 비판하는 사이비 지성인은 이렇게 말합니다. '전 세계 인구의 2/3가 굶주림 속에서 사는 것은 잘못된 일이다. 하지만 그렇다고 내 가족을 굶겨가면서 먼 나라의 빈곤을 해결하는 것도 잘못된 일 아닌가?' 사이비 지성인은 이런 방식으로 이상 사회를 향한 개혁 운동의 힘을 뺍니다. 사르트르의 지성인은 반대로 말합니다. '전 세계 인구의 2/3가 굶주리고 있는데 나와 내 가족이 맘껏 먹고 싶은 대로 먹을 수 있는 세상이란 어딘가 잘못된 것이 아닌가?' 사르트르의 지성인은 내 가족과 전 세계의 굶주리는 2/3의 인구가 모두 굶주리지 않을 때까지 우리가 할 수 있는 일들은 무엇인지, 그 일들을 방해하는 것들은 무엇인지 쉼 없이 연구하고 실천할 것입니다. 지성인은 현실을 근본적으로 변혁하는 사람이지, 현실과 동떨어진 이상을 읊조리면서 현실을 그대로 놔두는 사람이 아닙니다. 마찬가지로, 그가 가하는 현실 사회에 대한 부정적이고 차가운 비판의 이면에는 인간 모두에 대한 보편적 사랑이 불타오르고 있습니다.

이러한 지성인이 어느 누구에게도 환영받지 못할 수 있지만, 그것은 지성인 자신의 탓이 아닙니다. 지성인을 비난하는 사람들이야말로 부조리한 현실을 암묵적으로 긍정함으로써 지성인이란 존재를 만들어내는 것입니다. 지성인을 비난하는 것은, 의사가 상처를 들춰낸다고 화를 내는 것과 같습니다. 인간은 자신을 죽음으로 몰고 갈 질병에도 적응할 수 있는 동물입니다. 그래서 치료를 거부하고 질병과 함께 죽어가길 선호하는 일도 벌어지는 것이죠.

작가와 지성인

단웅이 그렇다면 사르트르의 지성인은 주로 시사 평론가 같은 사람들일까요?

주 교수 그렇게 생각하기 쉽습니다. 그런데 지성인이 누구인가는 그 사람이 단지 정치나 사회 현실에 대해 발언한다는 점만으로는 결정할 수 없습니다. 아까 잠깐 언급한 사이비 지성인, 가짜 지성인도 있기 때문이지요. 지성인이 보편성의 이상에 따라 사회를 비판한다면, 사이비 지성인은 마찬가지로 사회를 비판하지만 언제나 결론적으로는 현실을 옹호하는 사람입니다. 사이비 지성인은 현실과 타협한 지성인, 지성인의 길을 끝까지 따르지 않고 중도에 멈춰 선 자이고, 그러한 멈춤을 옹호하는 이론을 만들어내는 사람입니다. 사이비 지성인도 시사 평론가나 정치 운동가로 활동할 수 있기 때문에 우리는 누가 진짜 지성인이고 누가 사이비 지성인인지 사실 분간하기 어려울 때가 많습니다.

단웅이 그렇지만 어쨌든 지성인은 실천적 지식의 전문가 집단에서 태어나는 만큼, 어떤 분야의 학자여야 할 것 같습니다. 과학자이든 인문학자이든 간에 말이죠.

주 교수 네, 앞서 말한 대로 지성인은 단지 어떤 전문 지식을 가진 사람은 아니지만, 그러한 전문 지식을 갖지 않고서는 지성인이 되기 어려운 것 같습니다. 과학자, 인문학자뿐만 아니라 의료인, 법조인 등이 지성인이 될 수 있는 조건을 가진 부류일 것입니다. 그런데 이와 관련하여 흥미로운 것은, 사르트르가 지성인의 전형으로 소설가와 같은 문학 작가를 제시한다는 점입니다. 작가는 전문 지식을 가진 사람으로 보기 어렵지 않을까요.

단웅이 사르트르가 세 번째 강연에서 바로 "작가는 지성인인가?"라는 질문을 던지고 있네요. 우리 사회에서도 소설가니 시인이 사회 비판을 하는 경우가 종종 있는데, 작가들의 비판이 어떤 점에서 보통 사람들의 생각보다 보편적인 가치가 있다고 말할 수 있는 건가요?

주 교수 사르트르 자신이 작가였기 때문에, 사르트르는 작가가 어떤 사람인지 잘 알고 있습니다. 세 번째 강연에서는 사르트르의 문학론이 펼쳐지는데 상당히 흥미롭습니다. 작가는 어떤 실천 지식의 전문가는 아니지만, 그럼에도 작가의 창작은 고도의 지적 능력을 필요로 하고 많은 시간을 들여 갈고 닦아야 하는 전문 영역의 활동이기도 합니다. 하지만 분명 작가는 현실 세계의 존재에 관한 지식 탐구를 목적으로 하지 않습니다. 작가의 본업은 어디까지나 현실 세계와는 전혀 다른 상상의 세계를 창조해내는 것이지요. 그렇다면 우리는 왜 작가들이 현실 문제에 개입해서 목소리를 내는 현상을 종종 목격하게 되는 것일까요? 작가와 현실 개입 사이에는 어떤 내적인 연관성이 있는 걸까요?

단웅이 작가가 상상의 세계를 현실성 있게 창조하려면, 현실 세계를 아주 잘 알아야 하지 않을까요? 실제로 소설가들도 작품 하나를 쓰기 위해서 수많은 자료를 모으고 연구한다고 들었습니다. 역사소설을 쓰는 작가들은 역사학자 수준으로 연구해서 때로는 역사학자들도 생각하지 못했던 해석을 내놓기도 하고요. 게다가 한 작가는 다양한 작품들을 쓰니까 학자들처럼 한 분야의 전문가로 남아 있지 않기 때문에 보편적인 것들을 더 생각할 수 있을 것 같습니다. 그렇게 해서 작가는 보편성의 대변자가 될 수 있는 것 아닐까요?

주 교수 설득력 있는 생각입니다. 지금 단웅씨가 이야기한 논리에 따라서 작가는 자연스럽게 부조리한 현실에 눈 뜨게 되고 그래서 현실을 바꾸는 데에 참여하게 된다고 말할 수 있을 것입니다. 그런데 사르트르는 이와는 전혀 다른 근거에서 작가야말로 지성인이라고 주장합니다. 사르트르의 주장은 문학 예술에 대한 독특한 이론을 깔고 있어서 좀 전에 말한 대로 흥미로우면서도 이해하기가 다소 어렵습니다. 사르트르의 논의를 가능한 한 쉽게 설명해 보겠습니다.

　사르트르는 작가가 어떤 일을 하는 사람인가에 대해 보통 사람들이 가진 모순된 생각에 주목합니다. 사람들은 작가란 무엇인가 말할 것이 있는 사람, 무언가를 표현하는 사람이라고 생각합니다. 그런데 사람들은 또한 작가는 아무것도 말할 것이 없는 사람으로 생각하기도 합니다. 왜냐하면 작가가 이야기해야만 하는 특정한 무언가는 없기 때문입니다. 작가는 어떤 이야기든 쓸 수 있습니다. 그렇기 때문에 사람들은 작가에게 자기 이야기를 써달라고 부탁하는 경우가 종종 있습니다. 작가 스스로는 어떤 것도 말할 것이 없고, 그저 다른 누군가의 이야기가 주어지면 그걸 표현할 뿐입니다.

작가의 이 표현하는 일에 대해서 사르트르는 작가가 일상 언어, 즉 모든 사람들이 사용하는 공통의 언어를 사용하여 표현한다는 점에 주목합니다. 무언가 말할 것이 있는 사람은 자신이 말하고자 하는 바를 최대한 정확하게 전달하기 위해 노력합니다. 여러 학문들에서 사용하는 전문 용어들은 이러한 목적에서 만들어진 것입니다. 전문 용어들은 긱긱 단 하나의 의미만 갖는 명료한 말들입니다. 반면, 일상의 공통 언어에서는 한 낱말이 다양한 의미, 더 나아가 상이한 의미를 갖는 경우가 허다합니다. 일상 언어를 사용하는 보통 사람들은 오해를 피하기 위해서 자신이 사용하는 말들에 분명한 의미를 주고자 하지만, 일상 언어를 전문 언어처럼 투명하게 만들 수는 없습니다. 일상 언어는 불명료하고 다의적입니다. 일상 언어는 수많은 세대의 인간들이 이런 저런 맥락에서 사용하면서 획득된 다양한 의미들이 담긴 말들로 이루어져 있습니다. 작가는 이러한 일상 언어의 다의성, 불투명성을 잘 알고 있을 뿐만 아니라 이를 적극적으로 이용합니다. 사르트르는 "보초와 패션모델의 사랑들(les brûlantes amours de la sentinelle et du mannequin)"이라는 프랑스 작가 장 주네의 문구를 예로 듭니다. 프랑스어에는 명사에 성별이 있습니다. 보초에 해당하는 말인 'la sentinelle'이란 낱말의 성별은 여성이고 그래서 여성형 명사와 결합하는 정관사 la가 앞에 놓여 있습니다. 반면 패션모델을 뜻하는 'le mannequin'의 성별은 남성이라서 남성형 관사 le가 붙어 있습니다. 보초는 실제로는 남자를 가리키고 패션모델은 여자를 가리키겠지만,

보초와 패션모델이라는 이 낱말들 자체의 성별은 문법적으로는 반대로 되어 있는 것이죠. 게다가 사랑에 해당하는 프랑스어 amour는 단수일 때는 남성형 명사지만 복수가 되면 여성형 명사가 됩니다. 주네의 문장에서는 이 사랑이 복수형이어서 여성형으로 되어 있지만 프랑스어 독자는 이 낱말을 볼 때 이 낱말이 복수냐 단수냐에 따라 남성형과 여성형으로 다른 성별을 갖는 낱말이라는 것을 무의식적으로라도 떠올릴 것입니다. 그러니까 주네는 프랑스어에서 보초, 패션모델, 사랑과 같이, 문법적 성별이 실제 낱말이 가리키는 대상과 반대인 낱말, 그리고 복수냐 단수냐에 따라 성별이 바뀌는 낱말을 의도적으로 선택해서 문장을 만든 것입니다. 일상 언어에서는 실제 성별과 문법적 성별 간의 이러한 불일치가 아무런 의미를 갖지 않겠지만, 문학 작품에서는 그렇지 않습니다. 주네의 문장은 보초와 패션모델의 사랑이 누가 남자이고 누가 여자인지 분간이 안 될 정도로 하나로 합일하는 강렬한 사랑이라는 느낌을 줄 수 있습니다. 한 문장 안에 단지 두 남녀가 사랑한다는 정보 이상의 정보, 읽는 사람에 따라 다양하게 해석될 수 있는 잉여 정보들이 있는 것입니다. 이렇게 작가는 언어의 의미뿐만 아니라, 언어의 문법적 요소와 같은 측면도 활용하여 의도적으로 다의적이고 다양하게 해석될 수 있고 다양한 느낌을 주는 문장을 만들어내려고 합니다.

그래서 작가는 무언가 말할 것이 없는 사람, 전달하고자 하는 명확한 정보를 갖고 있지 않은 사람일 수 있습니다. 하지만 그렇다고 작가가 진정으로 말할 것이 없는 사람이라면 그는 아무것도 쓰지 않았을 것입니다. 방금 본 주네의 문장이 보여주듯이, 작가는 언어를 통해 전달될 수 있는 어떤 정보를 이야기하기 위해서 글을 쓰는 게 아닙니다. 작가는 그렇게 정보 전달의 수단으로 언어를 활용하는 게 아니라, 말하자면 언어 자체를 체험하도록 하기 위해 언어를 활용합니다.

단웅이 언어 자체를 체험한다는 말이 이해될 것 같으면서도 아리송합니다. 언어 자체의 체험이 무엇인지도 어렵지만, 그것을 왜 해야 하는지도 궁금해집니다.

주 교수 맞습니다. 어려운 말입니다. 앞서 살펴본 지성인의 변증법을 여기에서 다시 떠올려 볼 필요가 있습니다. 문학 작가가 언어를 사용하는 방식에 대한 사르트르의 설명은 결국 작가는 지성인과 마찬가지로 변증법적인 방식으로 구체적 보편성을 탐구한다는 결론에 이릅니다. 지성인은 자기 자신의 존재가 자신을 낳은 사회와 변증법적으로 연결되어 있음을 깨닫습니다. 그렇기 때문에 어느 계급에도 속하지 못한 채 모두에게 비난받고 아무런 권력도 없는 지성인의 고난은 보편적 이상을 내걸고서 실제로는 그 이상을 실현하지 않는 사회 자체의 모순의 반영입니다. 지성인이라는 특수한 한 개인의 삶 속에 사회 전체의 문제가 표현되어 있습니다. 지성인의 고뇌는 한 개인의 고뇌가 아니라 사회 전체의 고뇌인 것입니다. 따라서 이 고뇌를 해결하고자 하는 지성인의 노력은 지성인 개인의 사적인 문제를 해결하려는 노력이 아니라 사회 전체의 모순을 해결하고자 하는 노력이 되는 것이고요.

사르트르가 생각하는 작가의 작업이 이와 같습니다. 작가는 하나의 낱말, 하나의 문장에 그 낱말이나 문장에 상응하는 정보 이상의 것, 이를테면 언어 전체를 담고자 합니다. 작가의 문장이 갖는 다의성과 불명료성, 애매함은 이로부터 비롯합니다. 작가의 문장은 특정 정보가 아니라 모든 정보를 전달할 수 있는 언어 자체를 담고자 합니다. 특수한 개별 문장 속에 그 모든 문장을 만들어낼 수 있는 언어 자체가 담기는 것이지요. 그래서 작가는 자신의 글을 통해서 언어의 구체적 보편성을 구현합니다. 그런데 모든 언어 사용은 어쨌든 무언가를 지시하고 의미하기 위한 것입니다. 만약 낱낱의 특수한 문장들이 우리가 살아가는 세계 속의 특수한 사태들, 특수한 대상들을 지시한다면, 작가의 문장에 담긴 언어 자체는 세계 자체를 지시할 것입니다. 즉, 다음과 같은 간단한 대응 관계가 성립합니다.

개별 문장: 언어 자체=개별 존재자나 개별 사태들: 세계 자체.

언어 자체를 체험한다고 할 때, 이것은 언어 자체를 통해서 세계 자체를 파악하고 경험한다는 말입니다. 이쯤에서 예를 드는 것이 이해에 조금이나마 도움이 되겠지요?

단웅이 안 그래도 예라도 들어달라고 말씀드리려던 참이었습니다.

주 교수 사르트르가 드는 예는 아니지만, 빅토르 위고의 『레미제라블』을 생각해 봅시다. 이 소설은 빵 몇 개를 훔쳤다가 19년형에 처해진 장 발장과 그의 수양딸 코제트라는 두 인물의 이야기입니다. 그러나

이 두 사람의 이야기 속에는 19세기 프랑스 사회의 온갖 면모들이 함께 주어져 있습니다. 부조리한 사회 질서, 도덕적 선의 의미, 종교적 신성함, 정치 혁명을 비롯해서 당시 프랑스의 도시 문명과 건축술에 이르기까지 그야말로 위고가 살았던 세계 전체가 담겨 있습니다. 위고는 자신이 산 현실 세계를 가상의 두 인물의 이야기 속에 담아낸 것입니다. 장 발장이 빵을 훔쳤다는 단순한 서술 속에는 장 발장이란 인물의 품성, 빵이 프랑스 사회에서 상징하는 바, 장 발장이 빵을 훔칠 수밖에 없도록 내모는 가혹한 당시의 계급 사회 현실 등등이 함축되어 담겨 있습니다. 독자는 이 작품을 읽으면서 작품이 직접 말하고 있는 바를 넘어서서 그야말로 위고가 경험한, 위고의 관점에서 체험된 19세기 프랑스 사회에 푹 빠졌다 나오는 경험을 하게 됩니다. 언어 자체를 체험한다는 것은 이렇게 언어 자체를 통해 표현된 세계 자체를 경험하는 일입니다.

단웅이 그래서 작가는 사회 전체를 자신의 특수한 작품에 담아냄으로써 구체적 보편성을 표현한다는 말씀이죠?

주 교수 바로 그렇습니다. 작가의 작업은 어떤 지식 전문가보다도 더 구체적 보편성을 추구하고 그래서 현실 사회의 모순에 민감하게 깨어 있게 되고 현실 사회를 벗어난 참다운 구체적 보편성을 추구하게 되어 있습니다. 그러므로 작가는 단지 지성인의 한 유형이 아니라 가장 대표적인 지성인 유형인 것입니다.

단웅이 사르트르의 주장을 이해하려면 조금 곱씹어 볼 시간이 필요할 것 같습니다. 말씀을 들으면 어떤 이야기인지 알 것 같은데 막상 혼자 생각해 보면 여전히 어렵고 명확하게 정리가 잘 안 됩니다.

주 교수 사실 저도 그렇습니다. 고전이란 원래 그런 것입니다. 곱씹어 볼수록 알고 있다고 여겼던 것들에 대해 모른다는 것을 느끼게 되지요. 그런데 인문학 공부란 바로 그렇게 계속 반추하면서 내가 고전에서 얻은 지식을 나 자신의 삶과 생각의 맥락 속에 옮겨놓고 나 자신의 것으로 만들어 가는 일입니다. 내가 여행을 가는 경우, 나는 지도를 통해서 길이 어떻게 나 있는지 미리 알 수 있고 그 길을 간 사람들의 이야기를 듣고 어떤 경험을 하게 될지 예상할 수 있지만, 이 모든 지식들이 내가 길을 직접 걷는 경험을 대체할 수는 없습니다. 고전을 스스로 읽어보는 것은 스스로 길을 걸어보는 것과 같습니다. 나 이전에 수많은 사람들이 걸어간 길이라고 해서, 내가 그 길을 걸을 필요가 없거나 그 길을 걷는 것이 의미 없는 일은 아니지요. 그리고 그 길을 걷는 것은 우리들 각자가 해야 할 일이고 다른 누구도 대신해줄 수 없는 일입니다. 그러나 길을 걷고 나서 얻은 바가 있다면 그것은 온전히 나의 것이기도 합니다.

단웅이 역시 고전을 직접 읽어보라는 말씀이시죠?

주 교수 그 말이 모든 고전 소개를 마무리하는 데 알맞은 말일 것입니다. 다만 하나만 덧붙이자면, 사르트르의 『지성인을 위한 옹호』(마지막으로 이렇게 제목을 고쳐 봅시다)를 읽으면서, 그리고 읽고 나서, 지금 우리 사회에서 지성인은 누구일지 생각해 보면 좋겠습니다. 그 질문은 사르트르의 책에 대한 독서를 사르트르와의 대화로 바꾸어 줄 것입니다.

참고문헌

베르나르 앙리 레비, 변광배 옮김, 『사르트르 평전』, 을유문화사, 2009.

장 폴 사르트르, 정명환 옮김, 『문학이란 무엇인가』, 민음사, 2000.

장 폴 사르트르, 박정태 옮김, 『지식인을 위한 변명』, 이학사, 2007.

장 폴 사르트르, 박정태 옮김, 『실존주의는 휴머니즘이다』, 이학사, 2008.

장 프랑수아 시리넬리, 변광배 옮김, 『세기의 두 지식인, 사르트르와 아롱』, 세창출
　　판사, 2022.

종교적 체험의 본질은 무엇인가?

―미르치아 엘리아데, 『성과 속』

신호재

> 종교적 인간에게 세계는 언제나 초자연적 가치를 드러낸다. 다시 말해 성
> 스러움의 양상을 계시한다 […] 종교적 인간에게 성스러움이란 존재의 완
> 전한 드러남이라는 사실을 우리는 잊어서는 안 된다. 우주적 성스러움의
> 계시는 어떤 점에서 원초적 계시다. 그것은 인류의 가장 먼 종교적 과거
> 가운데서 일어난다. 그리고 이후 역사에 의해 도입된 변혁들도 그것을 폐
> 기할 힘은 갖지 못한다.
>
> — 멀치아 엘리아데, 『성과 속 : 종교의 본질』,
> 이동하 옮김, 학민사, 1983, p.122.

종교의 본질을 종교적 체험에서 규명하기

신 교수 안녕하세요? 오늘은 종교학의 고전인 엘리아데의 『성과 속』
   에 관해 학생들과 함께 대화를 나누려고 합니다. 혹시 여러분 중에

미르치아 엘리아데
(Mircea Eliade, 1907~1986)

신앙생활을 하는 사람 있나요? 물론 종교를 가지고 있는 사람도 있고, 종교를 가지고 있지 않은 사람도 있을 거예요. 그런데 한 가지 확실한 사실은 현대사회에서 종교를 믿는 사람의 비율이 점점 줄어들고 있다는 것이고, 이러한 경향은 비단 한국에서만 그런 것이 아니라 세계적으로도 마찬가지라는 겁니다. 즉 무교(無敎)라고 답하는 '비종교인'이 늘어나고 있다는 것이죠. 자, 그러면 이렇게 질문해 보겠습니다. 이러한 추세가 지속되다 보면 언젠가 종교가 완전히 사라지는 날이 오게 될까요? 아니면, 시대와 지역에 따라 형태가 달라질 수는 있을지언정 종교는 영원히 존속하게 될까요?

단웅   저는 개인적으로 신앙을 가지고 있지 않지만, 종교가 아예 없어질 것 같지는 않습니다.

신 교수   네, 다양한 견해가 있을 수 있지만, 종교학자 엘리아데 역시 그렇게 주장합니다. 이유는 바로 종교라는 것이 바로 인간 존재의 본성에 뿌리내리고 있기 때문이라는 건데요. 이를 좀 더 정확하게 이해하기 위해서 우리는 그가 정의하는 '종교'가 무엇이고, 또 어떠한 근거에서 '종교성'이 인간 존재의 본성인지 알아볼 필요가 있습니다.

우선 엘리아데(M. Eliade, 1907~1986)는 루마니아 태생으로 세계 여러 나라에서 종교를 연구한 후 미국 시카고 대학에서 교수를 역임한 세계적인 종교학자입니다. 비교종교학 또는 종교현상학 등의 성격을 갖는 그의 종교학을 대표하는 저술이 바로 『성과 속(*The Sacred and the Profane*)』이라는 책입니다. 이제 여러분과 함께 이 책을 읽어볼 텐데, 무엇보다 '종교의 본질에 관하여'라는 이 책의 부제에 주목할 필요가 있어요. 여러분은 '본질'이라는 용어를 접할 때 어떤 생각이 드나요?

단비　본질? 알 듯 말 듯 하면서도 말로 설명하기 어렵네요.

신 교수　학생만 어려운 것이 아니라 누구나 어렵기는 마찬가지이니 좌절하지 마세요. 내가 최대한 쉽게 한번 설명해 보겠습니다. '본질'이란 무엇을 다른 것이 아니라 바로 그것이게끔 하는 필연적인 속성으로서의 '무엇임'을 뜻합니다. 예를 들어 무수히 많은 다양한 형태의 컵이 있더라도 우리는 그것을 컵이라고 하지 꽃병이라고 하지 않습니다. 설사 아무리 형태가 비슷하더라도 꽃병과 컵을 결정적으로 구분해주는 핵심적인 속성이 있는 것이죠. 흉악한 범죄자를 보고 "저 놈은 인간이 아니야!"라고 분노할 때, 우리는 인간의 본질인 '인간임' 또는 '인간됨'을 전제하고서 말하는 것이죠. 즉 이 세상에 존재하는 모든 것은 그것을 다른 것과 구분해주는 고유한 본질을 지니고 있습니다. 자, 그러면 종교의 본질은 무엇일까요?

단웅　종교가 워낙 다양해서 과연 종교의 본질이라는 게 있을까 싶

인류의 다양한 종교 상징

은데요.

신 교수 그렇습니다. 인류 역사에는 무수히 많은 종교가 존재했고, 지금도 다양한 사회·문화적 전통에 따라 셀 수도 없이 많은 형태의 종교가 있는 것이 사실입니다. 하지만 우리가 그렇게 다양한 형태의 종교를 아울러 여전히 '종교'라고 부를 수 있으려면, 종교의 본질이라는 것이 반드시 있어야만 할 겁니다. 엘리아데는 바로 종교를 종교이게끔 만드는 '종교의 본질'이 무엇인지 규명하려고 하는 것이죠. 그런데 엘리아데는 종교의 본질을 인간의 체험에서 찾으려고 합니다. 즉 종교란 이러저러한 것이라고 추상적인 수준에서 논하는 것이 아니라, 구체적으로 인간이 살아가면서 종교를 체험할 때 무슨 일이 나타나는지 살펴보자는 겁니다. 결론부터 말하자면 엘리아데는 종교를 '성스러움'에 대한 체험으로 규정합니다. 그래서 종교의 본질을 이해하기 위해서는 '성스러운 것'이 어떻게 나타나고 또 그것을 인간이 어떻게 체험하는지를 살펴봐야 합니다.

성스러운 가치는 일상적 삶에서 출현한다

신 교수 학생은 살면서 '성스러움'을 느껴본 적이 있나요?

단비   스테인드글라스를 투과한 빛이 성당을 은은하게 비출 때 성스
러움을 느꼈던 것 같아요. 고즈넉한 산사에서 울리는 범종 소리도 성
스럽게 느껴졌던 것 같고요. 미술관에서 미켈란젤로의 성모상을 마
주했을 때나 제주도에서 폭포를 보면서 느꼈던 감정도 성스러움이었
던 것 같고요. 하지만 여전히 성스러움이 무엇인지는 잘 모르겠습니다.

신 교수 무엇인가에서 성스러움을 체험했다는 것만으로도 엘리아데
를 이해하기에 충분합니다. 자, 여기서 중요한 것은 학생이 체험한
성스러움이 현실적으로 존재하는 어떤 구체적인 사물로부터 출현한
다는 점입니다. 예를 들어, 성당에는
예배당에 들어가기 전에 손을 씻고 입
장하라고 놓아둔 물이 있습니다. 불교
의 사찰도 마찬가지고 모든 종교의 사
원은 이러한 시설을 갖추고 있는데요.
이 물은 사실 수돗물이에요, 그렇지
않나요? 사원의 화장실에서 용변을 본
후 내리는 물과 같은 수돗물입니다. 또
사제가 의례에서 사용하는 물도 정확
히 마찬가지고요. 같은 상수도관을 사

성수대

용하므로 객관적인 미네랄 성분도 차이가 없을 거예요. 그런데 '의미'가 완전히 다르죠. 우리는 화장실에서 용변 처리를 위해 쓰는 물, 사원의 정수기에서 나오는 식수, 예배당에 들어가기 위해 손을 씻는 물, 사제가 의례에 사용하는 성수를 질적으로 완전히 다른 '가치'를 지닌 것으로 체험합니다. 일상적인 삶에서 경험하는 평범한 사물이 돌연 성스러운 가치를 지닌 사물로 탈바꿈하는 건데요. 학생은 혹시 살면서 이와 비슷한 경험을 한 사례가 있나요?

단웅   제가 직접 경험한 것은 아니지만, 조부모님이 계신 시골을 방문할 때 아버지와 친척들로부터 전해 들은 이야기인데, 마을 어귀에 있는 나무가 신령스러운 나무라서 함부로 베거나 할 수 없다고 하셨던 것 같아요. 똑같은 나무인데, 어떤 나무는 필요하면 베어서 사용하는 반면 그 나무만은 벨 수 없다고 하는 것을 보면, 마을 사람들이 그 나무를 성스러운 존재로 체험한다고 생각합니다.

신 교수   좋은 대답입니다. 종교를 믿지 않은 사람은 "물은 다 같은 물이지 뭐 특별한 물이란 게 있어?"라고 생각할 것이고, 마을 사람 중에는 "나무는 다 같은 나무지 저 나무라고 다를 게 뭐람?"이라면서 미신으로 치부할 겁니다. 하지만 신앙을 가지고 사원을 방문한 종교인이나 신성함이라는 가치가 존재한다고 생각하는 사람은 물이나 나무를 다 같은 것이라고 생각하지 않지요. 이것이 바로 엘리아데가 말하는 '성과 속의 구분'입니다. 여기서 '속'은 꼭 부정적 의미를 지닌다기보다는 오히려 일상적 삶에서 접하는 평범한 것들을 가리킵니다.

반면 '성'이라는 것은 범속한 것을 초월해서 완전히 질적으로 다른 차원에 있는 가치를 의미하지요. 이렇게 보면 성과 속의 구분은 존재론적 이분법을 전제하여 성립합니다. 그런데 『성과 속』에서 엘리아데가 말하는 핵심은, 성스러움의 가치가 일상의 범속한 것을 통해서만 경험할 수 있다는 것이죠. 축성한 물의 성스러움은 수도꼭지에서 나오는 수돗물을 통해서만 경험할 수 있고, 서낭당의 신령스러움은 현실적으로 존재하는 나무를 통해서만 경험할 수 있습니다. 그런 관점에서 보면, 우리가 삶 속에서 일상적으로 경험하는 평범한 것들은 성스러움의 가치를 드러내 보여주는 매개체라고 생각할 수 있습니다.

단비 이제 '성현'이라는 개념을 이해할 수 있을 것 같아요. 일상적인 삶에서 경험하는 평범한 것에서 '성스러움이 출현'한다는 뜻이죠? 우리가 범속한 것으로 경험하는 사물이 성스러운 가치를 지닌 것으로 체험한다는 것, 이것이 엘리아데가 말하는 종교적 체험의 본질이군요?

신 교수 맞습니다. 세계에는 다양한 종교가 있고, 또 역사적으로도 무수히 많은 형태의 다양한 종교적 전통이 존재해 왔지만, 이 모든 것을 아울러서 '종교'라고 부를 수 있는 공통적인 속성, 종교이게끔 만들어주는 필연적인 속성인 본질이 무엇이냐? 바로 일상적 삶에서 성스러움의 출현을 경험하는 것, 이것이 엘리아데가 말하는 종교적 체험의 본질이라는 겁니다. 자 그럼 인간이 자신의 일상적 삶에서 어떻게 성스러움이 나타나는 것을 체험하는지 좀 더 구체적으로 알아보기로 하지요. 『성과 속』은 네 개의 장으로 구성되어 있는데, 각각 공간·시간·자연·인간의 성스러움을 다루고 있어요. 이제 공간부터 하나씩 살펴보기로 하지요.

일상적 공간에서 성스러운 공간으로

신 교수 자, 공간이란 무엇일까요? 우리는 x, y, z축으로 구성되는 3차원의 객관적 공간 안에 들어가서 살고 있다고 생각합니다. 그런데 사실 공간을 이런 방식으로 이해하는 건 우리가 기하학의 시선을 통해서 공간을 인지하기 때문입니다. 바꾸어 말해서 이런 방식의 시선을 전제하지 않으면 우리에게 공간은 완전히 다른 방식으로 경험될 텐데요. 좀 더 쉽게 2차원의 평면에서부터 시작해 봅시다. 자, 여기 흰 종이가 있고 그 위에 점이 무작위로 여러 개 찍혀 있다고 해보죠. 이러한 점 각각은 각각 다른 점과 질적으로 차별화되는 어떤 가치나 의미를 지니고 있을까요?

단웅 있지 않나요? 다른 점과 위치가 다르니까요. x, y 좌표 평면상에 값을 부여해 보아도 점들 사이에는 좌표값이 달라지니까요.

신 교수 그렇게 생각할 수도 있는데, 좌표값은 '상대적 위치'입니다. 무슨 말이냐 하면 어떤 절대적인 기준점인 영점(0, 0)에 대해서만 값을 지니는 것이지, 그 자체로 어떤 절대적인 의미를 지니는 건 아니라는 말이죠. 만약 영점이 달라지면 값은 연동해서 바뀌잖아요. 따라서 종이 위에 무작위로 찍혀 있는 점들은 그 자체로 어떤 의미를 지니는 것이 아니라 서로 위치를 맞바꾸더라도 아무런 차이가 없는 '등질적인 것'입니다. 여기서 '등질적'이라는 개념을 이해하는 것이 중요한데, 등질적이라는 것은 다른 것과 얼마든지 교환이나 대체하는 것이 가능하다는 뜻입니다. 자, 이제 종이 위에 어떤 '절대적인 가치'를 지니는 점 하나를 찍어보죠. 중심점이라고 해도 좋고 기준점이라고 해도 좋습니다. 이제 등질적인 평면은 어떻게 바뀌나요? 각각의 점들이 중심점에 의해 방향과 거리를 부여받습니다. 이에 따라 중심과 주변의 구조가 출현하게 되는 것이죠.

단비 　어떤 절대적인 중심이 정해져 있고 그것을 중심으로 방향과 거리를 부여받은 점들이 있다면, 그것들은 동심원의 구조를 이루고 있다고 봐도 될 것 같네요.

신 교수 　맞습니다. 여기나 저기가 다르지 않고 서로 위치를 맞바꾸어도 전혀 상관이 없는 등질적인 공간이 이제 중심과 주변의 차별적인 의미를 지니는 구조로 탈바꿈되는데요. 이처럼 돌연 출연하는 절대적인 가치를 지니는 중심점에 의해 공간의 의미가 달라지는 것이 바로 성스러운 공간입니다. 다시 말해 우리가 경험하는 공간의 의미가 달라진다는 것입니다. 종교적 '성소(聖所)' 또는 종교적 '성지(聖地)'라고 불리는 곳은 종교를 가지고 있는 사람에게는 바로 그가 살아가는 세계의 중심이 되는 거예요. 전 세계에 흩어져 살고 있는 유대인에게 예루살렘이 세계의 중심이고, 이슬람교인에게 메카가 중심인 것처럼 말이죠. 그런데 이러한 중심과 주변의 구조는 2차원 평면상에서만 존재하는 것은 아니에요. 동심원의 중심에서 수직의 축을 그려보면 뭐가 되죠?

단웅 원뿔입니다.

이집트의 피라미드

메소포타미아의 지구라트

신 교수 맞습니다. 엘리아데는 중심을 통하는 수직 축을 "세계의 축"이라고 부르는데요. 이것은 자연스럽게 원뿔의 이미지로 나타낼 수 있습니다. 자연물 중에서는 나무나 산이 대표적인데, 다양한 종교 전통에서 신성하게 여기는 나무나 산이 그 문화 세계의 중심으로 설정되는 것을 볼 수 있죠. 한국인에게는 백두산이, 일본인에게는 후지산이 그렇고, 인공건축물로는 이집트 문명의 중심인 피라미드와 메소포타미아 문명의 중심인 지구라트가 이러한 뿔의 형태를 띠고 있습니다. 이러한 형태가 성스러움을 자아내는 이유는, 바로 지상에서 천상으로의 초월을 상징하기 때문인데요. 엘리아데는 꼭 이렇게 거대한 자연물이나 웅장한 건축물만 그러한 것이 아니라, 인간이 일상에서 자신이 살아갈 집을 짓는 것, 마을을 만들고, 문명을 건설하는 것역시 성스러움이 깃든 행위라고 말합니다. 그 이유는 무엇일까요?

단비 글쎄요. 아무래도 집을 지을 때 수직의 기둥을 세워 올려야 하기 때문이 아닐까요?

신 교수 그것도 틀린 말은 아닙니다. 하지만 엘리아데는 인간이 집을 짓고 문명을 건설하는 행위를 신에 의한 우주 창조 행위를 모방하고 재현하는 것이라고 해석하고 있어요. 빅뱅 이론이 시사하는 것처럼, 태초에는 아무것도 없는 무질서와 어둠이 가득한 혼돈의 상태에서 신에 의해 빛이 생기고 비로소 우주의 질서가 창조되었지요. 그런데 우주를 코스모스라고 부르잖아요. 혼돈을 뜻하는 카오스와 대비되는 개념이 바로 질서를 뜻하는 코스모스입니다. 그런데 우주라는 한자를 뜯어보면, '집 우(宇)', '집 주(宙)'에요. 다시 말해서 인간이 무질서와 야만의 상태에 있다가 자신이 거주할 곳인 집과 문명을 건설하는 행위는, 신이 어둠을 물리치며 혼돈을 종식하고 빛과 질서가 있는 우주를 창조한 행위와 본성이 같다고 보는 겁니다. 그런 점에서 인간이 일상적인 삶 속에서 수행하는 건축 행위는, 그것이 의도한 것이든 아니면 무의식적인 것이든, 신에 의한 우주 창조를 모방하는 성스러운 행위라는 것이죠. 인간의 건축이 모두 성스러운 의미를 담고 있지만, 건축물 중에서 가장 성스러운 건축물은 어디일까요? 바로 종교적 건축인 사원이에요. 교회·성당·사찰 등의 사원은 성스러운 공간 중에서도 가장 성스러움으로 충만한 공간이 되는 것이죠.

경주의 석굴암

단웅 기도하려고 교회에 가거나 사찰에 가는 경우는 말할 것도 없지만, 당장 오늘 저녁에 집에 들어갈 때 성스러움이 가득한 공간으로 들어간다고 생각하면 진짜 느낌이 새로울 것 같아요. 사람이 일상적으로 거주하면서 삶을 영위하는 집이 곧 신이 질서를 부여하여 창조한 우주와 같은 것이라면 말이죠.

일상을 초월해 있는 성스러운 시간

신 교수 자, 이제 성스러운 시간에 대해서 알아보겠습니다. 성스러운 공간 체험의 기본 아이디어를 정확하게 이해했다면 시간 체험에서 출현하는 성스러움을 이해하는 것도 어렵지 않을 겁니다. 아까 성과 속이 존재론적으로 구분된다고 했는데, 시간에서도 마찬가지예요. 인간은 다양한 시간의 차원을 살아가고 있습니다. 우리의 일상적 시간은 객관적 시간이죠. 시계에서 바늘의 움직임에 따라 비가역적으로 흘러가는 시간입니다. 엘리아데는 이러한 시간을 등질적 시간이라고 말합니다. 앞에서도 해설했지만, '등질적'이라고 하는 건 긍정적인 의미가 아닙니다. 그 자체로는 아무 의미가 없어서 교환·대체가 가능하다는 뜻입니다. 어제나 오늘이나 거기서 거기, 하루하루가 그저 무미건조하게 흘러가는 일상의 시간을 말합니다. 그런데 인간은 이러한 시간의 흐름 속에서 살아가면서도 거기에서 다른 시간과는 질적으로 완전히 차별화되는 성스러움으로 충만한 특별한 시간을 체험할 때가 있습니다. 학생은 1년 중에서 어떤 날이 특별하게 느껴지나요?

단비   저는 제 생일이 가장 특별한 것 같은데요? 가족과 친구들이
축하해주고 선물을 받으니까요. 특별히 거창한 파티 같은 것을 하지
않고 지나가도, 왠지 생일을 맞으면 새로운 사람이 되는 기분이랄까.
그냥 기분이 좋아져요.

신 교수   의도한 것인지는 모르겠지만 굉장히 좋은 대답을 했는데요.
자, 한번 같이 생각해 보죠. 원래 생일이란 생물학적으로 출생한 날
을 지칭하기 때문에, 일단 과거의 어느 날 세상에 태어난 이상 진정
한 생일은 다시는 돌아오지 않습니다. 하지만 우리가 1년마다 생일을
기념하고 축하하는 것은 무슨 의미일까요? 지난 1년의 삶은 지났고,
이제 다시 새로운 삶이 시작된다고 하는 상징적인 의미를 부여하는
것은 아닐까요? 마치 12월 31일 23시 59분이나 1월 1일 0시 1분 사이
에 불과 몇 분의 차이밖에 안 나는 데에도 사람들이 새해를 맞이하며
환호하는 것처럼 말이죠. 2분 사이에 무슨 큰 변화가 일어나겠어요?
하지만 상징적으로는 묵은 해를 보내면서 새로운 세계가 열리는 것
같은 희망이 솟아나지 않나요? 이건 특정 종교를 가지고 신앙생활을
하는 종교인에게 국한된 이야기가 아니라 일상을 살아가는 평범한
비종교인도 마찬가지죠. 객관적으로는 물리적으로 연속된 시간의 흐
름 속에서, 의미로는 질적으로 완전히 차별화되는 시간이 출현하는
겁니다.

단웅   정말 그러네요. 새해 아침에 정동진의 해돋이를 보면 왠지 매
일 하늘에 떠 있는 태양과 다른 느낌을 주는 것 같아요. 가족들과 해

돌이를 축하하면서, 새해에는 잘 살겠다고 다짐도 하고요. 충만한 에너지와 생명력이 솟아오르는 것 같아요.

새해의 해돋이

신 교수 그렇습니다. 그런데 이러한 특별한 의미를 지니는 성스러운 시간은 신정이나 생일에만 경험하는 것이 아니에요. 카톨릭 신자인 학생이 있으면 잘 이해하고 있을 텐데, 미사 중에서 영성체 의례가 뭔지 설명해 볼 수 있을까요?

단비 음…영성체란, 예수 그리스도께서 십자가에 못 박혀 돌아가시기 전날 제자들과 함께 최후의 만찬을 하셨던 것을 기념하기 위한 의례인데요. 성경에는 예수께서 이렇게 말씀하셨다고 해요. "이것(빵)은 내가 너희를 위하여 내어주는 나의 몸이니 받아먹어라. 이것(포도주)은 내가 너희를 위하여 흘리는 피이니 받아 마셔라." 성당에서는 빵과 포도주 대신 신부님이 주시는 흰 과자와 포도 주스를 마시기도 해요.

영성체를 위한 빵과 포도주

신 교수 학생이 잘 알고 있네요. 그러면 한번 생각해 봅시다. 객관적
시간의 흐름에서 보면 최후의 만찬은 지금으로부터 2,000여 년 전에
있었던 일회적인 사건으로서 결코 반복할 수 없는 이미 지나간 일일
뿐입니다. 하지만 카톨릭 신자가 성당에서 영성체 의례를 할 때에는
마치 예수께서 눈앞에 계신 것처럼 그분이 나누어주시는 성스러운
몸과 피를 받아 모신다고 하는 체험을 하는 것 아닌가요? 다시 말해
서 상징적인 시간의 흐름에서 보자면 2,000년을 거슬러 올라가 예수
의 희생과 인류에 대한 사랑이라는 성스러움이 출현한 그 결정적이
고도 절대적인 시간에 참여하고 있는 겁니다.

단웅   이제까지는 그냥 의례적으로 하는 행위라고 시큰둥하게 생각했었는데, 교수님이 말씀하신 관점으로 생각하면 영성체 의례가 엄청나게 성스럽게 느껴지네요. 상징이라는 관점에서 성스러움이 출현한 원초적 순간으로 시간을 거슬러 올라가 그 시간을 다시 체험한다고 생각하면 전율이 느껴집니다.

신 교수　가장 성스러운 공간인 사원에서 성스러운 시간을 살아가는 종교 예배는 말할 것도 없지만, 사실 모든 종류의 '축제'도 마찬가지입니다. 흔히 축제라고 하면 왁자지껄 먹고 마시는 흥겨운 행사로만 생각하기 쉬운데, 축제라는 말 자체가 '제사'라는 뜻을 함축하고 있어요. 모든 종교 예배의 기원이 제사인 것처럼, 모든 축제는 사실 성스러운 시간을 다시 살아가려는 인간의 마음이 투영된 것입니다. 즉 일상적인 노동의 시간과 성스러운 축제의 시간이 구분이 되는데요. 인간은 생존을 위한 노동의 시간, 무미건조하고 무의미한 일상의 시간을 살아가지만, 주기적으로 이러한 것과는 질적으로 완전히 차별화되는 생명력과 에너지가 넘치는 시간을 체험하려고 합니다. 엘리아데는 폴리네시아의 선박 축제를 예로 듭니다. 폴리네시아는 도서 지역이기 때문에 배가 매우 소중한 생활 수단입니다. 배를 타고 나가야 바다에서 경제활동을 할 수 있고, 또 다른 섬으로 이동을 할 수 있지요. 그런데 폴리네시아에는 아주 특이한 축제가 있는데, 멀쩡한 배를 파손한 후 다시 고치는 행위를 한다고 해요. 이에 대해 어떻게 생각하나요?

단비　절대적으로 필요한 생활 수단을 일부러 파괴했다가 다시 고친다고요? 자원이 귀한 마당에 경제적으로 보면 비효율적이고 상식적으로도 이해가 잘 안 됩니다.

신 교수 그렇죠? 하지만 폴리네시아인들은 이 축제를 대단히 신성시한다고 합니다. 그 이유는 바로 배를 만드는 법을 처음 알려준 신의 행위를 모방하고 재현하기 위해서라고 해요. 그러니까 축제의 시간은 성스러움이 최초로 출현한 원초적 순간으로 복귀해서 상징적으로나마 신에 의해 세계가 창조된 태초의 시간을 다시 살고자 하는 것인데요. 사실 먹을 것이 부족하고 가난했던 과거에는 모든 축제가 엄청난 자원과 노동력을 소모하는 낭비적 행위였을 겁니다. 그럼에도 그렇게 자원과 노동력을 투여하면서까지 주기적으로 축제를 반복했던 것은, 단순히 경제적 논리로는 설명이 안 되고 종교적 상징의 의미로 해석해야 합니다. 즉 신에 의한 세계 창조처럼, 성스러움이 출현한 원초적 시간으로 복귀하여 에너지를 충전하려는 행위인 것이죠.

단웅 마치…무미건조한 일상과 생존을 위한 노동의 시간을 살아가다가 4년마다 열리는 월드컵이나 올림픽에 전 세계 사람들이 열광하는 것처럼요?

신 교수 그래요. 학생이 말한 예시가 엘리아데가 말한 의도와 전혀 어긋나지 않습니다. 인간은 종교를 가지고 있지 않더라도 경제적 목적을 위한 노동의 일상만을 살아갈 수가 없습니다. 인간은 언제나 일상의 시간을 초월해 있는 성스러운 시간을 동경하고, 신에 의한 세계 창조에서의 충만한 에너지를 회복하기 위해서 자신의 자원을 아낌없이 소비합니다. 광란에 가까운 성적난교와 같은 행위는 오늘날의 윤리적인 잣대로 보면 용납할 수 없는 일이기는 한데, 엘리아데에 따르면 이것은 봄철에 파종을 앞두고 풍요로운 생산을 기원하는 성스러운 의미를 담고 있다고 해요. 그저 야만적이라고 비윤리적이라고 비난할 일이 아니라 어떤 동기에서 어떤 목적으로 그러한 축제를 벌였는지 한번 이해를 시도해 보자는 말이지요.

자연은 성스러운 가치를 나타낸다

신 교수 앞에서 우리는 공간과 시간에서 출현하는 성스러움에 대해 알아보았습니다. 자, 그러면 이제 성스러운 자연에 대해서 알아볼까요? 엘리아데는 이렇게 말합니다. "종교적 인간에게 자연은 결코 단지 '자연적인 것'만은 아니다. 그것은 언제나 종교적 가치로 가득 차 있다." 여기서 의미를 잘 해석해야 하는 구절이 있는데, "자연은 결코 단지 '자연적인 것'만은 아니다"라는 말에서 앞의 자연과 뒤의 자연은 어떻게 다른 것일까요?

단비 혹시 교수님께서 '성현'의 개념을 설명해 주셨던 의미가 아닐까요? 자연과학적 관점에서 보면 그저 수돗물에 불과한 것이 성스러움의 가치가 깃든 성수로 경험되는 것처럼, 자연과학적 관점에서 바라보는 자연이 종교적 관점에서 보면 그저 객관적인 자연물이 아니라 어떤 의미나 가치를 지닌 성스러운 상징으로 체험된다는 뜻 아닐까요?

신 교수 정확합니다. 이제 학생들이 엘리아데의 『성과 속』의 문맥을 스스로 읽어갈 수 있을 만큼 잘 이해하고 있는 것 같네요. 맞습니다. 공간과 시간의 교차로 전개되는 곳이 세계인데, 이 세계에서 인간은 무수히 많은 자연물을 경험하며 살아가죠. 그런데 자연과학적 태도나 경세적 태도, 그러니까 비종교적 관점에서는 그러한 자연물이 한낱 객관적인 '연구 대상'이나 경제 개발에 활용할 수 있는 '자원'의 의미밖에 지니지 않습니다. 그러나 종교적 태도에서는 자연이 신이 창조한 것인 만큼 성스러운 의미가 담겨 있다고 간주하는 것이죠. 우리가 경험하는 대표적인 자연물에는 하늘·땅·물·나무·해·달·바위 등이 있는데요. 여기서는 하늘·땅·물·달에 대해서만 살펴보기로 할까요? 먼저 '하늘(天)' 하면 어떤 이미지가 떠오르나요?

단웅 하늘은 가장 높은 곳으로 해, 달, 별 등 모든 천체를 아우르고 있으며 다양한 기상 현상이 일어납니다.

신 교수 그렇습니다. 그래서 하늘은 아득히 멀고도 높은 곳에 있는 우주를 창조한 최고의 신으로 상징됩니다. 거의 모든 종교적 전통에서 '최고의' 존재는 하늘에 있다고 상정되지요. 또 이러한 '초월적'이면서도 '절대적' 존재는 '아버지(父)'로도 표상됩니다. 그래서 한국어에서도 '하느님 아버지'라는 말이 있잖아요. 이러한 존재는 천둥이나 번개 폭풍우 등의 기상 현상을 통해 뜻과 의지를 드러낸다고 여겨지지만, 그렇다고 하늘이 인간 삶에 그렇게나 자주 개입하지는 않아요. 세상을 창조한 후 멀리 물러나 관망하고 있다가 인간의 죄를 심판하거나 인류를 구원하거나 하는 최후의 순간에만 모습을 드러내지요. 땅이 가진 성스러운 상징에 대해서는 조사해 오라는 과제를 내주었는데요, 다른 학생이 발표해 볼까요?

단비　하늘이 창조의 신이자 최고의 신으로서 아버지로 표상된다면, 반대로 '땅(地)'은 만물을 낳고 기르는 자애로운 '어머니(母)'로 표상되는 것 같습니다. 조사를 해보기 전까지는 미처 생각해 보지 못했는데, 이 세상 위에 있는 모든 것이 모두 땅에서 나오는 것이더라고요. 산이나 강, 바위 등은 물론이고 음식을 만들기 위한 경작물이나 인공적으로 만든 문명의 이기도 그것을 만들기 위한 소재는 모두 땅에서 얻은 것이니까요. 그래서 그리스·로마 신화에서 '대지(大地)'의 신인 가이아(Gaia)나, 농경의 신인 데메테르(Demeter)가 여신으로 그려지는 이유도 여기 있지 않을까요?

신 교수　좋은 점을 아주 잘 지적했는데요, 엘리아데에 따르면 사실 땅을 만물의 어머니로 표상하는 것은 전 세계에 보편적인 것이라고 해요. 우리는 태어난 나라를 '모국'이라고 하고, 자연스럽게 가장 먼저 익힌 언어를 '모국어'라고 하잖아요. 그만큼 내가 출생의 기원을 갖는 땅을 '어머니'의 품으로 인식하는 건데요. 그래서 땅은 '구체적인 소속감'을 상징합니다. '엄부자모(嚴父慈母)'라고 하는 게 요즈음의 젠 더 감수성의 관점에서 너무 보수적이고 전통적인 선입견이라고 생각되기도 하지만, 이미지로 보면 하늘이 평소에는 자녀의 삶에 개입하지 않다가 엄하게 벌을 주러 오는 아버지인 반면, 땅은 늘 자녀의 삶에 밀착해서 도움을 주는 자상한 어머니라는 것이지요. 그래서 사람이 죽었을 때 땅에 묻는 '매장(埋葬)'에는 특별한 의미가 있습니다. 바로 인간은 죽으면 자신이 태어난 기원인 어머니의 자궁으로 회귀한다는 의미입니다. 그래서 한국어에서는 사망하신 고인을 일컬어 '돌아가셨다'고 하잖아요. '물(水)'이 가진 싱스러운 상징에 내해서는 나른 학생이 의견을 말해 볼까요?

단웅 물은 모든 생명체가 살아가기 위해 필요한 것으로 '생명'이 상징이라고 생각했습니다. 또 더러운 것을 씻어낸다는 의미에서 '정화'의 의미도 중요하다고 생각합니다.

신 교수 네, 그렇습니다. 하지만 여기서 '생명'이라는 것을 반드시 '생명체'에게 국한해서는 안 된다고 부연하고 싶은데요. 왜냐하면 물은 생물과 무생물을 구분하지 않고 모든 존재의 가능성의 원천이라고 생각되기 때문이지요. 단적으로 탈레스가 "만물의 근원은 물"이라고 할 때, 그때 만물은 생명체만을 지칭하는 것이 아니라 세상에 존재하는 모든 것을 가리키기 때문입니다. 즉 물은 모든 존재 가능성의 원천이라는 것인데, 왜냐하면 물은 그 자체로는 형체가 없지만 모든 것으로 변할 수 있기 때문이죠. 즉 형태를 지니고 존재하는 모든 현실적인 것에 선행하는 잠재성으로서 모든 창조의 씨앗이라는 뜻입니다.

단비   교수님, 질문이 있습니다. 아까 만물을 낳는 것이 땅이라고 하셨는데, 지금은 만물의 근원이 물이라고 하셨는데요. 그러면 어떤 것이 더 근원적인 건가요? 심지어 하늘이 세계를 창조한 궁극적 절대자라고도 하셨는데, 너무 혼란스러워서 정리가 필요합니다.

신 교수   아주 날카로운 질문이네요. 이렇게 정리해 볼 수 있을 것 같습니다. 땅은 가시적으로 존재하는 세계를 낳는 보편적 산출자이자 어떤 의미에서는 현실적으로 존재하는 만물의 총체를 상징하는 반면, 물은 비가시적인 영역에서 존재하지만 장차 현실적으로 존재하게 될 모든 것을 예비하는 가능성의 총체라는 점에서 차원과 위상에서 엄연한 차이가 있습니다. 그리고 하늘 역시 가시적인 세계에 존재하는 한 물이 하늘보다도 더 근원적이라고 말할 수 있는데, 그 근거는 우주가 창조되기 전에는 하늘도 없었잖아요. 하늘이든 땅이든 눈에 보이는 현실적인 것을 예비하는 근원으로서 가능성과 잠재성의 총체를 전제해야 하는 것이죠. 그런데 바로 그러한 이유에서 '물 속으로 들어가는 것'은 특별한 상징적 의미를 지닙니다. 그것은 존재의 근원으로 회귀하여 모든 형체가 해체되는 것이지만, 그럼에도 문자 그대로 완전히 사멸해버리는 것은 아니고 또 다른 형태의 삶을 예비하는 것이죠.

단웅   아, 교수님 말씀에서 크리스트교의 세례가 생각났어요. 기존의 존재로서는 상징적으로는 죽음을 맞지만, 그럼에도 이제 예수 그리스도의 제자로서 완전히 새로운 삶을 시작한다는 뜻이잖아요.

신 교수 그렇죠. 근데 물의 상징이 꼭 특정 종교의 의례에만 국한되는 것이 아니라는 게 더 중요해요. 가령 지리적으로 너무 멀리 떨어져 있어서, 서로 역사적인 영향 관계가 거의 없다고 생각하는 문화권 사이에서 보편적으로 발견되는 '대홍수 신화'가 대표적인데요. 대홍수 신화란 기존의 인류 문명이 완전히 파괴되고 그 이후에 새로운 문명이 다시 시작한다는 서사인데, 가장 널리 알려진 것이 '노아의 방주'지만 사실 남아메리카에서도 동아시아 전승에서도 홍수와 관련되는 이야기가 공통적으로 전승되고 있어요. 다루어야 할 자연물이 많지만, 여기서는 특별히 '달(月)'에 대해서만 더 살펴보지요. '달'에서는 어떤 의미가 연상되나요?

단비 달은 여성적인 이미지가 강한 것 같아요. 남성적인 이미지의 해와 대비해서요. 아무래도 더욱 그럴 수밖에 없는 것이 여성의 생리를 '월경(月經)'이라고 부르는 것처럼, 주기적으로 모습을 변화하는 것도 여성의 이미지와 연결되는 것 같아요. 국제적인 달 탐사 프로젝트의 이름이 '아르테미스'라고 하는데, 아르테미스도 여신이니까요.

신 교수 네, 그렇습니다. 학생이 말한 이유에서 달이 여성의 이미지와 연결되는 것은 자연스러운 일이죠. 하지만 좀 더 큰 틀에서 보면, 달의 주기적 위상 변화는 재생과 부활이라는 우주의 형이상학적 진리를 대변한다고 볼 수 있을 것 같습니다. 무슨 말이냐 하면, 우주에 존재하는 모든 것은 생성소멸의 변화라는 한계에서 벗어날 수 없지만, 그럼에도 영원히 죽어 없어지는 것은 아니고 또 다른 생명을 부여받고 다시 살아난다는 것이죠. 그런 점에서 앞서 살펴본 여러 자연물이 상징하는 의미가 중첩되는 것들이 있죠. 탄생과 죽음을 의미하는 땅이나, 가능성의 기원이자 형태가 해체되는 소멸을 의미하는 물과 마찬가지로, 성스러운 우주의 형이상학에서는 다양한 형태로 모습이 변하기는 하지만, 죽음조차 끝이 아닌 영원한 순환의 과정 속에 있는 이행의 단계에 불과한 것입니다.

인간은 성스러운 존재다

신 교수 자, 어느덧 『성과 속』의 마지막 장에 이르렀네요. 마지막으로 같이 이야기해 볼 주제는 성스러운 인간입니다. 무슨 말이냐 하면, 인간이라는 존재 자체가 성스러움을 지닌 존재이며, 따라서 인간이 살아가는 삶의 모든 과정이 성스러운 의미를 지닌다는 뜻이지요. 왜냐하면 이 우주는 신이 창조한 것이기 때문에, 신이 창조한 우주 안에 존재하는 인간 역시 성스러움을 지니는 것은 당연하기 때문입니다. 즉 종교적 태도를 지닌 인간은 공간과 시간으로 이루어지는 자신이 살아가는 세계와 그 세계 안에 존재하는 자연물에서만 성스러움을 보는 것이 아니라, 삶의 전 과정과 모든 행위를 성스러운 것으로 인식합니다. 가장 대표적인 것이 바로 통과의례인데요. '통과의례(通過儀禮)'라는 말을 들어본 적 있나요?

단웅 인생에서 거쳐야 하는 관문 같은 것 아닌가요?

신 교수 그렇습니다. 인생에서 거쳐야 하는 관문이 여러 개가 있죠. 당
장 여러분도 수능시험을 치르고 대학에 진학했으니 입시도 관문일
수 있고, 또 졸업 후 사회에 진출하여 자리를 잡는 데에도 경쟁을 거
쳐야만 하니 취업도 관문일 수 있습니다. 중요한 것은 이러한 관문이
결코 만만한 것이 아니라는 점, 그러니까 비유하자면 통과의례의 관
문은 '좁은 문'으로 상징된다는 것입니다. 좁은 문은 어때요? 통과하
기가 어렵지요. 그래서 필연적으로 모험과 고난을 수반합니다. 또한
통과의례는 '문지방'으로도 비유할 수 있는데, 왜냐하면 어떤 상태에
서 다른 상태로 이행하는 경계선이기 때문입니다. 즉 통과의례는 일
종의 '과도기'라고도 할 수 있는데, 왜냐하면 기존의 존재와의 단절
과 폐기를 통해 다른 존재로의 이행과 초월을 가능하게 하는 상태의
급격한 변화가 이루어지기 때문입니다. 이렇게 말하면 인생의 모든
단계가 통과의례이지만, 전통적으로 가장 큰 의미를 지니는 것으로
간주해 온 것은 바로 '관혼상제(冠婚喪祭)'입니다. 흔히 '인생중대사'라
고 불리는 관혼상제 중 제사에 대해서는 성스러운 시간에서 살펴보
았으니 여기서는 관례(성인식)·혼례(결혼식)·상례(장례식)에 대해서 알
아보기로 하겠습니다. 먼저 성인식을 살펴보지요. 여러분은 이제 대
학생으로서의 성인이 되었는데, 혹시 '성년의 날'을 기념했나요?

단비   네, 저는 부모님이 장미꽃을 사주시며 축하해주셨고, 친구들
과는 서로 선물을 주고 받으며 즐겁게 보냈습니다.

신 교수 축하하며 즐겁게 보낸 것 자체를 나무랄 일은 아닌데, 성인이

된다는 것의 의미를 깊이 숙고해 보는 시간을 가졌다면 더 의미가 있었을 것 같습니다. 왜냐하면 앞에서 말한 것처럼 통과의례는 모험과 고난의 과정인데, 마냥 즐겁게 보내는 날로 인식되면 통과의례로서의 의미가 퇴색되니까요. 현대사의 격변과 산업화를 거친 한국은 이미 대단히 '탈(脫)신성화(de-sacralization)'가 진행되어 있어서 전통문화로서의 성인식이 거의 잔재조차 남아있지 않지만, 본래 남성은 관례(冠禮)라고 하여 상투를 올리고, 여성은 계례(笄禮)라고 하여 쪽을 찌고 비녀를 꽂는 의례를 해왔습니다. 이렇게 머리를 올려야 사회공동체에서 진정한 의미의 성인으로 공인받을 수 있었던 것이죠. 그런데 단순히 머리 스타일에 변화를 주는 것이 핵심이 아니고, 사회공동체가 요구하는 어떤 임무를 수행해야지만 성인으로 인정받을 자격을 획득한다는 데에 핵심이 있습니다. 즉 성인식은 곧 '입사식(入社式)'입니다. 가령 오늘날에도 아프리카 부족에서는 남성에게는 맹수를 사냥해 오라는 과제를 주고 이러한 과업을 성취한 사람만을 성인으로 인정하여 아내를 얻고 재산을 형성할 권리를 부여합니다. 물론 공동체의 의사결정에 참여할 수 있는 자격도 부여하고요. 만약 이 과업을 성취하지 못하면, 아무리 생물학적으로 나이가 많아도 성인으로 인정하지 않습니다. 혹시 영화 〈블랙팬서〉를 봤나요? 주인공이 왕자로 태어났어도 부왕의 사후 자동적으로 즉위하는 것이 아닙니다. 모든 초능력을 내려놓고 경쟁자와의 대결을 통해서 자신이 왕이 될 자격이 있음을 스스로 입증해야만 왕이 될 수 있는 것입니다. 이 과정은 좁은 문이라는 비유조차 한가하게 느껴질 만큼의 혹독하고 처절한 목숨을 건 모험과 고난과 시련의 과정이지요. 이러한 과정을 겪어낸 후에야 비로소 왕이라는 새로운 존재로 이행하고 재탄생하게 되는 겁니다.

유대교의 성년식

단웅 교수님, 혹시 여성에게도 이러한 통과의례가 있나요?

신 교수 엘리아데에 따르면 여성에게도 이러한 성인식이 있다고 해요. 바로 '자궁으로의 회귀'라는 의례인데요. 단적으로 여성의 삶에서 가장 극적으로 존재 변화가 이루어지는 시점이 있다면 언제일까요? 바로 '초경(初經)'입니다. 이제 소녀에서 온전한 의미의 여성이 되는 것이죠. 땅의 상징에서 살펴보았듯이, 이제 생명의 산출자로서의 자격을 갖추게 되는 것입니다. 오늘날이라면 초경을 한 소녀에게 격려를 통해 심리적 안정을 주는 것이 중요하겠지만, 엘리아데에 의하면 초경을 한 소녀는 마을로부터 떨어진 오두막에서 며칠의 시간을 인내한 후 다시 마을로 돌아와야 했었다고 해요. 그것이 바로 '입사(入社)의 오두막'으로 '자궁으로의 회귀'를 상징합니다. 즉 새로운 존재로 태어나기 위해서는 상징적으로 는 죽음을 맞고 그러한 이행의 과도기를 겪어야만 이제 어엿한 성인으로서 공인을 받을 수 있다 는 것이죠. 그런 점에서 보면 오 늘날에 행해지는 간소화된 성인 식은 마냥 즐겁게 축하하는 날 이라는 의미밖에 없어서 아쉽습

결혼식

니다. 여러분도 앞으로 느끼겠지 만, 자신의 삶을 온전히 스스로의 책임과 선택으로 살아내야 하는 성 인의 삶은 비장한 각오와 다짐이 요구되기 때문입니다. 그러면 혼례 (결혼식)을 살펴볼까요? 혼례는 어떤 의미에서 중요한 통과의례일까요?

단비 아무래도 서로 각자의 삶을 살아오던 두 남녀가 만나 하나의 삶을 꾸려나가는 부부로 재탄생하기에 그런 것 아닐까요?

신 교수 정확합니다. 요즈음에야 연애도 결혼도 헤어짐도 이혼도 자유 로운 시대인 데에다 여러분은 아직 결혼을 염두에 두기에는 이른 나 이라서 실감이 잘 안 날 수도 있는데, 엄밀히 보면 존재론적 관점에 서 연인과 부부는 전혀 다른 존재입니다. 단순히 혼인 신고를 하느냐 마느냐의 법적인 관점에서만이 아니라, 부부가 되면 혼자 살아갈 때 와는 전혀 다른 책임 속에서 완전히 다른 삶의 방식을 살 수밖에 없 어요. 여기서 한 걸음 더 나아가서 결혼 생활의 극적인 변화가 일어

나는 순간이 있는데, 그건 바로 자녀가 태어나면서부터예요. 즉 부부는 이제 부모로서도 살아야 하는 것이죠. 이처럼 결혼은 인간의 삶에서 많은 변화를 초래하는 중대사입니다. 그렇기에 결혼식은 가족과 지인으로부터 마냥 기쁘게 축하받을 즐거운 날이 아니라, 동반자로서 험난한 여정을 함께 하겠다는 각오를 다지는 비장한 날이기도 합니다. 그런데 중요한 것은 통과의례로서의 '신혼여행'의 의미예요. 신혼여행은 왜 가는 걸까요?

단웅   아무래도 신랑과 신부가 결혼식 치르느라 애썼으니 며칠 푹 쉬면서 좋은 구경하며 즐거운 시간 보내고 오라는 의미 아닐까요?

신 교수   그런 의미가 전혀 없지는 않겠지만, 엘리아데가 말하는 통과의례의 의미를 적용해 보면, 존재의 이행과 상태의 변화가 일어나는 일종의 과도기인 셈이죠. 그저 남녀가 정을 나누는 '달콤한 밤(蜜月)'이 아니라, 마치 '입사의 오두막'과 마찬가지로 일상의 세계에서 벗어난 공간과 시간에서, 완전히 새로운 존재로 거듭나기 위한 양태의 변화가 일어나는 초월의 계기인 것은 아닐까요? 엘리아데가 신혼여행을 말하지는 않았지만, 나는 그렇게 충분히 그렇게 해석해 볼 수 있다고 생각합니다. 이제 상례(장례)를 살펴봅시다. 여러분은 장례 치르는 것을 본 적이 있습니까?

단비   저는 작년에 할아버지께서 돌아가셔서 장례를 치렀고, 또 몇 번 조문을 가보기도 했습니다.

장례식

신 교수 네, 그런데 왜 사람이 사망하면 바로 매장을 하지 않고 며칠 간의 장례를 치르는지 생각해 보았나요?

단웅 그건 장례 절차가 복잡하고 고려할 것이 많아서 물리적으로 준비할 시간이 필요해서 그런 것 아닐까요? 당장 매장을 한다고 하더라도 산소도 구하기 어렵고, 화장을 하더라도 대기를 많이 해야 하던데요.

신 교수 현실적으로는 그런 점이 없지 않겠죠. 하지만 단순히 물리적인 준비 시간이 필요한 문제라면 간소화된 장례문화가 확산하고 기업형 장례서비스가 발전하면 시간을 얼마든지 단축할 수 있는 일인데, 그럼에도 사람이 죽었다고 그날로 당장 묻거나 하지는 않잖아요. 즉 내가 말하는 핵심은 경제성이나 효율성의 관점이 아닌 다른 차원의 이유가 있냐는 겁니다.

단비 교수님께서 앞에서부터 계속 설명해 주신 엘리아데의 관점을 적용해 보면, 장례기간은 통과의례의 과정 아닐까요? 삶에서 죽음으로 이행하는 존재 양상의 변화가 이루어지는 과도기요. 그러니까 가령 보통 일반적으로 치르는 3일장의 경우, 상징의 관점에서 보자면 사흘간 고인은 살아계신 것은 아니나 그럼에도 완전히 돌아가신 것은 아닌, 문지방을 건널 때처럼 생사의 갈림길을 건너고 계신 것은 아닌가 하는 생각이 듭니다.

신 교수 이제 학생들이 『성과 속』을 혼자서 읽어나가도 되는 수준에 도달한 것 같아 가르친 보람이 느껴집니다. 그렇습니다. 이른바 '빈소(殯所)'라고 하는 곳은 이승과 저승의 경계인 것입니다. 새로운 존재로의 이행을 준비하는 완충지대이기도 하고요. 물론 장례를 다 마쳤다고 해서 사망하신 분이 문자 그대로 완전히 사라져버렸다고도 생각하지 않지요. 이 성스러운 우주 속에서 다른 모습으로 여전히 존재할 것이라고 믿기 때문입니다.

종교는 인간의 근원적 본성이다

단웅 교수님, 그런데 존재의 이행이라는 통과의례에 담긴 성스러운 의미는 이해하겠는데, 그럼에도 지극히 인간적인 행위에 종교적 의미를 부여하는 것은 무리가 있지 않을까요? 그렇게 따지면 인생의 모든 것이 그 나름대로 성스러움을 지니게 되는데, 그러면 인간의 일상적인 삶과 행위가 모두 성스럽다는 것인가요? 엘리아데가 성스러움의 의미를 너무 넓게 사용하고 있는 것은 아닌가 하는 의문이 듭니다.

신 교수 아주 예리한 좋은 질문입니다. 결론부터 말하자면 학생이 말한 내용 그대로입니다. 엘리아데는 인간의 일상적 삶이 모두 성스러운 의미를 지니고 있다고 말합니다. 앞서 성스러운 공간에서 살펴본 것처럼, 인간이 일정한 질서에 따라 자신이 거주하는 집을 짓고 마을을 건설하는 행위는 신에 의한 우주 창조를 모방하는 행위였죠. 또 성스러운 시간에서 살펴본 것처럼, 인간이 일상의 시간에서 벗어나 주기적으로 축제의 시간을 갖는 것은 신에 의한 우주 창조의 기원이나 성스러운 사건이 출현한 원초적 시간을 재현하기 위한 행위였습니다. 이러한 행위가 반드시 특정 종교의 신자로서 신앙생활을 하는 사람에게만 해당하는 것이 아니라는 점이 중요합니다. 설령 종교에 아무런 관심이 없는 비종교인이라 하더라도 이러한 행위를 하는 무의식적 양상에서는 종교적 의미를 함축하고 있는 것이라고 이해해야 합니다. 종교인만 성인이 되고 결혼하고 장례를 치르는 것은 아니잖아요. 비종교인도 성인이 되고 결혼하고 장례를 치르죠. 그런데 비종교인이라고 해도 성인식·결혼식·장례식에 성스러운 의미를 부여하고 살아갑니다. 왜냐하면 인간은 성스러움을 추구하는 본성을 지닌 존재이기 때문입니다.

단비 관혼상제 같은 통과의례 말고 일상적인 삶에서 성스러움을 추구하는 행위의 사례가 또 있을까요? 교수님, 예를 좀 더 들어주시면 좋을 것 같습니다. 교수님 말씀을 어느 정도는 이해했습니다만 엘리아데가 말하는 '종교적 인간'의 개념이 좀 더 명료해지면 좋을 것 같은데요.

신 교수 네, 물론 아무리 인간 삶의 모든 행위가 성스러움을 지니고 있다고 해도, 성스러움에도 정도가 있잖아요. 인간의 행위는 최고로 모범적인 성스러움을 모방하고 재현하는 것에 불과하죠. 통과의례의 가상 모범이 되는 사례는 바로 '성인(聖人)'의 삶입니다. 석가모니가 존경을 받는 것은 번뇌와 고행을 통해서 깨달음을 얻었기 때문이고, 예수가 존경을 받는 것은 인류를 대신하여 기꺼이 죽음을 맞았기 때문입니다. 이러한 성인의 삶은 전 과정 자체가 하나의 거대한 통과의례이며, 시련과 고난의 삶을 통해 진리와 깨달음이라는 초월적 존재로 거듭난 것이죠. 인간은 이러한 분들이 보여주신 삶을 전범으로 삼아 자신의 삶을 성스럽게 살아가야 하는 것이죠.

석가모니의 고행

예수의 수난

단웅 아…그러니까 종교성의 본질은 '성과 속'의 존재론적 구분에 있는 것이지만, 그럼에도 일상적 삶(속)에서 초월적인 성스러움(성)의 가치가 출현하는 것처럼, 인간의 삶이 그 자체로는 속의 영역에 속해 있지만 그럼에도 성스럽다고 평가할 수 있는 까닭은, 인간이 일상적인 현실 세계에 매몰되지 않고 신·영웅·성인의 삶이 보여주는 초월적인 영역을 지향하면서 성스러운 의미를 발견하기를 추구하기 때문이라는 뜻이군요.

신 교수 정확합니다. 심지어 엘리아데는 독서나 영화감상과 같은 취미 행위도 일종의 종교적 행위로 간주합니다. 왜냐하면 만약 인간이 순전히 생존만을 목적으로 노동하는 경제적 존재라면, 취미나 여가 같은 활동은 그 자체로는 무가치하기 때문입니다. 책을 읽는 것이나 영화를 보는 것은 시간과 돈을 소모하는 것이므로 살림살이의 측면에서 전혀 도움이 안 되는 비생산적 행위이기 때문입니다. 그러나 인간은 노동만 하면서 살지 않습니다. 일상을 벗어나는 취미와 여가를 통해 현실 세계를 넘어서 있는 다른 세계로 초월하기를 추구합니다. 단적으로 헐리우드의 히어로 영화가 인기가 있는 이유는 무엇일까요? 단순히 재미라고 답하는 것은 답이 안 됩니다. 왜 어떤 점에서 무슨 재미를 주느냐가 핵심이기 때문입니다. 어쩌면 인간은 신화적 세계 속에서 신과 영웅에 의한 성스러운 행위를 대리적으로 체험하고 싶기 때문이 아닐까요? 단순히 대리 체험이 아니라 신화를 통해 드러나는 성스러움의 가치를 자신의 삶에 적용하여 신·영웅·성현에 가까운 존재로서 살아가기를 희망하는 것은 아닐까요?

단비   히어로물은 그렇다고 쳐도 인간을 주인공으로 하는 소설이나 영화에도 교수님의 말씀을 적용할 수 있을지 살짝 의문입니다.

신 교수   나에게는 마찬가지라고 보입니다. 인간을 중심으로 하는 소설과 영화라고 하더라도, 거기에서 일정한 서사구조를 통해 드러나는 이야기는 인간 삶의 진실을 드러내고 어떤 의미와 가치를 전달하고자 하기 때문입니다. 가령 인생은 부조리하고 무의미하다고 주장하는 알베르 까뮈의 실존주의 문학작품을 읽을 때, 그가 주장하는 부조리와 무의미는 문자 그대로 의미가 전혀 없는 것이 아닙니다. 그는 소설을 통해서 무언가를, 가시적인 현실 세계 너머에 있는 어떤 삶의 진실을 말하고 있기 때문입니다. 따라서 일상적 삶의 배후에 있는 어떤 초월적인 영역에서 의미와 가치를 발견하기를 멈추지 않는 것은 인간의 근원적 본성이며, 그런 의미에서 인간은 성스러움을 추구하는 '종교적 인간'인 것입니다.

단웅   아…. 이제 엘리아데가 말하는 '종교적 인간'의 개념이 분명해졌습니다. 아무리 탈신성화된 삶을 살아가는 현대인이라 하더라도, 일상적 삶의 여러 국면과 행위에는 원시적 인류의 흔적을 무의식적 차원에서나마 보존하고 있는데, 이러한 흔적은 곧 초월적인 영역을 동경하고 성스러움의 가치를 추구하는 '종교적 본성'이라는 뜻이네요.

신 교수   그렇습니다. 오늘 나눈 대화를 길잡이 삼아 이제 여러분들이

『성과 속』을 직접 읽어보면서 엘리아데가 제시하는 더 많은 사례를 통해 생각을 확장·발전시켜 보기 바랍니다. 모두 수고했습니다.

참고문헌

1. 저서

멀치아 엘리아데, 『성과 속 : 종교의 본질』, 이동하 옮김, 학민사, 1983.

유요한, 『종교적 인간, 상징적 인간』, 이학사, 2009.

유요한, 『종교, 상징, 인간』, 21세기북스, 2014.

유요한, 『종교 상징의 이해』, 세창출판사, 2021.

신호재, 『미르치아 엘리아데의 〈성과 속〉읽기』, 세창출판사, 2024.

2. 사진 자료

미르치아 엘리아데(Mircea Eliade, 1907~1986)
https://www.theguardian.com/books/2018/jun/22/gaudeamus-by-mircea-eilade-
    review

인류의 다양한 종교 상징
https://commons.wikimedia.org/wiki/File:ReligijneSymbole2.svg

성수대
https://commons.m.wikimedia.org/wiki/File:Holy_Water_stoop_in_Brentwood_
    Cathedral.jpg

이집트의 피라미드
https://commons.wikimedia.org/wiki/File:Pyramid_of_Khafre_(color-corrected).jpg

메소포타미아의 지구라트
https://commons.wikimedia.org/wiki/File:Ancient_ziggurat_at_Ali_Air_Base_
    Iraq_2005.jpg

경주의 석굴암
https://commons.wikimedia.org/wiki/File:Korea-Gyeongju-Silla_Art_and_Science_
    Museum-Seokguram_grotto_model-04.jpg

새해의 해돋이
gettyimagesbank

영성체를 위한 빵과 포도주
https://commons.wikimedia.org/wiki/File:Albert_Anker_-_Alter_Wein_und_Brot_
(1896).jpg

유대교의 성년식
https://commons.wikimedia.org/wiki/File:Jewish_boy_reads_Bar_Mitzvah.JPG

결혼식
gettyimagesbank

장례식
https://blog.naver.com/memorialpark1/223131633227

석가모니의 고행
https://commons.wikimedia.org/wiki/File:Fasting_buddha_at_lahore_museum.jpg

예수의 수난
https://commons.wikimedia.org/wiki/File:El_Greco_workshop_-_Christ_on_the_
Cross,_CE00022.jpg

현대 생명과학의 본질과 인간의 삶

―제임스 왓슨,『DNA 유전자 혁명 이야기』

장수철

저자 및 책에 대한 소개

단비   이 책의 저자인 James D. Watson는 누구이고 어떤 업적을 이루었나요?

장 교수   James Watson은 Francis Crick과 함께 유전물질인 DNA의 구조를 최초로 규명한 과학자입니다. 이 성과는 너무도 중요해서 이 두 사람이 발표한 논문은 달랑 한 쪽짜리임에도 노벨상 수상의 근거가 됩니다. 이 책에도 잠깐 묘사되었지만, 인간을 비롯한 생물의 유전 현상에 관하여 하나둘씩 알게 되면서 유전을 담당하는 물질적 실체를 찾아 그 구조를 규명하는 것이 매우 중요한 과제가 되었습니다. Linus Pauling과 같이 노벨상을 두 번 수상한 과학자를 포함하여 당시의 많은 과학자가 이 과제 수행을 위한 경쟁에 뛰어들었습니다. 그런데 당시 미국에서 박사학위를 갓 취득한 22세의 풋내기 과학자가 이

경쟁에 합류했습니다. 이 풋내기 과학자, James Watson이 원래 자신의 연구 주제와는 거리가 있는 DNA 구조를 밝히는 데에 노력을 쏟은 결과, 3년 후인 1953년에 DNA가 이중나선 구조임을 알리는 논문을 발표해서 쟁쟁한 경쟁자들을 물리치는 결과를 낸 것입니다. 물론 Crick이라는 엄청난 동료의 도움도 중요했습니다. 이 약관의 과학자 Watson은 이후 Crick과 함께 분자생물학 분야를 개척하는 데에 리더로서 뛰어난 활약을 합니다. 급기야 인간 유전체 구조를 모두 밝히는 인간유전체프로젝트(Human Genome Procject)의 수장으로서도 역할을 수행하였습니다. 가히 현대 생물학에서 그 비중이 가장 크다고 해도 수긍이 가는 인물입니다.

단웅이 Watson은 업적을 많이 남긴 과학자군요. 그런데 그중에서도 DNA 구조 발견이 가장 중요한 것 같아요. 이 발견이 그렇게 중요한 이유가 뭔가요?

장 교수 결론부터 말하면, Watson과 Crick은 생명을 규명하는 데에 아주 크고 핵심적인 열쇠 중 하나를 제공했다는 것입니다. 생명이란 무엇일까요? 모든 학문을 아우르는 철학의 매우 중요한 주제로서 자격이 충분한 이 질문은 대다수 인류에게도 던져진 커다란 주제였고 지금도 그렇습니다. 답이 바로 떠오르기 쉽지 않습니다. 그런데 생명 현상은 독특합니다. TV를 포함하여 여러 방식으로 접할 수 있는 많은 영상에서 또는 일상에서도 우리는 다양한 생명의 세계를 끊임없이 접하게 됩니다. "거참, 생명은 신기하네. 생명은 뭔가 달라"라는 생각은 당연하고 우리의 조상도 그랬을 것입니다. 생물은 바로 이런 신비한 생명 현상을 나타냅니다. 따라서 생물학을 연구하는 많은 연구자는 '생기'라는 독특한 기운이 있어 생명 현상을 나타낸다고 주장했고 이 주장은 많은 사람의 지지를 받기도 했습니다.

생물은 여러 가지 특징을 나타냅니다. 이중 가장 근본적인 특징을 꼽으라면 물질대사와 유전에 의한 자손 번식을 들 수 있습니다. 몇몇 화학자들의 연구 덕분에 특별한 것으로 간주되었던 사람 소변이 어떤 '생기'에 의해 합성되는 것이 아님을 알게 되었습니다. 몇몇 흔한 분자를 섞어 실험실에서 소변을 만들어낸 것입니다. 그러니까 물질대사에 신비한 '생기'가 있다는 주장은 설 자리를 잃게 된 것입니다. 그러면 유전은 어떨까요? 유전에 관한 많은 이야기는 고대 그리스부터 있었는데 가장 주목할만한 성과는 1800년대 중반 멘델의 발견입니다. 멘델이 발견한 법칙은 모든 유전학의 기초인데 멘델은 이 법칙에는 유전을 담당하는 물질이 필요함을 예견합니다. '생기'에 근거한 유전이라는 사고는 이때부터 균열이 일어나기 시작했다고 볼 수 있습니다. 이 책의 제1장에서 볼 수 있듯이, 이후 염색체가 유전에 관여한다는 발견, 유전자가 염색체상에 있다는 결과, 물리학자 슈뢰딩거에 의한 정교한 분자암호 존재의 가능성 제안, 백혈구에 DNA가 있음을 발견한 결과, 세균과 바이러스를 이용해 유전물질이 DNA임을 증명한 실험 등 유전에 관련하여 매우 중요한 연구들이 있었습니다. 그러니 DNA가 어떻게 생겼길래 유전 현상을 담당하는지는 가장 중요한 과제로 떠오르게 된 것입니다. Watson과 Crick이 이 과제를 푼 것입니다. 즉, DNA는 이중나선 구조임을 밝힌 것이 가장 중요합니다. 이 나선 구조는 풀어져 각각 새로운 DNA를 합성할 수 있습니다.

그러면 이 새 DNA는 자손에게 전달될 수 있는 것입니다. 그야말로 유전의 본질과 과정을 밝혀낸 것입니다. 요컨대, Watson과 Crick은 DNA 구조를 밝혀 생명의 아주 큰 특징인 유전을 규명하는 데에 아주 크고 핵심적인 열쇠를 제공한 셈입니다.

단비　이 책은 DNA 구조 발견 이외에도 많은 주제를 포함하고 있습니다. 이런 여러 내용이 생물학 전공이 아닌 사람들에게 도움이 될까요? 도움이 된다면 구체적으로 어떤 면에서 그럴까요?

장 교수　우리는 드라마나 영화를 통해서 범죄 수사 과정을 보곤 합니다. 아마 많은 사람이 이 과정에 DNA가 중요한 증거로 사용되는 경우를 보았을 것입니다. DNA가 지문과 같은 역할을 하기 때문입니다. 더불어 DNA는 사회의 정의 실현에 도움을 주기도 합니다. 이 책 11장에서 마빈 앤더슨의 예에서 볼 수 있듯이 DNA 증거가 억울함을 풀어주는 데에 결정적인 역할을 했습니다. 억울하게 수감 생활을 할지도 모르는 사람들을 돕기 위해 미국 변호사들은 무죄 프로젝트(Innocence Project)를 결성합니다. 이들은 범행 현장에 있었던 여러 증거물을 재검사하도록 요청했는데 많은 경우, DNA 검사가 가장 결정적이었습니다. 종신형을 살던 앤더슨은 15년 복역 후 석방되었습니다. 이렇게 억울함이 해소된 사람의 수가 200명이었을 때 뉴욕타임즈는 이 내용을 'DNA 200'이라는 제목으로 기사를 내기도 했습니다.

일상에서 질병은 우리가 끊임없이 조심해야 하는 대상입니다. 그런데 DNA 조사를 함으로써 일정 정도 근심을 덜어낼 수 있다면 어떨까요. 14장에서 암에 관한 이야기가 나옵니다. 암과 싸움이 이어져 온 역사를 보면, 몸 전체의 증상, 조직이나 기관, 세포 등을 거쳐 결국, 유전자, 즉 DNA 수준에 이르러서야 원인 규명과 정확히 이루어지고 치료 방법도 더 개선되었음을 알 수 있습니다. 그리고 DNA 를 연구한 결과가 기본이 되어 암을 완전히 정복하는 날이 조만간 올 것입니다. 암 이외에도 인류는 많은 질병에 노출되어 있습니다. 이중 유전병은 DNA 연구를 통해 쉽게 진단이 가능해지고 있습니다. 더나아가 질병을 극복하기 위한 치료 방법도 개선을 거듭하고 있습니다. 이러한 추세는 바이러스나 세균 등 미생물 병원체에 의한 전염병경우도 마찬가지입니다. 질병과 관련해서 앞으로는 각 개인의 DNA 를 분석함으로써 한 사람의 건강 상태를 진단하고 대책을 마련하는개인 맞춤형 의료가 발달할 것입니다. 이제 우리는 DNA 검사 결과를 병원에 제출하면 나만을 위한 진료와 처방을 받게 될 것입니다.

현대 사회에서 우리는 바이오 회사를 검색해서 자신의 유전자 분석을 의뢰할 수 있습니다. 그러면 나에 관한 여러 가지 정보를 얻을 수 있습니다. 내가 잘 소화하는 음식 성분이 탄수화물인지 지방인지를 알 수 있습니다. 빵이나 밥 위주의 식사를 할지 기름진 육류를 많이 포함한 음식을 많이 섭취해도 괜찮은지 결정할 수 있습니다. 그리고 모험심이 강해서 새로운 시도를 좋아하는지도 알 수 있습니다. 더나아가 내 조상이 어느 대륙에서 유래했는지 네안데르탈인이나 데니소바인 등 현 인류의 사촌들 유전자가 얼마나 섞였는지도 알 수 있습니다. 또 나이를 먹으면 치매에 걸릴 확률이 높은지도 알 수 있습니다. 심지어 바람기가 심한지를 짐작할 수 있는 근거도 볼 수 있습니다. 이러한 정보를 얻는 데에는 단지 10만 원대 정도의 경비가 필

요합니다. 이 책은 이렇게 우리의 일상과 밀착된 여러 주제에 관하여
친절한 설명을 하고 있습니다.

유전학과 이중나선 DNA

단웅이 저자는 유전을 이해하기 위한 인류의 노력과 성과를 설명했습
니다. 그런데 멘델 유전학을 소개하고 이어서 우생학에 관한 설명을
하였습니다. 인류에게 해악을 끼친 우생학은 무엇이고 유전학은 우
생학 탄생에 어떤 역할을 하였나요?

장 교수 우생학은 멘델 유전학뿐만 아니라 다윈의 진화론도 이론적 근
거로 삼고 있습니다. 변화들이 쌓여 새로운 종이 탄생할 수 있다는
다윈의 주장을 인간에게 적용한 것입니다. 우생학(eugenics)이라는 이
름을 지은 사람이 다윈의 사촌인 프란시스 골턴인 사실은 우연이 아
닙니다. 우생학은 인류 진보를 위해 우수한 유전자들은 늘리고 열등
한 유전자들은 줄이려는 시도입니다. 이 과정을 가능하게 하는 이론
적 근거가 멘델 유전학입니다. 즉, 멘델의 유전법칙에 따라 인류를
대상으로 유전자의 빈도를 조절하면, 개나 비둘기 품종을 개량하듯
이, 인류의 개량이 가능하다는 것입니다.

　　우생학은 인류 개량의 방식에 따라 크게 둘로 나눌 수 있습니다.
하나는 '우수한' 유전자를 가진 사람들이 아이를 가지도록 권장하는
'적극적 우생학'이고 다른 하나는 '열등한' 유전자를 가진 사람들이
아이를 가지지 못하도록 막는 '소극적 우생학'입니다. 여기 우수하고

열등한 유전자의 기준은 무엇일까요? 살인자, 강간범 등 범죄자, 알코올 중독자 등과 같은 사람들은 열등한 유전자를 가진 사람들일까요? 아니면 지능검사 결과, 낮은 점수를 받은 사람들이 열등한 유전자를 가졌다고 볼 수 있을까요? 지금은 없어졌지만, '우수한' 유전자를 감별하는 대회로부터 시작한 '우량아 선발 대회'가 있었습니다. 그리고 우수한 몇몇 가문의 가계도를 작성하기도 했습니다. 예컨대, "튼튼하고 건장한 신체, 뒤끝 없는 성격, 유머 감각, 예술적 자질" 등이 우수한 유전자로 묘사됩니다. 이러한 시도는 미국에서 시작한 적극적 우생학이라 볼 수 있습니다.

'소극적' 우생학도 미국에서 유행했습니다. 열등한 성도착 유전자를 제거하기 위해 자위행위를 하는 사람을 대상으로 한 정관절제 수술을 필두로 1941년까지 범죄자, 백치, 강간범, 저능자로 '확인'된 사람들 수만 명이 제정된 법에 따라 불임수술을 받았습니다. 불임수술은 나치 독일, 스위스, 스칸디나비아 국가들까지 확장되었습니다. 이는 결국, 백인우월주의, 더 나아가 유대인 대학살을 정당화하는 히틀러 나치의 만행까지 이어지게 되었습니다. 이 과정에서 우생학은 과학이 아님이 밝혀졌고 인류 사회는 꽤 오랜 시간 동안 '천성과 양육' 중에서 유전적 요소가 강한 '천성'은 애써 외면하게 되었습니다.

단비   DNA 암호 읽기는 무엇이고 생명 현상과 어떤 관련이 있는지 알고 싶습니다.

장 교수 '암호 읽기'는 우리가 어릴 때부터 글을 익히는 것에 해당한다고 볼 수 있습니다. 우리의 알파벳인 자음과 모음이 모여 글자를 만들면 우리는 단어를 이해하고 더 나아가 문장을 이해하게 됩니다. 그러니까 사람들은 특정 자음과 모음의 집합체는 무엇을 뜻하는지 모두 동일하게 인식합니다. DNA를 구성하는 아데닌(A), 티민(T), 구아닌(G), 시토신(C) 염기의 순서도 마찬가지입니다. 이 4가지의 알파벳이 어떻게 배열되어 있는지에 따라 생명체가 나타내는 생명 현상이 결정됩니다.

책에서 언급한 대로, DNA 염기 순서 일부가 변화한 돌연변이에 관한 연구가 알려지면서 DNA 염기 순서의 중요성은 더 강조되었습니다. 이후로는 특정 알파벳의 조합, 즉 염기의 순서가 어떤 일을 하는지를 알아내는 것이 중요한 임무가 되었습니다. 생물학자들은 실제 거의 모든 생명 현상을 단백질이 담당하기 때문에 특정 염기 서열은 특정 단백질을 합성하는 암호라고 간주했습니다. 단백질은 20가지의 아미노산으로 이루어져 있습니다. 그러니까 단백질의 알파벳은 20개인 셈이죠. 알파벳이 각각 서로 다른 4개와 20개로 이루어진 DNA와 단백질은 완전히 다른 언어로 볼 수 있습니다. 단백질을 만들려면, 한 언어를 다른 언어로 '번역'하는 것이 필요합니다. 알다시피, 한 언어의 특정 단어가 다른 언어의 특정 단어를 정확히 의미하지 못하면 번역은 의미가 없습니다. 4가지 염기가 각각 하나의 아미노산을 담당한다면, 16가지 아미노산은 DNA가 담당하지 못하게 됩니다. 예컨대 A의 경우 AA, AC, AT, AG 등과 같이 염기 2개씩 짝을 이루면 4가지가 가능한데 이는 G, C, T도 마찬가지여서 16가지의 조합이 가능합니다. 그래도 20가지 아미노산을 모두 하나씩 담당하기에는 부족합니다. 그래서 결국, 염기 3개가 한 조를 이루면 $4 \times 4 \times 4 = 64$

가지의 조합이 가능해 20가지 아미노산을 충분히 담당할 수 있게 됩니다.

이러한 논리적 추론은 그럴 듯 합니다. 그러나 실험을 통해 실제로도 그런지 증명해야 합니다. 염기 3개를 제거하거나 더하면 아미노산 수가 하나 줄거나 늘어납니다. 이 염기 3개 조합을 코드(triplet code)라고 합니다. 이후 아주 면밀하고 성실한 실험 결과, 64가지의 코드가 담당하는 모든 아미노산 또는 기능이 밝혀졌습니다. 그리고 DNA가 지닌 엄청난 양의 정보(인간의 경우, 32억 개 염기로 이루어짐) 모두가 항상 사용되는 것이 아닙니다. 때와 장소에 따라 일부만 사용됩니다. 사용되는 일부를 그대로 복사해 필요한 단백질을 만드는 역할을 하는 것이 RNA입니다. 학교 중앙 도서관에 있는 엄청난 양의 장서가 DNA 정보라면 우리가 필요한 책을 골라서 그중 필요한 내용을 담고 있는 몇 쪽의 내용을 복사하면 이 몇 쪽이 RNA인 셈입니다.

그런데 DNA가 지닌 정보는 단백질 합성 정보가 있는 것이 아닙니다. 이 책에서도 자코브와 모노의 연구를 언급했지만, DNA에는 단백질 합성을 어디서 시작할지, 어떻게 시작할지, 얼마나 만들지 등에 관한 정보도 갖고 있습니다. 이런 특성을 고려한다면 DNA는 청사진이라는 비유보다 요리 레시피 비유가 더 적절하다고 볼 수 있습니다. 그래서 'DNA 읽기'를 통해 어떤 단백질이 어떤 상황에서 만들어질지를 알 수 있고 이는 생명 현상을 이해하는 핵심이라 할 수 있습니다.

분자생물학과 생명공학

단웅이 DNA가 분자니까 'DNA 읽기'가 분자생물학 아닌가요? 복잡한 내용이 많은 것 같은데, 분자생물학의 핵심은 무엇인가요?

장 교수 네. 맞습니다. 앞의 질문에 대한 답에서 살짝 비치기는 했는데요. 분자생물학의 핵심은 유전정보가 DNA→RNA→단백질의 방향으로 흐른다는 것입니다. 이를 중심교조(central dogma)라 합니다. 즉, 이 방향의 반대로는 정보가 흐르지 않는다는 것입니다. 예컨대, 운동을 열심히 해서 근육을 기르거나 공부를 열심히 해서 뇌의 능력을 높이는 등 단백질에 변화를 만들더라도 이것이 RNA를 통해 DNA를 만드는 일은 일어나지 않습니다. 그러니까 이러한 근육과 뇌는 자손에게 전달되지 않는 것입니다.

분자생물학은 DNA가 복제하는 과정을 연구하여 이중나선이 풀리고 새로운 이중나선 두 분자가 어떻게 만들어지는지, 이 과정에서 많은 효소는 어떻게 관여하는지를 밝혀냈습니다. 또 분자생물학은 DNA 유전정보가 RNA로 어떻게 전달되는지 전사(transcription) 과정을 연구합니다. 더불어 여러 종류의 RNA가 단백질을 합성하는 과정을 연구합니다. 분자생물학은 또한, 유전자 발현 조절, 즉 각 과정을 언제 어디서 어느 정도로 진행할지 조절하는 과정도 연구합니다. 요약하면, 생명 현상을 DNA, RNA, 단백질 등 분자 수준에서 연구하는 학문이 분자생물학입니다.

단비 어떻게 보면 분자생물학은 기초학문의 한 분야인 것 같습니다. 생명공학은 응용 분야인데 이 두 분야의 결합이 어떻게 이루어진 건가요?

장 교수 좋은 질문입니다. 그런데 분자생물학이 발전했기 때문에 생명 공학이 탄생할 수 있었다고 볼 수도 있습니다. 이때, 생명공학은 유 전공학이라 할 수 있습니다. 사실 유전공학은 여러 생명공학 분야 중 핵심에 해당합니다. 유전공학이 가능했던 이유를 살펴보죠. 우선, 사 람이나 대장균 등 세균과 기타 미생물이 DNA 유전정보를 이용해서 단백질을 합성하는 방식이 동일함을 알았기 때문에 우리에게 유용한 물질을 세균이 생산하는 시도를 하게 된 것입니다. 다음으로 DNA를 복제하는 과정에서 DNA 조각들이 많이 생기는데 이들을 연결하는 효소가 있음을 알게 되었고 모든 세균은 DNA 일부 부위를 인식해서 자를 수 있는 효소가 있음도 알게 되었습니다. 그러니까 마치 가위 와 풀로 원하는 모양의 종이 모양을 만들 듯이 DNA를 자르고 붙이 는 일이 가능해진 겁니다. 이 두 가지만으로도 인간 유전자 DNA 조 각을 세균 DNA에 삽입해 우리가 원하는 단백질 합성이 가능하게 된 것입니다.

이밖에도 중요한 발견들이 있었습니다. 예컨대, 우리가 원하는 DNA의 구조를 밝히는 것이 매우 중요합니다. 즉, A, T, G, C 등 염기 의 배열을 알아내는 것입니다. 책에서 설명되었듯이 일련의 과정을 거쳐 대상 DNA의 끝 부위에 염기를 표시하여 파악하는 방식을 사용 합니다. 현대 생물학에서는 기계를 이용하여 이를 대규모로 수행하 고 있습니다. 또 DNA를 조작하기 위해서는 DNA를 필요한 만큼의 많은 양으로 증폭할 수 있어야 합니다. 책에서 언급한 중합효소연쇄 반응(polymerase chain reaction)을 통해 가능하게 되었죠. 물론 과학자들은 조작한 DNA 조각을 세균에 집어넣는 과정도 효과적으로 수행할 수 있어야 합니다. 더불어 세균들을 보관하거나 효과적으로 배양할 수 있어야 하는데 대개 약간의 학습과 경험으로 충분히 해낼 수 있습니다. 이렇게 (노벨상을 수상할 만큼 중요한!) 분자생물학의 도구가 발견되면서 응용이 가능해진 것입니다.

분자생물학과 생명공학에 관련하여 몇 가지 살펴볼 것이 있습니다. 우선, 과학의 발전한 내용을 산업화할 수 있는 사회 환경의 중요성입니다. 만약 유전자 재조합 원리를 알고 있는 분자생물학자 허버트 보이어와 사업가인 밥 스완슨과 만나 인슐린을 만드는 사업을 할 수 없었다면 생명공학은 탄생하지 못했을 것입니다. 산업화에 열린 생각을 지닌 생물학계와 과학 원리를 산업화 기회가 널려있는 환경으로 인해 유전공학이 탄생할 수 있었던 것입니다. 다음으로는 유전공학이 초래할 위험성에 대한 대비입니다. 이 책에서도 언급하였지만 조작된 유전자를 지닌 (대부분이 세균이나 미생물인) 생명체는 어떤 위험성을 지닐지 모릅니다. 따라서 실험 과정은 철저히 안전성을 검사해야 하고 이를 위해 필요한 조치를 취해야 합니다. 책에서 언급한 P4 실험실이나 아실로마 회의가 이와 관련이 있습니다.

단웅이 안전을 언급하셨는데요. 생명공학을 통해 식품도 생산됩니다. 먹거리는 우리의 건강과 직결되는 만큼, 유전자 변형 식품이 안전한지 명확한 답을 알고 싶습니다.

장 교수 지금까지의 결과를 보면 안전하다고 답할 수 있습니다. 미국의 옥수수는 거의 모든 국가에 수출됩니다. 유전자 변형 옥수수는 2016년부터 전 세계 생산량의 92%를 차지합니다. 우리는 옥수수 자체, 시리얼이나 공장에서 제조한 식품의 주요 성분인 액상과당 등 옥수수를 섭취하지 않은 사람은 거의 없을 것입니다. 그런데 이상이 있었다는 보고는 없었습니다. 또 대두의 경우는 전체 생산량의 94%가 유전자 변형된 것입니다. 이외에도 벼, 감자, 토마토 등의 유전자 변형 개체들이 판매되었지만 역시 안전에 관한 문제는 없었습니다. 관련 학술지를 보더라도 안전에 문제가 없다는 논문이 압도적으로 많습니다. 2016년 미국의 국립 과학 공학 의학 학술원의 소위원회는 유전자 변형 작물과 식품이 안전하다고 결론을 내렸습니다.

'유전자 변형'의 뜻을 더 확장해서 보면 이러한 결론이 어쩌면 당연하다고 볼 수 있습니다. 현재가 우리가 먹는 옥수수는 남미의 테오신테라는 식물을 수천 년 동안 재배하면서 낟알이 풍부하고 큰 개체들만 선택해서 교배하는 농사를 반복해서 얻은 것입니다. 밀도 마찬가지입니다. 농부의 키를 넘길 정도로 커서 농사에 곤란을 초래한 개체들 중 낟알 양은 비슷하거나 많지만 키가 작은 개체들만 선택해서 자손을 얻어 현재의 밀을 얻게 된 것이죠. 비슷한 과정을 거쳐 병충해에 강하고 산출량이 큰 벼를 우리가 먹고 있는 것입니다. 이러한 예들은 우리가 이미 자연에서 얻은 곡물의 조상들을 우리가 원하는 특징을 갖도록 유전자를 변형하여 현재의 자손을 얻게 되었음을 의미합니다. 현대의 유전공학 이전에 이미 유전자 변형을 하였고 우리는 그 곡물을 섭취해 왔던 것입니다. 이 작물들이 건강을 해치는 일이 있었나요?

그러면, 유전자 변형 식물이 모두 안전할까요? 장담할 수는 없습니다. 다행인 점은 유전자 변형 식물을 개발할 때에는 기업들은 안전을 위해 엄격한 기준을 적용하고 많은 시험을 거친다는 것입니다. 왜냐하면, 기업은 식품에 이상이 있으면 소비자 단체나 정부가 가만히 있지 않는다는 것을 염두에 둘 수밖에 없기 때문입니다. 그리고 소비자인 우리도 일정 정도 경계심을 가져야 한다고 봅니다. 다만, 인공적 산물이어서 나쁘다는 근거 없는 판단보다는 구체적인 현상을 두고 시시비비를 가려야 한다고 봅니다. 더불어 우리에게 더 긍정적인 점이 있는지도 고려해야 합니다. Watson은 이 점을 강조하고 싶어서인지 Bt 유전자를 지닌 작물들은 농약 피해를 줄이기 위해서 그리고 황금벼 경우는 비타민 A가 부족해서 눈 건강을 해치는 아프리카 사람들을 위해 개발된 것임을 들어 긍정적인 면을 드러내려 했습니다.

우리의 유전체

단비   책을 보면 유전체는 생물이 지닌 유전자와 유전정보 모두를 포함합니다. 유전체는 생명의 근본에 해당할 것 같은데, 인간의 유전체에 관한 연구는 어느 정도 진척되었나요?

장 교수   네. 유전체는 결국 생명체 내 모든 DNA의 염기 서열을 말하는 것입니다. DNA 복제와 염기 결정 방법이 발전하면서 유전체 크기가 작은 세균부터 유전체 구조를 밝혀내기 시작했습니다. 인간의 경우, 32억 개 염기 서열의 결정이 이루어져야 합니다. 인간유전체프로젝트(Human Genome Project)가 출범한 지 10년이 지난 2000년에 초안이 완성되었습니다. 인간의 경우, 유전체는 23개의 염색체로 이루어져 있는데 차근차근 각 염색체의 구조를 완전히 밝히고 포함된 유전자와 유전정보에 관한 연구 결과가 속속 발표되고 있습니다. 현재까지 우리 인간의 경우, 단백질 합성을 담당하는 유전자는 21,300여 개 정도임이 알려졌습니다. 이는 유전체의 약 1.5% 정도입니다. 유전자 발현을 조절하는 부위는 5%를 차지합니다. 그리고 인트론이라는 유전자 구성 부위가 유전체의 약 24%를 차지합니다. 유전체의 나머지에서는 바이러스의 흔적이 매우 많이 발견되어 인간 종 진화의 역사를 나타내는 것 같습니다. 이 중에서 많은 부위는 RNA만을 합성하는 기능을 지닙니다. 또 특정 염기 집단이 반복되는 부위가 많고 사람마다 반복 횟수가 달라 유전자 지문으로 사용되기도 합니다.

현재는 유전자 또는 유전정보의 구조와 기능을 알기 위한 여러 시도를 합니다. 동일한 부위의 염기 서열이 사람마다 조금씩 다른 경우가 많은데 이에 대한 정보를 수집해 해당 부위의 구조를 밝히고 유전적 이상이 있는지를 연관지어 연구하고 있습니다. 그리고 암을 비롯한 특정 질환을 지닌 사람들의 유전체 정보를 최대한 모아 각 질환이 나타내는 유전체의 특징을 수집하고 있습니다. 이렇게 얻은 정보는 질병을 진단하고 치료제를 개발하는 데에 매우 유용하게 활용되고 있습니다. 또 특정 유전자가 어떤 조건에서 어떻게 발현하는지에 대한 광범위한 연구 결과를 계속 축적하는 DNA 백과사전 ENCODE(Encyclopedia of DNA Element) 프로젝트도 진행되고 있습니다. 현재는 이러한 모든 정보를 www.ncbi.nlm.nih.gov에서 찾아볼 수 있습니다.

단웅이 인간 유전체가 밝혀지기까지 많은 노력이 있었네요. 그런데, 질병과 관련해서 설명하셨지만, 유전체에 관한 정보가 어떤 면에서 유용한지 더 알고 싶습니다. 그리고 유전체 분석 기술의 최근 발전 정도도 알고 싶습니다.

장 교수 아무래도 질병 그리고 건강 면에서 유용할 것 같습니다. 여기서 질병은 낭성섬유증, 겸형혈구증, 혈우병 등과 같은 유전병 또는 다운증후군이나 페닐케토뇨증과 같은 선천성 장애를 의미합니다. 이러한 유전적 이상을 진단하고 대책을 세우는 데에 인간 유전체 구조는 아주 유용합니다. 더불어 환경과의 상호작용 속에서 나이를 먹을수록 당뇨, 심혈관 질환, 치매, 면역 이상 등의 질병을 얻게 될 가능성을 예측할 수 있습니다. 그리고 한 사람이 지닌 대사의 특징, 즉 탄수화물을 잘 소화하는지 지방을 잘 소화하는지와 같은 물질대사의 특징, 모험심이 뛰어난지 심지어 바람기가 있는지 등을 결정하거나 예측할 수 있습니다. 최근에는 인간 수명과 관련하여 활발한 연구가 진행되고 있습니다.

유전체 분석 기술은 1세대를 지나 대량으로 DNA 분석이 가능한 차세대 기술에 이르렀습니다. 대학이나 연구소에서 목적에 따라 유전체 분석을 하려면 생명공학 회사에 의뢰하면 될 정도로 서비스가 일반화되어 있습니다. 개인들도 제공된 용기에 침을 뱉어 유전체 검사를 회사에 의뢰할 수 있습니다. 최근에는 더 발달한 휴대용 DNA 서열분석 기기가 출시되어 야외조사, 법의학, 감염병 조사, 학교 수업 등에서도 이동되고 있습니다.

　이러한 발전이 늘 장밋빛은 아닙니다. 인간 유전체 분석이 용이해지면서 개인의 유전체 기록은 기업과 주요 연구소에 축적되고 있습니다. 건강보험 회사들과 정부는 각각 이윤추구와 안보 등을 위해 이 자료를 매우 활용하고 싶을 것입니다. 이러한 상황에서 일반 시민들은 자신의 사생활 보호를 의식하지 않을 수 없습니다. 그래서 앞으로 시민, 기업, 정부가 사생활 보호를 어떻게 보장할 것인지에 관한 많은 논의가 있어야 할 것 같습니다.

단비　생물학의 가장 중요한 원리는 진화라고 들었습니다. 그러면 인간 유전체에 인간 진화의 증거가 무엇이 있나요?

장 교수　유전체 구조는 인간 이외에도 많은 생물에서 밝혀졌습니다. 그래서 이 생물들과 우리 유전체의 비교가 가능해졌습니다. 기존의 여러 생물학 분야는 진화적 관계 즉, 특정 두 생물 종의 가까운 정도인 얼마나 서로 공통 조상을 가까운 과거에 있었는지에 관한 정보를 축적하고 있습니다. 생물의 생리적, 생화학적 특징, 전체 또는 세부적인 구조, 구조와 기능의 관계 등을 비교하여 관계를 구축합니다. 그런데 여러 생물의 유전체 비교는 기존의 연구 결과와 거의 일치합니다. 더 나아가 기존에 명확히 규명하지 못했던 진화적 관계를 규명하기도 합니다. 예를 들어 지구상의 모든 생물은 고세균, 세균, 진핵생물 등 세 영역으로 구성된다는 점, 침팬지와 인류는 약 600만 년 전부터 갈라지기 시작했음 등을 알게 되었습니다.

　동물의 몸을 만드는 유전자들의 경우, 초파리, 먹장어, 육상동물에서 숫자의 차이는 있지만 비슷한 유전자들이 발견됩니다. 모든 동물은 숨을 쉬어 산소를 공급받아야 합니다. 그래서 모두 헤모글로빈 유전자를 지닙니다. 그래서 헤모글로빈 유전자 구조를 비교하면 얼마나 가까운지 알 수 있습니다. 이렇게 공유하는 유전자 구조를 비교해서 비슷한 정도에 따라 생물들 사이의 멀거나 가까운 관계를 유추할 수 있습니다. 참고로 모든 생물을 비교할 수 있는 유전자로 여러 유전자가 있지만, 대표적으로 rRNA 유전자가 사용되었습니다. 이 유전자는 모든 생물이 단백질 합성을 하는 점에 착안하여 비교 대상으로 리보솜을 구성하여 단백질 합성에 직접 관여하는 rRNA 유전자를 비교합니다.

우리의 유전체만 살펴보아도 진화의 흔적을 볼 수 있습니다. 이미 언급했지만, 유전자로서 기능하지 않은 부위의 DNA에는 움직이는 유전자의 흔적이 매우 많은데 대부분 이들은 바이러스에서 유래했을 가능성이 큽니다. 우리 유전체는 인간의 유전체를 공격한 바이러스 역사를 담고 있는 것입니다. 또 인간의 유전체를 비교함으로써 우리의 소화 기관 비중이 다른 유인원에 비해 감소한 이유, 우리의 사촌 종인 네안데르탈인과 데니소바인과 유전자 교환이 있었는지, 언제부터 털이 줄었는지, 피부의 색이 밝은 종족은 언제 출현했는지, 인간은 어디서부터 유래하여 어디로 이동했는지 등 우리 인류 진화의 역사를 알 수 있습니다.

인류의 역사와 범죄 수사

단웅이   유전체 분석은 인류 진화 탐색에 기여한 것으로 압니다. 현재까지 인류 진화에 관하여 알려진 중요한 사실을 알려주세요.

장 교수   인류와 가장 가까운 유인원은 누구일까요? 이에 대한 답을 확실하게 제공한 방법이 분자를 이용하는 것이었습니다. 처음에는 항원-항체 반응을 비교했고 이후 유전체를 비교했습니다. 이러한 방법이 결과를 내기 전에는 고릴라가 인류와 가장 가까운 친척으로 간주되었습니다. 유전체 비교, 즉, 분자시계 방법을 사용한 결과, 우리와 가장 가까운 생물 종은 침팬지와 보노보임을 알게 되었고 이들과 우리 인류의 조상은 약 600만 년 전에 갈라진 것으로 추정하고 있습니다. 고고학의 성과에 따르면, 이후 인류의 진화는 아르디피테쿠스, 오스트랄로피테쿠스, 호모에 이르기까지 수많은 종의 조상들이 출현했고 사라졌습니다.

DNA 수명은 길어봐야 5만 년 정도입니다. 따라서 수백만 년 전 조상들 화석은 DNA 분석이 불가능합니다. 그래서 우리는 호모 종 일부만을 간신히 분석할 수 있습니다. 네안데르탈인의 경우, 여러 화석의 유전체 분석이 이루어졌고 데니소바인들의 경우, 중앙아시아 동물에서 발견한 손가락 뼈를 분석하여 현생 인류와 비교가 이루어졌습니다. 여러 연구를 거듭한 결과, 유럽인의 일부, 아시아인의 일부는 각각 네안데르탈인과 데니소바인의 유전자들을 다른 인류들과 비교해 더 많이 지니고 있음이 밝혀졌습니다. 이로써 우리 인류는 사촌인 이 두 종의 인류들과 공존했던 시기가 있었음을 알게 되었습니다.

분자생물학자들은 인류의 조상을 찾기 위해 여성을 통해서만 전달되는 미토콘드리아의 DNA와 남성을 통해서만 후손에게 전달되는 Y 염색체를 현존하는 사람들을 대상으로 비교하는 연구를 수행했습니다. 미토콘드리아 DNA 분석 결과에 따라 과학자들은 현생 인류는 15만 년 전 아프리카에서 유래한다는 결론에 이르게 되었습니다. Y 염색체 분석 결과도 비슷한 시기에 현생 인류의 조상이 아프리카에 있었음을 나타냈습니다. 그리고 현재 아프리카인들은 유전적으로 크게 5개 집단으로 나뉠 수 있는 정도로 변이가 크고 이 중 한 집단은 다른 모든 대륙의 인류와 유전적으로 비슷합니다. 이로써 아프리카에서 출현한 현생 인류는 여러 집단으로 분화되었고 그중 한 집단이 전 세계로 이동한 것이라 추론하고 있습니다. 그러니까 피부색으로 인종을 나누는 것이 유전체에 근거해 보면 무슨 의미가 있는지 의아할 따름입니다.

이외에도 장신구와 도구의 발전 양상을 볼 때, 약 5만 년 전에 인류의 문화는 현대화한 것으로 보입니다. 또한, 만 년 내외 전부터 세계 곳곳에서 농사가 시작된 것으로 판단하고 있습니다. 현재에도 여러 문화권에서 비타민 D3, 유당분해효소, 헤모글로빈, 언어 능력 관련 FOXP2, 모험과 관련 있는 DRD4 등 인류 진화에서 문화적 변화와 관계가 있는 여러 유전자를 연구하고 있습니다. 이들이 인류 문화의 변화와 어떤 관계인지 흥미 있는 결과들이 속속 보고되고 있습니다. 그리고 물론 여러분도 원하면 언제든지 유전체 분석 회사에 의뢰해서 여러분의 조상이 누구인지 알 수 있습니다.

단비　CSI 드라마나 영화를 보면 DNA 분석 결과가 수사 과정에 많이 활용됩니다. 범죄 현장에서 DNA 분석은 어떤 원리로 쓰이나요?

장 교수　사람끼리 유전체를 비교하면, 평균 0.1% 정도의 차이를 나타냅니다. 유전체의 크기가 32억 개 염기이니까 약 300만 개 염기는 사람마다 다르다고 할 수 있습니다. 그런데 이 300만 개는 모여있지 않고 곳곳에 퍼져 있습니다. DNA를 자르는 효소는 특정 염기 서열을 인식하는데 여기에서 염기 하나의 차이로 자르지 못하는 경우가 생깁니다. 그러니까 한 사람의 DNA는 두 조각이 나지만 다른 사람은 조각이 나지 않는 겁니다. 그 결과, 동일한 효소를 쓰더라도 잘린 DNA 조각들의 크기는 사람마다 다릅니다. 이러한 차이를 비교할 수 있습니다.

그런데 현대 과학이 범죄 수사에 사용하는 방법은 2~4개의 염기가 반복하는 횟수 차이를 판별하는 것입니다. 예를 들어, ATTC라는 짧은반복염기(short tandem repeat, STR)의 반복 횟수는 사람마다 다릅니다. 그런데 누구든 양친으로부터 이 염기를 받았으므로 두 가지의 다른 반복 횟수를 나타냅니다. 어떤 사람이 4회와 15회 반복이라고 합시다. 그러면 다른 사람은 5회, 11회 이런 식으로 반복 횟수가 다르게 나올 것입니다. 요즈음 수사에서는 대개 20가지의 STR을 사용합니다. 두 사람 사이에서 이 20가지 STR 반복 횟수가 모두 동일할 확률은 적어도 10억분의 1 정도일 것으로 추정합니다. 가히 개인 지문이라 할 수 있습니다.

책에서는 강간, 살인 사건 범인을 검거하거나, 제정 러시아 마지막 공주를 비롯한 친자 확인 등 여러 흥미 있는 이야기를 담고 있습니다. 그런데 저자는 찬성하지만, 범죄를 막고 수사를 돕기 위해 모든 사람의 유전정보를 국가 기관에 등록하자는 아이디어에 대해서는 사람들의 의견이 다를 수 있으므로 많은 논의가 필요한 것 같습니다.

질병에 대한 대책 세우기

단웅이 인간에게 유전적으로 타고 나는 것과 환경에 의해 바뀔 수 있는 것 모두 중요합니다. 이 중에서 유전적으로 타고 나는 것, 즉 본성과 관련된 유전자 가능하면 유전병을 포함해서 이야기를 듣고 싶습니다.

장 교수 어떻게 보면 쉽고 어떻게 보면 어려운 문제입니다. 천성과 양육에 관한 질문이 있을 때마다 생물학자들은 습관적으로 유전자 관점에서 생각해 보려고 합니다. 여기에 아주 중요한 전제가 있습니다. 현재 우리 몸을 구성하는 유전자들은 아주 먼 조상으로부터 물려받은 유전자입니다. 이 유전자들이 우리 조상이 환경에 적응하는 데에 도움이 되었다면 그 조상이 살아남았고 유전자들도 남아서 자손에게 전달되었을 것입니다. 즉, 주어진 환경에 적응하는 데에 도움이 되니까 선택되어 현재의 후손까지 전달되어 남아있게 된 것입니다. 이 말은 환경과 동떨어져 작동하는 유전자는 없다고 봐도 무방하다는 의미입니다.

책에는 여러 유전병에 관하여 설명합니다. 헌팅턴 무도병, 취약 X 증후군, 척수소뇌실조, 뒤셴근육 퇴행위축, 낭성 섬유증, 다발성 경화

증, 알츠하이머, 조현병, 페닐케토뇨증, 다운증후군, 파타우 증후군, 에드워즈 증후군, 지중해 빈혈, 낫모양 적혈구 빈혈, 테이-삭스 병, 고콜레스테롤증, 고셔병, 중증 복합면역결핍증, 레버 선천성 흑암시 등의 질병을 소개합니다. 혈우병이나 색맹 등 비교적 친숙한 병은 포함하지도 않았는데 매우 많습니다. 이와 같은 문제 있는 유전자가 열성이면 정상 유전자를 같이 지닌 사람은 정상 생활을 합니다. 그래서 이 문제 유전자는 자손에게 전달됩니다. 헌팅턴 무도병, 알츠하이머 등은 이미 유전자를 자손에게 넘겨준 후 늦은 나이에 발병하는 우성 유전병입니다. 이런 식으로 적응 과정에서 유전의 허점으로 인해 이 유전자들이 살아남아 우리에게 전달되었습니다. 현재 여러 유전병의 진단과 치료를 위한 많은 시도를 했고 중증 복합면역결핍증은 유전자 치료가 가능합니다. 아마도 CRISPR의 등장으로 유전자 치료는 더 많은 유전병을 대상으로 가능해질 것 같습니다.

지금까지 소개한 유전병 또는 다른 유전적 이상이라도 특정 환경 하에서 또는 특정 인종 또는 인구 집단에서 발견될 확률이 비교적 더 클 수도 있습니다. 여기서 특정 인종 또는 인구 집단에 더 중요성을 두면 우생학과 비슷한 입장을 띨 수 있습니다. 반대의 극단은 유전자의 영향을 아주 무시합니다. 소위 '본성' 유전자라는 결정론적 용어는 이 두 가지 요인의 비중을 정확히 알고 대처한다면 굳이 존재할 이유가 없을 것 같습니다. 헌팅턴 무도병은 현재 치료 방법이 없습니다. 반대로 페닐케토뇨증은 어릴 때 페닐알라닌이라는 아미노산을 섭취하지 않으면 발병하지 않습니다. 지방을 잘 분해하는 유전자, 모험심이 강한 유전자, 바람기 있는 유전자 등등. 이들이 '본성' 유전자라서 대책이 없는 것일까요? 페닐케토뇨증의 경우처럼 음식을 조심하거나 모험에 대비하거나 사람 관계를 중시하는 등 환경을 변화시키면 일정 정도 대책이 있지 않을까요? 결국, 클리셰 같지만, '본성' 유전자 탓만 하기보다는 유전자 자체의 특징을 인식하고 현실성 있는 대책을 세우는 것이 먼저인 것 같습니다.

단비 암과 싸움에서 우리는 이기고 있나요? 유전자를 분석해서 얻을 수 있는 성과가 궁금합니다.

장 교수 정상 세포에 있는 프로토-온코 유전자(proto-onco gene)는 세포의 정상적인 세포분열을 담당합니다. 그런데 화학물질이나 바이러스 등 세포 외부의 자극으로 이 유전자가 바뀌는 돌연변이가 일어나면 무제한 세포분열을 하게 됩니다. 또는 이 유전자가 몇 배로 증식하는 이상 현상이 일어나 세포분열이 증가하게 됩니다. 이 유전자의 활성을 조절하는 DNA 부위가 바뀌어 매우 활성이 증가하기도 합니다. 이러면 종양이 생기기 시작됩니다. 우리 몸은 유전자 변이로 인해 세포분열이 폭주하는 상황에 대한 대책이 있습니다. 종양 억제 유전자들이 작동하면 종양 형성이 진행되지 않습니다. 그런데 이 유전자마저 이상이 생기면 종양은 악성 종양, 즉 암으로 바뀌게 됩니다. 현재까지 유전체학의 성과를 이용하여 발견한 암의 발병에 관련한 유전자는 수십 개에 이를 정도로 많고 그 수는 앞으로도 늘어날 것 같습니다.

이렇게 해서 생긴 암의 특징 무한 분열 이외에도 세포의 죽음을 거부하거나 무한 분열에 필요한 에너지를 얻기 위한 암세포만의 혈관 형성, 면역 세포의 공격 회피 등의 특징을 나타냅니다. 이런 특징을 표적으로 삼아 치료 방법을 개발할 수 있습니다. 일단, 특정 유전자의 작용을 억제한다면 암을 고치는 데에 획기적인 성과를 거둘 수 있습니다. 바로 '표적 치료제'입니다. 글리벡은 만성골수성 백혈병, 허셉틴과 타목시펜은 두 종류의 유방암의 표적 치료제로 개발되어 사용되고 있습니다. 두 번째는 암세포만의 혈관 형성을 억제하는 것입니다. 그런데 초기의 예상과 달리 이 과정이 복잡하여 효과적인 방법은 아직 발견되지 않았습니다. 세 번째는 면역 요법입니다. 암세포는 면역 세포의 눈을 피하기 위해 단백질을 변형시키는데 이 변형된 단백질을 제거하거나 면역 세포의 유전자를 바꿔 암세포를 인식하여 공격하도록 하는 치료법입니다. 면역 치료법은 현재 많은 성과를 보이는 것으로 알려져 있습니다.

현재 본격적으로 이루어지고 있지 않지만, 개인에 따른 암 종류가 천차만별이어서 암 조직의 DNA를 분석해서 맞춤형 암 치료법을 활용하는 시도도 하고 있습니다. 그리고 유전체 분석과는 거리가 있지만, 암세포와 정상 세포의 에너지양 또는 화학적 상태가 다른 것을 이용해 암세포만 선별적으로 죽이는 중입자 가속기를 사용하여 몇몇 종류의 암을 고칠 수 있습니다. 어쨌든 인간 유전체에 대한 이해가 증가할수록 암을 비롯한 다양한 질병을 진단하고 치료할 방법이 늘어나는 것은 사실입니다.

참고문헌

비테즈슬라프 오렐, 『멘델, 현대 유전학의 창시자』, 한국유전학회 역, 전파과학사, 1984.

스티브 존스, 『진화하는 진화론』, 김혜원 역, 김영사, 2007.

싯다르타 무케르지, 『유전자의 내밀한 역사』, 이한음 역, 까치, 2016.

유리 리사, 카인 마이클, 와서만 스티븐, 미노스키 피터, 오르 레베카, 『캠벨 생명과학』, 12판, 전상학 등 역, ㈜바이오사이언스출판, 2021.

자크 모노, 『우연과 필연』, 김진욱 역, 범우사, 1971.

장연규, 『유전자 스위치』, 히포크라테스, 2023.

제이 필란, 『생명과학이란 무엇인가? 활용할 수 있는 지식과 생리학』, 장수철 등 역, 월드사이언스, 2021.

칼 짐머, 『웃음이 닮았다』, 이민아 역, 사이언스북, 2018.

장연규 (2023) 유전자 스위치, 히포크라테스.

표상을 통한 인지와 교육과정의 해석

―엘리엇 아이즈너, 『인지와 교육과정』

이형주

단뭉이 아마도 엘리엇 아이즈너의 이름을 우리가 배울 기회는 없었을 것 같아요. 우리에게 교육과정은 좀 어렵긴 하지만 우리가 교육과정을 거쳐 가는 과정을 겪고 있으니 알아야겠다는 생각도 듭니다. 〈인지와 교육과정〉의 저자 엘리엇 아이즈너는 어떠한 사람일까요?

엘리엇 아이즈너(Elliot W. Eisner)

이 교수 Elliot W. Eisner(엘리엇 아이즈너) [1933.3.10. ~ 2014.1.10.]는 스탠포드 대학에서 교양 교육, 교육과정 개혁, 질적 연구 등의 분야를 연구했습니다. 아이즈너는 본래 시각 예술을 전공했고, 이후 1960년대에 교육학 박사학위를 받습니다. 시카고 대학에서 수학한 아티스트였지요. 아이즈너의 업적은 훈련 중심 교양 교육(Discipline-Based Art Education)을 지원하는 것으로, 교육에서 발표 형태들의 중요성을 발견했습니다. 2014년 파킨슨 병으로 사망한 것으로 알려져 있습니다.

이제 엘리엇 아이즈너의 저서, 인지와 교육과정[1]에 관한 내용을 시작해 볼까요?

단뭉이 우리가 공부할 인지와 교육과정은 어떤 책인가요?

이 교수 우리가 공부할 인지와 교육과정은 엘리엇 아이즈너(Elliot W. Eisner)의 저서 「Cognition and Curriculum Reconsidered」를 국내 교육과정 학자인 박승배 교수가 번역한 저서 「알기 쉽게 다시 번역한 인지와 교육과정」입니다. 이를 우리 학습자들이 좀 더 접근하기 수월하도록 재구성한 것입니다. 한번 살펴볼까요?

교육개혁안에 대한 개혁

이 교수 많은 사람이 '위기에 선 미국'이라는 정부 보고서를 읽었습니

---

1 본 고는 Elliot W. Eisner 의 저서 「Cognition and Curriculum Reconsidered」를 박승배 교수가 번역한 저서 「알기 쉽게 다시 번역한 인지와 교육과정」을 발췌하여 독자의 이해를 돕기 위하여 쉬운 대화 형식으로 재구성되었다. 박승배 역(2014). 알기 쉽게 다시 번역한 인지와 교육과정. Elliot W. Eisner(1994). Cognition and Currirulum Reconsidered. Second Edition. 서울: 교육과학사.

다. 미국 내 모든 텔레비전 방송사와 일간지가 이 보고서를 다루었지요. 미국 전역의 학교운영위원회 또한 이 보고서에 관하여 토론하였습니다. 이 보고서의 서론은 다음으로 시작합니다.

"만일 어느 비우호적인 외국이 열등한 교육적 수행을 미국에 강요하려 시도하였다면 우리는 아마 그러한 행위를 전쟁 행위로 간주하였을 것이다. 우리 모두 아는 바와 같이, 우리는 이러한 일이 우리 스스로에게 일어나도록 허락하였다. 심지어 우리는 스푸트니크 사건에서 얻은 교훈으로 이룩한 학생의 성취도 향상을 낭비하기조차 하였다. 이뿐 아니라 우리는 이러한 향상을 가능하게 하였던 핵심적인 지원 체제를 해체하였다. 사실상 우리는 아무런 생각 없이 일방적으로 교육적 무장해제 행위를 자행하고 있는 것이다."(박승배 역, 26p).

단웅이 무언가 비장함이 느껴지기도 하는데요, 스푸트니크 사건은 무엇인가요? 스푸트니크 사건이 무엇인데, 미국에서 이렇게 큰 움직임이 일어나게 된 배경이 된 것일까요?

이 교수 스푸트니크 사건은 1957년 구소련에서 진행된 세계 최초의 우주 개발 계획으로 인공위성을 띄우는 것을 말합니다. 1900년대 초반 미국은 산업혁명과 2차 세계대전을 거치며 과학적 관리론으로 인간을 상품으로 취급하며 생산에 몰두하게 됩니다. 이러한 경향이 심해지면서 미국 내 자성의 목소리가 나오며 인본주의를 거치게 되는데요, 같은 시기에 학문 중심의 교육과정과 기초교육을 중시하게 되어 교육계에 큰 변화를 불러일으키게 되었던 사건이 되었습니다. 미국에서 출판된 '위기에 선 미국'이라는 정부보고서에서 제시한 해결책은 5가지 기본교과를 강조하는 것이지요.

단웅이 다섯 가지 기본교과요?

이 교수 네, 여기에서 다섯 가지 기본교과 자체가 중요한 것은 아닙니다만, 스푸트니크 사건에 대한 미국의 입장은 교육과정 방향을 바꾸게 되는 계기가 되지요. 기초학문의 중요성이 강조되었으며, 수학, 과학의 교과목의 중요성이 두드러지게 되었습니다. 이때 아이즈너는 학교 교육에 대한 피상적인 분석으로는 학교를 개선할 가능성이 별로 없다는 입장이었는데요, 이러한 피상적인 분석으로는 학교를 현재와 같은 모습으로 만드는 심층적 조건을 제대로 파악할 수 없어 증상만을 강조하고 학교를 움직이는 심층적이고 구조적인 조건을 소홀히 한다고 하였지요.

단웅이 여기에서 심층적이라는 것은 내면적인 것을 의미하는 것과 같겠지요? 교육의 근본과 교육에 대한 고민이 시작된 것으로 느껴집니다. 교육개혁에 관심을 가진 정치가는 왜 교육적 절차에 이토록 매력을 느끼게 되는 것일까요?

이 교수 아이즈너는 이 질문에 대한 답을 다양하게 제시하고 있습니다.

우선, 모든 학교는 공통된 교육과정과 통일된 시험체계를 가져야 한다는 생각에 상당한 논리가 깃들어 있다고 보고 있었습니다. 일반적으로 교육목표를 설정하고, 학교 프로그램의 내용을 선정할 때, 다양한 교육적 가치 등을 고려하는 것과 같이 개별 상황에 주의를 기울이는데, 당시 어떤 사람들의 눈에는 전진하는 데 있어 비효과적인 방식으로 비친다는 이유였습니다.

두 번째로 교육적 절차를 중시하는 이유로 대다수의 일반 국민과 일부 교사는 현재의 교육 실제가 실패하고 있다는 절망감을 가지고 있어 "우리는 이제 뭔가 확실한 조치를 취해야 한다"라는 말로 종종 표현(Finn, 1991)하며 교육적 절차에 대한 필요성을 들었습니다. 여기에서 '확실한 조치'는 단순화와 표준화를 의미합니다. 표준화 없이는 각 개별 학교의 성취도를 비교 평가하기가 사실상 불가능하고, 비교 평가 없이는 학교별 순위를 정하기 어렵다는 것이지요. 모든 아동이 동일한 교육을 받고, 동일한 내용으로 평가되는 것이 적절한지에 대한 논의는 소홀하다고 판단한 것입니다.

마지막으로, 교육적 절차를 중시하는 이유로 복잡한 해결책보다 비용이 적게 들기 때문이었습니다. 만일 학생의 성취도를 측정하여 개개인별 교육과정을 지원해주는 것보다 모든 학생을 대상으로 하여 공통 교육과정을 처방하는 방법을 사용해 학교 교육을 개선할 수 있다면, 교육과정이나 수업에 관한 연구 또는 프로그램 개발을 위한 실험학교 운영을 지원하는 등의 일은 요구되지 않겠지요. '기초 교과로의 복귀'가 교육 문제를 해결하는 가장 유망한 해결책으로 떠오른 것은 그리 오래된 일이 아니지요. 이는 "만일 그것이 나에게 유익했다면 나의 자녀에게도 충분히 유익하다"라는 신념에 기초한 해결책이 었습니다.

단웅이 그들 역시 교육적 개혁 의지에 교육 행정가 역시 교육개혁 노력이 불어 닥쳤다가 사라지곤 한다는 것을 잘 알고 있었다는 것이군요. 교육 행정가는 교사보다 여론에 의해 비판받기 쉬운 위치에 있는 것이 사실이고요.

이 교수 맞습니다. 교사와 행정가 모두 방법은 다르지만, 현재의 교육적 열정에 적응한다는 것입니다. 이와 같은 적응이 국민의 요구에 대처하는 한 방법이지요. 자, 그럼 이러한 노력이 왜 어려웠는지 논의해볼까요.

단웅이 교육개혁이란 것 자체가 어려울 것 같아요. 지금까지 논의한 내용만 봐도 사실상 개혁하지 않으려고 한 것이 아니라, 국민과 교사, 행정가 등의 많은 입장에서 다양한 이유가 언급되었고, 동시에 교육개혁 노력 자체가 무기력하다는 특성을 논의했는데요, 한편 이해가 가기도 합니다.

이 교수 그렇죠. 그러나 분명한 것은, 학교 교육에 대한 심층분석을 논의한다 해도, 사실상 학교를 확실하게 개혁하기는 힘들다는 것입니다. 학교는 견고한 기관이고, 학교를 개선하기 위해서는, 더욱 적절한 방법을 제시해야 하는데, 이는 학교 안정성의 원천을 잘 알고 있어야 하기 때문입니다. 이를 위해서 저자는 학교를 변화하기 어렵게 하는 주춧돌을 살피는 것을 제안하고 있습니다.

단웅이 저자가 이야기하는 주춧돌이란 무엇일까요? 상당히 광범위한 논의가 될 것 같습니다만.

이 교수 맞습니다. 저자는 위와 같은 거대 담론을 논의하기 위해 좀 더 집약적인 범위로 제한합니다.

학교를 변화하기 어려운 첫 번째 요소는 인생 초기에 학습되는 수업, 교실, 학교에 대한 이미지입니다. 교직은 직업적 사회화가 만 5세에 시작되는 유일한 전문직이라고 할 수 있습니다. 교사는 교직에 들어오기 이전에, 교사가 어떤 일을 수행하고 학교는 어떠해야 하는지에 관한 일련의 기대를 내면화할 만큼 긴 시간에 걸쳐 충분히 학습되어 있습니다. 이러한 학교와 교사에 대한 이미지를 가지고 있으므로, 조금 과하게 표현하자면, 교사 스스로가 자신의 직업에 대해 형성되어 있는 이미지를 없애는 것이 획기적 변화에 더욱 도움이 된다는 것입니다.

두 번째 요소로는 잘 훈련된 교사입니다. 현재와 같은 학교구조하에서 교사는 자신의 직업적 생활을 구성하는 여러 가지 요구에 대처하기 위하여 직업적 적응 형식을 고안하고, 변형하고, 발전시킵니다. 이러한 적응 형식을 활용하여 교사는 정보를 효과적으로 처리하고 하루를 잘 조직하여 학교에서 생존해 나갑니다. 그런데 이렇게 잘 생존하고 테크닉을 갖춘 자신의 직업관이 잘 형성된 교사의 생존 기술이 새로운 기술의 고안이나 변형을 어렵게 합니다. '아주 잘' 활용하고 있는 오래된 습관을 포기하기는 매우 어려운 일이기 때문입니다. 특히 새로운 교수법을 시도하여 그것이 실패했을 경우, 자신의 직업에 미치는 그 대가가 클 것으로 판단될 때 더욱 그렇습니다.

학교를 변화하기 어렵게 만드는 세 번째 요소는 학교 조직의 구조화와 관련이 있습니다. 조직의 구조란 그 조직이 가지고 있는 공간, 역할, 시간 등이 규정되는 방식을 말하죠. 학교는 조직된 구조물입니다. 우리는 학교의 특징에 너무도 익숙하여 그것을 자연스럽게 받아들입니다. 현재와는 전혀 다른, 새로운 모습으로 바뀔 수도 있는 문화적 인공물이라고 생각지 못하는 것이지요. 학교의 구조적 특징은 다양한 상식적 규준에 의해 더욱 강화됩니다.

단웅이 학교가 변화하기 어려운 요소들이 교직이라는 직업군의 이른 이미지 형상화, 잘 훈련된 교사, 학교 조직의 구조화라니 조금 씁쓸하기도 합니다. 학교의 구조적 특징이 다양한 상식적 규준에 강화된다는 것은 구체적으로 어떤 것을 이야기할까요?

이 교수 예를 들면, 드리븐(Dreeben, 1968)은 보편성이라는 규준에 관해 이야기합니다. 가정에서 부모는 아동의 개별적 조건과 구체적 상황을 살피며 아동을 기르지만, 학교에서 교사는 학생의 개별적 상황보다 모든 학생에게 적용되는 규준이 우선시되고, 교사는 이러한 규준을 어기면서 학생을 개별적으로 다르게 대우하기를 주저합니다. 이와 같이 우리가 학교를 구조화하는 방식은 그 속에서 생활하는 사람의 행동에 지대한 영향을 미치게 됩니다. 이는 일찍이 로저 베이커 (Roger Baker, 1968)가 그의 생태학적 심리학에서 주장한 것이지요. 학교 교육의 구조가 우리의 열망 혹은 개혁안과 상충될 때, 그 구조가 개혁안을 바꾸거나 열망을 수정할 가능성은 아주 높지만 반대의 경우는 좀처럼 일어나지 않습니다. 외부의 메시지가 학교를 바꾸지 못하고, 오히려 학교가 오부 메시지의 의미를 퇴색되게 하는 것이지요. 학교개혁 노력 과정에서 위와 같이 개혁에 대한 학교의 저항이 적절히 다루어진 적은 거의 없습니다. 1960년대 교육과정 개혁 운동기에 기울여진 모든 교육과정의 개발 노력은 기존의 학교구조에 들어맞는 방안을 찾고자 한 것이었으며, 그러한 개혁안 중 지금까지 남아 있는 것은 없습니다.

단웅이 교수님 말씀을 듣고 나니 학교의 구조가 상당히 견고하여 안정된 느낌도 들고, 반면 개혁이 어려운 이유를 알 것도 같습니다. 그렇다면 학교구조는 어떻게 이처럼 튼튼할 수 있는 것일까요?

이 교수 학교 구조가 이처럼 튼튼한 데에는 몇 가지 이유가 있습니다만, 저자는 다음을 논의합니다. 첫째, 학교는 강한 전통을 지닌 기관이고, 전통은 기대를 낳습니다. 둘째, 교사와 교육행정가는 현존하는 학교구조에 적합한 전문적 기술을 발전시켜 오고 있었기 때문에 교사의 수업 행위에 대한 가정이나 기대가 급격히 바뀌게 되면, 연구의 효율성이나 적절성 또한 도전받게 되는 것이지요. 셋째, 학교에 대한 기대에는 학교의 고객인 학생과 학부모의 정신이 깃들어 있기에 학부모가 가진 기대와 함께 그들이 잘 생존하면 특별히 규칙을 바꿀 필요성을 별로 느끼지 못하게 되지요.

제가 동의하는 것이기도 한데, 저자는 "학교 교육과 수업을 리모컨으로 원격 조종할 수 있는 것으로 생각하지 말아야 한다"고 이야기하고 있습니다. 변화를 이해하지 않는 교사와 학교 행정가, 변화에 헌신하지 않는 교사와 교육 행정가는 변화할 가능성이 거의 없다고 말하고 있습니다.

단웅이 교수님의 논의를 듣고 교육을 개혁하고자 한다면 학교에 대한 보다 심층적이고 포괄적인 분석이 필요할 뿐 아니라 교육개혁안이 교육적으로 현실화하기 위해 종합적으로 강조되어야 하는 학교 교육의 여러 측면에 주의를 기울여야겠다는 생각이 들었습니다. 이러한 맥락에서 '수업 방법에 대한 새로운 접근'은 어떻게 이루어질 수 있을까요?

이 교수 어떠한 교육 문제에 대한 해결책은 크고 복잡한 문제의 작은 일부임을 인식할 필요가 있습니다. 수업 방법에 대한 새로운 접근은 교육과정과 평가 방법에 크게 좌우된다고 해도 과언이 아닙니다. 그만큼 영향력이 크고, 교육에서의 양대 산맥과 같은 큰 두 축 없이는 현실적으로 제대로 된 성과를 얻기 어렵기 때문인데요. 교육과정의 내용이나 평가 방식이 낮은 사고 기능에 초점이 맞추어져 있다면 교사로서는 결과에 귀결되는 방법을 활용하는 수업을 하기는 어려울 것입니다. 새로운 시도에 적대적이고 비판적인 기준으로 운영되는 기존의 학교 교육 구조 안에서 근무할 때는 새로운 수업 방법을 시도하기가 어렵기 때문입니다.

여기에서 엘리엇 아이즈너는 '심미적 원리'를 제안했습니다. "예술 작품을 만드는 일은 전체에 대한 주의 집중을 요구하는 만큼 모든 것이 중요하게 취급되어야 한다."라는 내용인데요, 이 원리는 모든 요소가 그 의미를 가지고 있으므로, 하나하나 중요하게 다루어져야 한다는 것입니다. 우리가 목표하는 것은 하나의 문화를 창조하는 것이기 때문입니다.

단웅이 예술을 전공했던 사람의 시각에서 교육을 바라보게 되었군요. 심미적 원리라니, 새로운 시각으로 보입니다.

이 교수 맞습니다. 저도 그렇게 판단하고 있어요. 아이즈너는 여기에 그치지 않고 '문화'라는 용어 또한 매우 적절하다고 표현하고 있습니다. 문화는 바로 학생과 학생이 함께 활동하는 성인 모두를 말하고, 우리가 추구하는 성장은 정신의 확대를 의미합니다. 학교 구성원이 필요로 하는 매개체를 만들기 위하여 우리는 그 매개체를 어떻게 구성할 것인가에 대한 주의를 기울일 필요가 있다는 것이지요. 이 매개체 구성 방식에는 교육의 방향성을 제시하는 '의도'와 그 의도를 지원하는 구조의 내용인 '교육과정', 그 내용을 전달하는 수업, 그리고 이 모든 활동을 모니터하고 개선할 수 있도록 해주는 '평가' 체제가 포함되어 있어야 한다고 이야기합니다. 그러나 지금까지 제안된 어떤 교육개혁안도 이러한 학교 교육의 가장 중요한 차원들을 종합적으로 고려하고 있지 못했다고 아이즈너는 설명했지요.

학교개혁을 생태학적으로, 체계적으로 접근하고자 한다면 학교는 어떤 목적을 위하여 개혁을 진행하는 것인지 그 '의도'에 집중해야 합니다. 또한 그 의도를 가능하게 하는 구조에도 집중하여야 하지요. 이러한 체계적인 학교의 개혁은 교육과정에도 주의를 기울일 것을 요구합니다. 여기에서 가장 집중해야 할 것은 "학생에게 무엇을 가르쳐야 하며, 이러한 선택의 기준은 무엇인가"에 대한 반문입니다. 이 것으로 수업 방법에 대한 새로운 접근이 시작될 것입니다.

인간의 본성과 학교 교육의 목적

단웅이   그렇다면 무엇을 가르칠 것인가에 대한 아이즈너의 기본 견해는 어떠한가요?

이 교수   아이즈너는 '무엇을 가르칠 것인가?' 는 궁극적으로 인간 본성에 대한 관점과 학교 교육의 목적에 대한 이미지와 관련이 있다고 언급합니다. 그의 관점은 이렇습니다. 학교 교육의 목적을 결정하고 학생이 접하게 될 구체적인 프로그램을 결정하는 일은 매우 중요한 작업이면서도 사실상 논쟁의 여지가 매우 많지요. 많은 국가에서 정부 주체의 교육정책을 결정하지만, 당시 미국의 교육정책은 주 정부와 지역 교육위원회가 교육정책을 결정했고, 국민이 알고 있는 것보다는 연방정부가 훨씬 더 많은 영향력을 행사했던 시기였습니다. 그래도 미국에서는 학교 교육의 목적과 프로그램에 대한 다양한 견해가 존재하며 열띤 토론을 벌입니다. 이러한 와중 아이즈너는 교육과정에 대한 여러 입장, 즉 '교육과정학 이데올로기'를 설명합니다.

단웅이 교육과정학 이데올로기는 교육과정에 대한 '여러 입장'에 관한 이야기겠군요. 좀 어려운 용어이기도 한데, 그보다 교육과정에 대한 다양한 입장이 필요한 이유가 있을까요? 아이즈너는 왜 이 부분에 착안했을지 궁금합니다.

이 교수 맞습니다. '교육과정학 이데올로기'란 말 그대로 교육과정에 대한 '여러 입장'입니다. 학교 교육에 대한 목적은 사실상 다양한 이해관계를 가진 많은 사람이 여러 견해를 보이지요. 따라서 사실상 이러한 이데올로기는 교육과정을 편성할 때 교육목적을 하고자 하는 합리화의 토대가 됩니다. 현재의 교육목적과 교육내용은 역사적으로 시장에 근거하고 있습니다. 다른 국가와의 경쟁에서 우위를 확보할 수 있는 인재를 길러야만 한다는 주장과 같은 맥락입니다.

아이즈너는 이 부분에서 학생에게 생각하는 방법을 가르치자는 맥락에서 이야기했고, 이것은 또한 우리 학생이 생각하는 방법을 배울 필요가 없었던 시절이 있었다는 것을 의미하기도 합니다. 산업혁명과 세계대전을 겪은 우리 학생들은 학교 졸업 후 조립 생각 라인에서 일할 때 겪는 단조로움을 견디도록 학생을 훈련 시켰던 시절이 있었는데요, 오늘날에도 직장과 사회의 요구가 교육의 목적을 결정하고, 학교 프로그램 개발 작업의 일차적인 원천으로 작용하고 있음을 시사합니다. 그러나 신학과 같은 교육의 목적은 그렇지 않겠지요? 이것이 교육목적의 다양한 입장이며, 교육과정학 이데올로기입니다.

단웅이 오, 현대 사회에서는 교육목적이 사실상 더욱 많아졌을 것 같습니다. 이데올로기를 이해하고 나니 꼭 필요한 것이라는 생각도 드네요.

이 교수 이네올로기기가 필요한 이유는 사실, 교육에 대한 여러 입장은 부엌에 냉장고를 설치하듯 설치되거나 학교 프로그램에 직접적으로 주입되는 것이 아니기 때문인데요. 이상, 이념, 이데올로기 등의 여러 입장은 통상 서로 경쟁하게 됩니다. 이들 중에서 우리가 어떤 것을 선택하는 것은 사실상 정치적 과정의 산물이지요. 가치는 대개 우리가 이상적이라고 생각하는 목적이나 과정을 묘사하기 위해 우리가 사용하는 비유에 반영되는데요, 우리가 들이마시는 공기와 같다고 하여 저자는 "부드러운 주입"이라는 비유를 들고 있습니다.

단웅이 교육 이데올로기가 학교에 주입되는 방법을 '부드러운 주입'이라 표현했군요?
　　이데올로기는 확실히 어떠한 충격으로 학교에 반영되기보다 저자의 표현처럼 "다양하게 상충하는 가치들에 의해 주입되는 것"이 맞을 것 같다는 생각입니다.

이 교수 하하. 맞습니다. '부드러운 주입'이란 표현은 우리가 학교를 이야기할 때 훨씬 더 매혹적인 언어지요. 칼 샌드버그도 '작은 고양이 발밑으로' 소리 없이 퍼지는 안개와 같다는 표현을 썼지요.

단웅이 그렇다면 저자가 생각하는 학교 교육의 목적은 어떻게 나타날 수 있을까요?

이 교수 학교 교육의 가장 적절한 목적은 인류가 만들어낸 문화유산 중 가장 좋은 것만을 전달하는 것이어야 한다고 주장하는 사람도 있어요. 위대한 저서 읽기 프로그램, 파이데이아 학교, 본질주의에 기초한 학교는 모든 교육과정의 내용은 그 중요성 면에서 결코 동등하지 않다고 주장하기도 하지요. 인류가 만들어낸 작품과 생각 사이에는 질적으로 큰 차이가 엄연히 존재하기 때문에 교육자가 해야 할 일은 질적인 차이를 고려한 다음 '질'에 초점을 맞추고 선택해야 합니다. 이러한 선택은 일종의 '문화적 규범' 즉 문화 전달뿐만 아니라 어떤 사회는 하나로 묶는 데 필요한 이유를 제공하는 수단이 되는 것이지요. 저자에 따르면, 가르칠 가치가 있는 것은 무엇인지, 학교의 독특한 사명은 무엇인지에 대한 개념이 없을 때 학교는 어떤 것을 '배제'할 근거를 잃게 됩니다. 사회에서 요구하는 것은 무엇이든지 가르치려고 노력하게 되며, 그 결과 방향성을 잃게 된다는 것입니다. 따라서 학교 교육의 목적은 가치를 설정하고, 그 범주를 선택하는 것입니다. 이것은 매우 중요한 문제라고 생각합니다. 그러나 일부 학부모는 학교에서 가치문제를 다루는 것을 원치 않습니다. 어떤 부모는 아동에게 가치를 전달하는 장소는 학교가 아니라 가정이어야 한다고 생각하지요. 어떤 의미에서 학교의 임무는 기계적인 것으로, 학교의 임무는 문해력과 직업적 기술을 길러주고, 사회에서 필요로 하는 내용을 소개하는 것이며, 가치 명료화 작업에 학생을 참여시키는 것은 아니라고 생각합니다. 이들은 학교가 어떻게든지 가치중립적일 수 있다고 믿습니다.

단웅이 하아… 어려워지는데요. 저 또한 교육은 가치중립적이어야 한다는 생각입니다. 제 생각이 틀렸을까요? 저자가 생각하는 학교는 과연 가치중립적일 수 있는 것인지 궁금해지는데요.

이 교수 단웅이 생각이 틀렸다기보다 교육을 생각하는 각자의 이상과 현실의 괴리가 커서 그럴 것입니다. 저자는 가치중립적인 교육은 모순이라고 단정합니다. 현실적으로 교육의 과정은 교육을 촉진하는 학교가 결코 가치중립적일 수 없다는 것입니다. 학교는 규범적 기관입니다. 학교는 단순히 학생을 가르치는 것보다 특정 내용을 가르치는 기관이기도 하지요. 그 '특정' 내용은 우리의 문화가 가치를 부여한 것입니다. 어떤 학습 내용, 예를 들어 인종차별주의자가 되려고 하거나 열등감을 느끼기 위한 학습을 하지 않으니까요. 수학을 싫어하는 학습 같은 것들 말이지요(웃음). 이들은 결코 교육적 결과물은 아니지요. 혹여 이것이 학교 교육의 결과물이라 하더라도, 어디까지나 그것은 학교가 비교육적일 경우에만 나타납니다(Dewey, 1938). 이러한 이유로 저자는 가치중립적인 교육은 모순이라고 하는 것이지요.

개념형성 시 감각의 역할

단웅이 학교 교육의 목적과 학생의 사고 및 이해 능력의 개발은 오래전부터 서로 연결되어 있습니다. 실제로 교육 전문가와 일반 국민이 동의할 수 있는 어떤 교육 목적 하나를 꼽으라면, 그것은 바로 '인지 발달'(Dewney, 1960)일 텐데요. 사회 속 기관으로서의 학교와 하나의 과정으로서의 교육은 학생에게 다양한 세계와 그 의미를 이해하고, 문제를 효율적으로 해결하는 등의 여러 능력을 길러주어야만 합니다. 인지 발달은 목적을 달성하는 데 있어 가장 중요한 수단이기도 합니다. 그렇다면 인지란 무엇일까요?

이 교수 저자의 말처럼 인지와 감정은 인간에게 있어서 분명하게 구별되고 서로 독립적으로 존재하는 것처럼 인식되지만, 감정과 인지는 서로 독립적인 과정도 아니고, 분리할 수 있는 과정도 아닙니다. 이제 인지에 대해 한번 살펴볼까요? 아이즈너가 인지와 감정의 상호의존성을 강조한 이유는 인간의 사고에 관한 우리의 신념 속에 널리 퍼져 있는 이론적 전통을 밝히고자 한 것이었습니다.

단웅이 넓은 의미의 인지란 무엇일까요? 넓은 의미의 인지를 통하여 어떤 새로운 형태의 지능이 인식될 수 있는지, '넓은 의미의 인지'는 인간의 능력에 관해 제기되고 있는 문제를 변화시킬 수 있는지 궁금합니다.

이 교수   미국의 하버드 대학교 교수인 가드너(Gardner, 1983)는 발달심
리학이 전공이지만 연구 관심사가 인간의 지능으로 교육학과 신경학
과의 교수도 겸하고 있습니다. 아이즈너가 확인한 문제의 상당수는
다중 지능에 관한 내용과 밀접한 관련이 있어요. 당시 가드너(1983)도
서로 다른 문제에 접근하는 방식과 문제 해결 방식에는 각 개인의 적
성에 차이가 있다는 점에 착안했었습니다. 그러나 아이즈너는 의미
의 문제에 관심이 있으며 서로 다른 표상 형식이 만들어내는 서로 다
른 의미에 관심이 있었시요.

　아이즈너가 이 글 전체에서 다루고자 했던 것은 "서로 다른 의미
가 확보되는 방식과 다중 형식의 문해력이라고 부를 수 있는 것을 기
를 수 있는 교육과정과 수업의 조건"이었지요. 학생 입장에서 교육과
정은 서로 다른 표상 형식을 통하여 의미를 만들고 해독하는 법을 배
우는 수단이 되어야 하는 것으로, 이러한 과정을 통하여 다른 종류의
지능이 발달하고, 넓게는 인지 그 자체가 확장되는 것이라고 보았습
니다.

　물론 인지라는 것이 '느낌'과는 다른 것으로 생각하는 경향은 아주
오래되었답니다. 플라톤(Plato, 1951)은 감정과 감각 자료의 방해를 받
지 않는 오직 순수한 사고만이 진리를 알 수 있게 한다는 것이었습니
다. 그러나 지식은 이성적 과정의 산물이지 경험적 산물이 아니었습
니다.

단웅이   그렇다면 경험적 산물은 어떤 것일까요?

이 교수 우리가 출생과 동시에 눈에 붉은색 필터를 착용했다고 생각해 보신 적 있으신가요?

단웅이 붉은 색 필터요? (웃음)

이 교수 예, 붉은색 필터 말입니다. 세상이 어떻게 보일 것 같으세요? 이렇게 되면 우리 주위 환경의 색깔을 어떻게 알 수 있을까요? 우리가 경험하게 되는 것을 무엇이 될지, 우리가 전혀 볼 수 없었던 것에 대해 무엇을 알 수 있게 될까요?

모든 생명체[2]는 자신 주변 환경과 접촉하는 과정에서 다양한 감각기관을 가지고 있어요. 예를 들어 눈, 피부 같은 것을 말입니다. 인간의 시각 기관은 빛에만 민감하게 만들어져 시각 기관이 정상적으로 작동할 때 시각적인 세계를 구성하는 특질을 구별할 수 있고, 시각 세계에 관한 추리를 하기 위해 획득한 자료를 사용하는 능력을 갖추고 있습니다.

이러한 인간의 감각기관이 잘 작동하면, 인간은 자신이 접촉했던 느낌, 냄새, 빛 등을 잘 구별하고, 기억하고, 또한 조작하는 방법을 학습할 수 있습니다. 나아가 생물학적으로 민감한 특질을 서로 변별하기 위해 감각기관을 사용할 수 있는 정도는 인간의 선행경험과 발달사에 일부 의존합니다.

---

2 저자는 생물학적 유기체라 표현하나 학생들의 이해를 돕기 위해 쉬운 용어로 순환한다.

단웅이 경험은 자신이 실제 겪은 것을 토대로 어떻게 대처하는지에 대한 능력이 생기게 되는군요. 경험이 이렇다면 선행경험은 어떠한 것인가요? 교수님과의 대화를 생각해보면 저자는 우리 감각 기관도 이 경험과 관련지어 논의할 것 같습니다만.

이 교수 선행경험이란 우리가 살아온 과정에서 획득해 온 '경험'을 말합니다. 이것을 우리는 쉐마, 선행 쉐마(Neisser, 1976)라고 부르지요. 우리가 우리의 감각기관을 통해 경험하는 깃은 싱황이나 특싱 등에 의존하게 됩니다. 이 과정에서 우리가 획득한 쉐마도 영향을 미치게 됩니다. 저자는 Neisser의 표현을 빌려, 다음과 같이 설명합니다. "지각은 하나의 인지적인 사건입니다. 감각 능력이 있는 인간은 경험 세계가 전달하는 인상을 그대로 받아들이는 수동적인 수용자가 아니라, 경험 세계의 여러 측면을 선택하고 조직하여 인지에 도달하는 능동적인 행위자라는 것입니다(Dewey, 1938; Piaget, 1977)."

여기까지가 지각에 관한 내용이고, 다음은 감각 박탈 연구입니다.

단웅이 감각 박탈 연구는 뭔가 감각을 박탈했을 때 일어나는 일을 연구한 것 같은데요? (웃음)

이 교수 네 맞습니다. 지각에 관한 비교문화 연구와 감각 박탈 연구는 '유기체가 환경에 미치는 영향'과 '환경이 유기체에 미치는 영향' 간의 상호관계를 아주 잘 설명해 주고 있습니다. 감각 발탈에 의하면, 성숙 과정에서 빛을 차단할 경우 유기체의 시각 능력에 돌이킬 수 없는 치명상이 일어납니다.

단웅이 와… 그런 것을 어떻게 알았을까요?

이 교수 하하. 물론 생명체를 가지고 이런 실험을 하면 안 되지만, 당
시에는 연구 윤리라는 것이 부족했지요. 생후 4주에서 12주 사이에
안대로 눈이 가려진 채 새끼 고양이를 성장시켰습니다. 결과는 어땠
을까요?

단웅이 고양이는 눈이 안보이게 되었다?

이 교수 맞습니다. 생후 4주에서 12주 사이에 안대로 눈이 가려진 채
새끼 고양이는 안대를 제거해도 물체를 볼 수 없었습니다(Kuffler and
Nicolls, 1976). 발달의 결정적 시기에 빛을 박탈당한 새끼 고양이는 시
력에 치명적인 상처를 입은 것이지요. 안대를 제거해도 새끼 고양이
는 평생 볼 수 없는 상태가 되었습니다. 이 연구 결과는 특정 신경세
포가 작동을 시작하려면 결정적 시기에 환경적 자극이 있어야 하며,
결정적 시기에 환경적 자극이 제공되지 않으면 그 후에 아무리 자극
을 많이 주어도 신경세포가 영원히 작동하지 않음을 시사하고 있습
니다.

단웅이 음… 이 연구가 비록 새끼 고양이를 대상으로 이루어진 것이
지만, 우리는 이 연구에서 학교와 사회에서 어떤 종류의 기회를 아동

에게 제공해야 하는 가를 고민하게 되는 것 같아요. 예를 들어, 화가가 어떤 도시의 다리를 그리려고 하는데, 화가는 다리를 형태, 비율, 색상 등을 가진 하나의 표현 방식이나 그림의 소재로 보는 특성을 가지게 되고, 토목공학자는 다리를 무게의 하중을 견디는 건축물로 보는 것처럼요.

이 교수 맞습니다. 같은 맥락에서 이들은 자신이 가장 익숙하고 잘 사용할 수 있는 용어로 다리를 해석합니다. 화가인 곰 브리치(Ernst Gombrich)는 "화가는 자신이 볼 수 있는 것을 그리는 것이 아니라, 그릴 수 있는 것을 본다"고 한 것처럼요. 아이즈너는 그렇다면 우리는 학교에서 어떤 자극을 제공하는 데 실패하고 있는 것인지, 우리는 아동의 어떤 능력의 개발을 소홀히 하고 있으며, 이때 장기적으로 나타내는 폐해는 무엇이 있을지에 대해 주목하게 됩니다.

언어와 개념형성

이 교수 언어, 즉, 사고와 앎의 필수조건으로 간주되어온 언어가 설 자리는 그리 크지 않습니다. 아이즈너는 명제적 언어는 질적 재료로 구성된 경험의 대용물 기능을 주로 한다고 보았습니다(Arnheim, 1969). 아이즈너의 표현에 따르면 "우리는 세상의 질을 가리키기 위하여 어휘를 사용하지만, 이 어휘는 그 질의 일반적 표상일 뿐이고, 우리가 수많은 '질'을 구별해낼 수 있지만 그 각각을 가리킬 어휘는 존재하지 않는다"고 했지요. 일반적으로 개념형성은 항상 추론적인 언어에 의존한다고 보는 견해가 우리 사회에 널리 퍼져 있지만, 아담 샤프 (Adam Schaff, 1973)는 다음과 같이 논의합니다.

> 우리가 일원론적인 관점을 채택했을 때 우리는 언어와 사고가 서로 분리되어 상호 독립적으로 존재할 수 있다는 주장을 거부하게 된다. 물론 우리가 현재 논의하는 사고란 인간의 사고, 바꾸어 말하면 개념적 사고를 가리킨다. 따라서 인지와 의사소통의 과정에서 언어의 사용과 사고는 하나의 동일한 전체이고, 서로 분리할 수 없는 요소이다. 언어와 사고의 통합은 아주 완벽하고 상호 의존성도 아주 정밀하기 때문에 이 두 요소는 결코 '순수한' 형태를 지닌 채, 그 어느 하나만 독립적으로 발생할 수 없다. 이 점이 바로 사고와 언어의 기능을 서로 분리하여 대비시키면서 취급할 수 없는 이유이다. *(p.180)*

단웅이 아이즈너에 따르면 지식이 우리의 경험과 깊은 관련이 있다는 주장인데, 다른 학자들도 개념형성에 있어 언어의 역할을 상당히 중요한 도구 또는 요인으로 보고 있어 왔다는 것이 느껴집니다. 그 근거로 경험은 항상 어떠한 대상과 내용을 필요로 하기 때문으로 설명하고 있습니다. 우리가 무엇을 알기 위해서는 경험할 수 있어야 하죠. 심지어 "아무것도 없음, 즉 '무'를 경험하는 것도 우리가 '텅 비어 있다'는 질을 상상할 수 있는 능력을 가지고 있어야 가능"합니다 (Eisner, 1994). 저자는 '경험'은 '앎'이라는 사실을 인지하기 위한 필요조건입니다(Eisner, 1994)이라 설명하고 있네요.

이 교수 정확히 보셨습니다. 허버트 리드(Herbert Read, 1945)의 견해와 마찬가지로 나 역시 우리가 의식을 확장하고자 할 때 사용할 수 있는 가장 유력한 수단은 '감각 계발'이라고 생각합니다. 우리가 보통 경험한 것을 표상(represent)하는 방법은 타인의 의식을 확장하는 것으로, 이 감각을 무시하고, 감각을 둔하게 만드는 것은 자연스럽게 인간의 재능 발달을 방해하고, 인간의 기능성을 무감각하게 만듭니다.

단웅이 그렇다면 언어가 없는 표상 형식을 주로 사용하는 예술가들의 작품을 우리는 어떻게 설명할까요?

이 교수 글쎄요. 앞서 다리를 어떻게 표현하는가에 대한 예시에서 보더라도, 각자 자신의 선행 쉐마, 경험 등에 비추어 표현하게 되리라는 것을 우리는 추측해볼 수 있지요. 그러나 이러한 설명은 충분하지 않습니다. 추론적 언어가 정신적 작용에서 핵심적인 역할을 한다고 보는 노암 촘스키(Noam Chomsky, 1973)도 사고는 담화의 한계를 벗어난다는 입장입니다.

언어는 우리가 사고라고 부르는 활동을 모두 담아낼 수 없다. 라는 촘스키의 입장은 여러 가지 이유에서 아주 중요합니다. 첫째 촘스키는 인간의 사고는 다양하며, 인습적인 의미에서도 언어란 인간의 사고를 담아내기 위한 다양한 형식 중 하나라고 인식하고 있습니다. 둘째, 촘스키는 무엇을 생각하는 것과 경험하는 것은 쉽게 분리될 수 없다고 봅니다. 아이즈너 또한 어떠한 형태의 경험도 인지 활동을 배제하고는 가능하지 않다고 보고합니다. 일단 우리가 무엇을 인지했다는 "지각"이 인지적 사건임을 깨닫게 되면 감각, 지각, 인지 간의 명확한 구분은 사라지기 시작합니다(Neisser, 1976).

단웅이 그래도 경험과 배우는 것, 그리고 인지하는 것은 큰 관계가 없다고 할 수도 있지 않을까 하는 생각이 듭니다. 사람에 따라서 인식이 다르기도 하겠지만, 경험이 곧 인지로 연결되지는 않는 것 같아서요.

이 교수 그렇죠. 사람에 따라서는 자신의 지각 범위 내에 있는 질적 경험을 하지 못하는 경우가 허다합니다. 또한 우리는 '어떤 사람은 경험을 통해 배우는 바가 없다'라고 하기도 하지요. 우리가 이런 말을 하게 되는 이유는 실제로는 '경험'하지 못했는데, 우리가 짐작으로 그 사람이 '경험'했을 것으로 보기 때문이지요. 이러한 현상을 아이즈너는 어떤 특정한 종류의 경험에 의한 표상되는 경험을 하지 못했다는 것을 의미로 해석합니다.

지식을 바라보는 확장된 관점과 비 질적인 개념

단웅이 이제 저자의 주장을 조금 이해할 수 있을 것 같아요. 무엇을 알아가는 것, 즉 앎이라는 것은 감각을 가진 존재가 환경의 '질'과의

접촉을 통하여 얻게 되는 경험에 달려 있다는 것이지요. 그렇다면 우리는 지식, 앎에 대한 확장된 관점을 어떻게 받아들여야 할까요?

이 교수 저자는 '앎'이라는 용어를 분석 철학자나 실증주의 철학자가 사용하는 소위 '지식'의 개념과는 다르게 사용하고 있습니다. 전통적으로 지식이라는 용어는 '보증된 주장'을 가리키는데, 이것은 분석적인 주장과 종합적인 주장으로 구분됩니다. 분석적인 주장은 정의에 의해서 참이 되는 명제를 말하는 것입니다. 수학에서 우리 명제 기억하시나요? 예를 들어 $30*20=600$은 참인가요? 거짓인가요?

단웅이 참이요.

이 교수 맞습니다. 이와 같이 참이나 거짓으로 명확히 분류할 수 있는 것을 말합니다. 여기서는 경험적인 확증이 필요하지 않지요. 그저 참과 거짓으로 증명이 됩니다.

단웅이 그렇다면 종합적인 주장은 경험적 확증이 필요한가요?

이 교수 그렇습니다. 종합적 명제는 경험적 조건에 관한 주장입니다. 여기에서 경험적 조건은 전문가들에 의해 진위를 입증할 수 있습니다. 여기에서 지식으로 간주하는 것은 아직은 거짓일 수 있겠으나, 판명되지 않은 명제이죠. 지식을 이런 식으로 볼 때는 명제의 역할이 아주 중요합니다. 경험적인 문제에 관한 주장은 항상 명제적인 형식을 취하기 때문입니다.

예를 들면, '주차장에 14대의 자동차가 있다.'라는 주장은 누구나 이 주장의 진위를 가릴 수 있습니다. 만일 이 명제를 증명할 방법이 없다면 그 주장은 그저 아무 의미를 갖지 못하고 중얼거림으로 끝날 수도 있지요.

그렇다면, 종합적 명제도 명제가 맞는 것일까요? 어떻게 생각하세요?

단웅이 맞다고 생각합니다. 그러나 종합적 명제의 경우 명제가 가리키는 대상은 여전히 비명제적인 것이지요. 그것은 바로 우리 감각기관이 포착하는 '질'입니다. 자동차와 주차장은 그것이 언어적이기 이전에 감각으로 경험했던 것이지요. 이런 의미에서 이것은 '질'에 대하여 말하는 것은 경험 그 자체가 아닌, 우리가 경험한 질을 언어로, 명제적인 언어로 기술할 때는 더욱 구체적으로 설명하기에 '축소'가 발생하는 것이지요.

이 교수 예, 맞습니다. 어떤 경우에는 그 축소의 정도가 아주 심합니다. 여기에서 딜레마가 발생하지요. 우리가 명제에 대한 입증 절차를 간과할수록, 우리가 주장하는 것에 대한 타당한 합의를 도출할 가능성은 줄어듭니다. 반대로 "지식, 앎에 대해 단순한 '질'에 관한 명제로 한정하는 것"은 하나의 표상형식으로부터 명제로 표현할 수 없는 것을 지식의 영역에서 모두 배제하는 것이기 때문이지요.

단웅이 예, 어떤 특정 지식관을 따르는 것은 학교 교육과정뿐만 아니라 연구의 수행, 연구의 지원, 대학에서의 승진, 전문적 능력에 대한 정의, 전문 학술지에 논문을 실을 기회의 획득, 심지어 우리가 형성하는 정신의 개념까지에도 영향을 미치게 될까요?

이 교수 저자는 앞서 특정 지식관의 한계를 지정했지만 그렇다고 세상에 관한 명제가 우리에게 알려주지 않는다거나 전달하는 정보가 적다는 것은 아닙니다.

저자는 교육과정과 교육평가에 대한보다 넓은 개념이 서서히 발전할 수 있다는 것이며, 다양한 종류를 이해할 수 있게 하는 보다 일반적인 표상 형식에 대한 관점으로 수렴되지요. 아이즈너는 "앎이 반드시 명제로 구체화 되어야 한다는 관점은 어떤 사고형식은 인지적이고 지적이며 어떤 다른 사고형식은 정서적 또는 감정적이라고 생각하게 한다"고 말합니다. 이것의 의미는 전자(인지적이고 지적인)의 산물이고, 표현은 후자(정서적이고 감정적인)의 산물이지요. 이는 우리가 경험적으로 과학은 지적이며 진리에 다다르는 길이고, 예술은 감성적인 것으로 정서적 이완에 이르는 길이라 알고 있기 때문입니다. 이해는 증명된 명제의 독점적 이슈이고, 시적 진술은 비인지적으로 간주합니다.

이 교수 자, 여러분들은 지금까지 논의한 내용에서 가장 중요한 것은 무엇이라고 생각하시나요?

단웅이 음… 글쎄요. 좀 어려운 내용이었어요. 개념과 감각 체계, 표상 정도가 기억에 남는 것 같아요.

이 교수 네, 저도 그 부분을 말씀드리고 싶네요. 좀 정리해보자면… 첫째, 개념 형성은 인간이 가지고 있는 감각 체계에서 출발한다는 점. 따라서 개념은 시각적 형태뿐 아니라 미각, 후각, 촉각, 청각적 형태로 형성된다는 점이지요.

단웅이 네, 이러한 감각 체계가 인지는 여러 가지 감각기관을 통해 형성되는 개념이 어떤 한 감각기관으로 한 번에 하나의 개념을 경험한다는 것이죠?

이 교수 맞습니다. 우리가 다루어야 할 조건을 충분히 파악하고 아이디어로서 그것을 경험적으로 다루게 되지요. 또한 지금까지 논의한 감각 체계를 통하여 사고를 행할 수 있는 능력은 학교에서 계발할 수 있는 능력인가요? 우리가 학교 교육을 통하여 상상적 개념화 기술을 신장시킬 수 있는지 말이지요. 이 또한 어려운 문제이긴 한데… 개념이라는 공식적인 형태를 취하는 방식과 개념이 인지 발달에 기여하는 측면을 검토할 필요가 있습니다. 이런 이유에서 다음 내용인 표상 과정을 살펴보도록 하지요.

표상의 형식

단웅이 지금까지 감각 체계가 개념 형성에 공헌하는 방식에 대해 논의하였습니다. 개념이라는 것은 어떤 개인에게 그 개념이 명확히 인지되었어도 공적인 것으로 바뀌기 전에는 공유될 수 없다는 것이지요.

이 교수 네 정리하면서 다시 기억한 것인데, 경험은 인간의 표현을 위한 내용으로 의식할 때 의사소통할 수 있고, 그 내용은 사회적인 것이 된다고 보여요. 그렇다면 저자가 말하는 표상 형식은 어떠한 내용인지 우리가 좀 알아야 할 것 같아요. 그렇다면, 간략하게 표상 형식은 무엇이라 말할 수 있을까요?

단웅이 아이즈너에 따르면 인간 개인 경험이 사회적 차원으로 인식되기 위해서는 사적인 영역에 있는 것을 공적인 영역으로 옮기는 수단이 필요합니다. 여기에서 사적인 차원이 경험이라고 한다면, 공적인 영역은 개념이라고 할 수 있습니다. 그렇다면 경험을 개념적 차원으로, 사적인 것을 공적인 것으로 전환 시키는 데는 어떠한 것이 필요할까요? 바로 표상형식입니다. 표상 형식은 사적인 개념을 공적인 개념으로 전환시키기 위한 수단이라고 할 수 있습니다. 공적인 상태는 어떠한 지식이나 지식을 구성하는 형태 등 다양한 형식을 취하게 되지요. 그런데 사실… 그렇다면 우리는 어떠한 것을 표상하게 될까요? 저는 제가 경험한 것을 표상하겠다… 생각하면 조금 어렵게 느껴지는데, 또 어떤 것은 명확하게 표현해볼 수 있겠다 싶거든요?

이 교수 이 세상 어떤 표상 형식도 경험할 수 있는 것 모두를 나타낼 수는 없겠지요. 지각 그 자체가 선택적으로 일어나는 것처럼 어떤 표상 형식이 포함할 수 있는 내용도 선택적으로 결정됩니다. 이러한 표상 형식의 선택은 개념형성을 명료하게 하고, 전달하는 데 도움을 줍니다. 지각은 주로 필요에 의해 발생하게 되는데, 볼 수 없거나 상상할 수 없는 것은 그릴 수 없다고 저자는 이야기합니다.

아이즈너는 표상 형식 선택이 표상의 내용뿐 아니라 개념의 내용에도 영향력이 있다고 보고하며, 이에 대한 몇 가지 방식을 제시합니다.

우선, 우리가 어떤 표상을 사용하는데 익숙해지면 반복해서 사용하게 되는 경향성이 생기게 됩니다. 그리고 특정 표상 형식을 사용할 때, 우리가 개념적으로 알고 있는 것을 공적으로 표상하는 것에 영향을 미치게 되지요. 마지막으로 아이즈너는 우리가 선택하는 표상은 우리가 표현할 수 있는 것을 제한하게 되기도 한다고 제안합니다. 인간 경험은 표상 형식보다 표현에 있어서 더욱 유연할 수 있다고 볼 수 있겠습니다.

단웅이 아이즈너는 위 내용에서 다음의 사례를 들어 설명하고 있습니다. 예를 들어, 어떤 이유에서 어느 특정 기간 우리에게 허용된 유일한 표상 형식이 수학이라고 가정해봅시다. 그리고 이 기간에 유머러스한 어떤 것을 생각해서 이를 다른 사람과 나누어야 합니다. 수학으로 어떻게 유머를 표현할 수 있을까요?

이 교수 수학자들이야 서로 알고 유머러스하게 이해하는 것이 가능하겠지만, 일반적으로 쉽지는 않을 것 같습니다. 그렇지만 수학이 유머를 표현하기 어렵다고 다른 것을 표현하는 데도 별 쓸모가 없다는 것을 의미하지는 않지요. 수학은 그 자체로 굉장히 훌륭한 언어이며, 표상 체계니까요. 이렇게 어느 한 표상 형식만 사용하도록 제한하는 것은 우리가 어떠한 것을 표현할 때 제한을 가할 뿐 아니라 개념에도 제동이 가하게 됩니다.

단웅이 지금까지 표상 형식의 활동이 마치 개념에서 표현으로, 인식한 것에서 표상 형식을 통한 공적인 이미지로의 변환인 것 같은데, 실제로 그럴까요?

이 교수 좋은 질문입니다. 지금까지 우리의 담화, 즉 아이즈너는 표상 형식을 그렇게 전달하고 있습니다만, 아이즈너의 글에서도 밝히듯이, 비록 그 과정이 종종 그러한 방향으로 진행될지라도 그것이 유일한 방향은 결코 아닙니다. 저명한 예술 비평가인 해롤드 로젠버그(Harold Rosenberg, 1965)는 다음과 같이 말합니다.

> *"어느 순간부터 미국 화가는 하나 둘씩 캔버스를 실물이나 상상한 물체를 재생하고, 다시 디자인하고, 분석하고, 표현하는 공간이라기보다는 행위를 하는 무대로 보기 시작했다. 캔버스 위에서 일어나고 있는 것은 그림이 아니라 하나의 사태였다. 화가는 이제 더 이상 마음속에 있는 이미지를 가지고 이젤에 접근하지 않는다. 화가는 자기 앞에 있는 재료를 가지고 이젤 앞으로 다가*

간다. 이미지를 바로 이러한 만남의 산물이 될 것이다." *(p.25)*

　　많은 화가에게 그 과정은 질적인 타협의 문제입니다. 비록 그 작업이 유연한 재료 위에 개념을 불어 넣으려는 욕망에서 시작되었을지라도 그 작업 자체는 점차 협상에 '참여'하게 되지요. 그 작업은 화가에게 필요한 것을 '알려줍니다'. 하나의 일방적인 강의로 시작한 것이 양방향 적인 대화로 바뀌게 됩니다. 즉, 독백으로 시작한 것이 문답으로 바뀌게 됩니다. 이러한 과정을 통해서 처음 의도한 개념 일부가 아닌 새로운 아이디어가 만들어지는 것은 놀라운 일이 아닙니다.

단웅이　글쓰기를 한번 생각해볼까요? 글쓰기는 비평적 기능이 가장 분명하게 나타나는 경우라고 볼 수 있습니다. 그러한 글쓰기도 초고는 항상 애매함, 불확실함, 논리의 비약, 비일관성, 맞춤법 오류 등으로 가득하죠. 글을 만드는 과정은 즉, 종이 위에 쓰인 글은 사고를 다듬고 의미를 분명히 하는 일이 가능하게 해 줍니다. 표상 형식은 어떠한가요?

이 교수　아이즈너에 따르면 어떤 표상 형식을 사용할 기회는 최소 두 가지 방식으로 아이디어를 만들어 낼 수 있어요. 하나는 어떤 재료를 가지고 활동하는 그 자체가 우리에게 생각할 기회를 줍니다. 다른 하나는 앞서 이미 언급한 것처럼, 우리가 만들고자 하는 것은 실제 활동에 들어가기 전에 완전히 구상되는 것이 아닙니다. 표상 형식으로 작업하는 과정은 아이디어를 제공하고, 수정을 가할 자료와 세부 사항을 제공하고, 명료화하게 되지요.

단웅이　서로 다른 표상 형식은 서로 다른 감각 체계의 사용을 강조하기 때문에 그들이 불러일으키는 심리적 과정의 종류도 서로 다를 것 같습니다. 그렇다면, 서로 다른 표상 형식이 인지 발달에 가지는 의미도 조금씩 다르겠네요?

이 교수　맞습니다. 바실 번스타인(Basil Bernstein, 1971)은 교육과정이 과거를 전달하는 수단이며, 의식을 형성하는 수단이라고 말했지요. 우리가 교육과정을 결정할 때 우리는 또한 아동이 서로 다른 여러 종류의 의식의 형식을 경험하도록 할 기회도 결정하게 됩니다. 음악을 이해하기 위해서는 음악과 교류해야 하고, 시각 예술을 이해하기 위해서는 시각 예술과 교류해야 하지요. 우리가 언어에 깃든 '시적 느낌'을 경험하기 위해서는 '시'가 주어져야 합니다.

단웅이　인간은 자신이 경험하는 의식의 형식을 바꾸려는 본능 같은 것을 가지고 있는 걸까요? 몹시 어려운 상황에서도, 생사의 갈림길에서도 인간은 도자기를 장식했고, 춤을 추었고, 자기 경험을 독특하게 만드는 이미지를 창조했다고 하니, 이런 점에서 우리는 표상 형식을 정신을 바꾸는 도구로, 경험의 질을 변화시켜주는 도구로 여길 수 있을 것도 같다는 생각이 들어요. 좀 자세한 고찰이 필요해 보여요.

이 교수　예, 자세히 한번 들여다봅시다. 아이즈너는 어떤 개념을 공적인 것으로 만드는 데 사용된 표현 매체를 가리켜 표상 형식이라는 용어를 사용하고 있습니다. 우리는 우리의 감각 체계를 통하여 정보를 전달합니다. 표상 형식은 정보를 전달하는 과정에서 결합하고 상호작용합니다. 아이즈너 또한 '표상 형식'을 표현 매체로 개념화하면서 여러 대안을 고려하였지만, 시각적, 청각적, 촉각적, 후각, 미각적인 것과 철학, 생물학, 사학, 사회학, 심리학 등 학문에 대한 표상 형식도 제외하였습니다.

단웅이 아이즈너는 여태껏 표상에 대해서 계속 설명하고 왜 감각적인 것, 각종 학문 분야에 대한 표상은 왜 표상 형식에서 제외했을까요?

이 교수 이유는 각 학문이 개념을 표현하기 위해 사용하는 표현 매체는 서로 다르지 않기 때문이었습니다. 비록 각 학문이 서로 다른 용어와 방법을 사용하고 있지만, 모든 사회과학 분야의 학문은 명제적 언어를 주로 사용한다는 공통점이 있지요. 따라서 아이즈너는 전체적으로 생각해볼 때, 나는 표상 형식을 표현 매체의 본질과 관련하여 정의하는 것이 훨씬 개념적으로 적절하다고 생각한 것입니다.

여러분 다음 도식을 한번 보시겠어요? 이 그림은 지금까지 우리가 함께 이야기한 여러 요소의 관계를 도식으로 나타낸 것입니다. 어떠세요? 이해가 좀 가시나요?

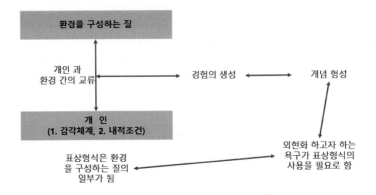

단웅이 조금 정리가 되는 것 같아요. 개인은 다양한 환경과 교류하고, 그 개인의 태도, 목적, 선행학습 등 여러 측면이 이해되고 개념이 형성된다는 것이죠. 이러한 개념은 감각 체계를 통한 경험에서 형성된다는 것으로 이해되네요.

이 교수 이러한 개념은 감각 체계를 통한 경험에서 형성됩니다. 이 경험은 담화의 사용을 통하여 이름이 붙여집니다. 개인이 다양한 환경과의 교류를 통하여 확보하는 큰 의미는 자신이 형성한 개념에 의존하게 됩니다. 즉, 그 의미의 종류는 그 개인이 선택하고 경험한 질의 특성에 의존합니다. 만약 개인이 교류에서 확보한 의미를 표현하고자 한다면, 이를 위하여 반드시 표상 형식을 사용하여야만 합니다. 그가 선택하는 특정한 표상 형식은 목적뿐 아니라 기술에 의해서도 영향을 받습니다. 일단 개념에서 표상으로의 변환을 만들어내면, 그 표상 형식 속에서 창조된 것은 계속해서 생각해나갈 수 있는 환경 일부가 되는 것이지요. 이와 같이 새로운 창조는 새로운 것을 가능하게 하고, 이는 다시 그 표상 형식을 통하여 표현한 아이디어를 변경하고, 정정하고, 강조하기도 하게 되는 것이라 볼 수 있습니다.

단웅이 그러면 표상 형식이라는 것이 개인이 가지고 있는 개념을 타인에게 전달하는 수단도 되고 자기 자신에게 피드백도 주고 뭐 그렇게 되는 건가요?

이 교수 아주 좋은 표현이네요. 맞습니다. 개인이 갖는 경험의 종류는 감각 체계가 포착하는 내용에 의존하기 때문에 환경 속의 질의 성격, 개인이 초점을 맞추는 환경의 특정 측면에서 개인이 가지게 될 의미의 종류에 영향을 미치게 됩니다.

단웅이 여기에서 개인과 환경은 어떠한 의미가 있을까요?

이 교수 개인과 환경 간의 관계가 교류적 관계라는 점을 강조합니다. 환경과 개인의 경험 모두에 영향을 미치는 것을 의미하니까요. 개인이 전적으로 환경위에 자신의 내적 조건을 투사하는 것도 아니고, 그 과정은 상호작용, 즉 일종의 주고받는 관계입니다.

각 요소가 고유한 공헌을 하며 교류에서 경험이 탄생합니다. 이 점은 특히 교육과정을 설계하는 사람과 밀접한 관련이 있습니다.

교사와 교육과정 설계자는 그들이 맞드는 환경을 통하지 않고서는 각 개인의 경험에 직접 다가가기 어렵습니다. 음식점 주인, 광고업계 종사자, 의상 디자이너 등은 이미지의 중요성을 오래전부터 잘 알고 있었지요. 이렇듯 경험은 통제되거나 결정될 수는 없을지라도, 개인이 교류하는 조건에 의해 영향을 받을 수는 있습니다. 학교는 교육의 목적을 가지고 있고, 우리가 교육에서 추구하는 것은 교육이 그 안에서 작용할 수 있는 다양한 형식으로 지성을 배양하는 것입니다.

표상 형식을 처리하는 양식

단뭉이 표상 형식이 개념을 공적으로 표현하는 수단이라고 정의해도, 이러한 정의 자체가 표상 형식이 처리될 수 있는 특정한 방식을 알려주는 것은 아닙니다. 개인이 전달하려는 것을 표상 형식으로 표상하려면 이것을 어떻게 다루어야 할까요?

이 교수 이러한 동등한 물체나 행동 양식을 창조하는 방식을 기술하기 위하여 아이즈너는 '처리양식'이라는 용어를 만들었습니다. 어떠한 표상 형식이든지 다음과 같은 세 가지 방식, 즉 모방적, 표현적, 인습적인 방식의 하나 또는 그 이상으로 처리될 수 있습니다.

단뭉이 여기에서 모방적 양식은 모방을 통해 전달하는 것을 뜻하나요? 인류 역사를 통하여 모방적 처리양식이 하는 역할을 보여주는 예는 수없이 많습니다. 고대 상형문자와 그림문자부터 현대의 사진과 입체영상 등 많지 않습니까?

이 교수 네 맞습니다. 그러나 이러한 모방적 처리양식이 수행하는 기능이 무엇인지에 더 주목해야 합니다. 이들은 세상의 몇몇 특징을 추출해서 이를 모종의 매개체들 안에서 하나의 이미지로 나타낸다는 사실입니다.

단뭉이 그럼 우리는 이 모방적 양식을 어떻게 활용하게 될까요?

이 교수 시각적 표상 형식을 모방적 양식으로 처리하는 가장 전형적인 예는 지문의 활용에서 찾아볼 수 있습니다. 지문은 손가락 표면의 무늬를 그대로 찍어 놓은 것입니다. 우리가 잘 알다시피 동일한 지문은 하나도 없지요. 지문은 어떤 특정 개인의 손가락과 구조적으로 동일하기 때문입니다. 또 다른 예를 들자면, 자동차를 생산할 때 프로토타입을 사용합니다. 조립 생산 공정에서 차를 대량 생산하기에 앞서 프로토타입을 만드는 것은 표준적인 절차이지요. 생산되는 자동차는 바로 디자이너와 기술자가 머릿속에 가지고 있는 개념의 표상, 그 자체인 이 프로토타입의 복제물입니다. 이러한 프로토타입을 먼저 만들어 이를 향후 생산하는 자동차의 평가 기준으로 사용하는 예는 우리가 실생활에서 모방하려고 하는 노력을 잘 보여주지요.

단뭉이 모방적 양식 이외에 표현적 양식과 인습적 양식도 있었지요? 표상 형식을 만드는 데 사용되는 처리양식이요. 모방은 좀 이해가 되는데 표현적 양식은 좀 어려울 것 같아요.

이 교수 표현적이라는 말이 좀 어려운가요? (웃음) 아이즈너가 사용하는 그 '표현적'이라는 말의 의미는 표상되는 것이 어떤 사물이나 사건의 표면적 특징이 아니고, 오히려 그것의 심층구조, 다른 말로 그것의 표현적 특성인 경우를 말합니다.

단웅이 조금 더 쉽게 예를 들면요?

이 교수 이륙하기 위해 활주로를 시시히 달리기 시작하는 비행기의 움직임을 생각해봅시다.

그 비행기는 처음에는 매우 천천히 달리다가 점차 속도를 높이지요. 빠르게 달리다가 마침내 이륙하게 됩니다. 이 과정에서 우리는 육중한 동체를 가진 비행기가 속력을 내더니 점차 광대하게 펼쳐진 하늘 속 하나의 작은 검은 점으로 변하는 것을 경험할 것입니다. 이러한 움직임을 예술가는 부드럽고 우아한 이륙, 점점 작아지는 제트 엔진 소리, 하늘 속에서 점점 작아져 가는 비행기. 이렇게 표현하겠죠. 이러한 창조는 가속도 경험, 대기 속으로의 완만한 상승 등과 관련이 있지만, 표면적 특징의 '모방'과는 아무런 관련이 없겠지요?

이와 같은 표현적 질을 어떻게 표상할 것인가는 바로 그 예술가가 결정하게 됩니다. 그 예술가가 원하는 것은 움직이는 비행기의 표면적 특징을 모방하는 것이 아니라 그것의 본질적, 표현적 특성입니다.

단웅이 예술가는 왜 이와 같은 작업에 관심이 있을까요? 아이즈너는 어떻게 표상이라는 것을 이렇게 연구하게 되었을지 문득 궁금해지네요.

이 교수 아이즈너는 교육학자 이전에 시각 예술을 전공한 사람으로, 이를 교육에 어떻게 접목하는가에 대한 고민이 있었던 것 같습니다.

또 예술가가 위와 같은 작업에 관심이 있는지는 사실상 '경험'에서 기인할 것으로 생각됩니다. 인간의 경험에서 가장 중요한 것의 상당 부분이 눈에 보이는 것이 아닌 눈에 보이는 것에 대한 느낌이기 때문이지요. 사물은 항상 그 겉모습에 나타난 것과는 다릅니다. 사물은 그것이 불러일으키는 정서적 삶 종류의 관점에서 파악될 필요가 있지요. 이렇게 표현적 처리양식은 표면적 특성을 꿰뚫어야 합니다.

단웅이 인습적 양식은 왠지 경험과 관련이 있을 것 같은데, 정확히 어떻게 말할 수 있나요?

이 교수 네, 표상 형식의 세 번째 처리양식은 인습적 양식입니다. 경험과 관련이 있는 것 맞는데, 인습이기 때문에 문화에서 형성된 경험이라고 볼 수 있겠습니다. 사람이 어떤 문화 속에서 다양한 관계 속에서 사회화될 때, 그 사회 속에 존재하는 인습을 배우게 됩니다. 여기에서 사용하는 인습적이란 말도 단순하게 바로 그러한 인습을 의미합니다.

좀 정리해볼까요?

모방적, 표현적, 인습적 처리양식 간에는 중요하고 흥미로운 차이가 있습니다. 모방적 양식과 표현적 양식에서는 모두 유추 관계가 작용합니다. 이 두 가지 처리양식에서는 창조된 것이 그 형식이 표상하고자 하는 내용이 일부 측면과 대응되지만, 인습적 양식의 경우는 사정이 다르지요. 탁자의 모습은 탁자라는 발음과는 전혀 다릅니다. 문장이 의미가 있으려면 그 단어가 가리키는 대상이나 그 사용된 단어 자체에 대하여 상상할 수 있어야만 합니다.

단웅이 네, 이제 조금 정리가 되었어요. 이렇게 세 가지 처리양식은 어떻게 쓰이게 되나요?

이 교수 아이즈너가 처리양식을 모방적, 표현적, 인습적으로 나누었다고 해서, 어떤 표상 형식이든 이 세 가지 중 한 가지만을 사용하는 것이 아닙니다. 이 세 가지는 종종 결합합니다.

단웅이 처리양식이 결합된다라… 예를 들면 많은 시각 예술품, 특히 그림은 동일한 작품 내에서 모방적, 표현적, 인습적 요소를 모두 사용하지요? 문학과 시는 그 사건의 소리를 흉내 내고자 할 때는 모방적 양식을, 묘사하는 사건의 표면적 특징을 꿰뚫고 지나가고자 할 때는 표현적 양식을, 언어와 상징의 표준화된 사용이 필요할 때는 인습적 양식을 사용하게 되는 것을 의미하는 것이지요?

이 교수 아주 적절히 해석하셨다고 볼 수 있습니다. 표상 형식은 사적으로 경험한 개념을 공적인 것으로 만들기 위하여 인간이 창조한 수단입니다. 처리양식은 개념을 표현하기 위하여 사용하는 표상 형식의 모습을 만드는 수단이지요. 따라서 음악과 같은 청각적 표상 형식은 말을 타고 달리는 사람을 음악적으로 모방하는 경우처럼 모방적으로 처리될 수도 있고, 낭만적인 음악에서처럼 표현적으로 처리될 수도 있으며, 인습적인 의미를 부여한 음악에서처럼 인습적으로 처리될 수도 있습니다.

그러나 표상 형식이 처리되는 방식은 표상 형식 내부의 요소가 서로 관련 있는 모양에 대해서는 별로 알려주지 않지요. 이것이 바로 지금부터 우리가 살펴볼 내용입니다.

단웅이 표상 형식 내부의 요소가 관련된 모양이라… 전체 속에 있는 부분의 배열, 부분적인 것이란 말인가요? 예를 들면 어떤 것이 있을까요?

이 교수 예를 들어, 예술에서는 다양한 용어가 어떤 일관된 구조 속으로 요소를 집어넣고 배열하는 문제와 관련되어 있습니다. 음악에서 작곡가와 지휘자는 청각적인 요소를 가지고 작업을 하며, 시각 예술에서 건축가는 공간을 배열한다. 산문과 시뿐만 아니라 무용에도 비슷한 배열이 존재합니다. 따라서 구문론이라는 용어는 오직 담화에 한정될 필요가 없지요. 구문론은 그 본래의 의미처럼 전체 속에서 요소를 배열하는 일반적인 문제를 가리킬 수 있습니다.

단웅이 표상 형식 자체가 무언가 표상 할 수 있는 것처럼 존재한다는 것인가요?

이 교수 만일 다양한 표상 형식 내부에 존재하는 여러 요소가 서로 관련된 토대를 검토하면, 개별 표상 형식을 배치할 수 있는 하나의 연속선을 만들 수 있습니다. 이 연속선의 한쪽 끝에는 공적으로 성문화된 일련의 규칙에 따라 배열될 수 있는 요소를 가진 표상 형식이 위치하게 됩니다.

어떤 표상 형식 속에 있는 요소를 능숙하게 사용하기 위해서는 그 표상 형식과 관련된 규칙과 그 규칙을 사용하는 방법을 반드시 알고 있어야 합니다. 예를 들어 간단한 수학 문제를 풀기 위해서는 어떤 특징한 규칙 또는 인습을 예외 없이 따라야 하죠. 또한 문법, 철자, 띄어쓰기 등에도 비슷한 많은 시간이 할당됩니다. 비록 개인적 판단을 위한 상당한 재량의 폭이 있기는 하지만, 이런 범주의 표상 형식은 기본적으로 규칙의 지배를 받는 것이지요.

단웅이 표상 형식이 연속에 있다는 것이 새롭네요. 결국 구문론이라고 하는 것은 그것을 표현하는 방식을 위한 규칙 같은 것이라고 볼 수 있겠군요?

이 교수 그렇습니다. 이 연속선의 다른 한쪽 끝에는 규칙 지배적이기보다는 비유적인 구문을 사용하는 표상 형식이 위치합니다.

단웅이 교수님, 무언가 추상적인 것 같아서요. 이러한 내용들이 교육 과정에 나타날 수 있나요?

이 교수 예, 그렇지요. 이러한 내용을 교육과정에 반영합니다. 초등학교 교육과정에서는 오직 규칙 지배적인 구문론을 강조하는 표상 형식만을 익히도록 강조하고 있음을 주목하는 것은 아주 중요합니다. 초등학교에서 그렇게 하는 데는 여러 이유가 있을 테지만, 가장 중요한 이유는 읽기, 쓰기, 셈하기와 같은 문화적 약속을 익히는 것은 극히 중요한 도구로서의 가치를 가지고 있기 때문입니다.

학교라는 상황 속에서는 읽기, 쓰기, 셈하기를 숙달하는 것은 학교에서 접하는 다른 많은 과목을 학습하는 데 필수적으로 필요한 조건입니다. 이 과목을 현재처럼 가르칠 때, 과학, 사회, 지리는 그 연속선의 규칙 지배적인 끝 쪽으로 기우는 경향이 있으며, 또한 학생이 반드시 배워야만 하는 인습적인 용어를 사용하는 경향이 있습니다.

학교 교육과정에서 규칙 지배적인 구문론을 강조하는 표상 형식과 인습적인 처리양식을 강조할 때 학교에서 일어나는 부수적인 학습에 관해서도 관심을 기울일 필요가 있습니다. 아동들이 이와 같은 종류의 교육과정에서 배우는 것 중 하나는 모든 문제에는 하나의 정답이 있다는 관념이지요.

이때 교사는 정답을 알고 있을 뿐만 아니라 그 정답에 도달하기 위해 사용되는 방법도 알고 있지요. 아동의 문제는 대개 규칙을 따르는 방법과 과제를 완수하는 방법을 배우는 것으로 바뀌게 됩니다.

간단히 말하면, 학생은 학교에서 정답을 알고 있는 교사가 자신에게 기대하는 방법을 학습합니다. 이 부분에서 교사는 항상 자신이 학생에게 부과한 문제의 정답을 반드시 알고 있어야만 한다는 말의 진의를 이제 파악할 수 있겠지요?

이제 교육과정과 평가에 대한 보다 넓은 관점을 알아봅시다.

개념화에서 교육과정으로

이 교수 지금까지의 내용을 간단히 이야기하면 어떻게 정리할 수 있을까요?

단웅이 아마도 '개념 형성 시 감각기관이 하는 역할, 이러한 개념에 공적인 지위를 부여하기 위한 인간이 사용하는 표상 형식을 주제로 공부했다.' 이렇게 정리할 수 있을 것 같아요. 표상은 우리 개념을 구성하는 이미지와 같은 모양은 아니지만, 사적인 것을 공적인 것으로 전환하는 수단을 제공하는 것으로 정리할 수 있겠고요.

이 교수 네, 그렇게 정리할 수 있겠군요. 이제 우리에게 과제가 있어요. 의도한 개념화의 상태에서 이 같은 아이디어가 교육과정 개발 및 수업의 맥락에서 어떻게 나타날 수 있는지 탐험해보는 것입니다.

단웅이 과제요? 감각과 표상을 어떻게 탐험할 수 있나요? 너무 어려운 과제인걸요. (웃음)

이 교수 그렇게 느껴지지요? 그런데 이런 예를 한번 들어봅시다.
　'변태'라는 단어를 한번 봅시다. 이 단어는 이것이 가리키는 지시대상이 없는 경우 그저 소리에 지나지 않지요. 그런데 이 단어는 학생이 '변태'를 겪고 있는 생명체를 경험하고 이 단어와 그것이 일어나는 맥락과 연결하게 할 때 비로소 의미를 지니게 됩니다.

이때 우리의 교수학습 방법적인 과제는 학생이 생물학의 맥락에서 이 용어의 의미를 이해하도록 돕고 생물학이 아닌 삶의 다른 영역에도 이와 유사한 개념이 있음을 인식하도록 돕는 것이지요.

교사는 그 변태의 과정을 학생이 시각화하여 경험할 수 있도록 나비의 애벌레가 고치를 만들어 고치에서 나비가 나오는 과정을 영상을 통하여 생물학적 전환이 일어나는 과정을 목격할 수 있도록 하여 변태라는 의미를 파악할 수 있을 것입니다.

이러한 변태라는 개념은 삶의 다른 측면과도 관련됩니다. 애벌레에서 나비로의 전환과 유사한 것으로 외딴집이 시골 마을이 되고, 시골 마을이 다시 도시가 되는 과정을 생각할 수 있지요.

단웅이 그렇지만 교수님, 이해를 촉진하는 하나의 수단으로 교수-학습 방법적인 측면에서 이것은 '보여준다'라는 것 이외에 어떠한 차이점이 있을까요?

이 교수 비유를 사용하도록 개인의 능력을 계발하는 것은 인지적으로 매우 유용합니다. 즉 외딴집이 시골집이 되고, 시골 마을이 다시 도시가 되는 과정을 변태의 비유로 인식하는 것은 도시와 생물학을 이해하는 데 매우 유용한 방법이 될 수 있습니다. 이것은 아서 코슬러(Arthur Koestler, 1949)는 창의성의 과정을 그가 양자연결(bisociation)이라고 부르는 것과 관련시키고 있는데, 이 양자연결이란 심리적으로 분명하게 구별되는 두 개의 개념 사이에 신선하고 새로운 생산적 관계를 부여하는 과정을 말합니다. 이와 같이 인지적 과정의 배양은 방금 제시한 종류의 예를 통하여 촉진되기로 합니다.

단웅이 예, 조금 이해가 가기도 합니다. 다른 예를 더 들어볼 수 있을까요?

이 교수 다른 예를 또 생각해봅시다. 역사에서 연대표는 시간적 조건을 시각적인 것으로 변환하기 위해 흔히 사용됩니다. 물론 시간과 공간 사이에 어떤 문자적인 구조적 동일성이 존재하는 것은 아니지만, 우리는 서로 상대적인 거리에 대하여 생각하면서 그와 같은 관계를 느낄 수 있기 때문입니다. 어떤 면에서 우리는 공간을 가로지르는 공통적인 속도를 추정할 수 있는 능력을 갖추고 있고, 따라서 거리를 통해 시간을 나타내는 것이 가능하지요. 연대표는 우리가 학생이 파악하기를 원하는 시간적 관계를 공간적 추상을 통하여 나타냅니다.

사실 우리가 살고 있는 이 세계를 연구하고 표상하기 위하여 인간이 창조한 수단은 많고도 많다. 지도는 우리가 볼 수 없는 땅의 크기를 우리에게 알려줍니다. 히스토그램, 스캐터그램, 파이차트 등은 숫자로는 분명하게 우리가 느낄 수 없는 양적인 관계를 잘 보여줍니다.

주판은 수의 관계를 기록하는 데 도움을 주고, 시계는 시간을 기록하는 데 도움을 주며, 원주민의 노랫말은 그들의 환경에 대한 영적인 중요성을 제공하기도 하지요.

요약하면, 이와 같은 수단은 아주 중요한 인식론적 기능을 수행하는데 그 이유는 이러한 수단이 정보의 습득 및 제시를 촉진할 뿐만 아니라 제공되는 정보의 탐구 자체를 촉진하기 때문입니다.

여러분이 나이를 먹으면 여러분은 알아차리지 못하지만 몸이 차가워 집니다. 몸을 떨지도 않으면서 몸이 차가워 집니다.

여러분은 단순히 느려집니다.

얼마가지 않아 여러분은 잘 차린 음식을 먹고 싶지도 않을 것입니다. 한 조각의 토스트면 충분할 것입니다. 그리고 불은 뭐하러 피우죠? 여러분은 그저 괜찮을 것입니다. 여러분은 몸이 점점 차가워지는 것도 알아채지 못할 것입니다.

그리고 여러분은 느려집니다.

그 다음에 여러분이 알아차리지 못하는 것은 여러분의 정신이 느려진다는 것입니다. 석탄을 주문했습니까? 여러분은 기억하지 못합니다. 신경 쓸 것도 없습니다.

자 이제 여러분은 정말로 느려집니다.

여러분은 졸음을 느끼게 됩니다. 잠을 자러 침대로 가는 일조차 귀찮아 집니다. 여러분은 그저 의자에서 고개를 꾸벅 떨어뜨리게 됩니다.

그것은 이제 더 이상 아무런 문제도 되지

자, 이제 나의 묘사가 제공하는 하나의 정리된 이미지를 만들어 보시겠어요?

이것은 명제적 표상 형식과 시각적 표상 형식을 결합하여 사용한 예라고 볼 수 있겠습니다. 사진은 어느 영국 신문에 실린 광고에서 가져온 것입니다(Health education council, 1980). 이 광고에서 우리가 발견하는 것은 언어와 이미지의 아주 영리한 사용이지요. 문장, 단어, 철자들 사이의 간격을 점차 점점 더 넓게 하여 읽는 속도를 느리게 하고, 이 글에서 표현하고자 하는 메시지를 강화합니다.

하나 또는 그 이상의 표상 형식을 사용할 수 있는 능력은 그 필요한 기능을 습득할 수 있도록 학생에게 주어진 기회의 함수일 뿐 아니라, 학생이 소유하고 있는 적성 또는 성향과도 관련되어 있습니다. 어떤 학생에게 언어는 그들의 경험을 표상할 수 있는 가장 강력한 수단이 되기도 합니다. 어떤 학생에게는 시각적 이미지, 즉 그림이나 사진이 더욱 적합하지요. 학생의 적성은 학습할 기회와 상호작용하게 됩니다.

단웅이 그렇지만 학교가 교육과정안을 규정하면 학생은 자기 적성과 흥미와 관련 있는 표상 형식을 만날 기회가 규정됩니다. 아무래도 학교는 표상 형식처럼 다양한 학생들의 상황에 대한 경우의 수 만큼을 제공하고 있지 않다고 느껴져서요.

이 교수 요점을 장황하게 설명하는 느낌이 들기는 하지만 초·중등학교의 교육목적, 내용, 형태에 미치는 대학의 보수적인 영향에 대해 언급할 필요가 있습니다.

부모는 자녀의 학구적인 성공에 관심을 가지고 있습니다. 이들은 언어와 수학 분야에 기능이 뛰어나야 좋은 대학에 들어갈 수 있다는 것을 잘 알고 있지요.

고등학교에서 미술 과목을 선택하는 것은 하버드, 시카고, 스탠퍼드 등과 같은 대학에 진학하기를 희망하는 학생에게는 위험한 일입니다. 지금과는 대학 입시가 조금 달랐지요. 학생이 가장 높은 수준의 교육적 성취에 도달하고자 할 때 반드시 지나야만 하는 문을 넓히지 않는다면 교육과정의 다양성이나 다양한 형태의 지능(Gardner, 1983)을 촉진하기 위한 노력, 서로 다른 적성을 실현하도록 또는 배양하도록 기회를 제공하는 노력은 지속되기 어려울 것입니다.

단웅이 이 글의 도입 부분에서 학교의 개혁에 관한 이야기와 일맥 한 부분이네요. 학교에서의 변화가 일어나도록 하기 위해서는 우리가 대학 및 대학의 입시위원회와 협력하는 것보다 더 긴밀한 협력이 교사와 교육행정가들, 교육학 교수들 사이에서 일어나야 하겠어요.

이 교수 아이즈너는 학생이 다양한 표상 형식을 접하거나 사용할 수 있는 학교 프로그램을 만드는 것의 중요성을 강조하였습니다. 그의 주된 목적은 인간은 다양한 형식을 통하여 세상을 표상한다는 것과 이러한 형식 각각은, 그것이 단독으로 사용되든 아니면 결합되어 사용되든 간에 특별한 종류의 의미를 가능하게 만든다는 것을 강조하는 것이었지요.

단웅이 교육의 기회 균등이라는 측면에서 교육과정 그 자체 내에서 교육적 평등을 이룩하는 일은 어린이가 학교에 다닐 수 있게 만드는 접근 가능성으로서의 기회 균등을 이룩하는 일만큼이나 가치 있는 것이겠습니다.

이 교수 다양한 표상 형식을 사용할 수 있도록 하는 것만으로는 충분하지 않습니다. 아이즈너는 듀이와 같이 교육과정에 대한 사고에서 강조한 것을 이야기합니다. 바로 문제 중심학습의 중요성인데요, 비록 과거 진보주의 교육이론에 그 뿌리를 두고 있지만, 매우 중요한 개념이기도 하지요.

단웅이 문제 중심학습이요? 교사가 해결해야 할 문제를 제공하고 학생이 해결하면서 학습하는 것 말씀이지요?

이 교수 맞습니다. 이때 '문제'는 학생이 현재 관심이 있는 문제, 가끔 관심이 있었을 법한 문제를 말합니다.

단웅이 문제의 개념화 과정에 학생이 참여함으로써 학생은 분석적이고 사색적인 능력을 최대한 발휘할 기회를 얻게 되기도 하는 것 같아요.

이 교수 맞습니다. 아이즈너는 이러한 배경에서 다양한 적성의 사용과 다양한 앎의 형식 개발에 진지했던 교육기관을 강조하기도 했지요. 발도르프 학교인데요, 발도르프 학교는 루돌프 슈타이너에 의해 1919년에 설립된 학교로 1991년 울마하(Uhrmacher)에 의하면 500개 이상의 학교가 운영되고 있다고 보고된 바 있습니다.
    발포드르 교육은 감각기관의 중요성과 학습 시에 신체의 역할을 인정하는 인간발달관에 기초하고 있습니다. 또한 어린이의 학습에서 이미지를 형성하는 일의 중요성을 강조하고 있지요.

단웅이 요약하면 발도르프 학교는 전통적인 학구적 성취를 강조하면서도 상상력의 계발과 감각의 정련을 동시에 강조한다는 데서 미국의 공립학교와는 좀 달랐던 것으로 기억해요.

이 교수 맞습니다. 교육과정을 계획하는 사람이 덜 분과화 되고 더 통합된 교육과정을 점점 더 옹호하고 있다는 사실은 아주 의미 있는 일입니다. 1960년대 교육과정 개혁 운동의 전성기였을 때 '학문의 구조'가 교육과정 분야의 사유를 안내하는 이정표(Bruner, 1961)였지요. 이것은 학문의 구조는 독특하기 때문에 그 실용적인 목적 상 각 학문이 독립적으로 가르쳐질 필요를 의미했는데요. 학문 간 통합은 당시 장려되지 않고, 오히려 통합은 학문에 대한 학생의 이해를 복잡하게 만든다고 보고 있었습니다.

단웅이　브루너는 학생을 생물학자처럼 사고하도록 하는 일이 대다수 학생의 교육적 열망과는 거리가 멀다고도 했었지요(Bruner, 1971). 1960년대 교육과정학 분야에서 발생한 발달 중의 하나는 학교의 프로그램이 학생에게 더 의미 있도록 만들어져야 한다는 것에 대한 재인식이 있었던 시기였으니까요.

이 교수　이후 학생은 그들이 학교에서 배우는 것과 학교 밖의 생활 사이의 관련성에 대한 필요성이 제기되었지요(Greeno, 1989). 학교 밖의 삶은 지식의 구조가 가리키는 것과 같이 개념적으로 잘 정리된 과제를 말끔하게 포장하여 학생에게 제공하지 않습니다. 따라서 그와 같은 구조에 초점을 맞추는 것은 학문의 고립을 증가시킬 수 있으며, 사실상 학생이 배운 것을 적용하는 능력을 증가시키기보다는 감소시킬 수도 있지요.

　아이즈너는 이 부분에 대해 아주 강한 어조로 이야기하고 있습니다.

" 학문 중심적 접근법의 일목요연함과 캘리포니아 안에 반영
된 통합적 접근법의 잠재적으로 혼란스러운 풍부함 간에는 득실
이 있을 수 있다. 그러나 나는 전이 문제가 학생에게는 엄청나게
중요하고, 학교의 교과목이 편협하고 학구적인 '척'하고 있어서
학생이 배울 수 있는 자원을 확장하는 것은 그것이 가져올 수도
있는 잠재적 어려움보다 더 가치가 있다고 생각한다. ⋯중략⋯
우리가 달성하고자 하는 목적뿐 아니라 이 목적을 달성하기 위
해 사용하는 조건, 구조, 활동을 재고할 필요가 있다." (p.158)

교육과정 전문가는 교사가 그들의 목적에 달성하는 데 필요한 자
료를 제작하고자 할 때 도와주는 책임과 기능을 가져야 한다고 주장
합니다.

단웅이 전체적으로 정리해보자면 아이즈너는 인간이 의미를 만들고
자 하는 타고난 욕구가 있고, 표상 형식은 다른 의미가 만들어질 수
있는 수단이다. 또한 나는 '개인의 적성'과 '개인이 잘 사용할 가능성
이 있는 표상 형식' 사이에는 중요한 관련이 있다. 로 볼 수 있겠지요?

이 교수 그렇습니다. 또한 아이즈너가 서술한 아이디어는 교육과정 뿐
만 아니라 교육평가와도 관련이 있어 학생에게 그들의 적성에 맞는
표상 형식을 통해서 어떤 과목에 대해서 새로 배운 내용을 표상하도
록 기회를 제공하는 것은 가능하다고 부연 설명하며, 학생에게 그들
의 경험을 표상할 표상 형식을 선택할 기회를 제공하는 것은 매우 중

요하다고 강조합니다.

평가는 학생의 수행을 상호 비교하는 일을 더 어렵게 만들고 있으며 학생의 서열을 비교하는 것이 장기적인 관점에서 학생이나 사회에게 가장 이익이 되는지는 따져봐야 할 문제라고 마무리합니다.

아이즈너의 이런 관점은 시대와 무관하나, 인공지능 시대의 도래와 고교학점제의 전면 시행을 앞둔 현시점에서 우리에게 묵직한 함의를 제공하고 있습니다.

자, 어떠셨나요?
마지막 아이즈너의 일침으로 글을 마무리해 보려 합니다.

"학교를 진정으로 개혁하고 싶은가? 그러려면 학교의 모습, 수업 방법, 적절한 교육과정, 평가 방법 등에 대한 전통적인 고정관념의 지배에서 자신을 해방해야 한다. 우리는 학생을 잘 돕지 못하는 아이디어와 관행, 학생의 인생 기회에 심각한 불평등을 초래하는 아이디어와 관행에서 우리 자신을 해방할 필요가 있다. 이 책(인지와 교육과정)에서 내가 발전시키려고 노력한 정신과 지식에 대한 관점은 우리에게 반드시 필요한 재개념화를 위한 것이다. 재개념화는 필요조건이기는 하지만 결코 충분조건은 아니다. 결국 재개념화는 현실적 결과로 나타나야 한다. 우리 앞에는 이제 매우 도전적인 안건이 놓여 있다." (p.165)

참고문헌

박승배 역(2014). 인지와 교육과정. Eliot W. Eisner. Cognition and curriculum recognition. 서울: 교육과학사.

Arnheim, R. (1954). Art and visual perception. Berkeley: University of California Press.

Barker, R. (1968). Ecological psychology. Stanford, CA: Stanford University Press.

Bernstein, B. (1971). On the classification and framinig of educational knowledge. In M. Young (Ed.), Knowledge and control(pp.47-69). London: Collier, Macmillan.

Bruner, J. (1961). The process of education. Cambridge, MA: Harvard University Press.

Bruner, J. (1990). The relevance of education. New York: Norton.

Chomsky, N. (1973). Foreword. In A. Schaff, Language and cognition(R. Cohen, eD.). new york: McGraw-Hill.

Dewey, J. (1938). Experience and education. New York: Macmillan.

Downey, L. (1960). The task of public education. Chicago: University of Chicago Press.

Dreeben, R. (1968). On what is learned in school. New York: Addison Wesley.

Finn, C. (1991). We must take charge. New York: Maxwell Macmillan International.

Gardner, H. (1983). Frames of mind. New York: Books. Greeno, J. (1989). Perspectives on thinking. American Psychologist, 44(2), 134-141.

Health Education Council. (1980). Winter Wamth, Sudbury, Suffolk, England. The Guardian, p.5.

Koestler, A. (1949). Insight and outlook. New York: Macmillan.

Kuffler, S., & Nicolls, J. (1976). From neuron to brain: A celluar approach to the function of the neuron system. Sunderland, MA: Sinovar Associates.

Neisser, U. (1976). Cognition and reality: Principles and implications of cognitive psychology. San Francisco: Freeman.

Piaget, J. (1977). The development of thought: Equilibration of cognitive structures. New York: Viking Press.

Read, H. (1945). Education through art. New York: Pantheon.

Rosenberg, H. (1965). American Paining Today. New York: Horizon Press.

Schaff, A. (1973). Language and cognition(R. Cohen, Ed.). New York: McGraw-Hill.

Uhrmacher, B. (1991). Waldorf schools marching quietly unheard. Doctral Dissertation, Stanford University, Stanford, CA.

김영재　단국대학교 행정학과 초빙교수

행정학을 전공하고 행정의 역사, 철학, 사상에 관심을 갖고 있다. 주요 저서는 『한국의 사회문화』, 『한국의 사회문제』 등이 있으며 논문은 「조선왕조실록 졸기(卒記)에 관한 소고」, 「윤봉길 의사의 자기희생 리더십에 관한 소고」 등이 있다.

박홍준　단국대학교 교양기초교육연구소 연구교수

음악인류학자로서, 철학과 기호학에 깊은 관심을 가지고 있다. 특히, 실용주의적 관점에서 비언어적 소통체계가 인류에게 어떻게 활용되는지 연구한다. 미국과 한국에서 핵심 교양 강의를 담당하며, 학생들과 소통해왔다. 최근 논문으로는 "Why Music and Shamanism for Orangutans are Similar"와 「로크 기호학의 재발견 - 고대 신탁에서 진단 의학까지」 등이 있다.

배상희 단국대학교 자유교양대학 교수

고대 그리스시대의 철학자이며 사상가인 플라톤의 교육관에 관심을 두고, 고전교육과 영어교육을 접목한 교육 방법을 연구하고 있다. 주요 저서로는 『영어 어순구조 학습전략』이 있으며, 고전교육과 관련한 「상호 동료 교수법을 활용한 고전읽기 수업 사례 연구」, 「온라인 협력학습 기반 집단지성 구축을 위한 교양수업 개발」, 영어교육과 관련한 "ERP Evidence on Processing Adverbs and Verb Inflections by the Korean EFL Learners", "Evidence from an ERP Study: Can the Korean EFL Learners Change the Way to Process the English Topicalized Constructions?" 등이 있다.

서문석 단국대학교 경제학과 교수

한국경제사를 전공하여 경제와 관련된 역사, 사상에 관심을 갖고 있다. 주요 저술은 『대학 고전교육, 어떻게 할 것인가』(공저), 『청춘, 고전에 길을 묻다 1』(공저) 등이 있으며, 논문은 「애덤 스미스의 『국부론』과 교양교육」 등이 있다.

신호재 아주대학교 다산학부대학 교수

전공한 현상학을 준거 삼아 다양한 학제적 연구의 가능성을 모색하고 있으며, 교양 교육의 영역에서도 현상학이 기여할 여지를 탐색하는 중이다. 저서로 『정신과학의 철학』, 『토론 매뉴얼』, 『엘리아데의 〈성과 속〉 읽기』 등이 있다.

이유찬 단국대학교 법학과 재학생

독서와 토론을 좋아하고 가끔은 시를 짓기도 하며 취미로 서예를 쓰고 있다. 전국대학서예연합 제1대 경기지회장을 역임하였으며 중앙동아리 단국서예회의 회장직을 맡고 있다. 주요 교내 활동으로는 '공과대학 법과대학 연합학술제 입상(2022, 2023)', '제3회 단국권장도서101독서토론대회 입상', '사페레아우데-독서모임활동 수료(2023)', '단국인재아카데미18기 수료' 등이 있다.

이형주 호서대학교 더:함교양대학 혁신융합학부 교수

수학교육과 교육과정 평가를 전공하였으며, 교육과정 개발과 성인 수학교육에 관심을 갖고 있다. 최근 연구 논문으로는 「대학의 융합교육 활성화에 대한 재학생과 교원의 인식 비교 연구」, 「공감기반 가족수학을 위한 수업모형 개발」, 「비대면(Untact) 시대 백워드 설계 기반의 대학 교양 교육과정 운영 모형 개발 연구」, "Development and Application of an Integrated Curriculum Centered on Mathematics for Elderly generations", "A Study on Teaching and Learning Methods & Teaching Strategies in Mathematics for Late-Adult Learners: Focusing on the National Curriculum" 등이 있다.

임선숙 단국대학교 자유교양대학 교수

현대소설을 전공했으며, 대학 의사소통 교육, 가족담론, 근대매체 등의 분야에 관심을 가지고 연구하고 있다. 주요 논저로는 「학습이론을 통한 대학 글쓰기의 과정과 교육방법 고찰」, 「1970년대 여성소설과 가족주의 양상」, 「근대 인쇄 매체에 나타난 신여성의 소문과 치유적 글쓰기 연구」 등이 있다.

장수철   연세대학교 학부대학 교수

교양으로서 생물학 교육을 담당하고 있고 광범위한 교양교육 연구, 문화와 유전자의 공진화 등에 관심을 두고 활동하고 있다. 주요 저서로는 『아주 명쾌한 진화론 수업』, 『아주 특별한 생물학 수업』 등이 있고 최근 논문으로는 「한국에서 '교양으로서의 과학교육'에 관한 연구와 통합과학 저서 돌아보기」, 「일반생물학 교양 교과에서 '사례를 통한 개념 학습'의 예로서 겸형혈구증 활용에 관한 연구」 등이 있다.

정연재   인하대학교 프런티어학부대학 교수

포스트휴먼시대의 인간 가치, 미래 고등교육 변화와 지속가능한 교양교육 등에 관심을 가지고 연구와 교육을 병행하고 있다. 주요 저서로는 『포스트휴먼 시대의 윤리: 아리스토텔레스 윤리학의 현실성을 찾아서』, 논문으로는 「포스트코로나 시대의 교양교육: 디지털 전환의 속도전에서 지속가능한 미래로」, 「자유학예교육의 현대적 변용을 위한 조건과 방향 탐색」, 「메타버시티의 도래와 교양교육의 책무」, 「횡단적, 실천적 학문으로서의 교양학 정립을 위한 역사적 접근」 등이 있다.

주재형   연세대학교 철학과 교수

프랑스 파리 고등사범대학에서 앙리 베르그손에 대한 연구로 박사학위 취득 후 귀국하여 단국대학교 철학과 교수를 역임하고 현재 연세대학교 철학과에 재직 중이다. 공저로 『철학, 혁명을 말하다』, 『서양근대교육철학』, 『푸코와 철학자들』 등이 있으며, 근현대 프랑스 철학사 및 철학적 우주론에 관심을 갖고 연구하고 있다.

최예정 호서대학교 영어영문학과 교수

중세 영문학 전공자로서 중세의 로맨스, 중세 여성에 관한 문학에 특히 관심을 갖고 있으며 최근에는 인공지능과 인문학 관련 이슈로도 연구 분야를 넓히고 있다. 최근 번역서로는 『캔터베리 이야기』(상)(하)가 있고 저서(공저)로는 2020 『인문사회학으로 보는 AI: 인공지능 시대, 인간의 삶과 사회는 어떻게 변화하는가』 등이 있다.

한수영 중앙대학교 교양대학 교수

고전읽기, 시읽기를 가르치고 있다. 다양한 학문 영역을 가로지르는 공통어를 축적하는 것이 교양 연구의 주요한 과제라고 생각하며 공부하고 있다.

주요 논저로는 「디지털 전환시대의 책읽기:지식콘텐츠, 챗GPT, 그리고 고전」, 「자유교육은 어떻게 인간을 자유롭게 하는가」, 「교양교육의 오래된 미래 :12세기 교육도상과의 대화」, 『고전 멘토 : 나를 성장시키는 열 권의 고전』 등이 있다.

현영빈 단국대학교 교양기초교육연구소 연구교수

아시아계 미국 희곡 전공. 비극의 주제가 고대 그리스로부터 현대 미국까지 변주되어 온 양상과 그 역사를 추적하는 시대적 연구에 관심을 갖고 있다. 최근 논문으로 "Labor of Love: Alienation, Race, and Family in Julia Cho's Aubergine", "Stereotypes, Acting, and Alienation: Philip Kan Gotanda's Yankee Dawg You Die", "Ethnic Difference in the Construction of War Bride Narrative: Velina Hasu Houston's Tea and Julia Cho's The Architecture of Loss" 등이 있다.